서아쌤의 토익 비밀과외 START

최서아 · 시원스쿨어학연구소 지음

시원스쿨 LAB

초판 3쇄 발행 2025년 11월 14일

지은이 최서아 · 시원스쿨어학연구소
펴낸곳 (주)에스제이더블유인터내셔널
펴낸이 양홍걸 이시원

홈페이지 www.siwonschool.com
주소 서울시 영등포구 영신로 166 시원스쿨
교재 구입 문의 02)2014-8151
고객센터 02)6409-0878

ISBN 979-11-6150-884-9 13740
Number 1-110701-18183000-06

이 책은 저작권법에 따라 보호받는 저작물이므로 무단복제와 무단전재를 금합니다. 이 책 내용의 전부 또는 일부를 이용하려면 반드시 저작권자와 ㈜에스제이더블유인터내셔널의 서면 동의를 받아야 합니다.

머리말

"토익, 어떻게 시작해야 할까요?"

수많은 학생들이 던졌던 이 질문에, 저는 언제나 가장 현실적이고 실용적인 답을 드리고 싶었습니다. 시원스쿨랩에서 토익 기초부터 실전 레벨까지 강의하면서, 목표 점수마다 다른 고민들과 다양한 질문들을 마주했습니다. 또한, 20만 명의 구독자와 함께하는 유튜브 채널 <서아쌤의 비밀과외>를 통해 더 많은 수험생들의 목소리를 가까이에서 들을 수 있었습니다. 이 모든 데이터를 바탕으로, 토익이 처음이어도 누구나 끝까지 따라올 수 있는 교재를 만들고자 했습니다.

「서아쌤의 토익 비밀과외 START」는 토익 700점을 목표로 하는 초·중급 학습자를 위한 RC + LC + VOCA 통합형 교재입니다. "이 책 한 권으로 목표 점수 달성을 가능하게 하자!"는 생각에서 출발하여, 700점에 가장 쉽고 빠르게 도달할 수 있게 모든 내용을 구성했습니다. 수년간 매달 토익 시험에 응시하며 기록해 놓은 출제 경향을 반영했으며, 온라인 스터디방 운영과 유튜브 컨텐츠 제작을 통해 쌓아온 체계적인 학습법 또한 고스란히 담았습니다. 수많은 교재 중 「서아쌤의 토익 비밀과외 START」를 선택해 주신 여러분들은 정말로 정답이 보이는 학습의 즐거움을 선물 받으실 것입니다.

마지막으로, <서아쌤의 토익 비밀과외 START>의 기획 단계부터 출간까지 함께 호흡을 맞춰주신 시원스쿨어학연구소 연구원분들께 깊은 감사를 전합니다. 이 책이 여러분의 첫 토익 교재로서의 의미 있는 시작이 되기를, 그리고 목표를 이룬 자리에서 환하게 웃고 있는 여러분을 꼭 만나 뵐 수 있기를 진심으로 바랍니다.

최서아 드림

목차

- 왜 「서아쌤의 토익 비밀과외 START」인가? · 6
- 이 책의 구성과 특징 · 8
- TOEIC이란 · 10
- 3주 완성 서아쌤 회독 학습플랜 · 12

RC

PART 5	▶ Playlist 1	꼭 맞혀야 하는 명사 문제, 이걸로 끝!	16
	▶ Playlist 2	시험 전 꼭 봐야 하는 대명사 문제	22
	▶ Playlist 3	200% 꼭 나오는 동사 문제	26
	▶ Playlist 4	틀리면 안 되는 형용사/부사 문제	32
	▶ Playlist 5	보자마자 정답이 보이는 전치사 문제	38
	▶ Playlist 6	부사절 접속사/관계대명사 집중 공략	44
	▶ Playlist 7	외우면 3초 컷, 준동사 문제	50
PART 6	▶ Playlist 8	해석으로 단서 찾는 접속부사&문맥파악	56
PART 7	▶ Playlist 9	점수 끌어올리는 단일지문 총정리	64
	▶ Playlist 10	고득점 치트키, 이중지문&삼중지문	76

LC

PART 1	▶ Playlist 1	소거만 해도 답 나오는 사람사진&사물사진	86
PART 2	▶ Playlist 2	실수하기 쉬운 의문사 의문문	92
	▶ Playlist 3	은근 까다로운 일반/선택/요청&제안 의문문	100
	▶ Playlist 4	요즘 평서문은 이렇게 연습하세요	106
PART 3	▶ Playlist 5	정답률 올려주는 주제&목적, 문제점	110
	▶ Playlist 6	얕보면 안 되는 장소&직업/신분, 제안&요청	116
	▶ Playlist 7	do next/의도파악 완전 정복	122
	▶ Playlist 8	시각자료, 급하게 풀지 마세요	128
PART 4	▶ Playlist 9	출제자가 좋아하는 전화메시지/회의발췌	134
	▶ Playlist 10	익숙해져야 할 공지/방송	140

VOCA

▶ Playlist 1	최빈출 기출 정답 VOCA ❶	148
▶ Playlist 2	최빈출 기출 정답 VOCA ❷	154
▶ Playlist 3	최빈출 기출 정답 VOCA ❸	160
▶ Playlist 4	최빈출 기출 정답 VOCA ❹	166
▶ Playlist 5	최빈출 기출 정답 VOCA ❺	172
▶ Playlist 6	최빈출 기출 정답 VOCA ❻	178
▶ Playlist 7	최빈출 기출 정답 VOCA ❼	184
▶ Playlist 8	최빈출 기출 정답 Collocation ❶	190
▶ Playlist 9	최빈출 기출 정답 Collocation ❷	196
▶ Playlist 10	최빈출 기출 정답 Collocation ❸	202

실전모의고사   213

온라인 부가자료   lab.siwonschool.com

- 본서 음원 MP3
- 본서 VOCA 강의 일부 무료 제공 (P. 147 QR코드 제공)
- 실전모의고사 음원 MP3
- 실전모의고사 해설강의 무료 제공 (도서 날개 쿠폰 번호 제공)
- 실전모의고사 QR 모바일 해설 (P. 213 QR코드 제공)

왜 「서아쌤의 토익 비밀과외 START」인가?

1 RC + LC + VOCA + 실전모의고사를 한 권에!
- RC/LC 필수 이론 + 필수 어휘 300 + 실전모의고사 1회분 수록
- 토익 입문자를 위한 토익 베스트셀러 저자 서아쌤의 입문 필수 패키지

2 단 3주 만에 토익 700+ 목표 달성
- RC, LC, VOCA를 각각 10개의 Playlist로 구성하여, 최빈출 기출포인트와 필수 어휘만 엄선
- 20일 만에 이론과 어휘 학습을 끝내고 실전모의고사로 마무리하여, 단 3주 만에 목표 점수 달성

3 20만 토익 유튜버 서아쌤의 700+ 비법 공개
- 매월 토익 시험에 직접 응시하고 분석하는 만점 강사 서아쌤이 선정한 700+ 필수 이론 총정리
- <서아쌤 오답 피하기>와 <이거 알면 점수 UP!> 코너를 통해 오답을 정확히 피하는 전략뿐만 아니라 점수 올리는 꿀팁까지 제공

4 도서 구매자 대상 무료 강의 제공
- 실전모의고사 해설강의 무료 제공 (쿠폰 번호 제공)
- VOCA 강의 일부 무료 제공 (P. 147 QR코드 제공)

5 QR코드 스캔으로 더욱 편리한 학습

- QR코드 스캔으로 MP3 음원 및 유료 강의 바로 재생 가능
- QR코드를 통한 실전모의고사 모바일 해설 바로 보기 가능

6 최신 기출 트렌드 완벽 반영

- 최신 출제 패턴을 철저히 분석하여 모든 예문과 문제를 구성
- 최신 기출 Part 2 오답 공식/우회 답변, Part 3 패러프레이징 표현 모음, Part 4 담화별 최빈출 표현 특집 코너 수록

7 말자막과 유튜브 숏츠 스타일의 저자 직강 (유료)

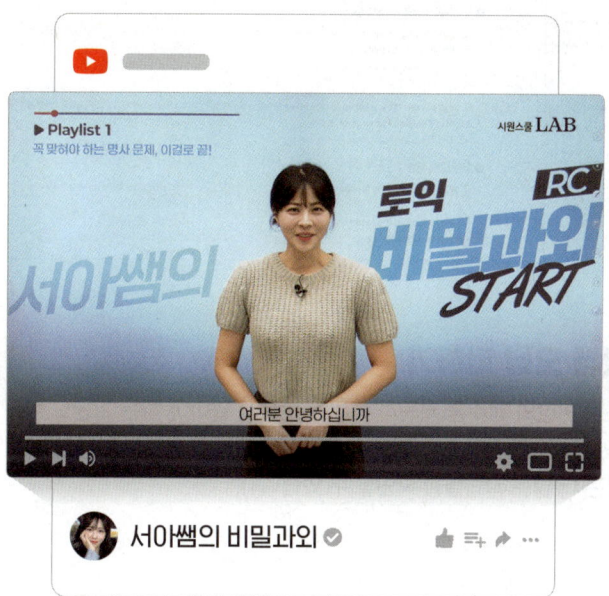

- 말자막으로 유튜브 보듯 편하게 보는 토익 이론강의
- 유튜브 숏츠 스타일의 쉽고 재미있는 토익 VOCA 강의
- 강의 패키지 구매 시, 부교재 <서아쌤의 토익 비밀노트 START> 특별 제공
- 강의 패키지 구매 시, 서아쌤이 직접 관리하는 실시간 카톡 스터디 서비스 제공

이 책의 구성과 특징

최빈출 기출 포인트 완벽 정리

최신 기출 분석을 바탕으로 가장 자주 출제되는 기출 유형들을 수록하였고, 각 기출 변형 예문마다 정답과 오답을 같이 제시하여 출제 패턴을 정확히 파악할 수 있도록 하였습니다. LC는 문제 유형별 정답 패턴과 우회 답변, 빈출 단서 표현 등을 제시하여 실제 문제 풀이에 활용할 수 있습니다.

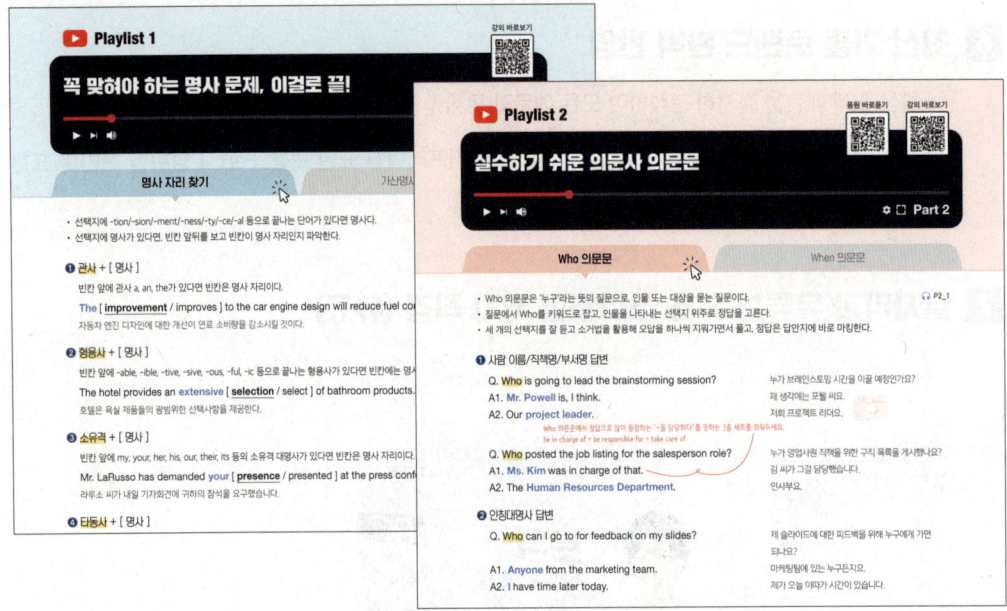

이거 알면 점수 UP! & 서아쌤 오답 피하기

기본 학습 내용에서 더 나아가, 700+점 이상의 점수를 획득하기 위해 반드시 알아야 하는 고난도 학습 포인트, 그리고 실전에서 바로 적용할 수 있는 서아쌤만의 오답 피하기 전략까지 자세히 안내한 코너입니다. 「서아쌤의 토익 비밀과외 START」 인강에서는 더 많은 꿀팁들을 확인할 수 있습니다.

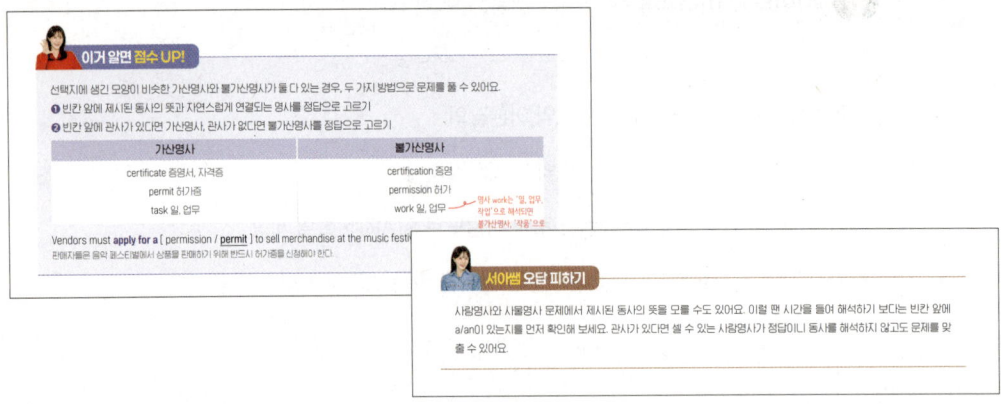

실력 점검을 위한 Practice

각 페이지의 이론 학습이 끝나면 연습 문제를 풀며 기출 문제의 정답 포인트를 완벽히 체득할 수 있도록 하였습니다. LC의 경우, 문제의 정답 단서를 받아쓰기하며 LC 실력을 탄탄히 다질 수 있습니다.

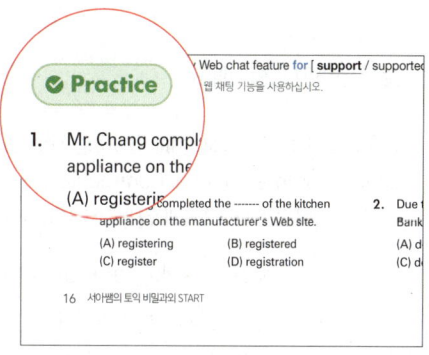

편리한 QR코드 학습

각 Playlist에 있는 QR코드를 통해 본문의 음원을 바로 듣거나 「서아쌤의 토익 비밀과외 START」 유료 인강을 편리하게 수강할 수 있습니다.

Check-up Test로 완벽 복습

각 Playlist의 학습이 끝나면 실제 기출 문제와 동일한 난이도로 변형된 문제들을 풀면서 학습이 잘 되었는지 점검합니다. 채점 후, 틀린 문제는 오답노트에 기록하여 취약한 부분은 완전히 복습하고 넘어가야 합니다.

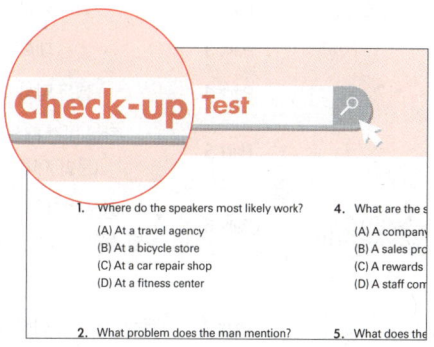

완벽 실전 대비를 위한 실전모의고사

최신 기출 경향을 반영한 실전모의고사 1회분을 제공합니다. QR코드를 스캔하여 음원을 듣거나 모바일 해설을 바로 볼 수 있고, 도서 날개에 있는 쿠폰 번호를 사용해 서아쌤의 실전모의고사 해설강의를 무료로 수강할 수 있습니다.

TOEIC이란

토익은 어떤 시험이에요?

TOEIC은 ETS(Educational Testing Service)가 출제하는 국제 커뮤니케이션 영어 능력 평가 시험(Test Of English for International Communication)입니다. 즉, 토익은 영어로 업무적인 소통을 할 수 있는 능력을 평가하는 시험으로서, 다음과 같은 주제를 다룹니다.

기업 일반	계약, 협상, 홍보, 영업, 비즈니스 계획, 회의, 행사, 장소 예약, 사무용 기기
제조 및 개발	공장 관리, 조립 라인, 품질 관리, 연구, 제품 개발
금융과 예산	은행, 투자, 세금, 회계, 청구
인사	입사 지원, 채용, 승진, 급여, 퇴직
부동산	건축, 설계서, 부동산 매매 및 임대, 전기/가스/수도 설비
여가	교통 수단, 티켓팅, 여행 일정, 역/공항, 자동차/호텔 예약 및 연기와 취소, 영화, 공연, 전시

토익은 총 몇 문제인가요?

구성	파트	내용	문항 수 및 문항 번호		시간	배점
Listening Test	Part 1	사진 묘사	6	1-6	45분	495점
	Part 2	질의 응답	25	7-31		
	Part 3	짧은 대화	39 (13지문)	32-70		
	Part 4	짧은 담화	30 (10지문)	71-100		
Reading Test	Part 5	단문 빈칸 채우기 (문법, 어휘)	30	101-130	75분	495점
	Part 6	장문 빈칸 채우기 (문법, 문맥에 맞는 어휘/문장)	16 (4지문)	131-146		
	Part 7	독해 / 단일 지문	29 (10지문)	147-175		
		독해 / 이중 지문	10 (2지문)	176-185		
		독해 / 삼중 지문	15 (3지문)	186-200		
합계			200 문제		120분	990점

토익 시험을 보려고 해요. 어떻게 접수하나요?

- 한국 TOEIC 위원회 인터넷 사이트(www.toeic.co.kr)에서 접수 일정을 확인하고 접수합니다.
- 접수 시 최근 6개월 이내에 촬영한 jpg 형식의 사진이 필요하므로 미리 준비합니다.
- 토익 응시료는 (2025년 10월 기준) 정기 접수 시 52,500원입니다.

시험 당일엔 뭘 챙겨야 하나요?

- 아침 식사를 적당히 챙겨 먹는 것이 좋습니다. 빈속은 집중력을 떨어뜨리고, 과식은 졸음을 유발할 수 있습니다.
- 시험 준비물을 챙깁니다.
    - 신분증 (주민등록증, 운전면허증, 기간 만료 전 여권, 공무원증만 인정. 학생증 안됨. 단, 중고등학생은 국내 학생증 인정)
    - 연필과 깨끗하게 잘 지워지는 지우개 (볼펜이나 사인펜은 안됨. 연필은 뭉툭하게 깎아서 여러 자루 준비)
    - 아날로그 시계 (전자시계는 안됨)
    - 수험표 (필수 준비물은 아님. 수험 번호는 시험장에서 감독관이 답안지에 부착해주는 라벨을 보고 적으면 됨)
- 고사장을 반드시 확인합니다.

시험은 몇 시에 끝나나요?

오전 시험	오후 시험	내용
9:30 - 9:45	2:30 - 2:45	답안지 작성, 오리엔테이션
9:45 - 9:50	2:45 - 2:50	수험자 휴식 시간
9:50 - 10:10	2:50 - 3:10	신분증 확인, 문제지 배부
10:10 - 10:55	3:10 - 3:55	리스닝 시험
10:55 - 12:10	3:55 - 5:10	리딩 시험

- 최소 30분 전에 입실을 마치고(오전 시험은 오전 9:20까지, 오후 시험은 오후 2:20까지) 지시에 따라 답안지에 기본 정보를 기입합니다.
- 안내 방송이 끝나고 시험 시작 전 5분의 휴식 시간이 주어지는데, 이때 화장실에 꼭 다녀옵니다.

시험 보고 나면 성적은 바로 나오나요?

- 시험일로부터 9일 후 낮 12시에 한국 TOEIC 위원회 사이트(www.toeic.co.kr)에서 성적이 발표됩니다.

3주 완성 서아쌤 회독 학습플랜

- 아래의 학습플랜을 참조하여 매일 학습합니다.
- 해당일의 학습을 하지 못했더라도 이전으로 돌아가지 말고 오늘에 해당하는 학습을 하세요. 그래야 끝까지 완주할 수 있습니다.
- 교재를 끝까지 한 번 보고 나면 2회독에 도전합니다. 두 번째 볼 때는 훨씬 빠르게 끝낼 수 있습니다. 토익은 천천히 1회 보는 것보다 빠르게 2회, 3회 보는 것이 훨씬 효과가 좋습니다.

토익 노베이스에게 추천하는 1회독 학습플랜

Day 1	Day 2	Day 3	Day 4	Day 5
월 일	월 일	월 일	월 일	월 일
[RC] Playlist 1 [VOCA] Playlist 1	[LC] Playlist 1 [VOCA] Playlist 2	[RC] Playlist 2 [VOCA] Playlist 3	[LC] Playlist 2 [VOCA] Playlist 4	[RC] Playlist 3 [VOCA] Playlist 5
Day 6	**Day 7**	**Day 8**	**Day 9**	**Day 10**
월 일	월 일	월 일	월 일	월 일
[LC] Playlist 3 [VOCA] Playlist 6	[RC] Playlist 4 [VOCA] Playlist 7	[LC] Playlist 4 [VOCA] Playlist 8	[RC] Playlist 5 [VOCA] Playlist 9	[LC] Playlist 5 [VOCA] Playlist 10
Day 11	**Day 12**	**Day 13**	**Day 14**	**Day 15**
월 일	월 일	월 일	월 일	월 일
[RC] Playlist 6 [VOCA] Playlist 1	[LC] Playlist 6 [VOCA] Playlist 2	[RC] Playlist 7 [VOCA] Playlist 3	[LC] Playlist 7 [VOCA] Playlist 4	[RC] Playlist 8 [VOCA] Playlist 5
Day 16	**Day 17**	**Day 18**	**Day 19**	**Day 20**
월 일	월 일	월 일	월 일	월 일
[LC] Playlist 8 [VOCA] Playlist 6	[RC] Playlist 9 [VOCA] Playlist 7	[LC] Playlist 9 [VOCA] Playlist 8	[RC] Playlist 10 [VOCA] Playlist 9	[LC] Playlist 10 [VOCA] Playlist 10

최종 마무리!

[실전모의고사]

토익 550~600점대에게 추천하는 2회독 학습플랜

Day 1	Day 2	Day 3	Day 4	Day 5
월 일	월 일	월 일	월 일	월 일
RC Playlist 1 LC Playlist 1 VOCA Playlist 1	RC Playlist 2 LC Playlist 2 VOCA Playlist 2	RC Playlist 3 LC Playlist 3 VOCA Playlist 3	RC Playlist 4 LC Playlist 4 VOCA Playlist 4	RC Playlist 5 LC Playlist 5 VOCA Playlist 5
Day 6	**Day 7**	**Day 8**	**Day 9**	**Day 10**
월 일	월 일	월 일	월 일	월 일
RC Playlist 6 LC Playlist 6 VOCA Playlist 6	RC Playlist 7 LC Playlist 7 VOCA Playlist 7	RC Playlist 8 LC Playlist 8 VOCA Playlist 8	RC Playlist 9 LC Playlist 9 VOCA Playlist 9	RC Playlist 10 LC Playlist 10 VOCA Playlist 10
Day 11	**Day 12**	**Day 13**	**Day 14**	**Day 15**
월 일	월 일	월 일	월 일	월 일
RC Playlist 1 LC Playlist 1 VOCA Playlist 1	RC Playlist 2 LC Playlist 2 VOCA Playlist 2	RC Playlist 3 LC Playlist 3 VOCA Playlist 3	RC Playlist 4 LC Playlist 4 VOCA Playlist 4	RC Playlist 5 LC Playlist 5 VOCA Playlist 5
Day 16	**Day 17**	**Day 18**	**Day 19**	**Day 20**
월 일	월 일	월 일	월 일	월 일
RC Playlist 6 LC Playlist 6 VOCA Playlist 6	RC Playlist 7 LC Playlist 7 VOCA Playlist 7	RC Playlist 8 LC Playlist 8 VOCA Playlist 8	RC Playlist 9 LC Playlist 9 VOCA Playlist 9	RC Playlist 10 LC Playlist 10 VOCA Playlist 10

최종 마무리!

실전모의고사

서아쌤의 토익 비밀과외 START

READING COMPREHENSION
RC

Playlist 1

꼭 맞혀야 하는 명사 문제, 이걸로 끝!

Part 5

명사 자리 찾기 | 가산명사/불가산명사

- 선택지에 -tion/-sion/-ment/-ness/-ty/-ce/-al 등으로 끝나는 단어가 있다면 명사다.
- 선택지에 명사가 있다면, 빈칸 앞뒤를 보고 빈칸이 명사 자리인지 파악한다.

❶ 관사 + [명사]

빈칸 앞에 관사 a, an, the가 있다면 빈칸은 명사 자리이다.

The [**improvement** / improves] to the car engine design will reduce fuel consumption.
자동차 엔진 디자인에 대한 개선이 연료 소비량을 감소시킬 것이다.

❷ 형용사 + [명사]

빈칸 앞에 -able, -ible, -tive, -sive, -ous, -ful, -ic 등으로 끝나는 형용사가 있다면 빈칸에는 명사가 와야 한다.

The hotel provides an extensive [**selection** / select] of bathroom products.
호텔은 욕실 제품들의 광범위한 선택사항을 제공한다.

❸ 소유격 + [명사]

빈칸 앞에 my, your, her, his, our, their, its 등의 소유격 대명사가 있다면 빈칸은 명사 자리이다.

Mr. LaRusso has demanded your [**presence** / presented] at the press conference tomorrow.
라루소 씨가 내일 기자회견에 귀하의 참석을 요구했습니다.

❹ 타동사 + [명사]

빈칸 앞에 목적어를 필요로 하는 타동사가 있다면 빈칸에 명사가 필요하다.

It is necessary to obtain [approve / **approval**] from the HR department before taking time off work.
휴가를 내기 전에 인사부로부터 승인을 받는 것은 필수적이다.

❺ 전치사 + [명사] *빈칸 앞에 전치사가 있고, 빈칸 뒤에도 전치사가 있다면 빈칸은 100% 명사 자리에요.*

빈칸 앞에 in, for, about, on 등의 전치사가 있다면 명사를 정답으로 고른다.

Please use our new Web chat feature for [**support** / supported].
지원을 위해 저희의 새로운 웹 채팅 기능을 사용하십시오.

Practice

1. Mr. Chang completed the ------- of the kitchen appliance on the manufacturer's Web site.

   (A) registering (B) registered
   (C) register   (D) registration

2. Due to a temporary system error, Midwest Bank cannot accept ------- through its ATMs.

   (A) deposited   (B) to deposit
   (C) depositing (D) deposits

명사 자리 찾기	가산명사/불가산명사

- 가산명사는 셀 수 있는 명사로, 1개를 나타낼 땐 앞에 a/an을 붙이고, 2개 이상일 때는 뒤에 -s를 붙인다.
- 불가산명사는 셀 수 없는 명사로, 앞에 a/an을 쓰거나 뒤에 -s를 붙일 수 없다.
- 정관사 the는 가산명사와 불가산명사 앞에 모두 사용할 수 있다.

❶ **토익에 출제되는 불가산명사** — 불가산명사의 종류가 훨씬 적으니 불가산명사를 먼저 암기하세요.

선택지에 가산명사와 불가산명사가 함께 제시되어 있고 빈칸 앞에 a/an이 없다면, 불가산명사를 정답으로 고르면 된다.

| merchandise 상품 | access 접근, 출입 | approval 승인 | funding 자금 |
| feedback 피드백, 의견 | information 정보 | advice 조언, 충고 | equipment 장비 |

[**Feedback** / Solution] on the new menu items will be collected through comment cards.
새로운 메뉴 항목에 대한 피드백이 의견 카드를 통해 수집될 것이다.

❷ **토익에 출제되는 가산명사**

선택지에 가산명사와 불가산명사가 모두 제시되어 있는 경우, 빈칸 앞에 a/an이 있다면 가산명사가 정답이다.

profit 수익, 이익	suggestion 제안	detail 세부사항	response 반응, 대응
solution 해결책	item 상품	earnings (복수형) 수익	grant 보조금
device 장비	report 보고서	discount 할인	approach 접근(법)

The team leader asked for **a** [funding / **suggestion**] on where to hold the company retreat.
팀 리더는 회사 야유회를 어디에 개최할 것인지에 대한 제안을 요청했다.

 이거 알면 점수 UP!

선택지에 생긴 모양이 비슷한 가산명사와 불가산명사가 둘 다 있는 경우, 두 가지 방법으로 문제를 풀 수 있어요.
❶ 빈칸 앞에 제시된 동사의 뜻과 자연스럽게 연결되는 명사를 정답으로 고르기
❷ 빈칸 앞에 관사가 있다면 가산명사, 관사가 없다면 불가산명사를 정답으로 고르기

가산명사	불가산명사
certificate 증명서, 자격증	certification 증명
permit 허가증	permission 허가
task 일, 업무	work 일, 업무

명사 work는 '일, 업무, 작업'으로 해석되면 불가산명사, '작품'으로 해석되면 가산명사에요.

Vendors must **apply for a** [permission / **permit**] to sell merchandise at the music festival.
판매자들은 음악 페스티벌에서 상품을 판매하기 위해 반드시 허가증을 신청해야 한다.

✅ **Practice**

3. Factory workers must receive ------- from the assembly line manager before taking a break.

   (A) permission   (B) permit
   (C) permissive   (D) permitted

4. While landscaping work is underway, ------- to the botanical garden will be restricted to staff.

   (A) direction   (B) placement
   (C) access   (D) solution

| 사람명사/사물명사 | 복합명사 |

- 사람명사는 셀 수 있는 가산명사로, 1명이면 앞에 a/an을, 2명 이상이면 뒤에 -s를 붙인다.
- 사람명사는 주로 -ant, -ent, -er, -or, -ee, -ist 등의 모양으로 끝난다.
- 사물명사는 셀 수 있는 가산명사일 수도, 셀 수 없는 불가산명사일 수도 있다.

사람명사와 사물명사

선택지에 사람명사와 사물명사가 함께 제시되었을 때, 빈칸 앞 또는 뒤에 있는 동사를 해석해 의미상 알맞은 명사를 정답으로 고른다.

interview an **applicant** 지원자를 면접보다	submit an **application** 지원서를 제출하다
look for an **architect** 건축가를 찾다	see the **architecture** 건축물을 보다
hire an **assistant** 보조원을 채용하다	offer **assistance** 도움을 제공하다
accommodate **attendees** 참석자들을 수용하다	affect **attendance** 참석률에 영향을 미치다
need a **supplier** 공급업자(체)를 필요로 하다	order office **supplies** 사무용품을 주문하다
recommend a **developer** 개발업자(체)를 추천하다	proceed with **development** 개발을 진행하다
seek an **expert** 전문가를 찾다	share **expertise** 전문지식을 공유하다
encourage **residents** 거주민들을 격려하다	prepare **residence** 거주(지)를 준비하다

Professor Findlay will interview [applications / **applicants**] for the research analyst position this week.
핀들레이 교수는 이번 주에 연구 분석가 직책에 대한 지원자들을 면접 볼 것이다.

Hiring an [**assistant** / assistance] for Dr. Reynolds is one of our top priorities.
레이놀즈 박사를 위한 보조원을 채용하는 것은 우리의 최우선사항 중 하나이다.

Ms. Pullman should order some office [**supplies** / supplier] by the end of today.
풀만 씨는 오늘 퇴근 전까지 몇몇 사무용품들을 주문해야 한다.

 서아쌤 오답 피하기

사람명사와 사물명사 문제에서 제시된 동사의 뜻을 모를 수도 있어요. 이럴 땐 시간을 들여 해석하기 보다는 빈칸 앞에 a/an이 있는지를 먼저 확인해 보세요. 관사가 있다면 셀 수 있는 사람명사가 정답이니 동사를 해석하지 않고도 문제를 맞출 수 있어요.

✓ Practice

5. Alford Heating Inc. offers technical ------- to clients by phone and through its mobile application.

(A) assist (B) assistance
(C) assisted (D) assistant

6. The owner of the Pittsburgh Panthers is looking for an ------- to improve the design of the team's stadium.

(A) architecture (B) architect
(C) architectural (D) architecturally

| 사람명사/사물명사 | 복합명사 |

- 명사 두 개를 붙여 하나의 명사로 사용되는 것을 복합명사라고 한다.
- 토익에 자주 출제되는 복합명사를 미리 암기해 빈칸 앞 또는 뒤에 제시된 명사만 보고 문제를 풀면 된다.

복합명사

복합명사 문제는 문법 문제와 어휘 문제 둘 다로 출제되므로 의미와 함께 덩어리로 외워두어야 한다.

replacement component 교체 부품	job ┌ applicant 취업 지원자
parking permit 주차 허가증	└ vacancy[opening] 일자리 공석
admission fee 입장료	safety ┌ regulation 안전 규정
marketing strategy 마케팅 전략	│ equipment 안전 장비
research facility 연구 시설	└ procedure 안전 절차
expiration date 만료일	travel ┌ budget 여행 예산
retail store[location] 소매점	└ itinerary 여행 일정표
sales ┌ figures 매출 수치	building ┌ management 건물 관리
└ associate[representative] 영업사원	└ permit 건물 허가증
budget ┌ surplus 예산 흑자	
└ estimate 예산 추정치	
advertising campaign 광고 캠페인	
client satisfaction 고객 만족	

Bohuta Pharmaceuticals Inc. has numerous **job** [**openings** / openness] for research chemists.
보후타 제약회사는 화학 연구원들을 위한 수많은 일자리 공석이 있다.

Ms. Laing will compile our weekly **sales** [measures / **figures**] after receiving each branch's report.
랭 씨는 각 지사의 보고서를 받은 후에 주간 매출 수치를 취합할 것이다.

 서아쌤 오답 피하기

복합명사는 붙여서 사용하는 명사가 정해져 있기 때문에 아무 명사 두 개를 붙인다고 해서 복합명사라고 할 수 없어요. 따라서 복합명사 문제가 출제된다면 무조건 암기로 풀어야 하니 위에 알려드린 복합명사들 외에도 문제를 풀면서 보게 되는 복합명사들을 모아서 따로 정리해 두세요.

✓ Practice

7. Pacific Biotech will purchase a large amount of new equipment for its research -------.

　(A) exercise　　(B) facility
　(C) situation　　(D) provision

8. The 3D printer has not yet been repaired as ------- components will take several days to arrive.

　(A) to replace　　(B) replaced
　(C) replacement　　(D) replace

Check-up Test

1. After three months of -------, the vacation resort is once more accepting bookings.
   (A) renovative
   (B) renovate
   (C) renovations
   (D) renovated

2. The ------- carried out by our door-to-door sales team was extremely useful for generating potential customers.
   (A) surveying
   (B) surveyor
   (C) surveyed
   (D) survey

3. Mayfair Restaurant urgently needed a ------- for fresh fruit and vegetables and decided to work with Brushden Farm.
   (A) supplies
   (B) supplier
   (C) supplying
   (D) supplied

4. Unanimous ------- from the board of directors is required for the business relocation proposal.
   (A) approval
   (B) factor
   (C) committee
   (D) commercial

5. The recruitment expert advises all jobseekers that they should list all relevant ------- on their résumé.
   (A) certified
   (B) certification
   (C) certify
   (D) certificates

6. Dartford Motors has accelerated its ------- by opening three new manufacturing plants throughout Michigan.
   (A) produces
   (B) productive
   (C) produced
   (D) production

7. Mr. Hawking will include prospective sources of ------- as part of his start-up business plan.
   (A) fund
   (B) funded
   (C) fundable
   (D) funding

8. Icarus Sportswear will launch an extensive advertising ------- to increase brand recognition in Europe.
   (A) association
   (B) campaign
   (C) market
   (D) expenses

9. The museum curator has improved some exhibits in ------- to negative feedback from visitors.

   (A) respond
   (B) responsive
   (C) response
   (D) responded

10. The manufacturer of the successful electric bicycle expects to end the year with a budget ------- of almost $100,000.

    (A) assembly
    (B) surplus
    (C) reward
    (D) price

11. At the award ceremony, Marjorie Konnig will be formally recognized for her ------- to the fashion industry.

    (A) contribute
    (B) contributing
    (C) contributes
    (D) contributions

12. Several ------- at MobGamez work on both mobile phone applications and computer games.

    (A) developers
    (B) development
    (C) developed
    (D) develop

13. After customers finalize a booking with Zante Tours, a copy of the travel ------- will be sent to them by e-mail.

    (A) agency
    (B) holiday
    (C) itinerary
    (D) pattern

14. Melissa Chen is such a popular physiotherapist that patients must wait around two months for an ------- with her.

    (A) appoint
    (B) appointment
    (C) appointed
    (D) appoints

15. The founders of Sturm Electronics make a sizable ------- to a charitable organization every year.

    (A) donor
    (B) donation
    (C) donated
    (D) donating

16. Mr. Daniels has done exceptional ------- on the blueprint for the new shopping center.

    (A) picture
    (B) career
    (C) work
    (D) task

Playlist 2

시험 전 꼭 봐야 하는 대명사 문제

Part 5

인칭대명사/지시대명사 | 부정대명사

- 선택지에 대명사가 있다면, 빈칸 앞뒤를 보고 어떤 격이 들어가야 하는지 파악한다.
- 지시대명사는 어떤 대상을 가리킬 때 사용하는 대명사이다.

인칭대명사

❶ [소유격] + 명사

빈칸 뒤에 명사가 있다면 빈칸은 명사를 꾸며줄 소유격 인칭대명사 자리이다.

While Ms. Thompson is on leave, Mr. Rivera will be overseeing some of [she / **her**] projects.
톰슨 씨가 휴가인 동안, 리베라 씨가 그녀의 프로젝트들의 일부를 감독할 것이다.

> 소유격과 명사를 하나의 대명사로 표현할 수도 있어요. her projects (그녀의 프로젝트들) = hers(그녀의 것들)라고 할 수 있는데 이러한 대명사를 '소유대명사'라고 해요.

❷ [주격] + 동사 (+ 목적어/보어)

빈칸 뒤에 동사가 있다면 빈칸에는 주어 역할을 할 주격 인칭대명사가 와야 한다.

On the last page of our company's newsletter, [**you** / your] can find our contact details.
저희 회사의 뉴스레터 마지막 페이지에서, 귀하는 저희의 연락처 정보를 찾을 수 있습니다.

❸ 동사/전치사 + [목적격 / 재귀대명사]

> 전치사 by와 재귀대명사가 함께 쓰이면 '스스로, 혼자 (힘으로)'라는 뜻이 돼요.

빈칸 앞에 동사 또는 전치사가 있다면 빈칸에 목적어 역할을 할 목적격 인칭대명사가 필요한데, 주어와 목적어가 동일한 대상일 때는 -self나 -selves로 끝나는 재귀대명사가 와야 한다.

All employees should familiarize [them / **themselves**] with the updated guidelines.
모든 직원들은 업데이트된 지침사항들에 익숙해져야 한다.

지시대명사

[those] who + 복수동사

빈칸 뒤에 who와 복수동사가 있다면, 두 명 이상의 사람을 나타내는 지시대명사 those가 정답이다.

[**Those** / They] who want to join the committee can reach out to Ms. Patel.
위원회에 합류하고 싶은 사람들은 파텔 씨에게 연락하면 된다.

> 빈칸 뒤에 who와 단수동사가 있다면 anyone을 정답으로 고르세요.

✓ Practice

1. Please submit ------- reimbursement forms by the end of the week.

   (A) you   (B) your
   (C) yours   (D) yourself

2. Only ------- who have a security pass may access the research laboratory.

   (A) those   (B) another
   (C) themselves   (D) each

| 인칭대명사/지시대명사 | **부정대명사** |

- 부정대명사는 특정한 대상을 가리키지 않고, 정해지지 않은 사람/사물/수량 등을 나타낼 수 있는 대명사다.
- 선택지가 수량을 나타내는 부정대명사로 구성되어 있다면, 빈칸 뒤에 제시된 「of the 명사」와 동사의 수를 보고 알맞은 부정대명사를 정답으로 선택하면 된다.

❶ [one, each] **of the 복수명사** + **단수동사**   *of the 뒤에 들어갈 명사의 수를 물어볼 때도 있어요.*

빈칸 뒤에 「of the 복수명사 + 단수동사」가 있다면, one(하나) 또는 each(각각) 중 의미가 자연스러운 것이 정답이다.

At the Feldman Gallery, [**one** / some] of the team leader's duties is announcing the upcoming talks to the public.
펠드만 미술관에서, 팀 리더의 직무들 중 하나는 다가오는 담화를 대중에게 알리는 것이다.

❷ [much, a little, little, all, some, most] **of the 불가산명사** + **단수동사**

빈칸 뒤에 「of the 불가산명사 + 단수동사」가 있다면, much(많은 것), a little(약간 있음), little(거의 없음), all(모든 것), some(몇몇), most(대부분) 중 의미가 알맞은 것을 정답으로 고른다.

[**Most** / Almost] of the maintenance work is carried out overnight to minimize travel disruption.
유지보수 작업의 대부분은 여행 차질을 최소화하기 위해 야간에 수행된다.

❸ [many, a few, few, all, some, most] **of the 복수명사** + **복수동사**

빈칸 뒤에 「of the 복수명사 + 복수동사」가 있다면, many(많은 것), a few(약간 있음), few(거의 없음), all(모든 것), some(몇몇), most(대부분) 중 해석상 자연스러운 것이 정답이다.

Mr. Nguyen will lead a workshop on the new management tool, as [**few** / all] of the people know how to use it.
은구옌 씨는 새로운 관리 툴에 관한 워크숍을 이끌 것인데, 그것을 사용하는 방법을 아는 사람이 거의 없기 때문이다.

Please ensure that [**all** / everything] of the promotional materials include the corporation's emblem.
모든 홍보자료에 회사의 엠블럼이 포함되어 있는지 확인하십시오.

 이거 알면 점수 UP!

사람 간의 관계를 나타내는 each other도 종종 출제돼요. '서로'라고 해석하고, 부정대명사이지만 주어 자리에 쓰지 않고 동사나 전치사의 목적어 자리에만 쓸 수 있어요.

Ms. Jones and Mr. Jefferson should support [**each other** / those] to achieve work goals efficiently.
존스 씨와 제퍼슨 씨는 근무 목표를 효율적으로 달성하기 위해 서로 지원해야 한다.

✓ Practice

3. Bus drivers must check that ------- of the passengers is wearing a seatbelt.

   (A) every   (B) all
   (C) each   (D) much

4. Both supervisors in the customer service department possess an excellent ability to communicate well with -------.

   (A) other   (B) oneself
   (C) each other (D) those

Check-up Test

1. Ms. Bates will be attending the renewable energy seminar with ------- executive assistant.

   (A) she
   (B) her
   (C) hers
   (D) herself

2. ------- of the leading musicians from the National Symphony Orchestra are performing live tonight at the Grand Harmonia Hall.

   (A) Some
   (B) Much
   (C) Little
   (D) Every

3. Mr. Martinez initiated the presentation by ------- but was later joined by Mr. Kim.

   (A) he
   (B) his
   (C) him
   (D) himself

4. The department head requests that ------- meeting agenda be submitted every Wednesday morning.

   (A) we
   (B) our
   (C) ours
   (D) ourselves

5. After the training session concludes, ------- can observe the improvements in workflow.

   (A) you
   (B) your
   (C) yours
   (D) yourself

6. Our cooks must make sure that ------- of the ovens is thoroughly cleaned at the end of every shift.

   (A) every
   (B) all
   (C) each
   (D) much

7. The Sales and Marketing executives preparing for their initial client meetings are encouraged to assist ------- by conducting mock sessions together.

   (A) either
   (B) whichever
   (C) each other
   (D) each

8. ------- who are interested in enrolling in the advanced software training must submit a completed application by 3 P.M.

   (A) Whoever
   (B) Those
   (C) Themselves
   (D) Each other

9. Most team supervisors at our organization frequently find ------- attending meetings with the regional director.

   (A) they
   (B) them
   (C) theirs
   (D) themselves

10. Following its merger with LTS Pharmaceuticals, Medico Health has become ------- of the leading healthcare companies in the nation.

    (A) some
    (B) one
    (C) this
    (D) more

11. Due to a mistake on the conference's registration page, ------- of the attendees are expected to arrive at the incorrect time.

    (A) anyone
    (B) many
    (C) who
    (D) either

12. TechNova lists its service center addresses on the back page of ------- catalog.

    (A) it
    (B) its
    (C) itself
    (D) them

13. Dr. Salmond will deliver a lecture when ------- arrives at the university on Tuesday.

    (A) himself
    (B) him
    (C) his
    (D) he

14. ------- who plans to request vacation time must notify their supervisor in advance.

    (A) Everything
    (B) Anyone
    (C) Something
    (D) Themselves

15. The committee members of Horizon Builders have agreed to relocate ------- headquarters to a new facility.

    (A) they
    (B) their
    (C) them
    (D) themselves

16. Even though our consultants typically work independently, the quarterly forums provide a chance for them to engage with -------.

    (A) the same
    (B) this
    (C) each other
    (D) much

Playlist 3

200% 꼭 나오는 동사 문제

Part 5

| 수 일치 | 능동태/수동태 |

- 선택지에 동사의 여러 형태가 있다면, 빈칸 앞뒤를 보고 빈칸이 동사 자리인지 먼저 파악한다.
- 빈칸이 동사 자리라면 주어를 찾고 단수 주어면 단수 동사를, 복수 주어면 복수 동사를 사용한다.
- 단수 동사는 동사 뒤에 -s가 붙고, 복수 동사는 -s가 붙지 않는다.

❶ **주어** + (수식어) + [**동사**]   *주어와 동사 사이에 수식어를 넣어서 헷갈리게끔 문제가 출제돼요.*

문장의 동사가 들어가야 할 빈칸 앞에 부사/전치사구/분사구 등의 수식어가 있다면, 수식어를 먼저 지우고 문장의 주어를 찾아 동사의 수를 일치시킨다.

The supermarket chain frequently [update / **updates**] its employee training programs.
슈퍼마켓 체인점은 직원 교육 프로그램을 자주 업데이트한다.

Security guards at Winslow Manufacturing [**enforce** / enforces] the policy on wearing ID badges.
윈슬로우 제조사의 보안 요원들은 사원증을 착용해야 하는 정책을 시행한다.

Complaints submitted through our customer service portal [is / **are**] processed within 24 hours.
우리 고객 서비스 포털을 통해 제출된 불만사항들은 24시간 이내에 처리된다.

❷ **Please/조동사** + [**동사원형**]

빈칸 앞에 Please나 조동사 can/will/may 등이 있다면 빈칸에는 동사원형이 와야 한다.

Please [putting / **put**] Dr. Elaine Carter on the list of keynote speakers for the conference.
엘라인 카터 박사님을 컨퍼런스의 기조 연설자 목록에 넣어주십시오.

With Maysfield Art Institute's digital gallery, users **will** [**experience** / experiences] hundreds of modern artworks online.
메이스필드 미술 연구소의 디지털 갤러리를 이용하여, 사용자들은 수백 개의 현대 예술작품들을 온라인으로 경험할 것이다.

✓ Practice

1. All employees signing up for the seminar ------- encouraged to read the materials in advance.

   (A) is   (B) been
   (C) being   (D) are

2. Orion Mail can ------- that your parcels will arrive in good condition.

   (A) promising   (B) promise
   (C) promises   (D) promised

| 수 일치 | **능동태/수동태** |

- 빈칸이 동사 자리라면 주어에 동사의 수를 먼저 일치시키고, 빈칸 뒤에 목적어가 있는지 파악한다.
- 빈칸 뒤에 목적어가 있다면 능동태를, 목적어가 없다면 수동태 동사를 정답으로 고른다.
- 동사의 수동태는 「be + p.p.」의 구조인데, 이때 be동사는 being이나 been의 형태일 때도 있다.
- 주로 3형식 또는 5형식 동사의 수동태가 출제된다.

❶ 능동태에서 수동태로 바꾸기

능동태에서 수동태로 바꾸는 방법은 ① 능동태의 목적어를 수동태의 주어로 이동, ② 능동태의 동사를 「be + p.p.」로 변경, ③ 능동태의 주어에 행위자를 나타내는 전치사 by를 붙여 수동태 동사 뒤로 옮긴다.

능동태 A safety supervisor **will examine** the production facility.
　　　　　 주어　　　　　　　 동사　　　　　　목적어
안전 감독관이 생산 시설을 조사할 것이다.

수동태 The production facility **will be examined** by a safety supervisor.
　　　　　 목적어　　　　　　 수동태 동사　　　　　 by + 주어
생산 시설이 안전 감독관에 의해 조사될 것이다.

❷ 목적어의 유무와 의미로 구분하기

선택지에 3형식 동사가 있을 때 빈칸 뒤에 목적어가 있으면 능동태, 목적어가 없으면 수동태가 정답이다. 의미로 구분할 때는 주어와 동사의 의미가 '주어가 ~하다'라는 뜻이면 능동태, '주어가 ~되다'라는 의미면 수동태를 정답으로 선택한다.

The CEO of Vista Technologies [**anticipates** / is anticipated] a significant revenue increase in May.
비스타 테크놀로지 사의 대표이사는 5월에 상당한 수익 증가를 예상한다.

Every item should [inspect / **be inspected**] thoroughly before it is packaged for delivery.
모든 상품은 배송을 위해 포장되기 전에 철저하게 점검되어야 한다.

❸ 5형식 동사의 수동태

5형식 동사 ask, advise, allow, expect, require, encourage 등은 「5형식 동사 + 목적어 + to부정사」의 능동태 구조보다 「be + 5형식 동사의 수동태 + to부정사」 구조로 더 자주 출제된다.

be asked to do ~하도록 요청받다	be advised to do ~하도록 권고되다
be allowed to do ~하도록 허용되다	be expected to do ~할 것으로 예상되다
be required to do ~하도록 요구되다	be encouraged to do ~하도록 권장되다

All new hires are [requiring / **required**] to attend the orientation session.
모든 신규 직원들은 오리엔테이션 시간에 참석하도록 요구된다.

✓ Practice

3. The restricted files can only be ------ by authorized personnel.

    (A) access　　　　(B) to access
    (C) accessed　　　(D) accessing

4. Renovation of the apartment building ------ to continue until December.

    (A) expecting　　　(B) expects
    (C) expect　　　　 (D) is expected

| 시제 ① 단순시제 | 시제 ② 완료시제 |

- 단순시제에는 현재시제/과거시제/미래시제가 있다.
- 빈칸 근처에 제시된 각 시제와 어울리는 표현들을 보고 알맞은 시제를 정답으로 고르면 된다.

❶ 현재시제 정답 단서

every week[month, year] 매주[달, 해]　　usually 주로, 보통　　generally 일반적으로
regularly 정기적으로　　frequently[often] 자주, 종종

Ms. Kim usually [**works** / will work] late on Thursdays, but she got off work early today for an urgent appointment.
김 씨는 보통 목요일마다 늦게까지 근무하지만, 오늘은 급한 약속으로 일찍 퇴근했다.

 이거 알면 점수 UP!

빈칸 근처에 어떤 시제 정답 단서도 없다면 일단 제시된 문장을 해석해 보세요. 해당 문장이 단순한 사실이나 반복적인 행동 등을 나타낸다면 현재시제가 정답이랍니다.

Senior guides at the museum [**lead** / is leading] informative tours for visitors of all ages.
박물관의 선임 가이드들은 모든 연령대의 방문객들을 위해 유익한 투어들을 진행한다.

❷ 과거시제 정답 단서

last week[month, year] 지난주[달, 해]　　ago ~ 전에　　recently 최근에
yesterday 어제

Mr. Glen [revises / **revised**] his business trip itinerary last week due to scheduling conflicts.
글렌 씨는 일정 충돌 때문에 지난주에 출장 일정을 변경했다.

❸ 미래시제 정답 단서

next week[month, year] 다음 주[달, 해]　　tomorrow 내일　　soon[shortly] 곧

The advisory board [gathered / **will gather**] early next month to discuss the expansion plan for the company.
자문 위원회는 회사의 확장 계획을 논의하기 위해 다음 달 초에 모일 것이다.

✓ Practice

5. Three years ago, Ms. Dawson ------- college to start her own business.

　(A) leave　　　　　(B) left
　(C) will leave　　　(D) is leaving

6. The research team ------- the survey results at the seminar tomorrow.

　(A) announces　　　(B) announced
　(C) will announce　 (D) are announced

| 시제 ① 단순시제 | 시제 ② 완료시제 |

- 완료시제에는 현재완료시제/과거완료시제/미래완료시제가 있다.
- 단순시제와 마찬가지로, 빈칸 근처에 제시된 시제 관련 표현들을 보고 어울리는 시제를 정답으로 선택한다.

❶ 현재완료시제 정답 단서

recently는 과거시제와 현재완료시제 둘 다 쓸 수 있고, lately는 현재완료시제에만 사용할 수 있어요.

for[over, in] the last[past] + 기간 지난 ~ 동안
lately 최근에
since + 과거시점 ~이래로
recently 최근에

Over the past decade, Zenith Innovations [will set / **has set**] the benchmark for solar energy efficiency.
지난 10년 동안, 제니스 이노베이션 사는 태양열 에너지 효율성을 위해 기준점을 세워왔다.

❷ 과거완료시제 정답 단서

Before 주어 + 과거시제 동사, 주어 + **과거완료시제 동사**. ~하기 전에, (이미) …했었다
After 주어 + **과거완료시제 동사**, 주어 + 과거시제동사. ~을 한 후에, …을 했다

Before she **joined** our sales team, Ms. Greta [**had worked** / will work] in a different field for two years.
그레타 씨가 우리 영업팀에 합류하기 전에, 그녀는 2년 동안 다른 분야에서 근무했었다.

After Mr. Hamilton [has mastered / **had mastered**] the functions of the 3D printer, he **helped** to train his coworkers.
해밀턴 씨는 3D 프린터의 기능을 완전히 익힌 후에, 그의 동료들을 교육시키는 데 도움을 주었다.

❸ 미래완료시제 정답 단서

By the time 주어 + 현재시제 동사, 주어 + **미래완료시제 동사** (+ for 기간). ~할 때쯤이면, (~ 동안) …을 했을 것이다

By the time the audience members **arrive**, the event organizers [finished / **will have finished**] setting up over 400 chairs.
관객들이 도착할 때쯤이면, 행사 기획자들은 400개가 넘는 의자들을 설치하는 것을 끝냈을 것이다.

✓ Practice

7. The local news station reported that employment rates ------- significantly since last year.
  (A) are increasing   (B) have increased
  (C) to increase   (D) increase

8. By the time Mr. Hawkins retires, he ------- at Marcus Bank for 30 years.
  (A) worked   (B) working
  (C) will have worked (D) had worked

Check-up Test

1. Employees are ------- to complete safety training before using heavy machinery.
   (A) require
   (B) requires
   (C) requiring
   (D) required

2. Please ------- the updated project timeline to all stakeholders no later than Friday at 5 P.M.
   (A) submit
   (B) submitted
   (C) submits
   (D) submitting

3. Before the final draft of the proposal was approved, the committee ------- the document to ensure clarity.
   (A) is revising
   (B) had revised
   (C) has to revise
   (D) was revised

4. Horizon Investments ------- its mission statement on its Web site.
   (A) outlining
   (B) outlines
   (C) is outlined
   (D) to outline

5. At last week's conference, the keynote speaker ------- advancements in artificial intelligence.
   (A) reviewing
   (B) will review
   (C) to review
   (D) reviewed

6. The tourism board's official online map ------- a directory of attractions in the city.
   (A) contain
   (B) containing
   (C) contains
   (D) to contain

7. Next week's GreenTech Symposium ------- on sustainable urban planning.
   (A) focus
   (B) focusing
   (C) to be focused
   (D) will focus

8. For the past five years, Easy Air ------- unbeatable standards in the budget airline industry.
   (A) has created
   (B) to create
   (C) creates
   (D) will create

9. The deposit for the reservation must ------- within three business days.

(A) to receive
(B) receive
(C) be received
(D) received

10. Once you finish the workshop registration, you are ------- to access exclusive content on the platform.

(A) allow
(B) allows
(C) allowed
(D) has allowed

11. Customers wishing to receive assistance with their accounts ------- to complete an online work form.

(A) need
(B) needing
(C) needs
(D) is needed

12. By the time Mr. Cho is ready to place another order, Axis Supply ------- a new catalog.

(A) published
(B) publishing
(C) had published
(D) will have published

13. The commemorative monument ------- by the engineering firm Sloan & Partners.

(A) was designed
(B) designs
(C) will design
(D) designing

14. Summit Financial Services ------- additional clerks to improve customer service recently.

(A) hiring
(B) has hired
(C) hire
(D) was hired

15. Apex Sportswear ------- last month that it would enter the South American market soon.

(A) announcing
(B) has announced
(C) announced
(D) announce

16. The extension of store hours is ------- to boost revenue by 20 percent.

(A) expected
(B) expectation
(C) expecting
(D) expectant

Playlist 4

틀리면 안 되는 형용사/부사 문제

Part 5

형용사 자리 찾기 | 수량형용사

- 선택지에 -ful/-ic/-ible/-able/-tive/-sive/-ous 등으로 끝나는 단어가 있다면 형용사다.
- 선택지에 형용사가 있다면, 빈칸 앞뒤를 보며 빈칸이 형용사 자리인지 확인한다.
- 형용사는 명사를 꾸며줄 수 있으므로 빈칸 바로 뒤에 명사가 있다면 빈칸은 형용사 자리일 확률이 높다.

❶ 관사 + [형용사] + 명사

빈칸 앞에 관사 a/an/the가, 빈칸 뒤에 명사가 있다면 빈칸은 형용사 자리이다.

Jinx Corporation completed the [**strategic** / strategically] acquisition of Sylar Technology last week.
진스 주식회사는 지난주에 실라 테크놀로지 사의 전략적인 인수를 완료했다.

❷ 소유격 + [형용사] + 명사

빈칸 앞에 my/your/her/his/our/their/its 등의 소유격 대명사가, 빈칸 뒤에 명사가 있다면 빈칸은 형용사 자리이다.

Ms. Blair will be recognized for her [**impressive** / impress] contributions to Betford Enterprises.
블레어 씨는 벳포드 사에 대한 인상적인 공헌으로 인정받을 것이다.

❸ (관사/소유격) + 부사 + [형용사] + 명사

빈칸 앞에 관사나 소유격 그리고 부사, 빈칸 뒤에 명사가 있다면 빈칸에는 형용사가 와야 한다.

Mr. Porter has been an extremely [value / **valuable**] member of the Human Resources department.
포터 씨는 인사부의 대단히 소중한 구성원이어왔다.

❹ 2형식 동사 + [형용사]

 2형식 동사 뒤에 쓰인 형용사는 주어를 보충 설명하는 '주격 보어'의 역할을 해요.

빈칸 앞에 be, become, remain, seem, stay 등의 2형식 동사가 있다면 빈칸은 형용사 자리이다.

The decision to extend business hours was very [profitability / **profitable**].
영업 시간을 연장하는 결정은 매우 수익성이 좋았다.

❺ 5형식 동사 + 목적어 + [형용사]

5형식 동사와 목적어 뒤에 쓰인 형용사는 목적어를 보충 설명하기 때문에 '목적격보어'라고 해요.

빈칸 앞에 keep, find, make, consider 등 5형식 동사와 목적어가 있다면 빈칸에 형용사가 필요하다.

The majority of Web site visitors find the new design more [attractively / **attractive**].
웹 사이트 방문자의 대다수는 새 디자인이 더 매력적이라고 생각한다.

✓ Practice

1. The provision of sleeping masks and blankets will make our passengers more ------- during their flight.

   (A) comfort   (B) comforts
   (C) comfortable (D) comfortably

2. Arishem Corporation is focused on maintaining its ------- values and progressive philosophy.

   (A) economic   (B) economy
   (C) economist (D) economically

| 형용사 자리 찾기 | 수량형용사 |

- 수량을 나타내는 형용사인 수량형용사 문제도 자주 출제된다.
- 빈칸 뒤에 제시된 명사의 수를 먼저 확인하고, 의미상 자연스러운 수량형용사를 정답으로 고른다.

❶ [each, every, another] + 단수명사

빈칸 뒤에 단수명사가 있다면 each(각각의), every(모든), another(또 다른 하나) 중 의미가 알맞은 것이 정답이다.

[All / **Every**] **personal item** must be removed from the office prior to the remodeling work.
리모델링 작업 전에 사무실에 있는 모든 개인 용품이 치워져야 한다.

 서아쌤 오답 피하기

every가 '~마다'라는 뜻으로 사용되면 뒤에 숫자표현과 복수명사가 올 수 있어요. every three months(세 달 마다)처럼 어떤 행동의 반복 주기를 나타낼 때는 every 뒤에 복수명사가 올 수도 있다는 것을 꼭 기억하세요.

❷ [several, many, a few, few, numerous] + 복수명사

빈칸 뒤에 복수명사가 있다면 several(여럿의), many(많은), a few(몇 개의), few(거의 없는), numerous(수많은) 중 의미가 자연스러운 것이 정답이다.

At Regent Publishing, there are [**many** / each] **opportunities** for career development.
리젠트 출판사에서는, 경력 개발을 위한 많은 기회들이 있다.

❸ [much, a little, little] + 불가산명사

빈칸 뒤에 불가산명사가 있다면 much(많은), a little(약간의), little(거의 없는) 중 해석상 자연스러운 것이 정답이다.

Gas station owners have [few / **little**] **influence** on fuel price increases.
주유소 소유주들은 연료 가격 인상에 거의 영향을 끼치지 않는다.

❹ [all, some, most, a lot of] + 복수명사/불가산명사

빈칸 뒤에 복수명사 또는 불가산명사가 있다면 둘 다 함께 사용할 수 있는 all(모든), some(몇몇의), most(대부분의), a lot of(많은) 중 의미상 자연스러운 것을 정답으로 선택한다.

Please make sure that [**all** / every] **mobile electronic devices** are turned off or set to silent mode.
모든 휴대용 전자 기기들의 전원이 꺼져 있거나 무음 모드로 설정되게 해주십시오.

✓ Practice

3. At the focus group session, ------- participant was asked to describe what they liked and disliked about the products.

    (A) each   (B) much
    (C) several   (D) a few

4. Workers on the assembly line at Dashford Motors are required to complete safety training courses ------- six months.

    (A) some   (B) several
    (C) every   (D) most

| 부사 자리 찾기 | 특수 부사 |

- 선택지에 「형용사 + -ly」 형태로 끝나는 단어가 있다면 부사다.
- 선택지에 부사가 있다면, 빈칸 근처를 보고 빈칸이 부사 자리인지 파악한다.
- 부사는 동사, 형용사, 다른 부사, 문장 전체 등을 수식할 수 있으므로 빈칸 근처에 이와 같은 단서들이 있다면 높은 확률로 빈칸은 부사 자리이다.

❶ 주어 + [부사] + 동사   *부사는 「부사, 주어 + 동사」 구조처럼 콤마와 함께 문장의 맨 앞에도 올 수 있어요.*

주어와 동사 사이에 빈칸이 있다면 빈칸은 부사 자리이다.

Mr. Phillips [**promptly** / prompt] addressed the urgent client inquiry.
필립스 씨는 지체 없이 긴급한 고객 문의사항을 처리했다.

❷ [부사] + 자동사 + [부사]   *부사는 자동사의 종류에 따라 자동사의 앞과 뒤 모두 위치할 수 있어요.*

목적어가 필요 없는 자동사 앞 또는 뒤에 빈칸이 있다면 빈칸에 부사가 필요하다.

Ticket sales for the Broadway show rose [**sharply** / sharp] after it was featured in the magazine.
잡지에 나온 이후 브로드웨이 공연에 대한 티켓 판매가 급격히 증가했다.

❸ [부사] + 타동사 + 목적어 + [부사]

타동사와 목적어 앞 또는 뒤에 빈칸이 있다면 빈칸에 부사가 와야 한다.

Mr. Feeney [careful / **carefully**] reviewed the apartment lease prior to signing it.
피니 씨는 계약하기 전에 아파트 임대 계약서를 신중하게 검토했다.

부사는 타동사와 목적어 앞이나 뒤에 모두 올 수 있지만, 타동사와 목적어 사이에는 올 수 없어요. 이 둘은 항상 세트로 같이 다녀야 하니 부사가 그 사이를 비집고 들어갈 수 없다는 걸 꼭 명심하세요!

❹ be/have + [부사] + p.p.   *「be동사 + -ing/형용사」 사이에도 부사가 올 수 있어요.*

be동사 p.p. 또는 have p.p 사이에 빈칸이 있다면 빈칸은 부사 자리이다.

The convention center is [**conveniently** / convenient] located near the international airport.
컨벤션 센터는 국제 공항 근처에 편리하게 위치해 있다.

❺ 조동사 + [부사] + 동사원형

조동사와 동사원형 사이에 빈칸이 있다면 부사가 정답이다.

Customers of Westminster Bank can [**easily** / easy] access their account through the app.
웨스트민스터 은행의 고객들은 앱을 통해 계정에 쉽게 접근할 수 있다.

✅ Practice

5. The CFO has ------- mentioned that we need to reduce our monthly expenditure.

   (A) repeat   (B) repeated
   (C) repeatable   (D) repeatedly

6. Professor Brandwood ------- accepted the award for his contributions to the field of chemistry.

   (A) enthusiast   (B) enthusiastic
   (C) enthusiastically (D) enthusiasm

| 부사 자리 찾기 | **특수 부사** |

- 일반적인 부사의 역할 외에, 특수한 역할을 하는 부사를 고르는 문제도 출제된다.
- 각 부사의 쓰임을 정확히 구별하여 암기해두어야 한다.

❶ 숫자 표현 앞에 사용하는 부사

숫자 표현 앞에 쓰일 수 있는 부사이다. 빈칸 뒤에 제시되는 숫자 표현을 보고 해당 수치를 수식할 수 있는 알맞은 부사를 고르도록 출제된다.

> approximately, nearly, almost, about 약, 대략, 거의
> up to 최대 ~까지
> over, more than ~가 넘는
> at least 최소한, 적어도

The fireworks display at the event's closing ceremony will last for [**approximately** / approximation] **20 minutes**.
행사의 폐회식에서 불꽃놀이 공연은 약 20분 동안 지속될 것이다.

❷ 증감 동사와 어울리는 부사

증가 또는 감소를 나타내는 동사와 함께 쓰여 증감의 정도를 나타내는 부사이다. 빈칸 앞 또는 뒤에 제시된 증감동사(increase, rise, grow, decrease, decline, fall, reduce, drop 등)를 보고 어울리는 부사를 고르는 유형으로 출제된다.

> considerably, substantially, significantly 상당히
> gradually 점진적으로
> dramatically, sharply 급격히
> slightly 약간

The number of diners per day **increased** [**dramatically** / accidentally] due to our new menu.
새로운 메뉴로 인해 하루 동안 식사하는 손님들의 수가 급격히 증가했다.

❸ 명사구를 수식할 수 있는 부사

부사는 기본적으로 동사/형용사/다른 부사/문장 전체를 수식하지만, 특정 부사들은 「관사 + 명사」로 구성된 명사구를 수식할 수 있다.

> largely, mainly 주로
> formerly 이전에, 예전에
> originally 원래
> once 한때

Lakeshore Adventure was [original / **originally**] **a boat rental shop**, but it has steadily expanded into a watersports center.
레이크쇼어 어드벤쳐는 원래 보트 대여점이었지만, 점진적으로 수상스포츠 센터로 확장했다.

✅ Practice

7. The survey shows that the new expressway ------- reduces commute times for Brantford residents.

(A) significant
(B) most significant
(C) significance
(D) significantly

8. The festival site, ------- a cornfield, can accommodate approximately 60,000 event attendees.

(A) closely
(B) extremely
(C) formerly
(D) immediately

Check-up Test

1. The ------- performance by the theatrical group received very positive reviews from critics.

   (A) remarks
   (B) remarkable
   (C) remarkably
   (D) remarked

2. Ms. Longmuir ------- planned to launch her hair salon in March, but it has been pushed back to May instead.

   (A) initial
   (B) initialize
   (C) initialized
   (D) initially

3. ------- copy of Wendy Chan's new album is personally signed by the singer herself.

   (A) Each
   (B) Several
   (C) All
   (D) Either

4. Symon Interior Design's brochure displays the innovative approaches our ------- workforce provides to clients.

   (A) create
   (B) creates
   (C) creatively
   (D) creative

5. Because Ms. Owens has ------- met sales targets, she will be given a bonus at the end of the year.

   (A) consistently
   (B) consistent
   (C) consists
   (D) consisted

6. High viewership of the newest film directed by Mira Barnes increased Nebula Studio's revenue by ------- 15%.

   (A) closely
   (B) nearly
   (C) carefully
   (D) equally

7. The financial advisor encouraged us to move ------- as we explore a potential business deal with Shenzen Pharmaceuticals.

   (A) caution
   (B) cautioned
   (C) cautious
   (D) cautiously

8. The construction of the hotel will ------- impact local businesses by increasing tourism.

   (A) favoring
   (B) favored
   (C) favorably
   (D) to favor

9. Last month's rise in resident complaints was ------- a result of the noisy renovation work being carried out on Main Street.

   (A) large
   (B) largely
   (C) larger
   (D) largest

10. The community fitness club is ------- designed to promote healthy living and social interaction.

    (A) specify
    (B) specific
    (C) specifically
    (D) specificity

11. The newly installed software helps to keep the personal details of patients -------.

    (A) securing
    (B) security
    (C) secures
    (D) secure

12. Marcus Chambers was ------- a kitchen porter, but he was promoted to sous chef by the restaurant owner.

    (A) originality
    (B) original
    (C) originals
    (D) originally

13. Anyone planning to go to the baseball game should book tickets in advance, since ------- people are expected to attend the event.

    (A) little
    (B) much
    (C) every
    (D) many

14. Dawson Investment Firm has ------- announced its annual earnings on December 30th of each year.

    (A) traditions
    (B) traditional
    (C) traditionally
    (D) traditionalism

15. Domestic energy prices decreased ------- again this year, but industry experts predict a significant increase next year.

    (A) highly
    (B) slightly
    (C) rarely
    (D) previously

16. Our fitness center recommends that members attend a personal training session ------- two weeks.

    (A) possible
    (B) every
    (C) previous
    (D) most

▶ **Playlist 5**

보자마자 정답이 보이는 전치사 문제

Part 5

| 필수 전치사 ① | 필수 전치사 ② |

- 선택지가 다양한 전치사로 구성되어 있다면, 빈칸 뒤에 제시된 명사를 보고 해당 명사와 어울리는 전치사를 정답으로 선택한다.
- 각 전치사의 의미뿐만 아니라 해당 전치사와 사용될 수 있는 명사의 종류를 반드시 함께 암기해야 한다.

❶ [at] + 구체적인 시각
　　　　 정확한 지점

빈칸 뒤에 구체적인 시각 또는 정확한 지점을 나타내는 장소 명사가 있다면 전치사 at이 정답이다.

The store will open for business [in / **at**] around **9 A.M.** on Friday.
그 매장은 영업을 위해 금요일 오전 9시쯤 문을 열 것이다.

Mr. Hodge reserved a deluxe room [**at** / after] **the Maple Hotel** for the potential investor.
호지 씨는 잠재 투자자를 위해 메이플 호텔에 디럭스 객실을 예약했다.

❷ [on] + 날짜, 요일(-day)
　　　　 접촉된 면

빈칸 뒤에 날짜/요일 또는 물리적으로 접촉된 면을 나타낼 수 있는 명사가 있다면 전치사 on을 정답으로 고른다.

Sumatra Coffee Shop's free bagel promotion ends [**on** / in] **June 30**.
수마트라 커피숍의 무료 베이글 행사는 6월 30일에 끝난다.

Hiking in the park is prohibited throughout January due to dangerous conditions [**on** / from] **the trails**.
공원에서의 하이킹은 산책길의 위험한 상태로 인해 1월 내내 금지된다.

❸ [in] + 월, 계절, 연도
　　　　 도시/나라, 3차원 공간

 in 뒤에 기간 표현이 올 경우, '~후에'라는 뜻을 가지는 전치사가 돼요.
in two weeks는 '2주 후에'라고 해석합니다.

빈칸 뒤에 월/계절/연도 또는 도시/나라와 같은 행정 구역을 나타내는 명사가 있다면 전치사 in이 정답이다. 전치사 in은 사방이 막혀 있는 공간 명사와도 함께 쓰일 수 있다.

The latest album by the singer-songwriter Cindy Metcalfe will be released [on / **in**] **October**.
싱어송라이터 신디 멧칼페 씨의 최신 앨범이 10월에 출시될 것이다.

The Biotyne Research Laboratory [**in** / to] **Midwitch City** upgraded its CCTV system to improve security.
미드위치에 있는 바이오타인 연구소는 보안을 개선하기 위해 CCTV 시스템을 업그레이드했다.

✓ Practice

1. The 10th Annual Technology Symposium will be held ------- the Halsey Conference Hall.
   (A) with　　(B) for
   (C) at　　　(D) from

2. The Bowford Bridge will be inaccessible ------- Wednesday due to maintenance work.
   (A) at　　(B) in
   (C) on　　(D) of

| 필수 전치사 ① | 필수 전치사 ② | |

- 앞서 배운 전치사 at/on/in 외에도, 다양한 의미를 가진 전치사들이 출제되므로 자주 출제되는 전치사들을 우선적으로 암기하는 것이 좋다.

❶ [since] + 과거시점

빈칸 뒤에 과거시점을 나타내는 명사와 현재완료시제 동사가 있다면 '~ 이래로'라는 뜻을 가진 전치사 since가 정답이다.

[**Since** / By] **1993**, Ballantyne Bistro **has focused** on promoting the use of locally-grown ingredients.
1993년 이래로, 발란타인 비스트로는 지역에서 자란 재료들의 사용을 홍보하는 데 초점을 맞춰왔다.

❷ [through] + 수단

빈칸 뒤에 수단이 제시되어 있고 '~을 통해'라는 뜻을 나타내야 한다면 전치사 through가 정답이다.

You can speak with our sales representative [**through** / throughout] **the online chat feature**.
귀하께서는 온라인 채팅 기능을 통해 저희 영업사원과 이야기하실 수 있습니다.

❸ [throughout] + 장소
                       기간

빈칸 뒤에 장소 또는 기간이 제시되어 있고 '~ 전역에 걸쳐, ~동안 내내'라는 의미를 나타내야 한다면 전치사 throughout이 정답이다.

The revised dress code policy will be applied [through / **throughout**] **the entire corporation**.
개정된 복장 규정이 전사에 걸쳐 적용될 것이다.

 이거 알면 점수 UP!

토익에서 최고로 자주 출제되는 전치사 1위를 꼽으라면 바로 despite이에요. '~에도 불구하고'라는 뜻을 가지기 때문에 despite 앞뒤에 서로 상반되는 내용이 제시돼요. despite와 동일한 의미를 가지는 전치사로는 in spite of도 있으니 함께 묶어서 암기하세요.

The local economy **grew** by 10 percent last year [**despite** / except] **the slight downturn** in tourism.
관광산업의 약간의 침체에도 불구하고 작년에 지역 경제가 10퍼센트 성장했다.

✓ Practice

3. The company relocation proposal has been approved ------- concern from some staff about longer commute times.

    (A) except   (B) despite
    (C) behind   (D) inside

4. Quality assurance supervisors check all steps ------- the assembly of our automobiles.

    (A) among   (B) beneath
    (C) inside   (D) throughout

| 헷갈리는 전치사 | 기타 전치사 |

- 전치사 문제에서는 동일한 뜻을 가졌지만 쓰임이 다른 전치사들이 선택지에 함께 제시될 때가 많다.
- 따라서 헷갈릴 수 있는 전치사들을 함께 모아 구분하여 학습하는 것을 추천한다.

❶ [until] 지속성 vs. [by] 일회성

전치사 until과 by는 둘 다 '~까지'라는 뜻을 가지고 있는 전치사이다. 하지만 빈칸 앞에 제시된 동사가 계속되는 지속성을 나타낸다면 until이, 한 번으로 끝나는 일회성이라면 by가 정답이다.

The amusement park will **remain** closed [**until** / by] March 1 except for special events.
놀이공원은 특별 행사들을 제외하고 3월 1일까지 문을 닫을 것이다.

All sales figures must be **submitted** [until / **by**] the end of the week.
모든 매출 수치는 이번 주 말까지 반드시 제출되어야 한다.

❷ [during] + 특정 기간 명사 vs. [for] + 숫자 기간 표현

전치사 during과 for는 모두 '~ 동안'이라는 뜻의 기간을 나타내는 전치사이다. 하지만 빈칸 뒤에 특정 기간을 나타내는 명사가 있다면 during이, 숫자가 포함된 기간 표현이 있다면 for이 정답이다.

The product developer showcased several new devices [**during** / for] **the annual conference**.
제품 개발자는 연례 컨퍼런스 동안 여러 새로운 기기들을 소개했다.

The company's probationary period lasts [during / **for**] **three months**.
회사의 수습 기간은 세 달 동안 지속된다.

❸ [between] 둘 사이에 vs. [among] 셋 이상

전치사 between과 among은 둘 다 '~ 간에, ~ 사이에'라는 의미를 가지는 전치사이다. 하지만 빈칸 뒤에 두 개의 대상이 있다면 between을, 대상이 세 개 이상이라면 among을 정답으로 고른다.

A profitable relationship has been maintained [**between** / among] **the two corporations**.
두 기업 간의 이득이 되는 관계가 유지되어 왔다.

The increase in energy prices has received criticism [between / **among**] **industry experts**.
에너지 가격의 증가는 업계 전문가들 사이에서 비평을 받아왔다.

✓ Practice

5. The new video game by Elite Software is expected to launch ------ April 5.

   (A) by   (B) until
   (C) at   (D) down

6. Globemax Cinema members will receive exclusive discounts ------ the month of July at selected locations.

   (A) onto   (B) above
   (C) during   (D) between

| 헷갈리는 전치사 | 기타 전치사 |

- 전치사에는 다른 품사로 착각하기 쉬운 -ing 모양을 가진 전치사와 여러 개의 단어로 구성되어 전치사가 아닌 것처럼 보이는 전치사들도 있다.
- 전치사가 들어갈 빈칸 앞뒤의 내용을 해석해 의미상 알맞은 전치사를 골라야 하는 문제가 출제되므로 각 단어의 품사가 전치사임을 우선 암기하고, 그 뜻도 함께 외워 둔다.

❶ -ing형 전치사

| following ~후에 | including ~을 포함한 |
| regarding ~에 관한 | concerning ~에 관한 |

[**Following** / Among] the health inspection, the restaurant resumed operations.
보건 점검 후에, 식당은 운영을 재개했다.

The university offers various courses, [within / **including**] computer science and environmental studies.
대학은 컴퓨터 공학과 환경 연구를 포함한 다양한 교육과정들을 제공한다.

including과는 반대되는 '~을 제외하고'라는 뜻을 가진 excluding도 함께 알아두세요!

❷ 여러 단어로 구성된 전치사

전치사는 보통 하나의 단어로 구성되지만, 여러 단어가 합쳐져 전치사가 되는 경우도 있다. 각 단어의 의미와 함께 품사가 전치사임을 암기해야 한다.

| because of, due to, owing to ~ 때문에 | thanks to ~ 덕분에 |
| according to ~에 따르면 | instead of ~ 대신 |

The coffee shop's earnings increased [**because of** / about] strong demand for its iced beverages.
커피 매장의 수익은 아이스 음료에 대한 강한 수요 때문에 증가했다.

[Except for / **According to**] the policy, all guests must check out by 11 A.M.
정책에 따르면, 모든 투숙객들은 오전 11시까지 체크아웃을 해야 한다.

✓ Practice

7. Access to the research laboratory is permitted by appointment only ------- the sensitive nature of the experiments.

   (A) regarding   (B) as
   (C) in   (D) due to

8. The memorandum ------- employee leave requests was sent out to all staff this morning.

   (A) concerning   (B) throughout
   (C) among   (D) near

Check-up Test

1. Chefs must adhere to specific hygiene protocols ------- food preparation.
   (A) during
   (B) except
   (C) beside
   (D) along

2. Great Lakes Bank will celebrate its 50-year anniversary ------- November 10.
   (A) in
   (B) at
   (C) on
   (D) to

3. Remodeling of the children's museum on Seaforth Road was finally finished ------- city council funding.
   (A) as well as
   (B) overall
   (C) thanks to
   (D) even if

4. The job of lead software designer was offered to Mina Petrucci ------- her background in user interface design.
   (A) because of
   (B) prior to
   (C) plus
   (D) besides

5. All subscribers are encouraged to opt for digital newsletters ------- printed versions.
   (A) except
   (B) through
   (C) instead of
   (D) according to

6. The event planning committee is scheduled to convene for a week ------- the fall.
   (A) to
   (B) on
   (C) up
   (D) in

7. City Hall requires visitors to present identification badges ------- the front desk.
   (A) near
   (B) at
   (C) between
   (D) from

8. Please notify the customer service department if you have not received your package from Global Supplies ------- Monday.
   (A) by
   (B) with
   (C) in
   (D) as

9. Mr. Lee will be overseas on business ------- the first week of next month.

   (A) onto
   (B) until
   (C) between
   (D) without

10. The heating system in the main building has been malfunctioning ------- 7 A.M. this morning.

    (A) within
    (B) since
    (C) about
    (D) at

11. The new high-speed railway will stop at several smaller towns and villages ------- Riverton and Laketown.

    (A) among
    (B) between
    (C) toward
    (D) down

12. You can submit applications ------- our new online portal using your computer.

    (A) around
    (B) in spite of
    (C) under
    (D) through

13. The upcoming training session is set to start ------- the lunch break.

    (A) rather
    (B) including
    (C) where
    (D) following

14. Guests will receive temporary access cards to use ------- the duration of their stay at the facility.

    (A) between
    (B) behind
    (C) upon
    (D) throughout

15. ------- the project manager, the new software update will improve system performance by 25 percent.

    (A) According to
    (B) Instead of
    (C) Due to
    (D) So that

16. ------- a recent injury, the lead actor in the theater play delivered an outstanding performance last night.

    (A) Regarding
    (B) Except
    (C) About
    (D) Despite

Playlist 6

부사절 접속사/관계대명사 집중 공략

Part 5

부사절 접속사 종류 | 부사절 접속사 vs. 전치사

- 부사절 접속사는 「주어 + 동사」로 구성된 완전한 구조의 절 두 개를 연결하는 역할을 하는 접속사이다.
- 부사절 접속사는 「------- + 주어 + 동사, 주어 + 동사」 또는 「주어 + 동사 + ------- + 주어 + 동사」의 구조에서 빈칸에 위치할 수 있다.
- 선택지가 여러 부사절 접속사로만 구성되어 있다면, 제시된 문장을 해석해 알맞은 의미의 부사절 접속사를 정답으로 고른다.

❶ 이유 부사절 접속사

| because ~하기 때문에 | since ~하기 때문에 | as ~하므로 | now that 이제 ~이므로 |

Employees prefer remote work [**because** / when] it offers greater flexibility.
직원들은 재택근무가 더 많은 유연성을 제공하기 때문에 재택근무를 선호한다.

❷ 양보 부사절 접속사

although, though, even though, even if (비록) ~이지만, ~한다 하더라도

[**Although** / Before] profits rose significantly, the organization is concerned about increasing expenses.
수익이 상당히 증가했지만, 그 기관은 증가하는 비용에 대해 우려하고 있다.

❸ 시간 부사절 접속사

| before ~하기 전에 | after ~한 후에 | until ~할 때까지 | while ~하는 동안 |
| once 일단 ~하면 | as soon as ~하자마자 | when ~할 때 | since ~한 이래로 |

The agreement will become official [**once** / since] it is approved by the chief executive officer.
일단 계약서가 대표이사에 의해 승인되면 그 계약서가 공식적으로 될 것이다.

※ since는 '~ 때문에'라는 뜻일 때는 이유 부사절 접속사로, '~한 이래로'라는 뜻일 때는 시간 부사절 접속사로 둘 다 사용될 수 있어요.

❹ 조건 부사절 접속사

| if ~한다면 | provided (that) ~라는 조건 하에 |
| unless ~하지 않는다면 | as long as ~하는 한, ~하기만 하면 |

[**If** / Until] snow causes the pitch to become too slippery, the soccer match will be postponed.
눈이 경기장을 너무 미끄럽게 한다면, 축구 경기는 연기될 것이다.

✅ Practice

1. ------- parking space is limited, event attendees are advised to take public transportation.
   (A) Since
   (B) Until
   (C) Before
   (D) Unless

2. Hiring a vehicle for your trip will be a simple process ------- you book with Swifty Rentals.
   (A) though
   (B) whereas
   (C) when
   (D) as if

| 부사절 접속사 종류 | 부사절 접속사 vs. 전치사 |

- 선택지에 부사절 접속사뿐만 아니라 전치사나 부사 등이 섞여서 출제될 경우, 빈칸 뒤의 구조를 먼저 파악해야 한다.
- 빈칸 뒤에 완전한 구조의 절이 있다면 부사절 접속사가, 명사가 있다면 전치사가 정답이다.
- 동일한 의미를 가지는 부사절 접속사와 전치사가 선택지에 함께 제시되기 때문에 이 둘을 비교해서 알고 있어야 한다.

❶ 이유: ~ 때문에

부사절 접속사	전치사
because, since, as, now that	because of, due to, owing to

[**Since** / Due to] **the café is located** next to the train station, it attracts many commuters.
그 카페가 기차역 옆에 위치했기 때문에, 그곳은 많은 통근자들을 끌어들인다.

❷ 양보: ~에도 불구하고

부사절 접속사	전치사
although, though, even though, even if	despite, in spite of

[**Even though** / Despite] **the magazine received** positive feedback, the number of subscribers remains below expectations.
잡지가 긍정적인 피드백을 받았음에도 불구하고, 구독자 수는 여전히 예상보다 낮은 상태이다.

❸ 시간: ~동안, ~ 후에, ~ 전에

부사절 접속사	전치사
while, after, before	during/for, after, before/prior to

[**Before** / Prior to] **Ms. Johnson joined** our workforce, she had managed a store in London.
존슨 씨가 우리 직원으로 합류하기 전에, 그녀는 런던에 있는 매장을 관리했었다.

❹ 조건: (만약) ~한다면, ~라는 조건 하에, ~ 경우에

부사절 접속사	전치사
if, provided (that), in case (that)	in case of

Trainees may start work at 1 P.M. on Wednesdays [**provided that** / in case of] **no staff meetings are scheduled** for the morning.
교육생들은 아침에 직원 회의 일정이 잡혀 있지 않다는 조건 하에, 수요일 오후 1시에 근무를 시작해도 된다.

✓ Practice

3. ------- the sales team at Whizz Appliances has tried to attract new clients, the company's monthly profits have declined steadily.
   (A) In spite of
   (B) Even though
   (C) Without
   (D) Until

4. The meeting room is not accessible ------- the audio system is being installed.
   (A) while
   (B) during
   (C) for
   (D) but

관계대명사	관계대명사의 동사 문제

- 관계대명사는 두 개의 절을 하나로 연결하는 접속사의 역할을 할 수 있으며, 관계대명사 앞에 위치한 명사를 꾸며줄 수 있기 때문에 '형용사절 접속사'라고도 부른다.
- 관계대명사의 앞에 위치해 관계대명사의 수식을 받는 명사를 '선행사'라고 한다.
- 이 선행사가 사람 또는 사물인지에 따라, 그리고 관계대명사 뒤에 올 문장 요소에 따라 사용할 수 있는 관계대명사가 달라진다.
- 선택지가 여러 관계대명사로 구성되어 있다면, 빈칸 앞의 선행사의 종류를 먼저 확인하고 빈칸 뒤에 제시된 문장 구조를 파악해 알맞은 관계대명사를 정답으로 고르면 된다.

선행사	주격	목적격	소유격
사람	who	who(m)	whose
사물	which	which	whose
사람/사물	that	that	-

❶ **선행사** + [**주격 관계대명사**] + **동사**

빈칸 앞에 선행사가 있고 빈칸 뒤에 동사만 있다면, 빈칸은 주어 역할을 할 주격 관계대명사 자리이다.

Dr. Leeson has some **skills** [whom / **which**] **are** crucial for the research leader role.
리슨 박사는 연구 리더 직책에 중요한 몇몇 기술들을 가지고 있다.

❷ **선행사** + [**목적격 관계대명사**] + **주어** + **동사**

빈칸 앞에 선행사가 있고 빈칸 뒤에 주어와 동사가 있다면, 빈칸에는 목적어 역할을 할 목적격 관계대명사가 와야 한다.

The regional supervisor had a meeting with new **staff members** [which / **whom**] **the company** recently **recruited**.
지역 관리자는 최근에 회사가 고용한 신규 직원들과 회의를 했다.

❸ **선행사** + [**소유격 관계대명사**] + **주어** + **동사** + (목적어/보어)

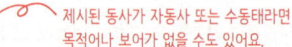
제시된 동사가 자동사 또는 수동태라면 목적어나 보어가 없을 수도 있어요.

빈칸 앞에 선행사가 있고 빈칸 뒤에 완전한 문장이 있다면, 소유 관계를 나타내는 소유격 관계대명사가 정답이다.

The device [**whose** / that] **parts are outdated** should be inspected by the technicians immediately.
부품이 오래된 기기는 즉시 기술자들에게 점검 받아야 한다.

 서아쌤 오답 피하기

관계대명사가 들어갈 빈칸 앞에 콤마(,)가 있을 경우, 관계대명사 that은 오답이에요.
The award, [~~that~~ / **which**] the winners received during the ceremony, was surprisingly heavy.
수상자들이 시상식 동안 받았던 상은 놀랄 정도로 무거웠다.

✓ Practice

5. Small vendors ------- participate in the market will receive a booth and power generator.

   (A) that   (B) they
   (C) what   (D) whoever

6. To get to the distribution warehouse, take the highway east to Junction 10, ------- is just a short distance past the shopping mall.

   (A) who   (B) wherever
   (C) which   (D) that

관계대명사	관계대명사의 동사 문제

- 관계대명사 문제는 알맞은 격을 찾는 유형 외에도, 관계대명사 뒤에 위치한 동사의 수를 일치시키는 유형으로도 출제된다.
- 빈칸 앞에 관계대명사가 있고 선택지가 동사의 여러 형태로 구성되어 있다면, 빈칸 앞에 위치한 선행사를 찾아 해당 선행사의 수에 동사의 수를 일치시킨다.

관계대명사의 동사 수 일치

관계대명사의 동사 수 일치 문제는 주로 주격 관계대명사 뒤에 들어갈 동사의 수를 일치시키는 유형으로 출제된다. 주격 관계대명사 who/which/that 앞에 위치한 선행사가 단수 명사라면 단수 동사를, 복수 명사라면 복수 동사를 정답으로 선택한다.

All actors who [**wish** / wishes] to take part in the next round of auditions must submit their portfolios to the casting director.
다음 오디션 차례에 참여하기를 희망하는 모든 배우들은 캐스팅 감독에게 포트폴리오를 반드시 제출해야 한다.

The city council has to make **a major decision that** [affect / **will affect**] the entire district of Green Acre.
시 의회는 그린 아크레의 전 구역에 영향을 끼칠 중대한 결정을 내려야 한다.

> 선행사가 a major decision으로 단수이므로 복수동사인 affect는 오답으로 소거해야 해요. will affect는 조동사 will 때문에 수 일치와 상관없이 사용할 수 있으니 정답이에요.

 이거 알면 점수 UP!

관계대명사 중 목적격 관계대명사인 who(m)/which/that은 문장에서 생략될 수 있어요. 문장에 관계대명사 없이 주어와 동사가 연달아 있다고 해도 당황하지 말고 차분하게 선행사를 먼저 찾아 문장 구조를 분석해 보세요.

Ms. Parker described the scheduling software (that) she used while working as a project manager.
파커 씨는 프로젝트 관리자로 일하는 동안 사용했던 일정 관리 소프트웨어에 대해 설명했다.

Practice

7. Representatives who ------- industry conferences should always have product brochures to distribute to potential investors.

   (A) attendance (B) attending
   (C) attend   (D) attends

8. Please send the successful candidate another copy of the employment contract that -------.

   (A) to misplace   (B) misplacing
   (C) misplaced   (D) was misplaced

Check-up Test

1. ------- the hotel offers a complimentary shuttle service to the train station, many guests prefer to walk there.

    (A) Despite
    (B) Though
    (C) According to
    (D) During

2. Employees ------- attend the computer skills workshop regularly will receive a gift certificate.

    (A) who
    (B) why
    (C) they
    (D) which

3. Company benefits will continue to be provided to team members ------- our project milestones remain on track.

    (A) as long as
    (B) otherwise
    (C) thanks to
    (D) regarding

4. Most universities have policies that ------- student eligibility for financial aid.

    (A) determining
    (B) determines
    (C) determine
    (D) determiner

5. ------- the fallen trees are cleared from the railway tracks promptly, several trains will be delayed.

    (A) Unless
    (B) Accordingly
    (C) Upon
    (D) In case of

6. Many video gamers are fans of the software company Nexus, ------- latest console was released last week.

    (A) it
    (B) whose
    (C) which
    (D) who

7. *Today's Science* is a podcast ------- focuses on emerging technologies.

    (A) they
    (B) who
    (C) while
    (D) which

8. The official product launch date will be decided ------- it is approved by the chief executive officer.

    (A) once
    (B) due to
    (C) yet
    (D) rather

9. The next budget review session will be postponed ------- Mr. Cheng returns from his business trip.

   (A) until
   (B) since
   (C) after
   (D) when

10. Green Thumb Landscaping is a successful local business ------- specializes in designing sustainable gardens.

    (A) them
    (B) that
    (C) whose
    (D) who

11. The outdoor festival was canceled ------- weather conditions were much worse than expected.

    (A) because
    (B) although
    (C) due to
    (D) in order to

12. A dinner has been arranged to welcome Charles Durden, ------- will assume the role of our new marketing director next month.

    (A) who
    (B) which
    (C) whose
    (D) that

13. The staff cafeteria will be closed to all employees for one month ------- construction work is being carried out.

    (A) while
    (B) during
    (C) prior to
    (D) then

14. Stellar Architects won the Design Excellence Award for its newest skyscraper project, which ------- by Ms. Nakamura, the chief architect.

    (A) overseeing
    (B) was overseen
    (C) overseen
    (D) to oversee

15. ------- the holiday season is approaching, it is important to plan your travel arrangements in advance.

    (A) In case
    (B) During
    (C) Because of
    (D) Now that

16. An author ------- novels are bestsellers all over the world will be featured in the upcoming literary magazine issue.

    (A) who
    (B) whom
    (C) that
    (D) whose

▶ Playlist 7

외우면 3초 컷, 준동사 문제

Part 5

to부정사 | 동명사

- to부정사는 「to + 동사원형」의 형태이며, 동사의 목적어나 목적격보어 또는 부사의 역할로 주로 출제된다.
- 전치사 to와 동일하게 생겼기 때문에 둘을 구분해서 알아두어야 한다. ─ 전치사 to 뒤에는 명사가 오기 때문에 동사원형이 뒤에 오는 to부정사와 확실히 구분할 수 있어요.
- 빈칸 앞에 제시된 동사를 보고 목적어 또는 목적격보어로 사용되는 to부정사를 고르는 유형으로 출제되며, 목적을 나타내는 부사적 용법으로 사용되는 to부정사를 고르는 문제가 가장 많이 출제된다.

❶ to부정사를 목적어로 취하는 3형식 동사

빈칸 앞에 아래 동사들이 있다면, 빈칸에는 목적어 역할을 할 to부정사가 와야 한다.

| hope 희망하다 | need 필요로 하다 | want 원하다 | plan 계획하다 |
| decide 결정하다 | intend 의도하다 | aim 목표하다 | promise 약속하다 |

The marketing team **hopes** [raising / **to raise**] brand recognition through advertisements.
마케팅팀은 광고를 통해 브랜드 인지도를 높이는 것을 희망한다.

❷ to부정사를 목적격보어로 취하는 5형식 동사

─ to부정사를 목적격보어로 가지는 5형식 동사들은 「be p.p. to do」형태로 더 자주 출제돼요.

빈칸 앞에 아래 동사들과 목적어가 있다면, 빈칸은 목적격보어 역할을 할 to부정사 자리이다.

| require 요구하다 | allow 허용하다 | ask 요청하다 | expect 기대하다 |
| invite 요청하다 | remind 상기시키다 | advise 권고하다 | encourage 권장하다 |

The latest inventory system will **allow the company** [**to purchase** / purchasing] materials more efficiently.
최신 재고 시스템은 회사가 자재들을 더 효율적으로 구매하도록 허용할 것이다.

❸ to부정사의 부사적 용법

to부정사가 부사의 역할을 하면 '~하기 위해서'라는 뜻으로 행위의 목적을 나타낸다. 빈칸 앞에 문장의 구조가 완전하고 빈칸에 to부정사를 넣어 해석했을 때 '~하기 위해서'라는 뜻이라면, to부정사가 정답이다.

Salinger Corporation is implementing a new sales incentive [will improve / **to improve**] the morale of its workforce.
샐린저 주식회사는 직원들의 근무 사기를 향상시키기 위해 새로운 영업 인센티브를 시행하고 있다.

─ to부정사의 부사적 용법은 「in order to 동사원형」으로도 쓸 수 있어요.

✓ Practice

1. Since Arctic Frozen Yogurt aims ------- its profitability, it plans to launch five new flavors.

   (A) increase (B) increasing
   (C) to increase (D) increases

2. The client relations director intends to adjust the merchandise return policy ------- discounted items.

   (A) inclusive (B) to include
   (C) inclusion (D) will include

| to부정사 | **동명사** |

- 동명사는 동사에 -ing를 붙인 형태로, 명사의 역할을 할 수 있다.
- 빈칸 앞에 제시된 동사 또는 전치사를 보고 목적어 자리에 올 동명사를 고르는 유형으로 출제되며, 동명사가 포함된 관용 표현 문제는 암기를 통해서만 풀 수 있다.

❶ 동명사를 목적어로 취하는 3형식 동사

빈칸 앞에 아래 동사들이 있다면, 빈칸에는 목적어 역할을 할 동명사가 정답이다.

| consider 고려하다 | avoid 피하다 | suggest 제안하다 | recommend 권장하다 |
| enjoy 즐기다 | mind 신경쓰다 | finish 끝내다 | |

The city council will **consider** [**expanding** / to expand] Ferguson Park so that it can host large events.
시 의회는 퍼거슨 공원이 큰 행사들을 개최할 수 있도록 공원을 확장하는 것을 고려할 것이다.

 이거 알면 점수 UP!

동명사는 전치사의 목적어로도 사용할 수 있어요. 또한, 품사는 명사에 속하지만 동사에 -ing를 붙였기 때문에 동사의 특성도 그대로 가지고 있답니다. 따라서 목적어를 필요로 하는 타동사를 동명사로 만들었다면, 뒤에 목적어가 있어야 해요.
The social media platform is in the process **of** [**establishing** / establishment] **a new set of guidelines** for data privacy.
소셜 미디어 플랫폼은 데이터 보호를 위한 새로운 지침들을 만드는 과정에 있다. 　명사는 뒤에 목적어를 가질 수 없으므로 오답이에요.

❷ 동명사 관용 표현

동명사 관용 표현은 주로 전치사 to나 in 뒤에 올 동명사를 고르는 유형으로 출제되므로 통으로 암기해 놓아야 한다.

look forward to -ing ~하는 것을 고대하다	have difficulty (in) -ing ~하는 데 어려움을 겪다
be committed to -ing ~하는 데 전념하다	contribute to -ing ~하는 데 기여하다
be dedicated to -ing ~하는 데 헌신하다	be devoted to -ing ~하는 데 헌신하다

The Windham Conservation Society **is committed to** [protect / **protecting**] indigenous species.
윈덤 보존 협회는 토착 종들을 보호하는 데 전념하고 있다.

✓ **Practice**

3. The lead product designer recommended ------- sturdier pedals for the new mountain bike model.

　(A) to develop　　(B) developed
　(C) developing　　(D) development

4. Winnipeg Airlines is dedicated to ------- all passengers with the highest standard of service.

　(A) will provide　　(B) providing
　(C) provide　　　　(D) provided

분사 기초 쌓기 필수 암기 분사

- 분사의 종류에는 현재분사(-ing)와 과거분사(p.p.)가 있다.
- 현재분사는 '~하는'이라는 능동의 의미를, 과거분사는 '~되는, ~된'이라는 수동의 의미를 가지고 있다.
- 분사는 형용사와 같이 명사를 수식하는 역할을 하므로 명사의 앞 또는 뒤에 위치해 명사를 수식해 줄 수 있다.

❶ 명사 앞에서 수식하는 경우

분사가 명사 앞에서 수식하는 경우, 분사와 수식을 받는 명사의 의미 관계를 확인해야 한다. 능동의 관계라면 현재분사(-ing)가, 수동의 관계라면 과거분사(p.p.)가 정답이다.

In preparation for the [approached / **approaching**] **rain**, the festival organizers set up several canopies.
다가오는 비에 대비하기 위해, 축제 주최자들은 여러 차양들을 설치했다.

Please inform Mr. Cartwright if you cannot access the [attaching / **attached**] **meeting agenda**.
첨부된 회의 안건에 대해 접근할 수 없다면 카트라이트 씨에게 알려주십시오.

❷ 명사 뒤에서 수식하는 경우

타동사일 때

분사도 동사에 -ing 또는 p.p.를 붙인 형태이기 때문에, 타동사를 분사로 사용할 때도 뒤에 목적어를 필요로 한다. 따라서 빈칸이 분사 자리이고 빈칸 뒤에 목적어가 제시되어 있다면, 현재분사가 정답이다. 반면에, 빈칸 뒤에 목적어 없이 전치사구 또는 부사 등이 있다면, 과거분사를 정답으로 선택한다.

Mr. Tarrant was assigned a role [**overseeing** / overseen] **mobile technologies** at Vizor Electronics.
타렌트 씨는 비저 전자에서 모바일 기술을 감독하는 직무를 배정받았다.

It is critical that all staff members join the monthly meeting [**scheduled** / scheduling] **for November 5**.
모든 직원들이 11월 5일로 잡힌 월간회의에 참여하는 것은 중요하다.

자동사일 때

자동사는 수동의 의미를 가질 수 없으므로 과거분사로 사용될 수 없다. 따라서 빈칸이 분사 자리이고 선택지에 제시된 분사가 자동사를 변형한 형태라면, 항상 현재분사를 정답으로 고르면 된다.

Dream Home is a local business [**specializing** / specialized] in the restoration of historical buildings.
드림 홈 사는 역사적 건축물들의 복원을 전문으로 하는 지역 사업체이다.

✓ Practice

5. The board members will convene to discuss ------- revisions to transportation regulations.
   (A) propose   (B) proposed
   (C) proposing (D) proposal

6. Farm Deli is a chain of food stores ------- a wide variety of fresh local ingredients.
   (A) sell   (B) sells
   (C) sold   (D) selling

| 분사 기초 쌓기 | 필수 암기 분사 |

- 특정 분사들은 능동과 수동 의미 관계와 상관없이 현재분사(-ing) 또는 과거분사(p.p.)의 형태로 아예 굳어져 사용된다. 이러한 분사들은 이미 정해져 있기 때문에 암기로만 알 수 있다.
- 형태가 굳어진 분사들은 품사 또한 형용사로 분류되어 출제된다.

❶ 현재분사(-ing)로 굳어진 분사

| leading 선두적인 | existing 기존의 | lasting 지속적인 | challenging 도전적인 |
| promising 유망한 | missing 사라진, 빠진 | upcoming 곧 있을 | demanding 요구가 많은 |

The sculptures designed for the hotel lobby resemble several [existed / **existing**] works of art.
호텔 로비를 위해 고안된 조각품들은 여러 기존 예술 작품들과 비슷하다.

❷ 과거분사(p.p.)로 굳어진 분사

limited 한정된	written 서면으로 작성된	detailed 상세한	attached 첨부된
skilled 능숙한	complicated 복잡한	damaged 손상된	renowned 유명한
designated 지정된	experienced 능숙한	qualified 적격인	distinguished 유명한
established 자리를 잡은	accomplished 기량이 뛰어난		

Charging stations for laptops are available in [**designated** / designating] zones of the airport.
노트북 충전 시설은 공항의 지정된 구역에서 사용할 수 있다.

 이거 알면 점수 UP!

정해진 형태로 사용하는 분사 중 감정을 나타내는 분사들도 있어요. 감정을 유발하는 대상인 사물은 현재분사와, 감정을 느끼는 대상인 사람은 과거분사와 어울려요.

exciting 신나는 – excited 신난   interesting 흥미롭게 하는 – interested 흥미로운
satisfying 만족시키는 – satisfied 만족한   confusing 혼동시키는 – confused 혼란스러운
surprising 놀라게 하는 – surprised 놀라운   disappointing 실망시키는 – disappointed 실망한

The **organizers** were [**surprised** / surprising] by the number of people who attended the event.
주최자들은 행사에 참석했던 사람들의 수에 의해 놀랐다.

The majority of viewers considered the **new science fiction TV show** [**interesting** / interested].
대다수의 시청자들은 새로운 공상과학 TV 쇼가 흥미롭다고 여겼다.

Practice

7. Diamond Property employs numerous ------- real estate agents in the Bright Hills region.

   (A) experiencing   (B) experienced
   (C) experience   (D) experiences

8. Despite ------- reviews of his latest album, Jordan Marks has sold out several large venues on his current tour.

   (A) disappointment   (B) disappointing
   (C) disappointed   (D) disappoints

Check-up Test

1. Please click on the microphone icon if you want ------- a conversation with our AI chatbot.

   (A) to begin
   (B) beginning
   (C) began
   (D) begun

2. Dr. Smith has been committed to ------- environmental sustainability issues in the community for over two decades.

   (A) address
   (B) addressed
   (C) addressing
   (D) will address

3. We are ------- to explore your travel preferences in depth via video call.

   (A) delighting
   (B) delighted
   (C) delights
   (D) delight

4. Instead of ------- traditional souvenirs, the tour guide gave each participant a personalized photo album.

   (A) provide
   (B) providing
   (C) provision
   (D) to provide

5. Guests must present their reservation confirmation at the reception desk ------- access the VIP lounge.

   (A) when
   (B) in order to
   (C) during
   (D) in front of

6. The coach promised ------- a mentor to the junior athletes after the season ends.

   (A) became
   (B) becoming
   (C) to become
   (D) had become

7. There is sufficient fuel ------- in the company car to pick up the clients from the train station.

   (A) remains
   (B) remainder
   (C) remained
   (D) remaining

8. Based in Tokyo, Sakura Electronics is a ------- manufacturer of innovative robots.

   (A) led
   (B) leader
   (C) leading
   (D) leadership

9. Due to the ------- demand for electric vehicles, production rates are expected to increase.

    (A) to surprise
    (B) surprises
    (C) surprised
    (D) surprising

10. Attendees are reminded to mute their microphones to avoid ------- others during the webinar.

    (A) distracted
    (B) distracting
    (C) distraction
    (D) distracts

11. GreenLeaf Architects is currently drafting a ------- blueprint for the upcoming eco-friendly housing project.

    (A) detail
    (B) details
    (C) detailed
    (D) detailing

12. After the keynote speech, participants will have 15 minutes ------- the speaker questions.

    (A) ask
    (B) asked
    (C) to ask
    (D) has asked

13. The chef's new cookbook was released along with a brochure ------- its unique recipes.

    (A) describing
    (B) described
    (C) have described
    (D) describes

14. Mr. Wang asked his secretary ------- up the agenda for the upcoming conference.

    (A) type
    (B) will type
    (C) was typing
    (D) to type

15. Reservations ------- through the hotel's Web site can be paid for at the front desk upon arrival.

    (A) book
    (B) are booked
    (C) booked
    (D) will book

16. A luncheon will be organized to formally introduce the newly ------- sales executive to the rest of the team.

    (A) appoint
    (B) appointed
    (C) appointing
    (D) appoints

 **Playlist 8**

해석으로 단서 찾는 접속부사&문맥파악

Part 6

| 접속부사 ① | 접속부사 ② |

- 접속부사는 부사의 역할을 하므로 문장의 필수 요소는 아니다.
- 접속부사는 두 개의 완전한 문장을 의미적으로 연결한다. 따라서 선택지가 접속부사로 구성되어 있다면, 빈칸 앞뒤 문장을 해석하고 알맞은 의미의 접속부사를 정답으로 고른다.
- 해석으로 풀 수밖에 없기 때문에 접속부사가 가지고 있는 의미를 정확하게 암기하는 것이 중요하다.

양보/대조 접속부사

빈칸 앞뒤의 내용이 상반될 때 사용하는 접속부사로, '하지만, 그럼에도 불구하고, 반면에' 등의 뜻으로 해석되면 양보/대조 접속부사를 정답으로 고른다. However가 정답으로 가장 많이 출제된다.

| However 하지만, 그러나 | Nevertheless, Nonetheless 그럼에도 불구하고 |
| Even so 그렇다 하더라도 | On the other hand 반면에, 한편 |

As I noted previously, I found my first cooking class to be very difficult and intensive. **I was very concerned about attending again.** -------, **the instructor immediately put me at ease** and promised me that things would get easier with practice.

(A) However   (B) Thus

전에 언급해 드렸다시피, 저는 제 첫 번째 요리 강좌가 매우 어렵고 집중적이라고 생각했습니다. 저는 다시 참석하는 것에 대해 대단히 우려했습니다. 하지만, 강사님께서 즉시 저를 안심시켜 주셨고, 모든 게 연습을 통해 더욱 쉬워질 것이라고 약속하셨습니다.

인과 접속부사

빈칸 앞뒤의 내용이 원인과 결과의 관계일 때 사용되며, '그러므로, 따라서' 등으로 해석되면 인과 접속부사를 정답으로 선택한다. Therefore가 정답으로 자주 출제된다.

| Therefore, Thus 그러므로 | As a result, Consequently 그 결과로 |
| Accordingly 따라서 | For that reason 그런 이유로 |

Please be advised that **all computers in the library's IT lounge will be unavailable** on Friday, August 9, while new software is being installed. -------, **those who want to use the Internet should go to the community center on Midtown Road.**

(A) Therefore   (B) For example

도서관의 IT 라운지에 있는 모든 컴퓨터가 금요일, 8월 9일에 새 소프트웨어가 설치되는 동안 이용할 수 없을 것이라는 사실에 유의하시기 바랍니다. 그러므로, 인터넷을 이용하고자 하시는 분들께서는 미드타운 로드에 위치한 지역 문화 센터로 가시기 바랍니다.

| 접속부사 ① | 접속부사 ② |

- Part 6에서만 출제되던 접속부사 문제가 최근 Part 5에서도 출제되고 있으므로 다양한 접속부사의 종류와 의미를 외워두는 것을 추천한다.

추가 접속부사

빈칸 앞의 내용과 비슷한 맥락의 내용을 추가할 때 사용하는 접속부사로, '게다가, 더욱이' 등으로 해석되면 추가 접속부사를 정답으로 고르면 된다. In addition과 Additionally가 정답으로 가장 자주 출제된다.

| In addition 게다가 | Additionally 게다가 | Also 또한 |
| Furthermore, Moreover 더욱이 | Besides 게다가, 뿐만 아니라 | |

Your membership entitles you to use our gym facilities seven days a week. -------, **you can receive a free personal training session once a week.** For more information, please speak with a member of staff.

(A) Therefore   (B) In addition

귀하의 회원권은 귀하께서 일주일에 7일 동안 저희 체육관 시설을 이용하도록 자격을 줍니다. 게다가, 귀하께서는 일주일에 한 번 무료 개인 트레이닝 시간도 받으실 수 있습니다. 더 많은 정보는, 직원과 이야기하시기 바랍니다.

예시 접속부사

빈칸 뒤에 제시된 내용이 빈칸 앞 내용의 예시에 해당한다면, 예시 접속부사가 정답이다. For example이 정답으로 자주 출제된다.

| For example 예를 들어 | For instance 예를 들어 |

While the sales tracking program may seem complex, **the software offers numerous benefits**. -------, **managers from our various branches no longer have to manually submit daily sales figures.**

(A) In contrast   (B) For example

판매량 추적 프로그램이 복잡해 보일 수도 있지만, 이 소프트웨어는 수많은 이점을 제공해 줍니다. 예를 들어, 다양한 지사의 지사장님들께서 더 이상 일일 판매량 수치를 수동으로 제출하실 필요가 없습니다.

시간 접속부사

시간 접속부사는 빈칸 앞뒤에 제시된 문장들이 과거/현재/미래의 시간 흐름이나 동시성을 나타낼 때 사용한다.

| Previously 이전에 | At that time 그 당시에 | Now 현재, 지금 |
| Afterward 그 후에 | After that time 그 이후에 | At the same time 동시에 |

Over the next week, **all factory machines will be inspected by our safety officer**. -------, **the most outdated equipment will be identified** and replaced with new ones.

(A) Even so   (B) Afterward

다음 주 동안에 걸쳐, 모든 공장 기계가 우리 안전 조사관에 의해 점검될 것입니다. 그 후에, 가장 노후한 장비가 확인되어 새 것들로 교체될 것입니다.

문맥파악 ① 시제, 대명사 문맥파악 ② 어휘, 문장삽입

- Part 6에 출제되는 시제 및 대명사 문제는 빈칸이 포함된 문장보다는 빈칸 앞 또는 뒤에 제시된 문장을 읽고 정답 단서를 찾아야 한다.

시제 문제
공지/공고/이메일 지문은 주로 미래시제를, 기사/후기 지문은 과거시제를 많이 사용해요.

Part 6 시제 문제는 지문 내에 제시되어 있는 날짜들을 비교하거나 지문에서 주로 사용된 시제가 정답일 확률이 높다.

Attention: All Morpeth Corporation Staff

Posted: **May 10**

We are delighted to announce an important change! We have decided to expand our current staff lounge to accommodate more employees. In order to do this, **part of the reception area** ------- **renovated**. **This work will begin on May 17.**

(A) was   (B) will be

공지 대상: 모페스 주식회사 전 직원

게시일: 5월 10일

한 가지 중요한 변화를 알려 드리게 되어 기쁩니다! 우리는 더 많은 직원들을 수용하기 위해 현재의 직원 라운지를 확장하기로 결정했습니다. 이렇게 하기 위해, 안내 구역의 일부가 개조될 것입니다. 이 작업은 5월 17일에 시작될 것입니다.

대명사 문제
Part 6 대명사 문제에서는 대명사 this/these/it, 인칭대명사 our/ours/your/their/them, 부정대명사 one/all/each/some/both 등이 정답으로 자주 출제돼요.

대명사는 앞에서 언급되었던 명사를 다시 언급할 때 사용하기 때문에, 빈칸 앞에 제시된 문장에서 단서를 찾아야 한다. 대명사가 가리키는 명사를 찾았다면 수(단수/복수)와 성(남자/여자/사물), 그리고 격(주격/목적격/소유격 등)을 따져 알맞은 대명사를 고른다.

Dear Ms. Potter,

It has come to my attention that the following training courses were due to be completed online by Tuesday, August 28: *Communication in the Workplace* and *Managing Time Effectively*. Please make sure to complete ------- on the staff training portal at your earliest convenience.

(A) them   (B) it

포터 씨께,

다음 교육 과정들이 8월 28일, 화요일까지 온라인에서 완료되었어야 한다는 사실을 알게 되었습니다: <직장 내의 의사 소통>과 <효과적으로 시간 관리하기>. 반드시 가급적 빨리 직원 교육 포털에서 이것들을 완료하시기 바랍니다.

문맥파악 ① 시제, 대명사   문맥파악 ② 어휘, 문장삽입

• Part 6에 출제되는 어휘 및 문장삽입 문제 또한 빈칸 앞 또는 뒤, 앞뒤에 제시된 문장을 읽고 정답 단서를 찾아야 한다.

어휘 문제

Part 6 어휘 문제는 빈칸 앞에 제시된 지시어 this/these나 정관사 the, 대명사 your/our/their 등의 단서를 활용하면 쉽게 풀 수 있다.

> Some business owners claim that staff nap breaks **can prevent exhaustion and increase productivity**. However, according to published research, **these** ------- are only experienced by a small number of workers who take naps in the workplace.
>
> **(A) benefits**   (B) causes
>
> 어떤 업체 소유주들께서는 직원 낮잠 휴식 시간이 피로를 예방하고 생산성을 높일 수 있다고 주장합니다. 하지만, 출간된 연구에 따르면, 이러한 이점들은 직장 내에서 낮잠을 자는 오직 소수의 직원들만 경험합니다.

 서아쌤 오답 피하기

지문의 첫 문장에 어휘 문제가 포함되어 있는 경우, 빈칸 앞보다는 빈칸 뒤를 읽어야 정답을 더 빨리 찾을 수 있어요. 빈칸 바로 뒷문장의 핵심 단어와 비슷한 맥락의 어휘가 정답일 확률이 높아요.

문장삽입 문제

문장삽입 문제는 선택지에 사용된 지시어/정관사/대명사 등의 정답 단서를 먼저 확인하고, 빈칸 앞 또는 뒤에 제시된 문장을 읽고 흐름상 알맞은 문장을 정답으로 선택하면 된다.

> Due to an unexpected change in circumstances, the Golden Halo **Charity Auction that was scheduled to take place on November 3 at The Danvers Hotel will no longer be held**. -------.
>
> (A) You may be able to take a detour to avoid the traffic.
>
> **(B) We are very sorry for the inconvenience.**
>
> 예기치 못한 상황 변화로 인해, 11월 3일에 댄버스 호텔에서 진행될 예정이었던 골든 헤일로 자선 경매 행사가 더 이상 개최되지 않을 것입니다. -------.
> (A) 교통량을 피하기 위해 우회로를 이용하실 수 있을 것입니다.
> (B) 저희는 이러한 불편에 대해 대단히 유감스럽게 생각합니다.

> Come and celebrate the launch of the newest set of songs by our most famous local celebrity! **Folk singer Mavis Bell will be at Downtown Records to play songs** from her new album and **will also be happy to autograph** copies of it. -------.
>
> **(A) The event will conclude with an interview at 3 P.M.**
>
> (B) Singers should contact the music store to sign up.
>
> 가장 유명한 우리 지역 유명인이 부른 일련의 최신 곡 발매 행사를 오셔서 축하해 주시기 바랍니다! 포크 가수 마비스 벨 씨가 다운타운 레코드에 오셔서 새로운 앨범 수록곡들을 부르실 것이며, 기꺼이 앨범에 사인도 해 드릴 것입니다. -------.
> (A) 이 행사는 오후 3시에 인터뷰와 함께 종료될 것입니다.
> (B) 가수들은 이 음반 매장에 연락하여 신청해야 합니다.

Playlist 8   59

✓ Practice

1. In cafés, ceramic cups are commonly used as they are cost-effective and easy to replace if broken. -------, stainless steel tumblers are highly durable and can maintain beverage temperatures, unlike ceramic cups. Consequently, many cafés are transitioning to stainless steel tumblers to increase customer satisfaction.

(A) Besides
(B) On the other hand
(C) After that time
(D) For example

2. (SAN FRANCISCO – June 15) Horizon Technologies announced that it has secured a $3.5 million contract to create an advanced data analytics platform for a leading financial institution in New York City. The platform will integrate various data sources, providing real-time analytics to support strategic decision-making. The ------- is expected to take approximately one year to complete. Once Horizon Technologies finalizes the software design, implementation will commence immediately.

(A) survey
(B) project
(C) style
(D) material

3. Maplewood Restaurant Group, a chain of fine dining establishments in the United States, opened its twentieth location last week. The new restaurant features seating for 200 guests, a private dining area, and a state-of-the-art kitchen. According to CEO Johnathan Smith, the first 150 patrons who dined at the new location ------- a complimentary dessert.

(A) received
(B) will receive
(C) are receiving
(D) receive

4. We offer a diverse selection of design classes tailored to various skill levels. Some are specifically designed for beginners, while others cater to more experienced designers. ------- of the classes are affordably priced and led by renowned professionals with extensive expertise.

(A) Whole
(B) Both
(C) Each
(D) All

5. Please be informed that additional employees will be recruited for our downtown call center early next month to improve the quality of our customer support services. -------.

(A) We can confirm that we have received your application.
(B) The course is available either online or in person.
(C) This will allow us to maintain our reputation as the best provider.
(D) We are thankful to all of our staff who made this possible.

Check-up Test

Questions 1-4 refer to the following information.

Dunwich Community Center is pleased **1.** ------- its first Community Book Project (CBP), commencing on April 15.

The goal of the CBP is to motivate residents to contribute their gently used or surplus books to the community center, which will then distribute them **2.** ------- neighborhood schools in need. Individuals and businesses who would like to become **3.** ------- can visit the community center's Web site for information on drop-off locations.

A significant reduction in funding has resulted in the lack of educational materials in local schools over recent years. **4.** -------. For more details, please visit www.dunwichcommunity.com/cbp.

1. (A) announcement
   (B) announced
   (C) to announce
   (D) announces

2. (A) along
   (B) beside
   (C) among
   (D) before

3. (A) clients
   (B) donors
   (C) employers
   (D) beneficiaries

4. (A) The project should help to solve this issue.
   (B) As a result, several schools have upgraded their equipment.
   (C) Your contribution has helped enhance the lives of many students.
   (D) The rising cost of tuition has affected many local families.

Questions 5-8 refer to the following e-mail.

To: Robert Bancroft <rbancroft@apexofficesupplies.com>
From: Jordan Tooms <jtooms@hendersonenterprises.com>
Subject: Office furniture contract
Date: October 15

Dear Mr. Bancroft,

I am writing to receive **5.** ------- of the terms we outlined during our discussion this morning. As agreed, your firm will deliver desks, chairs, and other office furniture to our new branch in San Diego. The delivery **6.** ------- on October 22, and we would appreciate it if the furniture arrangement could be completed within one to two days. **7.** -------, the total expense for the delivery and setup will not exceed $20,000.

Once you have prepared the formal agreement based on the above-mentioned terms and conditions, please make two copies, sign them, and send them to me. **8.** -------.

Sincerely,

Jordan Tooms, Facilities Coordinator
Henderson Enterprises

5. (A) termination
   (B) stipulation
   (C) limitation
   (D) confirmation

6. (A) has begun
   (B) began
   (C) will begin
   (D) was beginning

7. (A) For instance
   (B) Thus
   (C) In fact
   (D) Additionally

8. (A) We will inform you once your shipment has left our warehouse.
   (B) Yours will be returned to you as soon as possible.
   (C) I would be happy to recommend some alternative products.
   (D) Thank you for agreeing to this change in schedule.

Questions 9-12 refer to the following memo.

To: All Primo Publishing Staff
From: Troy Forster
Subject: New Office Recycling Program
Date: January 6

Recent assessments have shown that our waste generation has increased substantially. Therefore, the facilities manager proposed a new initiative aimed at improving our environmental sustainability efforts **9.** ------- this month's board meeting. In the meeting, he expressed confidence that transitioning from individual bins to a centralized recycling station will significantly reduce our environmental footprint.

10. ------- will implement the new office recycling program starting next month. **11.** -------. Furthermore, the facilities manager will lead efforts in educating staff on proper recycling procedures, reducing single-use plastics, and encouraging the use of reusable materials. These **12.** ------- will contribute to a more sustainable workplace and demonstrate our commitment to environmental responsibility.

9. (A) after
   (B) during
   (C) since
   (D) except

10. (A) His
    (B) We
    (C) This
    (D) Theirs

11. (A) The new initiative was announced by the city mayor.
    (B) This is due to the expansion of our publishing portfolio.
    (C) Our employees have followed the new policy.
    (D) Though this will require a change, it will be highly beneficial.

12. (A) promotions
    (B) appointments
    (C) devices
    (D) measures

Playlist 9

점수 끌어올리는 단일지문 총정리

Part 7

주제&목적 | 세부사항

- 지문의 주제 또는 목적을 묻는 질문이다.
- Part 7 단일지문은 하나의 지문을 읽고 2~4문제를 풀어야 하는데, 그 중 주제&목적 문제 유형은 첫 번째 문제로 자주 출제된다. 따라서 지문의 첫 문장 또는 첫 문단만 읽고 문제를 풀 수 있다.
- 지문을 읽기 전에 질문을 빠르게 읽고 문제 유형을 파악한 후, 지문 속에서 주제 또는 목적을 나타내는 표현을 찾아 그 주변을 읽고 정답을 고르면 된다.

주제&목적 질문 유형

주제	**What** is the notice mainly **about**? 공지는 주로 무엇에 관한 것인가? **What** does the article mainly **discuss**? 기사는 주로 무엇을 논의하는가?
목적	**What** is the **purpose** of the memo? 회람의 목적은 무엇인가? **Why** was the e-mail **written[sent]**? 이메일이 왜 쓰여졌는가[보내졌는가]?

지문 속 주제&목적을 나타내는 표현

- Please + 동사원형 ~해주십시오
- Would/Could/Can you ~? ~해 주시겠습니까?
- I'm writing to do ~하기 위해 글을 씁니다
- We'd like to do 저희는 ~하고자 합니다
- This e-mail is to do 이 이메일은 ~하기 위함입니다

> **Could you** please let me know if your new Savannah hiking boots would be suitable for difficult hikes? I'm planning to visit Fern Mountain, so I'm looking for a reliable brand that meets my needs. Thank you.

Q. What is the purpose of the e-mail?

 (A) To inquire about a product
 (B) To give directions to a store

 서아쌤 오답 피하기

지문의 첫 문단까지 읽었는데도 주제&목적 문제의 답을 찾을 수 없다면, 다른 유형의 문제를 먼저 푸세요. 문제가 어렵게 출제될 경우, 지문을 끝까지 다 읽어야 지문의 주제 또는 목적을 알 수 있게 하기 때문에 첫 문단만 읽고 섣불리 정답을 골랐다가는 오답을 고를 확률이 높아져요. 이때는 지문에 딸린 다른 문제를 먼저 풀고 주제&목적 문제를 가장 마지막으로 푸는 것이 좋아요.

| | 주제&목적 | 세부사항 |

- Wh-의문사를 사용해 지문 내 다양한 정보를 묻는 질문이다.
- 질문에 제시된 의문사와 키워드를 먼저 확인하고, 지문에서 키워드가 제시된 위치를 찾아 해당 부분을 읽는다.
- 각 의문사가 묻는 대상의 특징을 활용하여 정답을 선택한다.

세부사항 질문 유형

Who	**Who** is **Ms. Galia**? 갈리아 씨는 누구인가?
What	**What** will happen on **April 7**? 4월 7일에 무슨 일이 있을 것인가? **What kind** of business is **Whitmore Industries**? 윗모어 인더스트리즈 사는 무슨 종류의 업체인가?
When	**When** did **Ms. Olivia leave** for a business trip? 올리비아 씨는 언제 출장을 떠났는가?
Where	**Where** is **Mr. Benjamin's office located**? 벤자민 씨의 사무실은 어디에 위치해 있는가?
Why	**Why** did Mr. Anthony **thank** Ms. Chloe? 안토니 씨는 클로에 씨에게 왜 고마워했는가?
How	**How** did Mr. Jones **find out** about the **job vacancy**? 존스 씨는 공석에 대해 어떻게 알게되었는가? **How much** did Ms. Abigail **pay** for her **subscription**? 아비가일 씨는 구독료로 얼마를 지불했는가?

Wh-의문사별 정답 대상

- **Who**: 특정 인물의 직책이나 직업 찾기
- **What**: 키워드에 대한 특정 정보 찾기
- **When**: 특정 시간이나 날짜 찾기
- **Where**: 특정 장소 찾기
- **Why**: 키워드에 대한 이유 찾기
- **How**: 방법, 수량, 기간, 빈도, 가격 찾기

> Because of the upcoming summer music festival, many transport companies **will begin providing alternative routes** that avoid the area around the event site.

Q. How will transport companies adapt due to the music festival?

(A) By offering travel discounts
(B) By offering different routes

사실확인 추론

- 지문의 내용과 일치하는 것 또는 일치하지 않는 것을 묻는 질문이다.
- 질문에 제시된 키워드를 지문에서 찾아 그 주변을 읽고 선택지와 대조하며 문제를 풀어야 한다.
- 읽어야 하는 지문의 양이 많고, 패러프레이징된 선택지를 하나씩 소거하며 풀어야 하므로 문제 풀이 시간이 오래 걸리는 편이다.

사실확인 질문 유형

일치하는 것 확인	What is **mentioned[indicated, stated]** about the proposal? 제안서에 대해 언급된 것은 무엇인가? What is **included** in the advertisement? 광고에 포함된 것은 무엇인가? What is **true** about the special offer? 특가 판매에 대해 사실인 것은 무엇인가?
일치하지 않는 것 확인	What is **NOT mentioned[indicated, stated]** about Mr. Ford? 포드 씨에 대해 언급되지 않은 것은 무엇인가? What is **NOT included** in the e-mail? 이메일에 포함되지 않은 것은 무엇인가? What is **NOT true** about Ms. Monroe? 먼로 씨에 대해 사실이 아닌 것은 무엇인가?

전치사 about 뒤에 제시된 명사가 사실확인 질문의 키워드예요.

Gift Voucher Policy

- Vouchers can be used only at participating branches.
- We are unable to exchange vouchers for cash.

Q. What is stated about gift vouchers?

(A) They are valid only at selected locations.
(B) They can be traded in for cash.

Job Opportunity

Starlight Cinemas is currently hiring for the position of Night Shift Supervisor. We are looking for candidates with exceptional leadership abilities and a commitment to overseeing operations during late-night hours, specifically from 11 P.M. to 6 A.M. A minimum of two years' experience in the entertainment industry is required. Interested individuals should send their résumé with an accompanying cover letter to hr@starlightcinemas.com.

Q. What are applicants NOT asked to submit?

(A) A résumé
(B) A reference letter

질문에 NOT이 들어간 불일치 유형을 풀 때는 지문에 언급된 내용의 선택지를 먼저 소거하면서 푸세요.

| 사실확인 | 추론 |

- 지문 내용을 기반으로 지문에 언급되지 않은 것을 유추해야 하는 문제이다.
- 질문에 제시된 키워드를 지문에서 찾고, 그 주변을 읽는다. 읽은 내용을 바탕으로 올바르게 추론한 선택지를 정답으로 고른다.
- 정답을 한 번에 찾을 수 없다면 틀리게 추론한 선택지들을 소거하면서 풀고, 문제를 푸는 데 예상보다 많은 시간이 걸릴 경우 다른 유형의 문제를 먼저 풀고 다시 돌아와 푸는 것이 좋다.

추론 질문 유형

most likely	**What** will **most likely happen** on **May 5**? 5월 5일에 무슨 일이 발생할 것 같은가? **Who most likely** is **Ms. Bullard**? 불라드 씨는 누구일 것 같은가? **Where** does **Mr. Ogilivie most likely work**? 오길리비 씨는 어디에서 일할 것 같은가?
probably	**When** did **Ms. Tina probably purchase** her table? 티나 씨가 언제 식탁을 구매했을 것 같은가?
suggest	**What** is **suggested** about the **order**? 주문과 관련해 암시된 것은 무엇인가? **What** is **NOT suggested** about **Solid Sounds**? 솔리드 사운즈 사와 관련해 암시되지 않은 것은 무엇인가?
imply	**What** is **implied** about **Mr. White**? 화이트 씨에 대해 암시되는 것은 무엇인가? **What** does the article **imply** about the **new policy**? 새로운 정책과 관련해 기사는 무엇을 암시하는가?
infer	**What** can be **inferred** about **Ms. Ryan**? 라이언 씨와 관련해 추론할 수 있는 것은 무엇인가?

고난도 추론 유형 풀이법

❶ 질문: **What** is **implied** about the **listed position**?
❷ 지문: Although this is a staff trainer **position**, and you **won't be working at the same branch** every day, we will provide you with your own office at our headquarters.
❸ 정답: It involves working at different locations.

1단계	질문 키워드 파악: 기재된 직책이 암시하는 것?
2단계	지문에서 키워드 찾기 + 키워드 주변 읽기: position + won't be working at the same branch
3단계	지문과 선택지 대조: 같은 지사에 근무하지 않음 → 다른 장소에서의 근무를 포함

> I understand there's a lot of pressure on you to post a new episode every Saturday, but I think the only way for our podcast to grow is to stick to our regular schedule.

Q. What is suggested about the podcast?

  (A) It still doesn't have many listeners.
  (B) It covers entertainment news.

문장삽입 의도파악

- 문제에 제시된 문장을 읽고 지문 내에 해당 문장이 들어갈 위치를 묻는 문제이다.
- 제시된 문장을 먼저 읽고, 지문에 딸린 다른 문제들을 먼저 풀면서 지문의 전체적인 흐름을 파악한다.
- 각 위치에 제시된 문장을 하나씩 대입해 보면서 앞뒤 문장의 흐름이 자연스럽게 연결되는지 확인한다.

문장삽입 질문 유형

문장삽입	In which of the positions marked [1], [2], [3], and [4] does the following sentence best belong? [1], [2], [3], 그리고 [4]로 표시된 곳 중에서 다음 문장이 들어가기에 가장 적합한 곳은?

 이거 알면 점수 UP!

아래에 제시된 키워드가 삽입될 문장에 포함되어 있는 경우, 정답 단서로 활용할 수 있어요.
- 지시어: this, that, these, those, such, each
- 정관사: the + 명사(구)
- 접속부사: therefore, however, in addition, also, for example
- 시간 부사구: after, before, prior to, and then, first
- 대명사: they, it, he, she

고난도 문장삽입 유형 풀이법

❶ 제시 문장: "However, we can add you to the waiting list."
❷ 지문: Thank you for your inquiry about the North Star Air flight to Santiago on July 3. I'm afraid that flight is already full. We are **no longer accepting bookings**. – [1] –. There are usually a few people who cancel their flight at the last minute. – [2] –.
❸ 정답: – [1] –

1단계	제시된 문장 먼저 읽기: 상반 접속부사 However와 대기 명단에 추가해 줄 수 있다는 내용 파악
2단계	문장 위치 -[1]- 주변 읽기: no longer accepting bookings 더 이상 예약을 받고 있지 않음
3단계	문장 흐름 확인: 두 문장이 서로 반대되는 내용을 말하고 있고 자연스럽게 해석되므로 [1] 위치가 정답

Our vast experience in sales and marketing makes Client Star Solutions the best option for accomplishing your business goals. – [1] –. We have put together a team of door-to-door salespeople to help local businesses generate sales throughout the city. – [2] –.

Q. In which of the positions marked [1] and [2] does the following sentence best belong?
"Also, we are recruiting telemarketing agents who will call potential customers."

(A) [1]
(B) [2]

| 문장삽입 | 의도파악 |

- 질문에서 따옴표 안에 들어간 문장의 숨겨진 의도를 파악하는 문제이다.
- 온라인 채팅(online chat discussion)과 문자메시지(text message chain) 지문 유형에서만 출제된다.
- 따옴표 안에 있는 문장의 기본적인 의미를 먼저 해석하고, 해당 문장 앞뒤에 제시된 문장들을 읽어 지문 내에서 어떤 의미로 쓰였는지를 파악해야 한다.

의도파악 질문 유형

의도파악	At 12:30 P.M., what does Mr. Joseph most likely mean when he writes, **"That's a new one"**? 오후 12시 30분에, 조세프 씨가 "그건 새 거예요"라고 쓴 의도는 무엇인가?

 서아쌤 오답 피하기

의도파악 문제를 풀 때 가장 중요한 것은 따옴표 안에 있는 문장 자체가 가지고 있는 뜻이 아닌 문맥 속 특정 상황에서의 의미를 나타낸 선택지를 정답으로 골라야 해요. 예를 들어, "I haven't had the time."이라는 문장을 그대로 해석한다면 "시간이 없었어요"라고 해석할 수 있어요. 시간이 없다는 말은 '일정을 조정하고 싶다'는 말일 수도, '작업물을 늦게 제출할 수밖에 없었다'는 의미일 수도 있지요. 하지만 이 문장 앞에 있는 "Did you buy the tickets for the festival?"이라는 문장을 함께 읽는다면 '입장권을 살 시간이 없었다'는 의미로 사용된 것을 알 수 있으니 정답이 완전히 달라져요.

Customer Support Advisor (1:31 P.M.)

Did you try updating the software? There may be a newer version available, and that's why you can't get the program to start.

Michelle Langley (1:33 P.M.)

I should have thought of that! Thank you so much! I'll give that a try and let you know how I get on.

Q. At 1:33 P.M., what does Ms. Langley most likely mean when she writes, "I should have thought of that!"?

(A) She has not received adequate training.
(B) **She has not tried the advisor's idea.**

동의어

- 제시된 단어와 동일한 뜻을 가진 단어를 고르는 문제이다.
- 단일지문과 이중/삼중지문에서 모두 출제되는 유형으로, 지문의 적은 부분만 읽고도 풀 수 있다.
- 주로 여러 개의 의미를 가진 다의어를 출제하므로 가장 많이 사용되는 뜻보다는 해당 단어가 포함된 문장에서 어떤 의미로 쓰였는지 파악해야 한다.

동의어 질문 유형

동의어 (단일지문)	The word "perform" in paragraph 4, line 2, is closest in meaning to 네 번째 단락, 두 번째 줄의 단어 "perform"과 의미가 가장 가까운 것은 무엇인가?
동의어 (이중/삼중지문)	In the e-mail, the word "explain" in paragraph 3, line 1, is closest in meaning to 이메일에서, 세 번째 단락, 첫 번째 줄의 단어 "explain"과 의미가 가장 가까운 것은 무엇인가?

여러 유형의 지문이 포함된 이중/삼중지문에서는, 동의어 문제가 포함된 지문의 유형을 꼭 짚어 알려줘요.
다른 지문을 볼 필요 없이, 문제에 언급된 지문 유형만 보고 바로 문제를 풀 수 있어요.

최신 기출 동의어 정답 단어

- rest 나머지 = remainder 나머지
- outstanding 미지불된 = unresolved 미해결된
- mark 표시하다 = record 기록하다
- hold 가지고 있다 = have 가지다
- launch 출시하다 = start 시작하다
- bright 색채가 선명한 = colorful 다채로운
- fixed 고정된 = unchanged 변하지 않는
- match 맞추다 = adapt 조정하다
- grant 주다 = allow ~하게 하다
- monitor 감시하다 = check on 확인하다
- cover 다루다 = address 처리하다
- conduct 수행하다 = carry out 수행하다
- last 지난 = previous 이전의
- unwind 긴장을 풀다 = relax 휴식을 취하다
- serve (특정 용도로) 쓰일 수 있다 = function 기능하다

> I wholeheartedly recommend this movie to anyone who **appreciates** the passion and effort of amateur astronomers. It is not only fun, but it also shows the importance of supporting people who think differently about science.

Q. The word "appreciates" in paragraph 1, line 1, is closest in meaning to

 (A) anticipates
 (B) values

✓ Practice

1.
> To thank you for your investment in the shopping mall construction project, we would be honored if you would join us at our Grand Opening on May 19.

Q. What is the purpose of the letter?
(A) To announce a delay in construction
(B) To extend an invitation to an event
(C) To seek new investors for a project
(D) To attract customers to a business

2.
> Barbara Benson, who is well known for her article on the music industry, recently interviewed Jack Smith. Mr. Smith, the head of a record company, spoke highly of singer Mileena Khan's latest album.

Q. Who is Ms. Benson?
(A) A journalist
(B) A record producer
(C) A musician
(D) An event organizer

3.
> RayTech Solutions CEO Maria Lopez announced, "Clients are no longer required to send malfunctioning laptop computers to our central facility for repairs. Instead, our repair team now provides maintenance services directly at your location, including replacing faulty displays and defective keyboards. Additionally, we now offer an extensive selection of accessories, including external webcams, screen protectors, and power adapters."

Q. What will NOT be provided by RayTech Solutions?
(A) Laptop accessories
(B) On-site maintenance
(C) Free tutorials
(D) Replacement parts

4.
> This discount coupon may be used only at selected branches of Downtown Deli. Please note that you will be unable to redeem this after December 31.

Q. What is indicated about the coupon?
(A) It can be redeemed online.
(B) It can be used at any location.
(C) It entitles the holder to 50 percent off.
(D) It is valid for a limited time.

Check-up Test

Questions 1-3 refer to the following article.

Innisfil City Set to Reach for the Stars!
By Jordan Reynolds, TechWorld Gazette

The city of Innisfil announced that its latest educational facility, the Horizon Science Exploration Center, is now open to the public. This center is dedicated to fostering curiosity and a passion for science among individuals of all ages.

"We designed the Horizon Science Exploration Center to feature various exhibits, including interactive laboratories and immersive simulation rooms," noted Erik Carrigan of Carrigan Concepts Ltd., the construction company responsible for transforming the space from a warehouse into a dynamic learning hub. The center's operations manager Marcus Lee added, "This center is not merely a place to visit during school trips; it's an environment where visitors can engage with scientific concepts and develop a lasting interest in various scientific disciplines."

Thanks to private benefactors from across the region, membership to the center will be complimentary for the first month until August 31. Starting next month, the center will implement a fee of $15 per month for adults and $7 for children, with membership also granting access to special workshops and other events. Those interested can find information about annual membership packages, weekend and holiday hours, and detailed descriptions of all exhibits at www.horizonsciencecenter.org.

1. What is the purpose of the article?
   (A) To describe advancements in technology
   (B) To seek donations for a facility
   (C) To promote an upcoming event
   (D) To announce the opening of a center

2. Who most likely is Mr. Carrigan?
   (A) A scientist
   (B) An architect
   (C) An office manager
   (D) A project investor

3. The word "granting" in paragraph 3, line 4, is closest in meaning to
   (A) funding
   (B) welcoming
   (C) allowing
   (D) participating

Questions 4-6 refer to the following text message chain.

ALEX MURPHY [2:15 P.M.]
Team, I understand everyone is occupied with their respective projects for the upcoming launch of our new dishwasher model, but could someone take on the task of creating the promotional brochure before Wednesday's media event?

JORDAN REYES [2:17 P.M.]
I'm tied up analyzing the latest market research data all week. Casey?

CASEY TAMBOR [2:18 P.M.]
Leave it to me. I'll wrap up the final phase of testing by 11 A.M. tomorrow. What exactly are you looking for?

ALEX MURPHY [2:20 P.M.]
I appreciate it, Casey. A simple brochure highlighting the product's features and benefits, along with relevant images, would be ideal.

CASEY TAMBOR [2:22 P.M.]
Got it. How many brochures should I print?

ALEX MURPHY [2:23 P.M.]
I'm still in the process of confirming RSVPs. I'll provide you with an estimate of the number of attendees expected at the media event later today.

---

4. Where do the writers most likely work?

   (A) A chemical company
   (B) A restaurant
   (C) An interior design firm
   (D) An appliance manufacturer

5. At 2:18 P.M., what does Mr. Tambor mean when he writes, "Leave it to me"?

   (A) He will help Mr. Reyes complete a task.
   (B) He will provide Mr. Murphy with some data.
   (C) He will create a product brochure.
   (D) He will leave work early today.

6. What will Mr. Murphy do next?

   (A) Confirm an event budget
   (B) Check the capacity of a venue
   (C) Reschedule a media event
   (D) Share the number of event attendees

Questions 7-10 refer to the following letter.

Mr. Jonathan Whitmore
Whitmore Art Collection
58 Kensington Avenue
London, W8 4PT

Dear Mr. Whitmore,

The shipment of items from your private collection arrived last week, and I am writing to thank you for your generosity. The paintings you donated have significantly enhanced the ambiance of our hotel's main lobby. – [1] –. Thanks to your contribution, our guests now enjoy a more refined and culturally enriched environment.

You had inquired about how we plan to showcase these items. – [2] –. We have displayed the artworks in the lobby, creating an inviting atmosphere that captivates our visitors upon arrival. To honor your generosity, we have also included a wood plate beside each artwork, acknowledging your contribution. – [3] –.

Furthermore, your donation has inspired us to organize monthly art appreciation events, which will allow guests and local art enthusiasts to engage with the pieces more intimately. We believe this initiative will foster a deeper appreciation for the arts within our community. Would you be interested in attending our first event a few months from now? If so, please let me know. – [4] –.

Thank you once again for your invaluable support of The Harrogate Hotel.

Best regards,

Eleanor Hastings, General Manager
The Harrogate Hotel

7. Why is Ms. Hastings writing to Mr. Whitmore?

   (A) To invite him to stay at a hotel
   (B) To announce an upcoming art exhibition
   (C) To inquire about a delayed delivery
   (D) To express gratitude for donations

8. What is true about the artworks in the hotel lobby?

   (A) They are illuminated by lamps.
   (B) They were created by local artists.
   (C) They are accompanied by nameplates.
   (D) They may be purchased by hotel guests.

9. What is implied about The Harrogate Hotel?

   (A) It was temporarily closed due to installation work.
   (B) It is often visited by popular artists.
   (C) It plans to increase the rates for its guest suites.
   (D) It does not currently offer art events.

10. In which of the positions marked [1], [2], [3], and [4] does the following sentence best belong?

    "Attendees would love to hear your insights regarding the pieces on display."

    (A) [1]
    (B) [2]
    (C) [3]
    (D) [4]

Playlist 10

고득점 치트키, 이중지문&삼중지문

Part 7

이중지문 　　　　　　　삼중지문

- 2개의 지문을 읽고, 각 세트당 5문제를 풀어야 한다. 총 2세트, 10문제가 출제된다.
- 두 지문을 모두 읽고 풀어야 하는 연계문제가 최소 1문제가 반드시 출제되는데, 주로 추론 유형이 연계문제로 자주 출제된다.

이중지문 문제 풀이법

❶ 지문 상단에 제시된 디렉션을 먼저 읽어 지문의 유형을 파악한다.
❷ 3번 문제를 읽고, 해당 문제가 첫 번째 지문을 읽고 풀 수 있는지 또는 두 번째 지문을 읽고 풀 수 있는지를 확인한다.
❸ 3번 문제가 첫 번째 지문만 보고 풀 수 없는 문제라고 판단되면, 바로 첫 번째 지문을 읽고 1번과 2번 문제를 푼다. 이때는 3번 또는 4번 문제가 연계문제일 확률이 높다.
❹ 1번과 2번 문제를 다 풀었다면, 두 번째 지문을 읽고 3번과 4번, 그리고 5번 문제를 차례로 푼다.

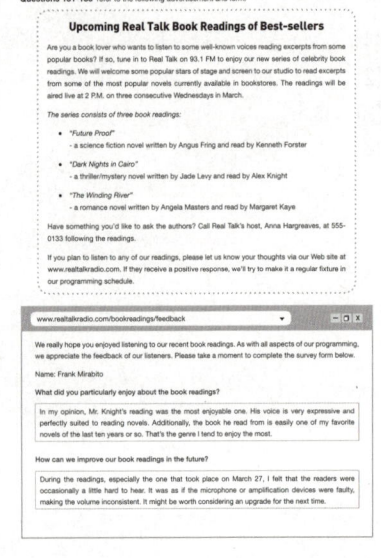

최빈출 이중지문 조합

이중/삼중지문에서는 이메일과 광고, 양식 유형이 가장 많이 출제돼요.

- 이메일(e-mail) + 이메일(e-mail): 고객 - 회사, 회사 내, 회사 - 회사 사이에서 오가는 비즈니스 관련 이메일
- 회람(memorandum) + 이메일(e-mail): 전 직원 수신 회람과 직원이 관련 내용에 대해 이메일로 문의하는 내용
- 광고(advertisement) + 후기(review): 제품/서비스 광고와 구매 고객의 후기글
- 웹 페이지(Web page) + 양식(form): 워크숍/세미나 안내와 등록 양식서

양식 유형에는 쿠폰(coupon), 견적서(quote), 일정표(schedule), 전단(flyer) 등이 있어요.

| 이중지문 | 삼중지문 |

- 3개의 지문을 읽고, 각 세트당 5문제를 풀어야 하는 유형이다. 총 3세트, 15문제가 출제된다.
- 세 지문 중 두 개의 지문을 읽고 풀어야 하는 연계문제 2문제가 반드시 출제되는데, 양식 유형의 지문에서 연계문제의 정답 단서를 찾을 확률이 매우 높다.

삼중지문 문제 풀이법

❶ 지문 상단에 제시된 디렉션을 먼저 읽어 지문의 유형을 파악한다.
❷ 첫 번째 지문을 읽고 1번 문제를 푼다. 2번 ~ 4번 문제가 연계문제일 확률이 높다는 것을 염두에 둔다.
❸ 2번 문제가 연계문제일 경우 [첫 번째 지문 - 두 번째 지문]을 읽고 풀고, 3번 문제가 연계문제일 경우 [첫 번째 지문 - 세 번째 지문]을 읽고 문제를 해결한다.
❹ 4번 또는 5번 문제가 연계문제일 경우, [두 번째 지문 - 세 번째 지문]을 읽고 풀면 된다.

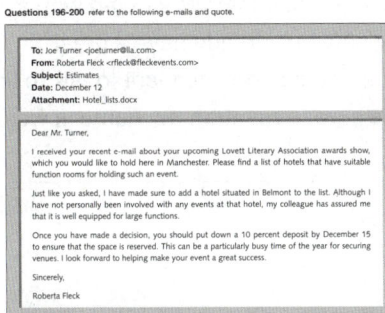

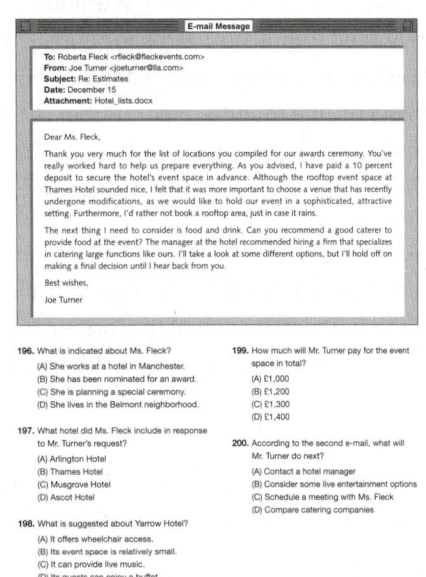

최빈출 삼중지문의 조합

- 이메일(e-mail) + 웹 페이지(Web page) + 이메일(e-mail): 회사 내 또는 회사 - 회사 사이에서 주고받는 이메일과 관련 정보가 있는 웹 사이트
- 공지(notice) + 이메일(e-mail) + 기사(article): 사내/공공장소의 공지, 공지와 관련된 이메일, 지역 뉴스 기사
- 광고(advertisement) + 양식(form) + 이메일(e-mail): 제품/서비스 광고, 상품에 대한 견적서, 고객의 문의사항을 담은 이메일

1.

Hi Rachel,

I have a favor to ask of you. I remember you hosted a really successful launch event for your new downtown location last year. Our team is currently planning a grand opening for our latest branch, and I was really impressed by how well-organized your event was. You mentioned that the planning company you worked with gave you a great discount as a new client. That sounds very appealing, so I was hoping you could pass on their contact details to me.

Hi Terry,

How exciting that you're planning a grand opening — congratulations! We worked with a company called Brightline Events for ours. They're fairly new but already have a great reputation for organizing smooth and memorable events. The person you want to talk to is Paula Jennings, the founder. Her number is 555-8271. Be sure to mention my name. It was a great experience working with them.

Q1. Why is Terry specifically interested in Brightline Events?
(A) It has been in business for several years.
(B) It offers a reduced price to first-time clients.
(C) It was founded by one of his former colleagues.
(D) It has received highly positive reviews online.

2.

Skybound Adventure Park offers exciting rides for the entire family. Take a break from your everyday life and dive into a world of excitement with our most popular attractions:

The Falcon's Flight: A high-speed roller coaster that soars through the sky like a falcon.
Twister Summit: A spinning ride that takes you high up and then drops suddenly.
Aqua Loop: A water ride that propels you through loops and splashes, perfect for staying cool.
Lunar Lander: Experience zero gravity as you're lifted into the air and gently brought back down.

SKYBOUND ADVENTURE PARK: A HIT WITH THRILL - SEEKERS
by Mavis Hardy

Skybound Adventure Park is quickly becoming a favorite for adrenaline enthusiasts. During my recent visit, I experienced the Falcon's Flight roller coaster, which offers breathtaking views as it twists and turns above the bay. The Aqua Loop provided a thrill with its fast, watery spins. However, the highlight was the Gravity Drop — a sudden free fall that left my heart racing. With its combination of unique attractions, Skybound Adventure Park is a must-visit for those seeking excitement.

Q2. What ride does Ms. Hardy mention that the advertisement does not?
(A) Twister Summit   (B) Aqua Loop
(C) Gravity Drop   (D) Lunar Lander

3-4.

Hi Patrick,

As requested, I've reserved a rental car for your upcoming business trip to Chicago. I've booked a car from Executive Car Rentals that costs $140 per day. While the company covers the rental cost, don't forget to bring your own essentials, such as a charging cable and trash bags. If you need a phone mount, I have one you can borrow.

Best regards,

Yasmin

EXECUTIVE CAR RENTALS
193 Archer Drive, Chicago

Mekon A4 – $125/day
Apollo 3 Series – $130/day
Esprit ES – $135/day
Jensen C-Class – $140/day

Hi Yasmin,

Thank you for arranging the car rental. I'm looking forward to driving a car from Executive Car Rentals. I'll make sure to submit all receipts when I return to the office on Thursday. I'll also give you back the accessory that you lent me then.

Best regards,

Patrick

Q3. What type of car has most likely been reserved for Patrick?
(A) Mekon A4
(B) Apollo 3 Series
(C) Esprit ES
(D) Jensen C-Class

Q4. What will Patrick give to Yasmin on Thursday?
(A) A phone mount
(B) A reusable bag
(C) A parking pass
(D) A charging cable

Check-up Test

Questions 1-5 refer to the following memo and e-mail.

To: All Employees
Date: November 15
Subject: Year-End Celebration Banquet

We're excited to announce that our annual year-end celebration will be held at the Grand Oak Hotel on Saturday, December 10. The banquet will take place in the hotel's Emerald Ballroom from 6 P.M. to 10 P.M. A formal dinner will be served one hour after the event begins, followed by live entertainment and dancing. To make the evening more memorable, there will be a photo booth, a raffle with exciting prizes, and a special recognition ceremony honoring outstanding team achievements.

For those interested in staying overnight, the Grand Oak Hotel is offering a discounted rate for our employees. Please contact the hotel's reservation desk at 555-4561 and mention our company name to take advantage of the special rate. If you have any questions or suggestions regarding the event, please reach out to your department manager or contact Jamie Lin in Human Resources.

From: Elena Martinez <emartinez@halfordsolutions.com>
To: David Kim <dkim@halfordsolutions.com>
Date: November 17
Subject: Year-End Banquet Inquiry

Dear Mr. Kim,

I'm thrilled about the upcoming year-end banquet at the Grand Oak Hotel. I wanted to inquire whether employees are permitted to bring a guest to the event. My spouse has heard so much about our company's events and would love to attend.

Additionally, although I was pleased to hear about the availability of discounted rooms, the event venue is quite far for most employees to travel. It might be a good idea to organize a shuttle bus that can take staff from our office to the venue and back again.

Please let me know about the possibility of bringing a guest at your earliest convenience. You can reach me via e-mail or at extension 204.

Warm regards,

Elena Martinez

1. When will a meal be served at the event?

    (A) At 6 P.M.
    (B) At 7 P.M.
    (C) At 8 P.M.
    (D) At 9 P.M.

2. What is mentioned about the hotel?

    (A) It has been recognized for its service.
    (B) It will provide complimentary beverages.
    (C) It is offering a corporate discount.
    (D) It has several event ballrooms.

3. Who most likely is David Kim?

    (A) A financial planner
    (B) A hotel manager
    (C) A department manager
    (D) A bus driver

4. What does Ms. Martinez want to know about the year-end banquet?

    (A) What food will be provided
    (B) When it will start
    (C) Where it will be held
    (D) Who can attend

5. What does Ms. Martinez suggest?

    (A) Reducing the price of rooms
    (B) Arranging transportation for staff
    (C) Organizing additional events
    (D) Changing a banquet location

Questions 6 - 10 refer to the following advertisement, coupon, and e-mail.

Experience the Art of Hair at Hugo Bolero's Signature Salon

Throughout May, we invite you to celebrate the grand opening of Hugo Bolero's Signature Salon, located in the heart of downtown Toronto. With over 25 years of experience, our renowned hairstylist Hugo Bolero brings his international expertise to the city, offering an extensive range of hair services tailored to your unique style.

Our salon operates Tuesday through Sunday, from 10 A.M. to 7 P.M., providing services that include precision cuts, color treatments, and styling for all occasions. Hugo and our crew are dedicated to delivering exceptional results that enhance your natural beauty.

Appointments are required and should be booked at least five days in advance. Please note that we are closed on Mondays. Discover more about our services at www.hugobolerosalon.com or call us directly at 555-3779.

Stay tuned! A new salon location is set to open in Ottawa this September!

Hugo Bolero's Signature Salon
Grand Opening Specials – May Only!

Celebrate the launch of our new salon with these exclusive offers available throughout May. Present this coupon during one of the following appointments to receive a complimentary gift or service:

- Signature Haircut: Receive a complimentary travel-size hair care kit to maintain your style on the go.
- Men's Grooming: Take home a stylish comb and premium hair gel at no extra cost.
- Color Treatment: Enjoy a free deep-conditioning treatment to enhance your color's vibrancy.
- Bridal Hairstyling: Get a complimentary styling consultation for your wedding day.

Book your appointment now and experience the artistry of Hugo Bolero.

To: Hugo Bolero <contact@hugobolerosalon.com>
From: Camille Kim <kim@flymail.net>
Date: October 5
Subject: Bridal Styling Appointment Inquiry

Dear Mr. Bolero,

I hope this message finds you well. I attended the Hair & Skincare Convention in Quebec City this May, and I was thoroughly impressed by your hairstyling demonstrations. Shortly after the event, I visited your Toronto location to have my hair colored and use the coupon I received at the convention. Your attention to detail left a lasting impression on me.

I am getting married this November in Montreal, and I would be honored to have you style my hair for the occasion. I would like to book a consultation at your new salon location, which is just two blocks from my apartment.

Could you please let me know your availability? I'm excited to hear from you.

Best regards,

Camille Kim

---

6. In the advertisement, the word "extensive" in paragraph 1, line 4, is closets in meaning to

   (A) exclusive
   (B) long
   (C) spacious
   (D) vast

7. According to the advertisement, what is true about hair salon appointments?

   (A) They are more expensive on Mondays.
   (B) They require an advance booking fee.
   (C) They must be scheduled in person.
   (D) They should be booked five days in advance.

8. What does the e-mail imply about Mr. Bolero?

   (A) He will get married this year.
   (B) He is Ms. Kim's mentor.
   (C) He has won several awards for his work.
   (D) He participated in an industry event.

9. What did Ms. Kim probably receive as part of her salon service?

   (A) A hair care kit
   (B) A styling gel product
   (C) A conditioning treatment
   (D) A consultation session

10. Where does Ms. Kim want her salon appointment to take place?

    (A) In Toronto
    (B) In Ottawa
    (C) In Quebec City
    (D) In Montreal

서아쌤의 토익 비밀과외 START

LISTENING COMPREHENSION

LC

Playlist 1

소거만 해도 답 나오는 사람사진&사물사진

Part 1

| 사람사진 ① | 사람사진 ② |

- 한 명의 사람이 등장한 사진이 출제된다.
- 사진을 미리 보고 사진에 있는 인물의 동작이나 상태를 위주로 파악한다.
- 네 개의 선택지를 잘 듣고 소거법을 활용해 오답을 하나씩 지워가면서 풀고, 정답은 답안지에 바로 마킹한다.

🎧 P1_1

1인 사진 필수 문법

❶ 사람 주어: A man, The man, He 남자가
　　　　　　A woman, The woman, She 여자가

> A customer/shopper/cashier/server/passenger/pedestrian 등 사람의 신분을 나타내는 단어도 주어가 될 수 있어요.

A man is watering a potted plant.
남자가 화분에 담긴 식물에 물을 주고 있다.
The man is wearing an apron.
남자가 앞치마를 입고 있다.
He is standing near a shelf.
남자가 선반 근처에 서 있다.

❷ 현재진행시제: be동사 + -ing ~하고 있다, ~하는 중이다

사람이 현재 특정 동작을 하는 중임을 나타낼 때 현재진행시제를 사용한다.

A woman **is preparing** some food.
여자가 몇몇 음식을 준비하고 있다.
The woman **is cutting** some vegetables.
여자가 몇몇 채소를 썰고 있다.
She **is grabbing** a knife.
여자가 칼을 잡고 있다.

✅ Practice

🎧 P1_2

1.

(A)　(B)　(C)　(D)

2.
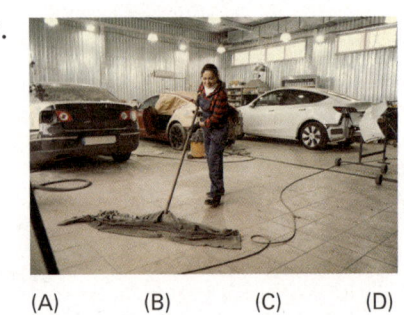
(A)　(B)　(C)　(D)

사람사진 ①	사람사진 ②

- 2인 이상의 사람들이 등장한 사진이 출제된다.
- 사진을 미리 보고 사진에 있는 인물들 사이의 공통점과 차이점에 집중한다.
- 사람사진이 출제되었더라도 반드시 사람 주어를 사용하는 것은 아니므로 주의해야 한다.

🎧 P1_3

2인 이상 사진 필수 문법

❶ 사람 주어: They, People, Some people 사람들이, 몇몇의 사람들이
　　　　　　 The men, The women 남자들이, 여자들이
　　　　　　 One of the people, One of the men[women] 사람들 중 한 명이, 남자들[여자들] 중 한 명이

여러 명의 사람들이 등장하는 사진에서는 They/People/Some people/The men[women] 등의 표현을 사용해 등장 인물들의 공통 동작이나 상태에 대해 묘사할 수 있다. 혹은, One of the people[men, women]을 사용해 각 인물의 동작과 상태를 나타낼 수도 있다.

공통점
They are facing several computer screens.
사람들이 여러 컴퓨터 스크린들을 마주보고 있다.
Some people are working in an office.
몇몇 사람들이 사무실에서 근무하고 있다.

차이점
The man is sitting on a chair. 남자가 의자에 앉아있다.
One of the people is holding a tablet computer.
사람들 중 한 명이 태블릿 컴퓨터를 잡고 있다.

❷ 현재진행 수동태: be동사 + being + p.p. ~되고 있는 중이다

사람사진 문제에 사람 주어가 아닌 사물 주어가 사용되어 출제되기도 한다. 이때 사용되는 현재진행 수동태는 사람에 의해 사물에 행위가 가해지는 것이므로 사진에 사람이 있어야 한다.

The wall **is being painted**.
벽이 칠해지고 있는 중이다.
A step ladder **is being used**.
사다리가 사용되고 있는 중이다.
A sofa **is being occupied**.
소파가 사용되고 있는 중이다.

 Practice

🎧 P1_4

3.

(A)　　(B)　　(C)　　(D)

4.

(A)　　(B)　　(C)　　(D)

Playlist 1　87

| 사물/풍경사진 ① | 사물/풍경사진 ② |

🎧 P1_5

- 사람이 등장하지 않은 사물사진 또는 풍경사진이 출제되는데, 사람사진보다 난이도가 높은 편이다.
- 사진을 미리 보고 사진에 있는 사물을 중심으로 눈 여겨 본다.
- 주로 사물 주어가 사용되고, 사물의 위치를 나타내는 전치사구에 집중해서 오답을 소거하며 풀어야 한다.

> patio(야외 테라스), railing(난간), ramp(경사로), lawn mower(잔디 깎는 기계), wheelbarrow(외바퀴 손수레), light fixture(조명기구), bush(덤불) 등의 생소한 어휘들도 자주 출제돼요.

사물/풍경사진 필수 문법

❶ 사물 주어

vase, monitor/screen, potted plant, umbrella, vehicle, pillow, chair, drawer, fence, streetlamp/lamppost 등 다양한 사물 명사가 주어로 나온다.

Some chairs are arranged in an outdoor area.
몇몇 의자들이 야외 공간에 정리되어 있다.
A potted plant is placed on the floor.
화분에 담긴 식물이 바닥에 놓여 있다.
An umbrella has been opened on a patio.
파라솔이 야외 테라스에 펼쳐져 있다.
There are **trees** behind a fence. 울타리 뒤로 나무들이 있다.

❷ 현재 수동태: be동사 + p.p. (현재) ~되어 있다
현재완료 수동태: have/has been p.p. (과거에서부터 현재까지) ~되어 있다

Some desks **are arranged** in rows.
몇몇 책상들이 여러 줄로 정리되어 있다.
A monitor **is mounted** on a wall. 모니터가 벽에 고정되어 있다.
Some ceiling lights **have been turned on**. 몇몇 천장 조명들이 켜져 있다.
A whiteboard **has been set up** near a wall.
벽 근처에 화이트보드가 설치되어 있다.

> Part 1에서 현재 수동태와 현재완료 수동태를 구분하지 않아도 돼요. 문제를 빠르게 풀기 위해 두 시제가 같다고 생각하세요.

 서아쌤 오답 피하기

사물/풍경사진에서는 문장 맨 뒤에 나오는 전치사구까지 반드시 듣고 오답을 소거해야 해요. 주어와 동사만 듣는다면 정답이 될 수 있지만, 음원에서 들은 전치사구와 사진 상의 위치가 달라 오답이 되는 경우가 많아요.

✅ **Practice** 🎧 P1_6

5.

(A) (B) (C) (D)

6.

(A) (B) (C) (D)

| 사물/풍경사진 ① | 사물/풍경사진 ② |

- 사물/풍경사진 문제에서 난이도를 올리기 위해 예외적인 문법 사항이 나오기도 한다.
- 배운 문법 공식대로 출제되지 않아도 당황하지 말고 소거법을 사용해 틀린 선택지를 지워나가며 문제를 풀면 된다.

🎧 P1_7

사물/풍경사진 고난도 문법

❶ 사물 주어와 현재진행시제(be동사 + -ing)

현재진행시제는 보통 사람사진에서 사람 주어와 함께 사용하지만, 사물/풍경사진에서 overlook/lie/cross/hang 등의 특정 동사는 사물 주어와 함께 사용될 수 있다.

Some buildings **are overlooking** the river.
몇몇의 건물들이 강을 내려다보고 있다.

A rug **is lying** on the floor.
러그가 바닥에 깔려 있다.

Vehicles **are crossing** over the bridge.
차들이 다리를 건너고 있다.

Clothes **are hanging** on racks.
옷들이 옷걸이에 걸려 있다.

❷ 사물/풍경사진과 현재진행 수동태(be동사 + being + p.p.)

현재진행 수동태는 사람사진에서 사물 주어와 함께 사용되지만, 사물/풍경사진에서 water/display/reflect 등의 특정 동사는 사진에 사람이 등장하지 않아도 사용될 수 있다.

Some plants **are being watered** by a sprinkler.
몇몇 식물들이 스프링클러에 의해 물을 공급받고 있는 중이다.

Jewelry **is being displayed** in a glass case.
보석이 유리장에 전시되고 있는 중이다.

 display는 '전시되는 동작'과 '전시되어 있는 상태' 둘 다 표현할 수 있어요.

✓ Practice

🎧 P1_8

7.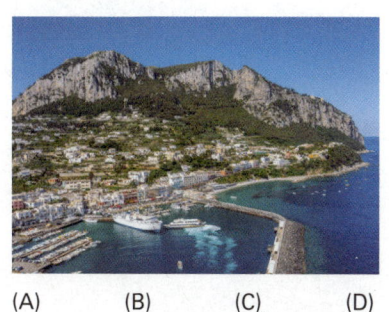
(A)　(B)　(C)　(D)

8.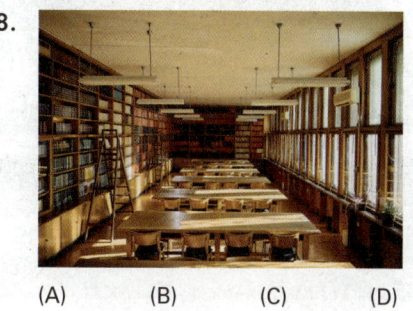
(A)　(B)　(C)　(D)

Playlist 1　89

Check-up Test

1.

2.

3.

4.

5.

6.

▶ Playlist 2

실수하기 쉬운 의문사 의문문

Part 2

Who 의문문 | When 의문문

- Who 의문문은 '누구'라는 뜻의 질문으로, 인물 또는 대상을 묻는 질문이다.
- 질문에서 Who를 키워드로 잡고, 인물을 나타내는 선택지 위주로 정답을 고른다.
- 세 개의 선택지를 잘 듣고 소거법을 활용해 오답을 하나씩 지워가면서 풀고, 정답은 답안지에 바로 마킹한다.

🎧 P2_1

❶ 사람 이름/직책명/부서명 답변

Q. **Who** is going to lead the brainstorming session?   누가 브레인스토밍 시간을 이끌 예정인가요?
A1. **Mr. Powell** is, I think.   제 생각에는 포웰 씨요.
A2. Our **project leader**.   저희 프로젝트 리더요.

> Who 의문문에서 정답으로 많이 등장하는 '~을 담당하다'를 뜻하는 3종 세트를 외워두세요.
> be in charge of = be responsible for = take care of

Q. **Who** posted the job listing for the salesperson role?   누가 영업사원 직책을 위한 구직 목록을 게시했나요?
A1. **Ms. Kim** was in charge of that.   김 씨가 그걸 담당했습니다.
A2. The **Human Resources Department**.   인사부요.

❷ 인칭대명사 답변

Q. **Who** can I go to for feedback on my slides?   제 슬라이드에 대한 피드백을 위해 누구에게 가면 되나요?
A1. **Anyone** from the marketing team.   마케팅팀에 있는 누구든지요.
A2. **I** have time later today.   제가 오늘 이따가 시간이 있습니다.

❸ 우회 답변

Q. **Who** will give the special lecture at the workshop?   누가 워크숍에서 특별 강연을 할 예정인가요?
A1. It has been canceled.   그건 취소되었어요.
A2. I have no idea.   전혀 모르겠습니다.

 서아쌤 오답 피하기

Part 2 질문에서 Mr.이나 Ms. 같은 제3자의 이름이 언급되지 않았다면, She나 He로 답변한 선택지는 무조건 오답이에요. 인칭대명사는 앞에서 이미 언급된 인물을 대신하기 때문에 질문에 언급되지 않았다면 아무도 가리킬 수 없다는 것을 기억해 두세요.

🎧 P2_2

1. Mark your answer on your answer sheet.   (A)   (B)   (C)
2. Mark your answer on your answer sheet.   (A)   (B)   (C)

Who 의문문	**When 의문문**

- When 의문문은 '언제'라는 뜻의 질문으로, 시간을 묻는 질문이다.
- 질문에서 When을 키워드로 잡고, 시점을 나타내는 표현으로 답변한 선택지를 정답으로 고른다.
- 특히, When 의문문에서는 질문의 시제가 매우 중요하다. When 다음에 들리는 동사의 시제를 정확하게 들어야 한다.

🎧 P2_3

❶ 시점 표현 답변(날짜/요일/시간/기간 등)

Q. **When** did Gina's Catering confirm the payment? 언제 지나스 케이터링 사가 지불을 확정했나요?
A1. On **April 9th**. 4월 9일에요.
A2. **Last Monday**. 지난주 월요일에요.

Q. **When** is the quality check happening? 언제 품질 점검이 있나요?
A1. On **Wednesday** at **10 o'clock**. 수요일 10시 정각에요.
A2. Supposedly **next month**. 아마 다음 달에요.

❷ 미래시점 답변

미래시점을 물어보는 질문에 '~후에'라는 뜻의 「in + 시간표현」이나 「after + 시점표현」으로도 답변할 수 있으므로 시제에 주의해야 한다.

Q. **When** will you meet with the CEO? 언제 대표이사님을 만나세요?
A1. She said **in 30 minutes**. 그분이 30분 후라고 말씀하셨어요.
A2. Right **after lunch**. 점심시간 직후에요.

❸ 우회 답변

Q. **When** can I see the apartment? 언제 제가 아파트를 볼 수 있나요?
A1. It's not ready yet. 아직 준비되지 않았어요.
A2. It depends on the current tenant. 현 세입자에 따라 달라요.

이거 알면 점수 UP!

When 의문문의 답변으로 자주 출제되는 특정 시점 표현들을 미리 익혀두세요.

At the beginning of March. 3월 초에요.   Several months ago. 몇 달 전에요.
Not until October. 10월이나 되어서요.   By the end of the day. 퇴근 전까지요.
Every 5 minutes. 5분마다요.   Every other year. 격년으로요.
Monday at the latest. [아무리] 늦어도 월요일이요.   Sometime last week. 지난주 중에요.

🎧 P2_4

3. Mark your answer on your answer sheet.   (A)   (B)   (C)
4. Mark your answer on your answer sheet.   (A)   (B)   (C)

| **Where 의문문** | **What/Which 의문문** |

- Where 의문문은 '어디'라는 뜻의 질문으로, 장소를 묻는 질문이다.
- 질문에서 Where을 키워드로 잡고, 장소를 나타내는 선택지를 중심으로 정답을 고르면 된다.
- 특히, 장소 전치사를 포함한 답변이 정답으로 가장 많이 출제되지만, 해당 장소를 알 수 있는 사람을 알려주기도 하므로 문제를 끝까지 듣고 풀어야 한다.

🎧 P2_5

❶ 「전치사 + 장소 명사」 답변

  Q. **Where** is the closest bookstore? 가장 가까운 서점이 어디에 있나요?
  A1. It's just **down the street**. 이 길을 따라 내려가면 바로 있습니다.
  A2. Right **next to the post office**. 우체국 바로 옆에 있어요.

  Q. **Where** can I hang up these Christmas decorations? 이 크리스마스 장식들을 어디에 걸 수 있나요?
  A1. **By the entrance door**. 입구 옆에요.
  A2. **On those windows** would look nice. 저 창문들 위가 좋아보여요.

❷ 사람 이름/직업명 답변

  Q. **Where** did you hear that news from? 그 뉴스를 어디에서 들으셨나요?
  A1. **Carly** in the finance department. 재무부의 칼리 씨에게서요.
  A2. The **senior coordinator** e-mailed me. 선임 코디네이터가 저에게 이메일을 보내줬어요.

  정보에 대한 출처를 물어볼 경우, 부서명이나 직책명으로 응답할 수도 있어요.
  또한, online이나 Web site가 포함된 선택지가 정답일 확률이 높아요.

❸ 우회 답변

  Q. **Where** is the staff retreat taking place? 직원 회식이 어디에서 열리나요?
  A1. Didn't you say you can't make it? 못 오신다고 말씀하시지 않았나요?
  A2. I don't think it's been decided yet. 그게 아직 정해지지 않은 것 같아요.

 이거 알면 **점수 UP!**

Where 의문문을 잘 풀기 위해서는 다양한 전치사의 뜻을 정확히 알고 있어야 해요. 토익이 좋아하는 「전치사 + 장소 명사」 표현으로 각종 장소/위치 전치사들의 의미를 익혀보세요.

at the front desk 프론트 데스크에서   in front of the library 도서관 앞에
in aisle 5 5번 복도에   behind the office building 사무실 건물 뒤에
(a)round the corner 모퉁이를 돌아서   on 17th Street 17번가에
near the city center 도시 중심부 근처에   across from the library 도서관 맞은편에

 Practice

🎧 P2_6

5. Mark your answer on your answer sheet.   (A)   (B)   (C)
6. Mark your answer on your answer sheet.   (A)   (B)   (C)

What/Which 의문문

- What 의문문은 '무엇'이라는 뜻의 질문으로, 뒤에 오는 명사에 따라 다양한 내용을 물을 수 있다.
- 질문에서 What과 뒤에 나오는 명사를 키워드로 잡고, 이 키워드와 관련된 선택지를 정답으로 고른다. 의견을 묻는 경우, 긍정/부정/우회 답변 중 하나가 정답이다.
- Which 의문문은 '어느 것'이라는 뜻의 질문으로, Which 뒤에 나오는 명사를 키워드로 잡아 문제를 풀면 된다. 주로 정해진 범위 내에서 선택하는 the one이 들어가면 정답일 확률이 높다.

What 의문문

❶ 시간/날짜/가격 명사 → 숫자 표현 답변

Q. **What time** will the press conference start?
A. At **7 o'clock**.

기자회견이 몇 시에 시작하나요?
7시예요.

Q. **What date** is Ms. Choi coming to tour the office?
A. I heard it'll be on **January 2**.

최 씨가 사무실을 둘러보러 언제 오나요?
1월 2일 거라고 들었어요.

Q. **What's the membership fee** at your fitness center?
A. **500 dollars** a year.

헬스장 회원비가 얼마인가요?
1년에 500달러입니다.

아래 질문들은 의견을 물어보는 What 의문문 질문 유형이에요.
1. What do you think of ~? ~에 대해 어떻게 생각하세요?
2. What was ~ like? ~은 어땠나요?
3. What about ~ing? ~은 어때요?
4. What if we ~? 우리가 ~하면 어때요?

❷ 의견 → 긍정/부정/우회 답변

Q. **What do you think about** the artworks?
A1. They're better than I expected!
A2. The ceiling lights should be brighter.
A3. I haven't seen that section yet.

미술 작품들에 대해 어떻게 생각하세요?
제가 예상했던 것보다 더 좋네요!
천장 조명들이 더 밝아야 해요.
저는 저 구역을 아직 못 봤어요.

Which 의문문

the one 답변

Q. **Which of the aprons** do you want?
A1. **The one** with pockets.
A2. I like **the** dark green **one**.

어떤 앞치마를 원하세요?
주머니가 달린 것이요.
저는 어두운 초록색인 것이 좋아요.

Q. **Which airline** are we taking to Hawaii for the workshop?
A1. **The** same **one** as last year.
A2. Most likely **the** low-cost **one**.

워크숍으로 하와이에 갈 때 어느 항공사를 타나요?
작년이랑 같은 것이요.
저비용의 것일 것 같아요.

✓ Practice

7. Mark your answer on your answer sheet.　　　(A)　　(B)　　(C)
8. Mark your answer on your answer sheet.　　　(A)　　(B)　　(C)

Why 의문문	How 의문문

- Why 의문문은 '왜'라는 뜻의 질문으로, 특정 상황에 대한 이유를 묻는 질문이다. 🎧 P2_9
- 질문에서 Why를 키워드로 잡고, 이유 또는 원인을 설명하는 선택지를 정답으로 고른다.
- 특히, Because/So (that)/To 부정사/For + 명사가 포함된 선택지가 정답일 확률이 제일 높지만, 이 표현들 없이 이유를 설명하는 선택지가 정답일 수도 있다.

❶ Because/So (that)/To 부정사/For + 명사 답변

Q. **Why** was the orientation pushed back? 왜 오리엔테이션이 미뤄졌나요?
A1. **Because** the presenters got changed last minute. 발표자들이 마지막 순간에 바뀌었기 때문에요.
A2. **So (that)** the attendees won't feel rushed. 참석자들이 서두르는 느낌이 들지 않게 하기 위해서요.

Q. **Why** are you driving to San Diego? 왜 샌디에이고로 운전해서 가세요?
A1. **To attend** an executive meeting. 임원 회의에 참석하기 위해서요.
A2. **For the conference** on Internet security. 인터넷 보안에 관한 컨퍼런스를 위해서요.

❷ 완전한 문장 답변

Q. **Why** has the project been suspended? 왜 그 프로젝트가 중단되었나요?
A. There's a shortage of workers. 직원들이 부족합니다.

Q. **Why** are background checks conducted? 왜 신원조사가 시행되나요?
A. It's a legal requirement. 법적 필수 요건입니다.

 이거 알면 점수 UP!

Why 의문문이 Why don't you[we] ~?로 사용될 경우, 주로 '~하는 게 어때요?'라는 뜻을 가져 상대에게 제안하는 질문으로 사용돼요. 제안에 대한 답변은 수락/동의 또는 거절/부정의 표현으로 할 수 있어요.

Q. **Why don't you** double-check with the supplier? 공급업체한테 다시 한번 확인해 보는 게 어때요?
A. I definitely will. 반드시 그럴게요.

Q. **Why don't we** schedule a meeting for this evening? 오늘 저녁에 회의를 잡는 게 어때요?
A. I'm leaving early today. 저는 오늘 일찍 퇴근해요.

✅ Practice 🎧 P2_10

9. Mark your answer on your answer sheet. (A) (B) (C)
10. Mark your answer on your answer sheet. (A) (B) (C)

Why 의문문	**How 의문문**

- How 의문문은 '어떻게, 얼마나'라는 뜻의 질문으로, 뒤에 오는 형용사/부사에 따라 다양한 내용을 물을 수 있다. 🎧 P2_11
- 질문에서 How와 뒤에 나오는 형용사/부사를 키워드로 잡고, 이 키워드와 관련된 선택지를 정답으로 선택한다.
- How가 단독으로 쓰일 경우, 방법/수단 또는 의견을 묻는 것이다.

❶ 수량/가격/빈도/기간/속도 → 숫자 표현 답변

Q. **How many** people applied for the internship? 얼마나 많은 사람들이 그 인턴십에 지원했나요?
A. Over **40**. 40명 이상이요.

Q. **How much** are these ceramic plates? 이 도자기 그릇들은 얼마인가요?
A. They're **$15** each. 각각 15달러요.

Q. **How often** do you write up a budget report? 예산 보고서를 얼마나 자주 작성하세요?
A. **Once a month**. 한 달에 한 번이요.

Q. **How long** will it take to update the system? 시스템을 업데이트하는 데 얼마나 오래 걸리나요?
A. **20 to 30 minutes**. 20분에서 30분이요.

Q. **How soon** can you compile the survey results? 설문조사 결과들을 얼마나 빨리 편집할 수 있나요?
A. I should be able to finish by **3**. 3시까지 끝낼 수 있을 것 같습니다.

❷ 방법/수단

Q. **How** do I get a new employee ID badge? 새 사원증을 어떻게 받을 수 있나요?
A1. By asking the personnel department. 인사부에 문의해서요.
A2. Check our staff portal. 저희 직원 포털을 확인해 보세요.

> by + -ing는 '~함으로써'라는 뜻으로 방법 또는 수단을 물어볼 때 정답으로 자주 출제되는 표현이에요.

❸ 의견

Q. **How** would you like to have your package shipped? 소포가 어떻게 배송되기를 원하세요?
A. I'll go with the standard option. 표준 배송으로 할게요.

Q. **How** was the trade show last Friday? 지난주 금요일 무역 박람회는 어땠나요?
A. It was very successful. 아주 성공적이었어요.

Practice
🎧 P2_12

11. Mark your answer on your answer sheet. (A) (B) (C)
12. Mark your answer on your answer sheet. (A) (B) (C)

Part 2 특집 — 의문사 의문문 오답 공식

▶ 질문이 Wh-의문사로 시작하는 의문사 의문문인 경우, Yes나 No는 무조건 오답이다.

Q. **Where** can I find items that are on sale?
할인 중인 상품들을 어디에서 찾을 수 있나요?

오답 **No**, we don't carry that.
아니요, 저희는 그것을 취급하지 않습니다.

정답 Near the fitting rooms.
피팅룸 근처에서요.

▶ 질문에서 사용된 단어의 발음과 유사하거나 같은 단어가 선택지에서 들리면 오답의 확률이 높다.

Q. How can I view our store's quarterly **expenses**?
저희 매장의 분기별 지출을 어떻게 볼 수 있나요?

오답 It was very **expensive**.
그것은 매우 비쌌습니다.

정답 You'll need the manager's help for that.
그건 관리자의 도움이 필요할 거예요.

Q. When did you last **cover** for someone else?
마지막으로 다른 사람의 일을 대신한 게 언제인가요?

오답 I will make sure to add a **cover** page.
표지를 반드시 추가할게요.

정답 Sometime during November.
11월 중 어떤 때에요.

▶ 선택지에서 질문에 사용된 단어와 연상되는 단어가 들리면 높은 확률로 오답이다.

Q. Who creates the online **advertisements**?
누가 온라인 광고를 만드나요?

오답 A bold and colorful **design**.
선명하고 다채로운 디자인이요.

정답 Tamara and her team.
타마라 씨와 그분의 팀이요.

Q. Which **construction company** did we sign a contract with?
어느 건축회사와 계약을 맺었나요?

오답 They're set to start **building** soon.
그분들은 곧 건축을 시작할 준비가 되었어요.

정답 Noble Stone Constructors.
노블 스톤 시공사요.

▶ 질문과 선택지의 의미가 자연스럽게 연결되지 않는다면 오답으로 소거한다.

Q. How much is this **vacuum cleaner**?
이 진공 청소기는 얼마인가요?

오답 It's **our most popular model**.
이게 저희의 가장 인기 있는 모델이에요.

정답 It's $400, excluding tax.
세금을 제외하고 400달러입니다.

Check-up Test

음원 바로듣기
강의 바로보기

정답 및 해설 p.40

🎧 P2_14

1. Mark your answer on your answer sheet.   (A)   (B)   (C)

2. Mark your answer on your answer sheet.   (A)   (B)   (C)

3. Mark your answer on your answer sheet.   (A)   (B)   (C)

4. Mark your answer on your answer sheet.   (A)   (B)   (C)

5. Mark your answer on your answer sheet.   (A)   (B)   (C)

6. Mark your answer on your answer sheet.   (A)   (B)   (C)

7. Mark your answer on your answer sheet.   (A)   (B)   (C)

8. Mark your answer on your answer sheet.   (A)   (B)   (C)

9. Mark your answer on your answer sheet.   (A)   (B)   (C)

10. Mark your answer on your answer sheet.   (A)   (B)   (C)

Playlist 3

은근 까다로운 일반/선택/요청&제안 의문문

Part 2

| 일반 의문문 | 선택 의문문 |

- 일반 의문문은 Be동사/Do동사/Have동사/조동사(Can/Will/Should 등)로 시작하는 질문이다. 🎧 P3_1
- 일반 의문문에서는 Be동사/Do동사/Have동사/조동사보다 문장의 본동사를 듣는 것이 중요하며, Yes(긍정) 또는 No(부정)로 답할 수 있다.
- 답변할 때 Yes/No를 생략할 수 있으며, 생략할 경우 난이도가 높아지기 때문에 이 유형의 답변도 자주 출제된다.
- Be동사/Do동사/Have동사/조동사에 not을 붙여 부정 의문문으로 질문할 경우, not이 없다고 생각하고 일반 의문문과 동일하게 정답을 고르면 된다.

❶ Yes 긍정 답변

Q. Is[Isn't] the air conditioner set too low?
A. (Yes,) it's very cold in here.
에어컨이 너무 낮게 설정되어 있나요[있지 않나요]?
(네,) 여기 안이 매우 춥네요.

Q. Do[Don't] you need help with the presentation?
A. (Yes,) that would be nice.
발표에 대해 도움이 필요하신가요[필요하시지 않나요]?
(네,) 그러면 좋을 거 같아요.

Q. Have[Haven't] you reached out to the contractor?
A. (Yes,) I just got off the phone with him.
계약업체에 연락하셨나요[연락하시지 않나요]?
(네,) 방금 그분과 통화했습니다.

❷ No 부정 답변

Q. Were[Weren't] you assigned to the Smith project?
A. (No,) I'm busy with something else.
스미스 프로젝트에 배정되셨나요[배정되시지 않나요]?
(아니요,) 제가 다른 것 때문에 바빠서요.

Q. Did[Didn't] you visit the construction site?
A. (No,) there hasn't been enough time.
건축 현장에 방문하셨나요[방문하시지 않나요]?
(아니요,) 충분한 시간이 없었어요.

Q. Has[Hasn't] the store clerk processed your refund?
A. (No,) she's doing it right now.
매장 직원이 환불을 처리했나요[처리하지 않나요]?
(아니요,) 그분이 지금 하고 계세요.

✓ Practice
🎧 P3_2

1. Mark your answer on your answer sheet. (A) (B) (C)
2. Mark your answer on your answer sheet. (A) (B) (C)

| 일반 의문문 | 선택 의문문 |

- 선택 의문문은 A 또는 B라는 두 가지 선택사항을 제시하는 질문이다.
- 질문에 or이 있다면 선택 의문문이며, 이 or 앞뒤에 제시되는 두 개의 선택사항을 반드시 들어야 한다.

🎧 P3_3

❶ 둘 중 하나 선택 답변

질문에 제시된 A 또는 B 둘 중 한 가지를 선택하는 유형이다.

Q. Do you want your receipt via e-mail or text message?
영수증을 이메일로 받기 원하시나요, 문자 메시지로 받기 원하시나요?

A1. Please have it texted to me.
제게 문자로 주십시오.

A2. I rarely check my messages on my phone.
저는 핸드폰에서 메시지를 거의 확인하지 않아요.

→ 핸드폰 메시지를 거의 확인하지 않는다는 말은 이메일로 보내 달라는 말과 똑같아요.

❷ 둘 다/아무거나 좋다는 답변

A와 B 둘 다 좋거나 A 또는 B 둘 중 아무거나 선택해도 상관없다는 유형이다.

Q. Would you like a cup of coffee or tea?
커피 한 잔을 드시겠어요, 차 한 잔을 드시겠어요?

A1. I enjoy both.
저는 둘 다 즐깁니다.

A2. Either one is fine.   = I'm OK with either.
                          Either is fine with me.
어느 것이든 좋습니다.

❸ 둘 다 아니라는 답변

A와 B 둘 다 선택하지 않겠다는 유형이다.

Q. Did you write this report, or did you assign it to someone else?
이 보고서를 작성하셨나요, 다른 분에게 맡기셨나요?

A. Neither. I just proofread it.
둘 다 아니에요. 저는 그냥 교정만 했습니다.

❹ 제3의 선택 답변

A와 B 둘 다 선택하지 않고 아예 다른 선택지를 고르는 유형이다.

Q. Would you like your hot dog with ketchup or mustard?
핫도그에 케첩을 넣어 드릴까요, 머스타드를 넣어드릴까요?

A. Do you have any barbeque sauce?
바비큐 소스가 있나요?

 서아쌤 오답 피하기

Part 2의 다른 의문문에서는 질문에서 언급된 단어가 선택지에서 동일하게 언급될 경우 높은 확률로 오답이라고 배웠지만, 선택 의문문에서는 예외예요. 제시된 두 개의 선택사항에서 하나를 '선택'해야 하기 때문에 질문에 사용되었던 단어를 답변에서도 그대로 사용할 수 있기 때문이죠. 따라서 선택 의문문에서는 같은 단어가 들렸다고 해서 섣불리 오답으로 소거하지는 말아주세요.

✅ **Practice**

🎧 P3_4

3. Mark your answer on your answer sheet.   (A)   (B)   (C)
4. Mark your answer on your answer sheet.   (A)   (B)   (C)

Playlist 3   101

| 요청 의문문 | 제안 의문문 |

- 요청 의문문은 상대방에게 어떤 일을 하도록 부탁하는 의문문이다.
- 요청 의문문에는 Could[Can] you ~?(~해 주실 수 있나요?), Would you (please) ~?(~해 주시겠어요?), Would it be possible to ~?(~하는 것이 가능할까요?), Do you mind -ing?(~해 주시겠어요?) 등이 있다.
- 요청을 나타내는 표현 뒤에 나오는 내용을 집중해서 들어야 하며, 수락 또는 거절의 표현으로 답변할 수 있다.
- 수락도 거절도 하지 않는 우회 답변이 정답으로 제시되기도 하므로 문제를 끝까지 듣고 정답을 골라야 한다.

🎧 P3_5

❶ 수락 답변

Q. Could you mail out these documents before leaving today?
오늘 퇴근하기 전에 이 서류들을 우편으로 보내주실 수 있나요?

A. Sure, I can do it right now.
그럼요, 지금 바로 할 수 있어요.

Q. Would you please make sure every guest receives a badge?
모든 손님들이 인식표를 받도록 확인해 주시겠어요?

A. OK, as long as there's enough.
네, 충분히 있기만 하면요.

❷ 거절 답변

Q. Would it be possible to compile the data by this Wednesday?
이번 주 수요일까지 자료를 취합하는 것이 가능할까요?

A. No, we're still waiting for more results.
아니요, 저희는 여전히 더 많은 결과들을 기다리고 있어요.

Q. Do you mind editing these articles for me?
저를 위해 이 기사들을 편집해 주시겠어요?

A. (Actually,) I need to work on the weekly column.
(사실,) 저는 주간 칼럼을 작업해야 해요.

❸ 우회 답변

Q. Can you get more printer paper?
더 많은 프린터 용지를 가져올 수 있나요?

A1. Did you check the supply room?
비품실을 확인해 보셨나요?

A2. I'm not in charge of that.
그건 제가 담당하지 않습니다.

🎧 P3_6

5. Mark your answer on your answer sheet.　　(A)　(B)　(C)
6. Mark your answer on your answer sheet.　　(A)　(B)　(C)

| 요청 의문문 | **제안 의문문** |

- 제안 의문문은 상대방에게 내가 어떤 일을 하겠다고 제안하는 의문문이다.
- 제안 의문문에는 How[What] about -ing?(~하는 게 어때요?), Why don't we[you]?(~하는 게 어때요?), Do you want me to ~? (제가 ~해 드릴까요?), Would you like me to ~?(제가 ~해 드릴까요?) 등이 있다.
- 제안을 나타내는 표현 뒤에 나오는 내용 위주로 들어야 하며, 요청 의문문과 동일하게 수락 또는 거절의 표현으로 답하는 문장이 정답이다.
- 수락 또는 거절을 하지 않는 우회 답변이 정답이 될 수 있으므로 문제를 끝까지 듣고 정답을 선택한다.

🎧 P3_7

❶ 수락 답변

Q. **How about distributing** the survey at the staff meeting?
A. **That's a good idea!**

직원 회의에서 설문조사를 배포하는 게 어때요?
좋은 생각이에요!

Q. **Why don't we** refer to our competitors' designs?
A. I suppose **that would be helpful**.

저희 경쟁사들의 디자인을 참고하는 게 어때요?
그게 도움이 될 것 같아요.

Q. **Do you want me to** prepare the expense report?
A. **Yes, thank you** for offering.

제가 지출 보고서를 준비해 드릴까요?
네, 제안해 주셔서 감사합니다.

❷ 거절 답변

Q. **How about having** Anna plan the company outing?
A. **But** Jamie did a great job last time.

안나 씨에게 회사 야유회를 계획하게 하는 게 어때요?
하지만 제이미 씨가 지난번에 훌륭하게 했잖아요.

Q. **Would you like me to** update the spreadsheet?
A. **No**, I can do it myself.

제가 스프레드시트를 업데이트해 드릴까요?
아니요, 제가 직접 할 수 있어요.

Q. **Why don't you** ask our supervisor for permission?
A. I checked with her **already**.

상사에게 허가를 구하는 게 어때요?
제가 이미 그분께 확인했어요.

❸ 우회 답변

Q. **What about taking** a taxi to the convention tomorrow?
A1. Let me check my work schedule first.
A2. Where is it happening?

내일 컨벤션으로 택시를 타고 가는 게 어때요?
제 근무 일정을 먼저 확인해 볼게요.
그건 어디서 하나요?

✅ Practice

🎧 P3_8

7. Mark your answer on your answer sheet.　　(A)　(B)　(C)
8. Mark your answer on your answer sheet.　　(A)　(B)　(C)

Part 2 특집 만능 우회 답변 유형

🎧 P3_9

아래 우회 답변들은 Part 2에서 출제되는 모든 질문의 정답이 될 수 있는 만능 답변들이다. 크게 '모르겠어요', '아직 결정되지 않았어요', '~에게 물어보세요'의 세 가지 유형으로 출제된다.

▶ 모르겠어요

I don't know (yet).	(아직) 모르겠어요.
I'm not sure.	확실하지 않아요.
Not that I know of.	제가 알기론 아니에요.
Not that I've heard.	제가 듣기론 아니에요.
I haven't heard that[anything].	그것에 대해[아무것도] 들은 바가 없어요.
I'm not in charge of it.	제가 담당하는 것이 아닙니다.
I missed it, too.	저도 그것을 놓쳤어요.

▶ 아직 결정되지 않았어요

It hasn't been decided (yet).	(아직) 결정되지 않았어요.
It hasn't been finalized (yet).	(아직) 마무리되지 않았어요.
It hasn't been announced (yet).	(아직) 발표되지 않았어요.
We're still deciding.	여전히 결정하는 중이에요.
I haven't decided yet.	아직 결정하지 않았어요.
I'm still waiting.	여전히 기다리는 중이에요.
We won't know until March.	3월이 되어야 알게 될 거예요.
It's not available yet.	아직 이용할 수 없어요.

▶ ~에게 물어보세요

Ask the waiter.	웨이터에게 물어보세요.
Let me ask my manager.	제가 부장님께 여쭤볼게요.
Jennie would know.	제니 씨가 알 거예요.
Check with Mr. Ron.	론 씨에게 확인해 보세요.
You can find it on the Web site.	웹 사이트에서 그걸 찾으실 수 있어요.
Mr. Felix is in charge.	필릭스 씨가 담당입니다.
Lisa will take care of it.	리사 씨가 그걸 처리할 거예요.

Check-up Test

1. Mark your answer on your answer sheet.   (A)   (B)   (C)
2. Mark your answer on your answer sheet.   (A)   (B)   (C)
3. Mark your answer on your answer sheet.   (A)   (B)   (C)
4. Mark your answer on your answer sheet.   (A)   (B)   (C)
5. Mark your answer on your answer sheet.   (A)   (B)   (C)
6. Mark your answer on your answer sheet.   (A)   (B)   (C)
7. Mark your answer on your answer sheet.   (A)   (B)   (C)
8. Mark your answer on your answer sheet.   (A)   (B)   (C)
9. Mark your answer on your answer sheet.   (A)   (B)   (C)
10. Mark your answer on your answer sheet.   (A)   (B)   (C)

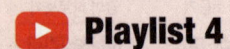 **Playlist 4**

요즘 평서문은 이렇게 연습하세요

Part 2

 음원 바로듣기
 강의 바로보기

평서문 | 부가 의문문

🎧 P4_1

- 평서문은 의문문이 아닌 마침표로 끝나는 일반 문장으로 묻는 질문이다.
- 평서문은 사실이나 정보의 전달, 문제점 언급, 의견 제시 등 매우 다양한 주제로 출제된다.
- 중요한 의미를 가지고 있는 동사와 명사 위주로 들어, 질문의 내용을 빠르게 파악하고 적절한 답변을 정답으로 골라야 한다.

❶ 긍정/수락/동의 답변
질문자가 정보를 전달할 때 긍정적으로 답변하거나 제안에 대한 수락, 의견에 대한 동의로 답변하는 유형이다.

Q. I'll pick you up from the bus terminal at 11. 11시에 버스 터미널로 데리러 가겠습니다.
A. **OK**. I'll wait at the entrance. 네, 입구에서 기다릴게요.

Q. We shouldn't drive through the downtown area. 도심 지역을 차로 지나가지 말아야 해요.
A. **Right**, the traffic will be bad. 네, 교통 상황이 나쁠 거예요.

❷ 부정/거절/비동의 답변
질문자가 말하는 사실에 대해 부정적으로 응답하거나 제안에 대한 거절, 생각에 대해 동의하지 않는 등의 부정적 답변 유형이다.

Q. I'm here to arrange a meeting with Ms. Sharpton. 샤프턴 씨와 회의를 잡으려고 왔습니다.
A. She **no longer** works here. 그분은 더이상 여기서 근무하시지 않아요.

Q. I'm not sure if I should join a gym. 제가 헬스장에 가입해야 할지 잘 모르겠어요.
A. It's the best way to stay in shape. 몸매를 유지하기 위한 최고의 방법이에요.

❸ 추가 정보 제시 답변

Q. Our lunch delivery is late again. 저희 점심 배달이 또 늦네요.
A. That's the third time this week. 이번 주 들어 세 번째예요.

❹ 다시 물어보기 답변

Q. I'm moving to Philadelphia next month. 저는 다음 달에 필라델피아로 이사가요.
A. Did you find an apartment already? 아파트를 벌써 찾으셨나요?

✅ **Practice** 🎧 P4_2

1. Mark your answer on your answer sheet. (A) (B) (C)
2. Mark your answer on your answer sheet. (A) (B) (C)

평서문	부가 의문문

- 부가 의문문은 평서문 뒤에 isn't it?이나 are you?와 같은 꼬리말을 붙인 질문이다.
- 꼬리말은 '그렇죠?, 그렇지 않나요?, 맞죠?'라고 해석한다.
- 부가 의문문은 앞에 제시된 평서문에 대한 동의를 이끌어 내거나 특정 사실을 다시 한번 확인할 때 사용하는 것이므로 해당 부분이 없다고 생각하고 문제를 풀면 된다.

🎧 P4_3

❶ 긍정 답변

Q. That hotel is expensive, **isn't it**?
A. **Yes**, but I got a discount.

저 호텔은 비싸요, 그렇지 않나요?
네, 하지만 저는 할인을 받았어요.

❷ 부정 답변

Q. You won't be at the board meeting, **will you**?
A. **No**, I have an appointment then.

이사회 회의에 안 오실 예정이죠, 그렇죠?
아니요, 저는 그때 약속이 있어요.

❸ 추가 정보 제시 답변

아주 간단하게 right?이나 correct?를 붙여서 부가 의문문을 만들 수도 있어요.

Q. I can return a defective product, **right**?
A. Yes, but we require a valid proof of purchase.

하자가 있는 제품을 반품할 수 있죠, 맞죠?
네, 하지만 유효한 구매 증명서가 필요합니다.

Q. We should design a poster for the summer music festival, **shouldn't we**?
A. We need to finalize the line-up first.

여름 음악 축제를 위한 포스터를 디자인해야 해요, 그렇지 않나요?
저희는 먼저 출연진을 마무리 지어야 해요.

❹ 다시 물어보기 답변

Q. You are giving the keynote speech, **correct**?
A. How did you hear about that?

기조연설을 하실 예정이죠, 맞죠?
그 소식을 어떻게 들으셨어요?

 이거 알면 점수 UP!

부가 의문문이 어렵게 출제된다면 답변에서 Yes와 No를 생략해버리니 음원을 끝까지 듣고 정답을 마킹해야 해요.

Q. We're still advertising several job vacancies, **aren't we**? 여전히 여러 공석들을 광고하고 있죠, 그렇지 않나요?
A. We have a few more interviews tomorrow. 내일 면접이 몇 개 더 있어요.

Q. The new payroll system has been installed, **hasn't it**? 새로운 급여 시스템이 설치되었죠, 그렇지 않나요?
A. Not at the Main Street branch. 메인 스트리트 지사에서는 안 되었어요.

 🎧 P4_4

3. Mark your answer on your answer sheet.   (A)   (B)   (C)
4. Mark your answer on your answer sheet.   (A)   (B)   (C)

Part 2 특집 고난이도 문제 맛보기

▶ Q. Isn't the printer supposed to connect to Wi-Fi?
  프린터가 와이파이에 연결되어 있어야 하지 않나요?
  A. Check the user manual.
  사용자 설명서를 확인해 보세요.

▶ Q. When will the first draft of the blueprint be ready?
  청사진의 초안이 언제 준비될 예정인가요?
  A. I'm just adding some finishing touches.
  막 몇몇 마무리 작업을 추가하고 있어요.

▶ Q. How do you like your new job?
  새로운 직장은 어떤가요?
  A. I'm still going through training.
  저는 아직 교육을 받고 있어요.

▶ Q. Are we displaying our new product when we arrive at the convention?
  컨벤션에 도착하면 저희 신제품을 전시하나요?
  A. Didn't you see the revised event schedule?
  수정된 행사 일정을 보지 않았나요?

▶ Q. Who's going to send out the invitations to our annual banquet?
  누가 저희 연례 연회의 초대장을 보낼 예정인가요?
  A. I thought they went out in yesterday's mail.
  저는 그것들이 어제 우편으로 간 줄 알았어요.

▶ Q. Does this bus still stop near Brantwood Park?
  이 버스가 여전히 브랜트우드 공원 근처에 정차하나요?
  A. Not since its route was changed.
  그 노선이 변경된 이후로는 그렇지 않습니다.

▶ Q. When will the landscaping projects be finished?
  조경 프로젝트들이 언제 끝날 예정인가요?
  A. The dates are listed in the work order.
  그 날짜들은 작업 지시서에 기재되어 있습니다.

▶ Q. Let me fetch a porter to help you with your bags.
  가방을 들어드릴 수하물 운반인을 불러올게요.
  A. I'd rather carry them myself.
  차라리 제가 직접 휴대하겠습니다.

Check-up Test

1. Mark your answer on your answer sheet.　　　(A)　(B)　(C)

2. Mark your answer on your answer sheet.　　　(A)　(B)　(C)

3. Mark your answer on your answer sheet.　　　(A)　(B)　(C)

4. Mark your answer on your answer sheet.　　　(A)　(B)　(C)

5. Mark your answer on your answer sheet.　　　(A)　(B)　(C)

6. Mark your answer on your answer sheet.　　　(A)　(B)　(C)

7. Mark your answer on your answer sheet.　　　(A)　(B)　(C)

8. Mark your answer on your answer sheet.　　　(A)　(B)　(C)

9. Mark your answer on your answer sheet.　　　(A)　(B)　(C)

10. Mark your answer on your answer sheet.　　(A)　(B)　(C)

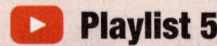 **Playlist 5**

정답률 올려주는 주제&목적, 문제점

 음원 바로듣기
 강의 바로보기

Part 3

주제&목적 | 문제점

- 2~3인으로 구성된 화자들이 나누는 대화의 주제 또는 목적을 묻는 문제이다.
- Part 3는 하나의 대화를 듣고 총 3문제를 풀어야 하는데, 그 중 주제&목적 문제 유형은 첫 번째 문제로 자주 출제된다. 따라서 대화의 초반부를 잘 들어야 한다.
- 음원이 나오기 전에 질문을 빠르게 읽고 문제 유형을 파악한 후, 대화 속에서 주제 또는 목적을 나타내는 문장을 노려 듣고 정답을 고르면 된다.

🎧 P5_1

주제&목적 질문 유형

실제 시험에서는 질문에서 볼드로 표시된 부분만 빠르게 보고 문제 유형을 파악해야 해요.

주제	**What** are the speakers (mainly) **discussing**? 화자들은 (주로) 무엇을 논의하고 있는가? **What** is the conversation (mainly) **about**? 대화는 (주로) 무엇에 관한 것인가? **What** is the (main) **topic** of the conversation? 대화의 (주된) 주제는 무엇인가?
목적	**Why** is the man **calling**? 남자는 왜 전화하는가? **What** is the **purpose** of the conversation[phone call]? 대화의[전화의] 목적이 무엇인가?

Q. <mark>What</mark> are the speakers mainly <mark>discussing</mark>?

(A) A software program
(B) A construction project
(C) Some client contracts
(D) Some job applications

M: Jillian, **I just took a look at the application forms from people who are interested in working at our library.**

W: What do you think? Does anyone look promising?

M: Well, some candidates have relevant work experience, which is good. But, a lot of people forgot to include a reference letter. Should we reach out to them individually?

W: No, let's just send out a group e-mail instead.

대화 속 주제&목적을 나타내는 표현

- **I just reviewed** the parking regulations. — 저는 방금 주차 규정을 검토했습니다.
- **I'm calling to** schedule a doctor's appointment. — 진료 예약 일정을 잡으려고 전화드립니다.
- **I'd like to** go over my market research findings. — 저의 시장 조사 결과를 검토하고 싶습니다.
- **I noticed that** the training manual contains a big error. — 교육 자료가 큰 오류를 포함하고 있는 것을 알게 되었습니다.

 서아쌤 오답 피하기

주제&목적 문제의 정답 단서가 나오는 대화 초반부를 놓쳤다면 음원을 끝까지 듣고 다른 유형의 문제를 먼저 푼 후에 마지막으로 푸는 것이 좋아요. 이미 듣지 못한 첫 문제에 계속 집중한다면 나머지 두 문제의 정답 단서도 제대로 듣지 못해 오답을 고를 확률이 높아져요.

| 주제&목적 | 문제점 |

- 대화에서 화자들이 언급한 문제점을 묻는 문제이다.
- 문제점을 묻는 문제는 각 문제 세트의 첫 번째 또는 두 번째 문제로 출제되므로 대화의 초반부나 중반부를 유심히 들어야 한다.
- 대화 속의 부정적인 의미의 단어들을 통해 문제점의 내용을 알 수 있으며, 선택지가 주로 문장으로 제시되므로 선택지를 읽는 데 더 많은 시간이 필요하다.

 P5_2

문제점 질문 유형

| 문제점 | What is the **problem**? 문제점이 무엇인가?
Why is the man **in a hurry**? 왜 남자는 서두르는가?
What is causing a **delay**? 무엇이 지연을 야기하는가?
What **problem** does the woman mention? 여자가 언급한 문제는 무엇인가?
What is the man **concerned[worried]** about? 남자는 무엇에 관해서 우려하는가[걱정하는가]? |

Q. What is the <mark>problem</mark>?

(A) A vehicle is unavailable for use.
(B) A schedule has been changed.
(C) A machine is not working.
(D) A document has gone missing.

W: Hi, Joshua. I saw that you submitted a request to use the company car next Wednesday. **But, someone has already reserved it for that entire day.**

M: Oh, really? I was going to use it to go to our Carlton manufacturing site for an equipment inspection.

W: You can take a taxi to get there and then get reimbursed later. Just make sure to keep your receipt.

대화 속 문제점을 나타내는 표현

- I **couldn't** find any extra binders. 여분의 바인더들을 찾을 수 없습니다.
- The air conditioner **is out of service** for maintenance. 유지보수를 위해 에어컨이 사용 불가능합니다.
- **Unfortunately**, we don't have any open slots right now. 안타깝게도, 저희는 현재 어떤 열린 시간대도 없습니다.
- Actually, I **forgot** to update the spreadsheet. 사실, 제가 스프레드시트를 업데이트하는 것을 잊어버렸습니다.

 이거 알면 점수 UP!

Part 3 문제점을 묻는 질문에서 자주 등장하는 문제 상황들을 미리 알고 시험장에 간다면 훨씬 쉽게 문제를 풀 수 있어요.

❶ 예약 문제 There are no more empty seats for that flight. 그 비행편엔 빈 좌석이 더 이상 없습니다.
❷ 배송 문제 I haven't received my package yet. 아직 제 소포를 받지 못했습니다.
❸ 제품 문제 My desktop monitor won't turn on. 제 데스크탑 모니터가 켜지지 않습니다.
❹ 교통 문제 Fair Oaks Avenue is partially closed for roadwork. 페어 오크스 거리가 도로 공사로 부분적으로 폐쇄되었습니다.
❺ 날씨 문제 We were told the festival was postponed due to rain. 저희는 비 때문에 그 축제가 연기되었다고 들었습니다.

Practice

1. Why is the man calling?

   (A) To reschedule a meeting
   (B) To confirm a payment
   (C) To cancel a subscription
   (D) To inquire about a service

Question 1 refers to the following conversation.

W: Woodbridge Dental Center. How may I assist you?

M: Hello. I'm calling to _____
_____.
I paid the bill for my dental check-up last week, but I'm not sure if it went through.

W: Alright, may I have your name, please? Usually, electronic receipts are sent to every patient in an automated e-mail. Our staff does not process those individually.

M: I don't recall getting an e-mail. Anyway, my name is Bruce Fleming, and I saw Dr. Matsutomo last Tuesday.

W: Let me see, Mr. Fleming... Ah, I can see here that your fees have been fully paid. And a message was sent out. Have you tried checking your spam folder?

2. What is the woman concerned about?

   (A) The availability of an item
   (B) The cost of some repairs
   (C) The length of some fabric
   (D) The color of some paint

Question 2 refers to the following conversation.

W: Hello. I bought a set of linen curtains from your store, but I just found out that they _____
_____ to cover my living room windows. I must've measured them wrong!

M: Oh, that happens all the time. There's no need to worry. We accept returns and exchanges within 30 days of purchase.

W: I'm glad to hear that! Actually, I used a discount coupon for my first set. Will I be able to apply that discount again?

Part 3 특집 Paraphrasing 🎧 P5_4

- a new tablet → a new gadget
  새로운 태블릿   새로운 기계

- is broken → is not working
  고장나다   작동이 되지 않다

- company retreat → company outing
  회사 야유회   회사 야유회

- nonalcoholic drinks → beverages
  무알콜 음료   음료

- compile feedback → gather opinions
  피드백을 취합하다   의견들을 모으다

- make it shorter → shorten the material
  더 짧게 만들다   자료를 줄이다

- hiking boots → outdoor equipment
  등산화   아웃도어 장비

- look at the reviews → read testimonials
  후기를 보다   후기를 읽다

- is not processed → booking error
  처리되지 않다   예약 오류

- be charged twice → be overcharged
  요금이 두 번 청구되다   과다청구되다

- grab a brochure → take pamphlets
  브로슈어를 받다   팜플렛을 가져가다

- come by, stop by, drop by → visit
  들르다   방문하다

- complimentary breakfast → free meal
  무료 아침식사   무료 식사

- dimensions → size, measurement
  크기, 치수   크기, 치수

- sales are down → sales are decreasing
  매출이 줄다   매출이 감소하다

- add appetizers → launch a new menu
  에피타이저를 추가하다   새로운 메뉴를 출시하다

- not available → out of stock
  구할 수 없는   재고가 없는

- Mr. Colin in Marketing → colleague
  마케팅팀의 콜린 씨   동료

- postpone, put off, delay → start later
  연기하다   나중에 시작하다

- take notes → write down
  메모하다   받아 적다

- reasonable rent → affordable rent
  합리적인 임대료   감당할 수 있는 임대료

- every year → annually
  매년   1년마다

- money → budget
  돈   예산

- on Web sites → online
  웹 사이트에   온라인으로

- place → venue
  장소   행사 장소

- take care of → handle
  처리하다   다루다

Check-up Test

1. Where do the speakers most likely work?

    (A) At a travel agency
    (B) At a bicycle store
    (C) At a car repair shop
    (D) At a fitness center

2. What problem does the man mention?

    (A) A package was delivered late.
    (B) A device has gone missing.
    (C) Some products are defective.
    (D) Some displays are not ready.

3. What will happen at 10 A.M.?

    (A) A client will make a visit.
    (B) A business will open.
    (C) An inspection will take place.
    (D) An event will begin.

4. What are the speakers discussing?

    (A) A company expansion
    (B) A sales promotion
    (C) A rewards program
    (D) A staff competition

5. What does the woman suggest doing?

    (A) Recruiting more people
    (B) Conducting a survey
    (C) Holding a workshop
    (D) Changing a policy

6. What does the man say he will do?

    (A) Arrange an interview
    (B) Submit a proposal
    (C) Organize some files
    (D) Share a memorandum

7. What is the purpose of the phone call?

(A) To make a complaint
(B) To propose a suggestion
(C) To give a presentation
(D) To negotiate a deadline

8. What does the woman say about Frank Thomas?

(A) He has traveled recently.
(B) He lacks experience.
(C) He has a busy schedule.
(D) He moved his workstation.

9. What does the woman promise to do on Wednesday?

(A) Finalize a publication
(B) Bring some writing samples
(C) Reserve a meeting room
(D) Go to company headquarters

10. Who most likely are the speakers?

(A) Maintenance workers
(B) Electrical engineers
(C) Train operators
(D) Bus drivers

11. What is causing a delay?

(A) Bad weather
(B) A system failure
(C) Weak Internet connection
(D) Railway maintenance

12. What will the man do next?

(A) Edit a schedule
(B) Call for assistance
(C) Announce a problem
(D) Search for an alternative

▶ Playlist 6

얕보면 안 되는 장소&직업/신분, 제안&요청

Part 3

음원 바로듣기 | 강의 바로보기

| 장소&직업/신분 | 제안&요청 |

- 대화가 이뤄지는 장소 또는 화자들의 직업이나 신분을 묻는 문제이다.
- 장소&직업/신분 문제 유형 역시 첫 번째 문제로 자주 출제되므로 대화의 초반부에 제시되는 정보를 듣고 문제를 풀어야 한다.
- 음원이 나오기 전에 질문을 빠르게 읽고 문제 유형을 파악한 후, 대화 속에서 장소 또는 직업/신분을 나타내는 문장을 캐치해 정답을 고른다.

🎧 P6_1

장소&직업/신분 질문 유형

장소	**Where** (most likely) are the **speakers**? 화자들이 어디에 있을 것 같은가? **Where** is the conversation (most likely) **taking place**? 대화는 어디서 이뤄지고 있는 것 같은가? **Where** does the **man work**? 남자는 어디에서 일하는가?
직업/신분	**Who** are the **speakers**? 화자들은 누구인가? **Who** (most likely) is the **woman**? 여자는 누구일 것 같은가? **What** (most likely) is the **man's job[profession]**? 남자의 직업이 무엇일 것 같은가?

Q. **Where** most likely are the **speakers**?

(A) At a research lab
(B) At a doctor's clinic
(C) At a government office
(D) In a bank

M: Good morning. My name is Ryan Carey, and I have an **appointment with Dr. Yang** at 10 o'clock.
W: Hi, Mr. Carey. You're here for a **physical check-up**, right? I know you're a returning **patient**, but you'll need to fill out this form for me.
M: Oh, but I don't have any changes in my personal information.
W: That's fine. We still need you to sign at the bottom to confirm that your patient records are correct, though.

대화 속 장소&직업/신분을 나타내는 표현

- I'm **checking in** for **flight** 7219 to London.
  런던으로 가는 7219 비행편에 체크인 중입니다.

  | 장소 | airport 공항 |
  | 직업/신분 | passenger – airline representative
승객　　　　항공사 직원 |

- I'd like to **deposit** this bonus check.
  보너스 수표를 예금하고 싶습니다.

  | 장소 | bank 은행 |
  | 직업/신분 | customer 고객 – bank teller 은행 직원 |

- Welcome to **Apricot Café**. Table for two?
  애프리콧 카페에 오신 걸 환영합니다. 두 분이신가요?

  | 장소 | restaurant 식당 |
  | 직업/신분 | diner 식사 손님 – server, waiter 식당 직원 |

| 장소&직업/신분 | **제안&요청** |

- 대화에서 상대방에게 어떤 일을 하는 것을 제안하거나 어떤 행동을 하도록 요청하는 문제이다.
- 제안 또는 요청 질문은 두 번째 또는 세 번째 문제로 주로 출제되므로 대화의 중반부나 후반부를 들어야 풀 수 있다.
- 제안과 요청을 나타내는 표현들 뒤에 제시되는 동사에 집중해야 한다.

제안&요청 질문 유형

제안을 물을 때는 suggest/recommend/offer과 같은 단어가,
요청을 물을 때는 request/ask 등의 단어가 질문에 들어가요.

제안	**What** does the **man suggest** (doing)? 남자는 무엇을 (하는 것을) 제안하는가? **What** does the **woman recommend**? 여자는 무엇을 제안하는가? **What** does the **man recommend** the **woman** do? 남자는 여자가 무엇을 하는 것을 제안하는가? **What** does the **man offer** to do? 남자는 무엇을 해주겠다고 제안하는가?
요청	**What** does the **woman request**? 여자는 무엇을 요청하는가? **What** does the **man request** that the **woman** do? 남자는 여자가 무엇을 하는 것을 요청하는가? **What** does the **man ask** the **woman** to do? 남자는 여자가 무엇을 하도록 요청하는가? **What is** the **woman asked** to do? 여자는 무엇을 하는 것을 요청받는가?

Q. **What** does the **man suggest**?

(A) Checking some recordings
(B) Contacting some residents
(C) Purchasing a device
(D) Hiring a technician

W: Hi, someone reported that one of our hallway lights is broken. Apparently, the light bulb is cracked.

M: OK, I can go look at it in about five minutes. Where is it located?

W: Right in front of unit A250. Can you check if it's an issue with the electrical wiring?

M: If the light can still turn on, I doubt it. **I'd recommend looking at the security camera recordings** for that area. Maybe someone accidentally damaged it.

W: OK, I'll do that.

대화 속 제안&요청을 나타내는 표현

제안
- **I'd recommend** registering for a spot early. 자리를 일찍 등록하는 것을 제안합니다.
- **Why don't you** invite a different speaker? 다른 연설자를 초대하는 건 어떠세요?
- **I can** request a price estimate. 제가 가격 견적서를 요청드릴 수 있어요.

요청
- **I'd like you to** take some photos for me. 제 사진을 좀 찍어 주셨으면 합니다.
- **Could you** e-mail the directions to the clients? 고객들에게 오는 길을 이메일로 알려주시겠어요?
- **Please** have your tickets ready to be scanned. 입장권이 스캔될 수 있게 준비해 주십시오.

 서아쌤 오답 피하기

What is the woman asked to do?라는 질문이 출제되었다면, 여자가 남자에게 요청을 하는 주체인지 아니면 남자에게 요청을 받는 대상인지 정확히 구분해야 정답을 제대로 고를 수 있어요. 수동태 be asked to do가 쓰였으니 여자가 남자로부터 요청을 받고 있다는 것을 음원을 듣기 전에 질문 옆에 표시해 두세요.

Practice

1. What does the man ask the woman to do?

(A) Carry some products
(B) Keep an area clear
(C) Call for assistance
(D) Submit a work order

Question 1 refers to the following conversation.

M: Hi, Grace. I noticed the weather is getting really dark and windy outside. It seems like a storm is coming! Should we bring in all the produce stands that are out front, just in case?

W: Uh-oh, I think you're right. We probably shouldn't wait until the weather gets worse. But first, let's rearrange the product displays at the entrance to make some extra space inside.

M: Good thinking. I'll start moving stuff. While I do that, could you make sure _____ _____ into the store?

2. Who most likely is the man?

(A) An event planner
(B) A graphic designer
(C) A journalist
(D) A baker

Question 2 refers to the following conversation.

M: I'm glad we could meet today. I had fun working on _____.

W: That's good. I've been wanting to rebrand my bakery for a while now.

M: Well, I created multiple drafts incorporating the shape of a croissant – just as you requested.

W: I can't wait to see the different options! Did you bring them in print or electronically?

M: Oh, I have them here on my tablet. This is what I mainly use to design all my projects.

Part 3 특집: Paraphrasing

- **branch → location**
  지점, 지사   장소, 위치

- **finish → complete, end, terminate**
  끝내다   완성하다, 종결시키다

- **bus, train → public transportation**
  버스, 기차   대중교통

- **workshop, seminar → event**
  워크숍, 세미나   행사

- **haven't done → be unprepared for**
  ~을 하지 못하다   ~에 준비되지 않다

- **ads → advertising**
  광고   광고하기

- **10 percent off → a price reduction**
  10퍼센트 할인   가격 삭감

- **relocate → move**
  이전하다   이사 가다

- **can carry it around → portable**
  들고 다닐 수 있다   휴대할 수 있는

- **have worked → have experience**
  근무해 왔다   경험이 있다

- **security camera → equipment**
  보안 카메라   장비

- **set up a time → schedule**
  시간을 정하다   일정을 잡다

- **talk about complaints → address issues**
  불만사항에 대해 이야기하다   문제를 처리하다

- **help → assist, aid**
  돕다   지원하다

- **limited options → few choices**
  제한된 선택사항   거의 없는 선택사항

- **print out the schedule → print a document**
  일정을 인쇄하다   서류를 인쇄하다

- **hold a special event → organize an event**
  특별한 행사를 개최하다   행사를 기획하다

- **hand out → distribute**
  나눠주다   배부하다

- **best-selling model → popular model**
  가장 잘 팔리는 모델   인기 있는 모델

- **how to get there → directions to a venue**
  그곳으로 가는 방법   행사 장소로 가는 길 안내

- **send an update → provide a report**
  업데이트를 보내다   보고서를 제공하다

- **run through → practice, rehearse**
  예행 연습하다   연습하다, 리허설을 하다

- **be available → carry, sell**
  구매 가능하다   취급하다, 판매하다

- **concerned, anxious → worried**
  걱정되는   우려되는

- **grab a bite → have a quick meal**
  간단하게 먹다   빠르게 먹다

- **free of charge → at no cost**
  무료로   비용 없이

Check-up Test

1. What most likely is the man's profession?
   - (A) Car salesman
   - (B) Auto mechanic
   - (C) Factory supervisor
   - (D) Driving instructor

2. What does Ms. Reynolds say is important?
   - (A) Road safety
   - (B) Energy efficiency
   - (C) Storage space
   - (D) Warranty coverage

3. What will the man do next?
   - (A) Arrange a delivery
   - (B) Describe some features
   - (C) Process a payment
   - (D) Schedule a test drive

4. What will the man do on Friday?
   - (A) Train new employees
   - (B) Submit an application form
   - (C) Interview for a job
   - (D) Host a corporate event

5. Why does the man say he is busy?
   - (A) He is moving into a new apartment.
   - (B) He is attending college courses.
   - (C) He has an important work deadline.
   - (D) He has taken on new clients.

6. What does the woman offer to do?
   - (A) Review a document
   - (B) Organize an event
   - (C) Pack some items
   - (D) Recommend a service

7. Where is the conversation taking place?

   (A) At a catering firm
   (B) At a hotel
   (C) At a community center
   (D) At a marketing agency

8. What problem does the man mention?

   (A) A supplier is unavailable.
   (B) A colleague is absent.
   (C) An order was misplaced.
   (D) A deadline was missed.

9. What will happen at 3 P.M.?

   (A) A client meeting will take place.
   (B) A venue will be checked.
   (C) An awards ceremony will begin.
   (D) A menu will be posted online.

10. What does the woman want to buy?

    (A) A washing machine
    (B) A refrigerator
    (C) A dishwasher
    (D) A microwave

11. Why does the man apologize?

    (A) A price has been increased.
    (B) A product is out of stock.
    (C) A special offer has ended.
    (D) A delivery has been delayed.

12. What does the woman request?

    (A) A store discount
    (B) A text notification
    (C) An extended warranty
    (D) A membership upgrade

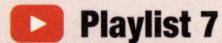 **Playlist 7**

do next/의도파악 완전 정복

Part 3

do next | 의도파악

- 화자가 미래에 할 행동을 묻는 문제이다.
- 마지막 문제로 주로 출제되며, 대화의 후반부에 나오는 미래시점 관련 표현을 들어야 풀 수 있다.
- 질문에 tomorrow/next week/May/2 P.M. 같은 특정 시점이 제시된 경우, 해당 키워드가 음원에서 들릴 것을 예상하고 집중해서 들어야 한다.

do next 질문 유형

미래 행동	**What** will the **woman** most likely[probably] **do next**? 여자는 다음에 무엇을 할 것 같은가? **What** will **happen next week**? 다음 주에 무슨 일이 있을 것인가? **What** is the **man planning to do**? 남자는 무엇을 할 계획인가? **What** does the **woman** say she **will do**? 여자는 무엇을 할 것이라고 말하는가? According to the **woman, what** will **happen** in **March**? 여자에 따르면, 3월에 무슨 일이 있을 것인가?

Q1. What will the man probably do next?

(A) Schedule a meeting
(B) Place an order
(C) Talk to a coworker
(D) Request a receipt

W: I just got off the phone with Galaxy Flowers. Apparently, they don't have enough roses to fill the bulk order for our company event next week.

M: That's disappointing. We'll have to work with a different business then.

W: Do you think you can help me find another reliable flower shop nearby?

M: Actually, I remember one of our sales managers has ordered from Artesia Flowers before. **Let me go and ask her about it** right now.

Q2. What will happen next week?

(A) An office will be closed.
(B) A dinner will be held.
(C) Some renovations will be completed.
(D) Some surveys will be sent out.

M: Hey, Sharon. Did you know that the office's second-floor cafeteria is finally opening soon? They're almost done with construction.

W: Wow, already? I'm looking forward to it. There really aren't many options for food around here.

M: I agree. **We're all going to receive a survey about food preferences next week**, and those results will be used to create the cafeteria's menu.

do next   의도파악

- 대화 중에 특정 문장을 말한 화자의 의도를 묻는 문제이다.
- 제시된 문장 자체의 해석보다 대화의 앞 또는 뒤, 혹은 앞뒤 문맥을 모두 듣고 그 속에 숨은 의도를 찾아야 한다.
- 의도파악 문제가 첫 번째 문제로 출제될 때는 대화 초반부에, 두 번째 문제로 출제될 때는 대화 중반부에, 마지막 문제로 출제될 때는 대화의 후반부에서 정답의 단서를 찾을 수 있다.

🎧 P7_2

의도파악 질문 유형

의도파악	**What** does the man **imply** when he says, "I should go for a meeting now"? 남자가 "지금 회의에 가야 해요"라고 말할 때 무엇을 암시하는가? **What** does the woman **mean** when she says, "He already did it"? 여자가 "그분은 이미 그걸 했어요"라고 말할 때 무엇을 의미하는가? **Why** does the man **say**, "But winter is over"? 남자는 왜 "하지만 겨울은 끝났어요"라고 말하는가?

Q1. **What** does the woman **imply** when she says, "I'm always at the front desk"?
(A) She will greet some visitors.
(B) She is available for assistance.
(C) She has relocated her workstation.
(D) She wants the man to drop off an item.

W: That's it for the first half of your orientation. Now you know how to navigate all the exhibits and operate the lighting systems in our museum.
M: Thank you so much. That was very helpful.
W: Before you go on your lunch break, **why don't you practice adjusting the display lights in Exhibition Hall 3A?** You can use the orientation booklet for reference. **And don't forget,** I'm always at the front desk.

Q2. **What** does the man **mean** when he says, "I've been a member here for the past seven years"?
(A) He does not want to pay a higher fee.
(B) He will not renew his membership.
(C) He plans to move abroad soon.
(D) He has met the woman's manager before.

M: I have a personal locker at this gym, and **I was aware that it costs five dollars a month to rent, not ten.**
W: I'm sorry, sir, but our policy recently changed. **We've raised our locker rental fees to cover some growing maintenance expenses.**
M: But I've been a member here for the past seven years.
W: Hmm, in that case… Let me try talking to my manager.

 이거 알면 **점수 UP!**

의도파악 문제를 풀 때는 문제에 제시된 문장을 먼저 읽는 것이 가장 중요해요. 해당 문장을 미리 읽고 의미를 파악한 다음, 선택지를 읽으세요. 의도파악 문제의 선택지는 문장으로 길게 제시되어 있으니 꼼꼼하게 해석하기보다는 주어와 동사 위주로 빠르게 읽고 핵심만 파악해 두면 돼요. 주어진 문장을 곧이곧대로 해석한 선택지는 마음 속으로 소거해 놓고 음원을 들을 준비를 하면 됩니다.

Practice

1. What does the man say he will do?

   (A) Sign a contract
   (B) Check his schedule
   (C) Provide a cost estimate
   (D) Show a slide presentation

Question 1 refers to the following conversation.

W: Thank you for making time to meet. I've been wanting to renovate my front yard into a lawn.
M: Do you plan to add a garden as well?
W: No, I just want the landscape to be simple. How much would the project cost?
M: Our company offers two options. Real grass is a great choice if you want something more affordable. Artificial grass is more expensive to install but easier to maintain in the long run.
W: I'll go with artificial grass.
M: OK. I'll _____ right now. One second, please.

2. Why does the woman say, "we have a bigger budget this time"?

   (A) To offer the man a solution
   (B) To remind the man of a new policy
   (C) To reassure the man about a choice
   (D) To clarify some guidelines for the man

Question 2 refers to the following conversation.

M: Pam, you're planning our department's outing this year, aren't you?
W: Yep. I've been comparing different destinations and group tours. I found a three-day package for Brisbane that looks promising. It includes round-trip flights, accommodation, and even several guided tours.
M: Oh, wait. Isn't the event _____ _____? I didn't know we'd _____ _____.
W: Well, we have a bigger budget this time.
M: Ah, that makes sense. I guess it'll be worth it.

124 서아쌤의 토익 비밀과외 START

Part 3 특집 — Paraphrasing

- **look carefully → examine, study, inspect**
  자세히 보다 / 조사하다, 연구하다, 점검하다

- **send → ship**
  보내다 / 배송하다

- **snacks → refreshments**
  간식 / 다과

- **back up documents → save files**
  문서를 백업하다 / 파일을 저장하다

- **contact, reach → call, e-mail**
  연락하다 / 전화하다, 이메일 보내다

- **attend the expo → participate in a conference**
  엑스포에 참석하다 / 컨퍼런스에 참가하다

- **go over → review**
  검토하다 / 검토하다

- **take a train together → travel together**
  함께 열차를 타다 / 함께 이동하다

- **reduce the number of orders → adjust orders**
  주문의 수를 줄이다 / 주문들을 조정하다

- **share thoughts → give some feedback**
  생각들을 공유하다 / 몇몇 피드백을 주다

- **can be recycled → environmentally friendly**
  재활용될 수 있다 / 환경 친화적인

- **goods → products**
  제품 / 제품

- **policy → guidelines, regulations**
  정책 / 지침, 규정

- **show the techniques → demonstration**
  기술들을 보여주다 / 시연

- **at a high standard → high-quality**
  높은 수준으로 / 고품질의

- **extremely busy → hands full**
  매우 바쁜 / 손이 가득 차 있는

- **suggest a topic → propose ideas**
  주제를 제안하다 / 아이디어를 제안하다

- **discuss a pay scale → negotiate the salary**
  급여 체계를 논의하다 / 연봉을 협상하다

- **do some research → find information**
  몇몇 조사를 하다 / 정보를 찾다

- **fill out some forms → complete paperwork**
  몇몇 양식을 작성하다 / 서류 작업을 완료하다

- **be on holiday → be out of the office**
  휴가 중이다 / 사무실에 없다

- **outdated → inaccurate**
  구식의 / 정확하지 않은

- **reserve → book, make a reservation**
  예약하다 / 예약하다

- **have a chat → speak**
  이야기 하다 / 말하다

- **renewable → sustainable**
  재생 가능한 / 지속 가능한

Check-up Test

1. What kind of product are the speakers discussing?

    (A) Digital cameras
    (B) Video games
    (C) Laptops
    (D) Projectors

2. What aspect of the product is the man concerned about?

    (A) The color
    (B) The material
    (C) The portability
    (D) The display quality

3. What will happen in October?

    (A) Some new employees will be hired.
    (B) Some components will arrive.
    (C) An inspection will be conducted.
    (D) A device will be fully built.

4. Where do the speakers most likely work?

    (A) A post office
    (B) A community center
    (C) A restaurant
    (D) A furniture store

5. What does the man imply when he says, "But what about the table?"?

    (A) He thinks an order is incorrect.
    (B) He would like feedback on his proposal.
    (C) He cannot complete a task by himself.
    (D) He has other important work to do.

6. What does the woman offer to do?

    (A) Assign a colleague
    (B) Adjust a schedule
    (C) E-mail a customer
    (D) Submit a work order

7. Where do the speakers most likely work?

   (A) At a print shop
   (B) At a movie theater
   (C) At an art gallery
   (D) At a home goods store

8. What problem is being discussed?

   (A) Some online features are faulty.
   (B) Some pricing information is inaccurate.
   (C) An advertisement is missing.
   (D) The Internet service is slow.

9. What will the woman most likely do next?

   (A) Call a mechanic
   (B) Draft a statement
   (C) Contact a business
   (D) Restart a device

10. Where is the conversation most likely taking place?

    (A) At an event planning agency
    (B) At a recording studio
    (C) At a marketing firm
    (D) At a fashion design company

11. What does the woman mean when she says, "That did have a decent turnout"?

    (A) A project produced high earnings.
    (B) A festival should take place again.
    (C) Some performers are hugely popular.
    (D) Some vendors are easy to work with.

12. What does the man offer to create?

    (A) An invitation
    (B) A poster
    (C) An application form
    (D) A contact list

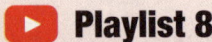

Playlist 8

시각자료, 급하게 풀지 마세요

Part 3

| 시각자료 | 필수 시각자료 유형 |

- 대화를 들으면서 시각자료에 제시된 정보를 사용해 푸는 문제이다.
- 시각자료 문제는 Part 3에서 마지막 세 개 질문 세트에서 출제되며, 지도/스케줄/그래프 등 다양한 유형의 시각자료가 출제된다.
- 반드시 음원을 듣기 전에 시각자료를 미리 파악해야 한다.

 P8_1

시각자료 질문 유형

| 시각자료 | **Look at the graphic.** Which floor will the woman go to?
시각자료를 보시오. 여자는 몇 층으로 갈 것인가? |

Breakfast Menu	
Cinnamon Rolls $10.59	Pancake Platter $11.49
French Toast $9.99	Omelet & Waffles $12.79

Q. **Look at the graphic.** Which price might change?

(A) $10.59
(B) $11.49
(C) $9.99
(D) $12.79

W: Oliver, did you see what customers had to say about our new breakfast menu?

M: Not yet. Was there any positive feedback?

W: Everyone likes the wider selection, but **several people complained that our cinnamon rolls are overpriced.** They said they're not worth the money. **Maybe we should charge less for the cinnamon rolls.**

M: That's definitely something we can consider. Let's bring it up to our manager when she comes in.

 서아쌤 오답 피하기

시각자료 문제를 풀 때는 선택지 (A)-(D)에 이미 쓰인 정보가 음원에서 들리지 않아요. 위에서 풀어본 문제를 예를 들어볼까요? 선택지 (A)-(D)에 가격이 적혀 있으니 우리 귀는 음원에서 $10.59, $11.49, $9.99, $12.79를 들을 수 없고, Cinnamon Rolls, Pancake Platter, French Toast, Omelet & Waffles 중 하나를 듣게 될 거예요. 음원에서 가격만 들리길 기다린다면 정답 단서 문장을 듣는 것을 놓칠 수 있으니 주의하세요.

| 시각자료 | 필수 시각자료 유형 |

- 지도, 스케줄, 그래프, 교통 안내, 층별 안내/건물 안내 정보, 교통 안내, 제품 목록 등의 유형이 시각자료 문제로 출제된다.
- 다양한 시각자료들이 출제되지만 자주 나오는 유형이 정해져 있는 편이므로 필수 시각자료 유형을 파악하는 법을 미리 익혀두면 쉽게 문제를 풀 수 있다.

❶ 지도

	Entrance		Office 3
Reception			Conference Room
	Office 1	Office 2	

기준이 되는 Entrance 옆에 Reception이 있고, 입구 정면에 사무실 1과 2가 있네. Conference Room은 사무실 2와 3 사이에 있어.

❷ 스케줄

Lukas Muller January 10 Morning Schedule	
9:00 A.M.	Team Meeting
10:00 A.M.	Progress Report Review
11:00 A.M.	Intern Interviews
12:00 P.M.	Client Teleconference

루카스 뮬러 씨의 오전 일정이네. 9시에 팀 미팅, 10시에 보고서 검토, 11시 면접, 12시 고객 화상회의가 있네.

❸ 그래프

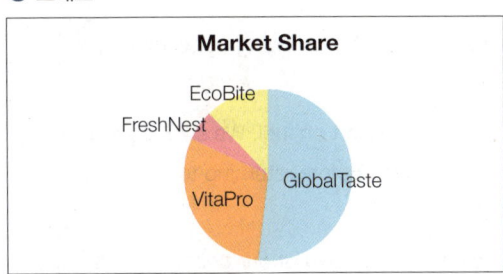

시장 점유율을 보여주는 그래프네. GlobalTaste가 1등이고, FreshNest가 제일 꼴찌네.

❹ 층별 안내/건물 안내 정보

Prime Business Hotel	
Floor 4	Standard & Deluxe Rooms
Floor 3	Fitness Center & Sauna
Floor 2	Banquet Hall
Floor 1	Concierge

호텔 층별 안내도군. 1층엔 컨시어지, 2층엔 연회장, 3층엔 헬스장과 사우나, 마지막으로 4층엔 객실이 위치해 있어.

❺ 교통 안내

Arrivals		
From	Flight #	Carousel #
Paris	AF127	1
London	TX950	2
Abu Dhabi	AZ409	3
Osaka	YN303	4

공항 수하물 안내판인 거 같아. 출발 도시와 항공편 번호, 그리고 짐을 찾는 곳의 번호가 적혀 있네.

❻ 제품 목록

Ceramic	Porcelain
Limestone	Terracotta

여러 종류의 타일들이 있네. 타일의 무늬가 모두 다르니까 음원에서 타일 패턴에 대해 설명하는 부분을 잘 들어야겠어.

 Practice

Chicago to Detroit		
Bus	Departs	Arrives
US56	6:00 A.M.	11:40 A.M.
NZ42	6:40 A.M.	12:20 P.M.
AB97	7:30 A.M.	1:10 P.M.
GP35	7:50 A.M.	1:30 P.M.

1. Look at the graphic. Which bus will the woman most likely take?

   (A) US56
   (B) NZ42
   (C) AB97
   (D) GP35

Question 1 refers to the following conversation and schedule.

W: Hi. I'm trying to buy a bus ticket to Detroit, but your mobile app isn't working for me. I'm planning to travel tomorrow, and I'm leaving from Chicago.

M: Sorry about that. Our app is still getting updated. I can help you purchase a ticket directly through me, if you'd like. You're departing from Chicago, correct? At what time?

W: Yes. I'm not sure what times are available, but I just need to _____

_____. I have lunch with an important client, so I can't be late!

```
          Exit 54
          Headquarters
     Exit 53B
     Gas station
  Exit 53A
  Shopping outlet
Exit 52
Diner
```

2. Look at the graphic. Which exit does the woman tell the man to take?

   (A) Exit 52
   (B) Exit 53A
   (C) Exit 53B
   (D) Exit 54

Question 2 refers to the following conversation and map.

M: I noticed we're short on fuel. We should probably fill up the car's tank before returning to our company headquarters.

W: You're right. That's part of our policy. I guess we won't have time to stop by the famous diner for food then.

M: Yeah. Our schedule's pretty tight. Should I take the exit up ahead, then?

W: Oh, wait. That one is for the _____ _____. We should _____ _____.

M: Oh, OK. Hopefully they sell some snacks so that we have something to eat while heading back.

Part 3 특집 시각자료 필수 어휘

▶ 지도
- stop at ~에 들르다, 서다
- trail 산책로, 등산길
- section 구역
- floor plan 평면도
- entrance 입구
- checkout counter 계산대
- directory 층별안내
- complex 복합건물
- reception 접수처, 안내데스크
- location 위치
- stall 진열대
- registration area 등록 구역
- route 노선
- exit 출구
- parking area 주차 구역
- layout 배치도

▶ 그래프
- market share 시장 점유율
- production capacity 생산 용량
- output 생산량
- pie chart 원 그래프
- highest 가장 높은
- largest 가장 많은
- lowest 가장 낮은
- smallest 가장 적은
- quantity 수량

▶ 교통 안내
- departure 출발
- arrival 도착
- delayed 지연된
- on schedule 일정대로
- on time 정시에
- baggage claim 짐 찾는 곳
- carousel 수하물 찾는 곳
- landed 착륙한
- boarding pass 탑승권
- destination 목적지
- status 상태, 상황
- canceled 취소된
- flight number 항공편 번호

▶ 스케줄
- booked 예약된
- reserved 예약된
- assignment 업무 배정
- board meeting 이사회 회의
- interview 면접
- schedule 스케줄, 일정
- shareholder's meeting 주주 회의
- webinar 웨비나
- itinerary 일정표
- break 휴게 시간
- tour 투어, 견학

▶ 쿠폰
- valid[good] until ~까지 유효한
- expiration date 유효 기간
- ticket holder 티켓 소지자
- save 절약
- voucher 상품권
- gift certificate 상품권

▶ 가격표
- quote 견적
- estimate 견적
- price 가격
- item 상품
- rate 요금
- bill 계산서
- invoice 운송장
- order # 주문 번호
- product code 제품 코드
- per person 인당
- cost 비용
- free shipping 무료 배송

▶ 기타
- rating 순위, 점수
- facilities 시설
- amenity 편의시설
- vendor 판매자
- inventory 재고 (목록)
- extension 내선번호

Check-up Test

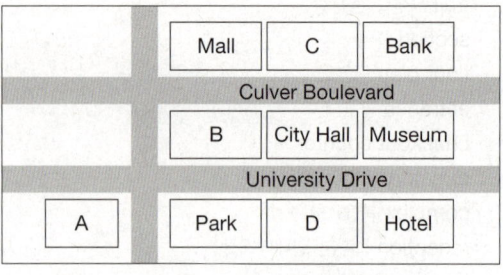

Irvine Public Library
Building Information

North Wing – Archives & Special Collections
West Wing – Digital Media & E-books
East Wing – Children's Books & Play Zone
South Wing – Adult Fiction & Non-Fiction

1. Look at the graphic. Which wing will the man visit?

   (A) North Wing
   (B) West Wing
   (C) East Wing
   (D) South Wing

2. What is the man going to do?

   (A) Fix a computer
   (B) Build a structure
   (C) Clean some floors
   (D) Set up some displays

3. Why was the man unable to come to the library yesterday?

   (A) He went to the wrong location.
   (B) He was not feeling well.
   (C) He had a last-minute meeting.
   (D) He had his vehicle repaired.

4. Who most likely is the man?

   (A) A journalist
   (B) A mail carrier
   (C) An office worker
   (D) A food deliveryman

5. What problem does the man mention?

   (A) A label has incorrect information.
   (B) Some entrance doors are locked.
   (C) A location is too far away.
   (D) Some clients canceled an order.

6. Look at the graphic. Where will the man go next?

   (A) To Location A
   (B) To Location B
   (C) To Location C
   (D) To Location D

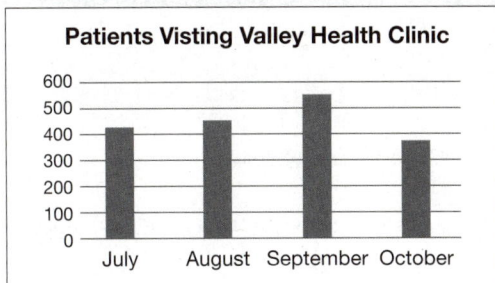

Daly City Community Center
Arts & Crafts Workshops

November 23	Watercolor Painting
November 30	Pottery for Beginners
December 14	Knitting Basics
December 21	DIY Ring Making

7. What is the woman preparing for?

   (A) An interview
   (B) An appointment
   (C) An equipment inspection
   (D) A department meeting

8. Look at the graphic. In which month did the man begin working for the clinic?

   (A) July
   (B) August
   (C) September
   (D) October

9. What does the woman ask the man to do?

   (A) Check a storeroom
   (B) Clean an area
   (C) Refill some supplies
   (D) Move some furniture

10. Why can the man attend community center workshops for free?

    (A) He is a local resident.
    (B) He is a recent graduate.
    (C) He received a special invitation.
    (D) He has a membership card.

11. Look at the graphic. On which date will the man attend a workshop?

    (A) November 23
    (B) November 30
    (C) December 14
    (D) December 21

12. What will Michelle Walton talk about?

    (A) An advertising campaign
    (B) A restoration project
    (C) An anniversary event
    (D) A fundraising initiative

Playlist 9

출제자가 좋아하는 전화메시지/회의발췌

Part 4

| 전화메시지 | 회의발췌 |

- 1명의 화자가 말하는 담화에서 가장 많이 출제되는 유형은 전화메시지(telephone message) 담화이다.
- 녹음메시지(recorded message) 유형도 전화메시지 담화의 한 종류이다.
- Part 4는 하나의 담화를 듣고 총 3문제를 풀어야 하며, 주로 일정 조정/주문 변경 및 취소/예약 확인/부재 시 영업 시간 안내/매장 위치 정보 제공 등의 내용으로 구성된다.
- 특히, 전화메시지 담화에서는 전화를 건 이유를 묻는 문제가 반드시 출제된다.

🎧 P9_1

전화메시지 담화 패턴

❶ Hello, Ms. Hewitt. This is Davey Parker from Clovis Corporation. ❷ Your guest lecture at our headquarters is supposed to be next Monday, but unfortunately, we'll have to postpone it. ❸ Our company is currently leading a big construction project, so our employees need to focus their energy on those operations. I apologize for the inconvenience. But since we had scheduled your services at the last minute, I hope this will allow you more time to prepare a great lecture. Please kindly let me know if there's a day next month when you can come in instead. ❹ I look forward to hearing back. Thank you.

❶ 인사 및 자기소개
전화를 건 사람이 인사와 함께 자기소개를 한다. 화자의 이름과 소속 회사/부서 등을 밝힌다.

❷ 전화 목적 설명
전화를 건 이유를 설명한다.

❸ 세부내용 및 요청사항
용건에 대해 자세히 설명한 후, 이와 관련해 전화를 받는 사람에게 요청하는 사항을 말한다.

❹ 마무리
전화를 건 사람에게 연락할 수 있는 방법을 언급하거나 마지막 인사와 함께 통화를 마무리한다.

 이거 알면 점수 UP!

전화메시지 담화는 다른 유형의 담화들에 비해 흐름이 비교적 정해진 편이에요. 따라서 담화의 흐름에 따라 1번~3번 문제로 잘 출제되는 문제 유형도 쉽게 예상해 볼 수 있어요. 출제될 문제 유형을 미리 알고 간다면 훨씬 수월하게 문제를 풀 수 있겠죠?

❶ 인사 및 자기소개 → 장소&직업/신분 문제
❷ 전화 목적 설명 → 주제&목적, 문제점 문제
❸ 세부내용 및 요청사항 → 세부사항, 제안&요청 문제
❹ 마무리 → do next 문제

| 전화메시지 | 회의발췌 |

- 전화메시지와 함께 출제 빈도가 높은 담화는 비즈니스 회의의 일부분을 발췌하여 들려주는 회의발췌(excerpt from a meeting) 유형이다.
- 사내 이슈에 대한 공지, 특정 안건에 대한 논의, 직원 아이디어 취합 등의 내용이 자주 출제된다.

🎧 P9_2

회의발췌 담화 패턴

 실제 시험에서는 회의의 초반부를 발췌할 수도 있고, 중반부를 발췌할 수도 있어요.

❶ Next Tuesday, we'll be receiving brand-new office chairs from Humphrey's Supplies to replace all the current ones. ❷ Research shows that using ergonomic chairs helps to lower the risk of injuries and supports better posture. At our company, your health and safety are our top priorities, and we will ensure that every employee has a quality chair to use. ❸ If you'd like to choose the color of your chair, please check your e-mail inbox. We've sent out an optional survey.

❶ 회의 주제 언급
회의의 주제 또는 회의를 소집하게 된 이유를 간략하게 소개한다.

❷ 전달사항
회의 안건에 대한 세부내용 또는 관련 일정, 회의 참석자들이 반드시 알아야 할 공지사항 등을 안내한다.

❸ 요청사항
직원들에게 특정 행동을 할 것을 요청하며 회의를 마무리한다.

 이거 알면 점수 UP!

회의발췌 담화 흐름에 따른 정답을 알려주는 단서 표현들을 정리해 드릴게요. 아래 단서들이 귀에 들린다면, 단서 표현 뒤에 제시되는 내용을 빡! 집중해서 들어야 정답을 맞힐 수 있어요.

❶ 회의 주제 언급   I'd like to talk about ~에 대해 말씀드리고 싶습니다
　　　　　　　　　The next topic is 다음 주제는 ~입니다
　　　　　　　　　It's time to look at ~을 볼 시간입니다
　　　　　　　　　I'll be providing an update about ~에 대한 업데이트를 제공해 드릴 것입니다
　　　　　　　　　We've called the meeting to discuss ~을 논의하기 위해 회의를 소집했습니다

❷ 전달사항   I'm happy that ~되어 기쁩니다
　　　　　　We anticipate that ~일 것이라고 예상합니다
　　　　　　Our company is going to 저희 회사는 ~할 예정입니다

❸ 요청사항   Please ~해 주십시오
　　　　　　I'd like you to ~해 주셨으면 합니다
　　　　　　Make sure that 반드시 ~해 주십시오
　　　　　　Can/Could you ~? ~해 주실 수 있나요?

✅ Practice

1. What does the speaker say about the order?

   (A) An item is out of stock.
   (B) An ingredient is running low.
   (C) It has not been paid for yet.
   (D) It will be delivered at a later time.

Question 1 refers to the following telephone message.

> Hello, Ms. Quincy. This is Paul Ginsburg from Ginsburg Bakery, and I'm calling regarding the order of desserts you placed with us for your corporate banquet next week. The cheesecakes will be prepared as promised, but due to a _____, we are _____ on strawberries for the strawberry shortcakes. Would you like us to make a different dessert instead? It'd be great if you could get back to me soon. Thanks.

2. What does the speaker ask the listeners to do?

   (A) Create a sample
   (B) Perform research
   (C) Give a suggestion
   (D) Review customer feedback

Question 2 refers to the following excerpt from a meeting.

> Now, let's move on to our plan for promoting the upcoming season's footwear collection. Mr. Andres, our chief designer, has joined our meeting today to introduce the new range of boots and sneakers that we'll be releasing. Once he's finished, I'd like everyone to _____ _____ on how to advertise these new styles.

Part 4 특집 담화별 최빈출 표현 ①

▶ 전화메시지/녹음메시지

I'm calling to do	~하기 위해 전화드립니다
I'm calling about	~에 관해 전화드립니다
I'm calling because	~ 때문에 전화드립니다
confirm an appointment	예약을 확인하다
reschedule	일정을 재조정하다
place an order	주문하다
cover one's shift	~의 교대 근무를 대신하다
upcoming	곧 있을, 다가오는
regarding	~에 관해
look over, review	~을 검토하다
see if	~인지 알아보다
at your earliest convenience	가급적 빨리
realize (that)	(~임을) 깨닫다
You've reached + 업체명	~에 전화 주셔서 감사합니다
office hours	영업 시간
stay on the line	끊지 않고 기다리다
press 1	1번을 누르다

▶ 회의발췌

call a meeting	회의를 소집하다
productivity	생산성
improvement	개선, 향상
address an issue	문제를 다루다
approve	승인하다
complaint	불만사항
progress	진척(도), 진전
hear an idea	의견을 듣다
as you know	아시다시피
attend, participate	참석하다
deadline	마감기한
submit	제출하다
safety inspection	안전 점검
meet the demand	수요를 충족하다

Check-up Test

🎧 P9_5

1. What type of business is the speaker calling?

   (A) A transportation company
   (B) A tour agency
   (C) An investment firm
   (D) A moving company

2. What does the speaker say will happen on May 3?

   (A) He will travel to a different country.
   (B) A corporate event will be happening.
   (C) Some clients will be visiting his office.
   (D) His company will be training employees.

3. What does the speaker ask the listener to do?

   (A) Verify the payment of an order
   (B) Send information on pricing
   (C) Leave a voice message
   (D) Reply to an e-mail

4. According to the speaker, what is the company trying to do?

   (A) Launch an energy-saving campaign
   (B) Introduce a recycling policy
   (C) Streamline their operations
   (D) Utilize reusable materials

5. What does the speaker mean when he says, "this might sound unreasonable"?

   (A) He knows some prices are too high.
   (B) He supports an unconventional approach.
   (C) He understands the listeners' concerns.
   (D) He believes a project needs more funding.

6. What can the listeners receive if the initiative is successful?

   (A) A drink coupon
   (B) A travel voucher
   (C) An office lunch party
   (D) Additional paid time off

7. Why is the park closed today?

   (A) There is inclement weather.
   (B) It has been reserved for an event.
   (C) Some roads are being repaired.
   (D) It is receiving regular maintenance.

8. What event is planned for tomorrow?

   (A) A hiking tour
   (B) A camping workshop
   (C) An outdoor picnic
   (D) An informational talk

9. How can listeners register for the event?

   (A) By sending an e-mail
   (B) By going to the visitors' center
   (C) By calling a phone number
   (D) By using an online reservation system

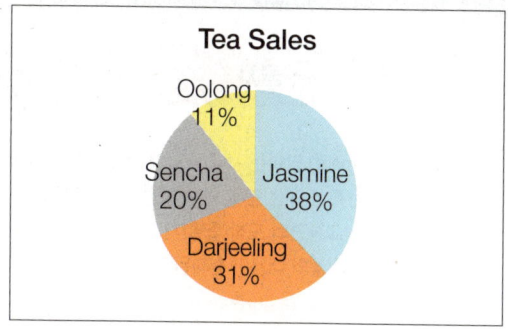

10. Who most likely are the listeners?

    (A) Product developers
    (B) Graphic designers
    (C) Store salespeople
    (D) Assembly-line workers

11. Which aspect of the new product will the team discuss in small groups?

    (A) Flavor combinations
    (B) Packaging materials
    (C) The cost per unit
    (D) The total amount to produce

12. Look at the graphic. What type of tea will be included in the new product?

    (A) Oolong
    (B) Sencha
    (C) Darjeeling
    (D) Jasmine

Playlist 10

익숙해져야 할 공지/방송

Part 4

공지 | **방송**

- 공지(announcement) 담화는 사내 공지와 장소 공지로 나눌 수 있다.
- 사내 공지에서는 회사 규정 안내, 공사 일정 전달, 사내 행사 공유, 매출 또는 설문조사 관련 논의 등의 주제들이 나온다.
- 장소 공지에서는 교통편의 도착/출발/지연 안내, 공항 게이트 변경, 백화점/쇼핑센터/식당 등의 영업시간 안내, 공장/박물관 투어 일정이나 주의사항 등의 내용이 출제된다.

🎧 P10_1

공지 담화 패턴

❶ Morning, everyone. ❷ Before we get started today, I've got a quick announcement from our office manager. ❸ From now on, we'd like everyone to be more mindful about using kitchen supplies. That means using reusable cups and utensils instead of disposable ones, as well as washing up after yourself. This keeps the common areas tidy and helps to prevent the trash can from overflowing. ❹ If anyone wants to store their reusable items in the break room, I'll show you where to do that now. Just come with me.

❶ 인사말
주의를 집중시키는 말과 함께 담화를 시작한다.

❷ 공지 목적 및 주제
공지의 목적이나 주제를 간략히 언급한다.

❸ 세부내용
변경사항이나 새로운 소식, 일정, 유의사항 등을 구체적으로 설명한다.

❹ 지시사항/요청사항
직원들이 특정 행위를 하도록 지시하거나 요청하는 내용을 말하며 마무리한다.

 이거 알면 점수 UP!

장소 공지 담화에서는 담화의 첫 문장만으로도 청자의 신분이나 직업, 그리고 담화가 이루어지는 장소를 유추할 수 있어요.

Welcome aboard. Attention, passengers. 탑승을 환영합니다. 승객 여러분, 주목해 주십시오.	청자	승객	장소	교통편(비행기/기차/배 등)
Good afternoon, shoppers. 고객 여러분, 안녕하세요.	청자	고객, 쇼핑객	장소	마트, 쇼핑몰
Before we open the café today, 오늘 카페를 열기 전에,	청자	카페 직원	장소	카페, 식당
Welcome to the seminar for writers. 작가님들을 위한 세미나에 오신 것을 환영합니다.	청자	작가	장소	세미나, 컨퍼런스
Here at Vision Motor factory, 여기 비전 자동차 공장에서,	청자	근로자, 직원	장소	공장

| 공지 | 방송 |

- 방송(broadcast)은 지역 뉴스(local news), 교통 소식(traffic report), 일기 예보(weather forecast), 그리고 팟캐스트(podcast) 담화로 구성된다. P10_2
- 지역 뉴스는 지역 내 행사 소식이나 기업 확장 관련 보도 등의 내용을 다루며, 교통 소식은 실시간 교통 정보와 함께 지역 행사/도로 공사로 인한 우회로 등을 안내한다.
- 일기 예보에서는 주말이나 다음 주 날씨 등의 기상 소식을 전하며, 대부분 시각자료 문제와 함께 출제된다.
- 팟캐스트에서는 TV 시리즈나 영화, 특정 게스트에 대한 소개 등의 내용으로 전개된다.

방송 담화 패턴

❶ Hello, listeners, this is Rachel Lee with your morning update. ❷ The City of Saratoga will be holding its annual Autumn Fair next week at Cedarwood Plaza. ❸ Council representative Dana Fields announced that proceeds from the event will be used to fund renovations for our public library. Guests can enjoy seasonal foods, carnival games, and live entertainment at the fair. The city recommends using bus routes 3 and 7 instead of driving personal vehicles to avoid congestion around the plaza. ❹ We'll return shortly with your weekend weather forecast after this commercial break.

❶ 인사 멘트
인사와 함께 방송의 종류와 진행자의 이름을 소개한다.

❷ 방송 주제
방송에서 보도할 주요 소식을 간략하게 언급한다.

❸ 상세한 소식
보도 뉴스에 대한 상세한 내용을 알린다.

❹ 마무리
짧은 인사와 함께 광고나 교통 방송, 또는 일기예보 등의 다음 방송이 있다는 것을 알리고 방송을 마무리한다.

 이거 알면 점수 UP!

Part 4의 방송 담화는 Part 7의 기사글(article)의 LC 버전이라고 볼 수 있어요. 특히, 지역 기업과 관련된 주제로 출제되면 우리가 쉽게 접할 수 없는 어휘들을 많이 듣게 되어 어렵다고 느낄 수도 있죠. 방송 담화에서 자주 들을 수 있는 문장들을 모아 학습하고 익숙해져 볼까요?

And now for the sports news. 이제 스포츠 뉴스 차례입니다.
With me in the studio is Dr. James Anderson. 저와 함께 스튜디오에 계신 분은 제임스 앤더슨 박사님이십니다.
The traffic is backed up. 교통이 막히고 있습니다.
You're listening to Midnight Whispers. <미드나잇 위스퍼스>를 듣고 계십니다.
Let's go to the weather. 날씨 뉴스로 가시죠.
This is Michael Lee with EKD News. EKD 뉴스의 마이클 리입니다.

 Practice

1. Where is the announcement being made?

(A) At a music store
(B) At an art exhibition
(C) At a library
(D) At a theater

Question 1 refers to the following announcement.

Ladies and gentlemen, we regret to inform you that tonight's _____ of *Jazz Queens* has been postponed by one hour due to a technical issue. We deeply apologize for the inconvenience. Ticket holders who would like to receive a full refund can visit the box office in the front lobby. For those willing to wait, staff will be passing out complimentary drinks and snacks while our equipment is being repaired. Thank you for your understanding, and we appreciate your continued support for our local productions.

2. What is causing a traffic jam?

(A) Road construction
(B) A filming project
(C) A broken light
(D) A rainstorm

Question 2 refers to the following traffic report.

Good morning, everyone. This is Naomi Yoon with your daily traffic report. Things are moving smoothly across most of the west side and central districts. However, drivers should expect delays at the intersection of Bayview Street and 8th Avenue due to a _____ _____. Officers are on site directing vehicles, but the slowdown is stretching several blocks. If possible, we recommend using an alternate route until repairs are completed later today.

Part 4 특집 담화별 최빈출 표현 ②

▶ 공지

maintenance	(시설 등의) 유지 보수
safety inspection	안전 점검
implement a new policy	새 정책을 시행하다
comply with, observe, follow	~을 따르다, 준수하다
regulations	규정
sales figures	매출 수치
performance	성과
release date	출시일
management	경영진
boarding	탑승
apologize for the inconvenience	불편에 대해 사과하다
refrain from -ing	~하는 것을 삼가다
show A around B	A에게 B를 구경시켜주다
Our next stop is	다음으로 갈 장소는 ~입니다
gift shop, souvenir shop	기념품점
assembly line	조립 라인
manufacturing facility	제조 시설

▶ 방송

expand overseas	해외로 사업을 확장하다
head office, headquarters	본사
mayor	시장
local economy	지역 경제
traffic congestion, traffic jam	교통 체증
update	최신 소식, 최신 정보
detour	우회로
use public transportation	대중교통을 이용하다
temperature	기온
rain shower	소나기
clear up	날씨가 개다, 맑아지다
stay tuned	채널을 고정하다
commercial break	광고 시간
Next up,	다음으로는,

Check-up Test

P10_5

1. According to the speaker, what happened this week?

   (A) Performance reports were published.
   (B) Customer surveys were distributed.
   (C) A company merger took place.
   (D) A new product was launched.

2. What is Priya Nasser's area of expertise?

   (A) Business law
   (B) Social media
   (C) Technical writing
   (D) Talent recruitment

3. What is Priya Nasser currently doing?

   (A) Taking a vacation
   (B) Gathering a team
   (C) Organizing a training session
   (D) Speaking at a conference

4. What is the focus of the podcast?

   (A) Unsolved mysteries
   (B) Unexpected careers
   (C) New fashion trends
   (D) Popular video games

5. What does the speaker say about content creators?

   (A) Many of them have a management company.
   (B) They usually hire other people for help.
   (C) Some of them become famous celebrities.
   (D) They get to choose their own work schedule.

6. What does the speaker mean when he says, "she now has more demand than she can handle"?

   (A) There is a shortage of products.
   (B) A deadline is difficult to meet.
   (C) A guest has many clients.
   (D) A guest is only available on weekends.

7. Where do the listeners most likely work?

   (A) At a museum
   (B) At an airport
   (C) At a hospital
   (D) At a hotel

8. What type of policy has changed?

   (A) Travel reimbursements
   (B) Time-off requests
   (C) A dress code
   (D) A payroll procedure

9. What will happen tomorrow?

   (A) An inventory check
   (B) An award ceremony
   (C) Maintenance work
   (D) Budget negotiations

Friday	Saturday	Sunday	Monday
15°C	19°C	20°C	17°C

10. What event is being described?

    (A) A food festival
    (B) A trade show
    (C) A cooking contest
    (D) A sports competition

11. According to the speaker, what can the listeners find on a Web site?

    (A) Registration requirements
    (B) Vendor information
    (C) An instructional video
    (D) A product description

12. Look at the graphic. On which day will the event begin?

    (A) Friday
    (B) Saturday
    (C) Sunday
    (D) Monday

서아쌤의 토익 비밀과외 *START*

▲ VOCA 샘플강의 바로보기

VOCABULARY |

VOCA

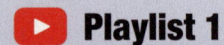 **Playlist 1**

최빈출 기출 정답 VOCA ❶

 음원 바로듣기
 강의 바로보기

1. increase
명 ❶ 증가 ❷ 인상
동 ❶ 증가하다 ❷ 인상하다

a significant **increase** in sales
매출의 상당한 증가

increase the prices of our products
자사 제품들의 가격을 인상하다

2. available
형 ❶ (물건을) 구할 수 있는, 이용 가능한 ❷ (사람이) 시간이 되는

be **available** to purchase online
온라인으로 구매할 수 있다

be **available** to work weekend shifts
주말 교대근무를 할 시간이 되다

3. candidate
명 지원자, 후보자

a **candidate** for the machine operator position
기계 작동 직책에 대한 지원자

4. designed
형 ❶ 고안된 ❷ 계획된

be **designed** specifically for businesses
사업체들을 위해 특별히 고안되다

5. additional
형 추가적인, 여분의

access **additional** account information
추가적인 계좌 정보에 접근하다

6 review

명 ❶ 검토 ❷ 평가 ❸ 후기
동 ❶ 검토하다 ❷ 평가하다

receive positive **reviews**
긍정적인 평가를 받다

review the enclosed instructions
동봉된 안내사항을 검토하다

be **reviewed** by expert judges
전문 평가단에 의해 평가받다

7 request

명 요청(서)
동 요청하다

at your **request**
귀하의 요청 시에

request additional images of the office building
사무실 건물의 추가 사진들을 요청하다

8 performance

명 ❶ 성과, 실적 ❷ 수행 ❸ 공연

as a result of the company's excellent **performance**
회사의 훌륭한 성과의 결과로

feature a **performance** by well-known musicians
유명한 음악인들의 공연을 특징으로 하다

9 respond

동 응답하다, 반응하다

respond to all customer complaints
모든 고객 불만사항에 응답하다

10 technician

명 기술자

a skilled **technician**
능숙한 기술자

11 therefore

부 그 결과, 따라서, 그러므로

TrendMart's revised store layout accommodates more customers, and **therefore** should lead to increased sales.
트렌드마트의 수정된 매장 배치는 더 많은 고객들을 수용하고, 그 결과 증가된 매출로 이어질 것이다.

12	**various**	형 다양한
		provide **various** services
		다양한 서비스들을 제공하다

13	**regularly**	부 정기적으로, 규칙적으로
		regularly order new stock
		새로운 재고품을 정기적으로 주문하다

14	**accept**	동 받다, 받아들이다, 수락하다
		only **accept** cash
		현금만 받다
		accept assistance
		도움을 받아들이다

15	**experienced**	형 경험 많은
		experienced hikers
		경험 많은 등산가들

16	**leading**	형 선도적인, 주도하는
		a **leading** company in the vehicle industry
		자동차 업계에서의 선도적인 회사

17	**profitable**	형 ❶ 수익성이 있는 ❷ 이득이 되는
		be no longer **profitable**
		더 이상 수익성이 있지 않다

18	**supplier**	명 공급업체, 공급자
		several potential **suppliers** of raw materials
		여러 잠재적인 원자재 공급업체들

19	**organization**	명 ❶ 조직, 단체 ❷ 준비
		an **organization** dedicated to creating community centers
		지역사회센터들을 만드는 데 헌신하는 조직

20 advance

명 ❶ 발전 ❷ 전진
동 ❶ 발전하다, 진보하다 ❷ 다가가다, 진격하다

widespread **advances** in database software
데이터베이스 소프트웨어에서의 광범위한 발전

help interns **advance** within the workplace
인턴들이 직장 내에서 발전하도록 돕다

21 officially

부 공식적으로

be **officially** open
공식적으로 개장하다

22 certificate

명 ❶ 상품권 ❷ 증서

send a **certificate** for $200
200달러의 상품권을 보내다

warranty **certificate**
보증서

23 experience

명 ❶ 경험 ❷ 경력
동 경험하다

have a good **experience** with the company
그 회사에 대한 좋은 경험을 가지다

twelve years of accounting **experience**
12년의 회계 경력

24 extended

형 (기한이) 연장된

an **extended** deadline
연장된 마감기한

25 thoroughly

부 ❶ 철저히, 철두철미하게 ❷ 대단히, 완전히

thoroughly investigate all causes
모든 원인들을 철저히 조사하다

26 departure

명 출발 (시간), 떠남

scheduled **departure**
예정된 출발 시간

27 assign

동 ① (업무 등을) 배정하다 ② (사람 등을) 배치하다

be **assigned** to a particular task
특정 업무에 배정되다

assign experienced staff members
경험이 많은 직원들을 배치하다

28 decline

명 ① 하락, 감소 ② 거절
동 ① 하락하다, 감소하다 ② 거절하다

a **decline** in profits
수익의 하락

typically **decline** during the winter season
보통 겨울 시즌 동안 하락하다

decline the job offer
취업 제안을 거절하다

29 briefly

부 ① 간단히 ② 잠깐, 잠시

briefly review the agenda
안건을 간단히 검토하다

speak with the salesperson **briefly**
영업사원과 잠깐 이야기하다

30 promote

동 ① 홍보하다 ② 촉진하다 ③ 승진시키다

promote its new line of cosmetics
화장품의 새로운 제품을 홍보하다

promote tourism
관광을 촉진하다

be **promoted** to Director of Public Relations
홍보이사로 승진되다

Check-up Test

정답 및 해설 p.82

▶ 단어와 알맞은 뜻을 연결해 보세요.

1. certificate • • (A) 상품권, 증서

2. leading • • (B) 추가적인, 여분의

3. additional • • (C) 선도적인, 주도하는

▶ 빈칸에 알맞은 단어를 적어 보세요.

4. several potential _____ of raw materials
   여러 잠재적인 원자재 공급업체들

5. a skilled _____
   능숙한 기술자

6. be _____ specifically for businesses
   사업체들을 위해 특별히 고안되다

▶ 오늘 암기한 단어의 뜻을 생각하면서, 다음 어휘 문제를 풀어보세요.

7. Participants should review the workshop materials ------- before attending the sessions to ensure they are well prepared.

   (A) strongly
   (B) extremely
   (C) firmly
   (D) thoroughly

8. The announcement that GlobalTech would acquire Innovate Solutions led to a ------- in its stock price.

   (A) refusal
   (B) merger
   (C) decline
   (D) market

Playlist 1 153

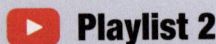 **Playlist 2**

최빈출 기출 정답 VOCA ❷

 음원 바로듣기
 강의 바로보기

VOCA

---

1 purchase

명 구매(품)
동 구매하다

offer free after-sales service with all **purchases**
모든 구매에 대해 무료 판매 후 서비스를 제공하다

office supply **purchases**
사무실 용품 구매품들

may **purchase** food and drinks from the snack bar
간이 식당에서 음식과 음료를 구매할 수 있다

2 payment

명 ❶ 지불, 납입 ❷ 지불금, 납입금

payment of rent for the property
부동산 임대에 대한 지불

3 vary

동 ❶ (크기 등이) 서로[각기] 다르다 ❷ (상황이) 다르다

vary according to the machine purchased
구매한 기계에 따라 서로 다르다

vary slightly from company to company
회사마다 약간 다르다

4 automatically

부 자동으로

be **automatically** deducted from the account
계좌에서 자동으로 차감되다

5 precisely

부 ❶ 바로, 꼭 ❷ 정확히

begin **precisely** at 12:30 P.M.
오후 12시 30분에 바로 시작하다

follow the setup instructions **precisely**
설치 안내사항을 정확히 따르다

6 responsible

형 책임이 있는

be **responsible** for all contract negotiations
모든 계약 협상에 대한 책임이 있다

7 certain

형 ❶ 확실한, 틀림없는 ❷ 특정한

be **certain** that Ms. Yoon is qualified
윤 씨가 자격을 갖췄다는 것을 확실히 하다

certain retailers
특정 소매업자들

8 undergo

동 (변화·안 좋은 일 등을) 겪다, 받다

undergo corporate restructuring
회사 구조조정을 겪다

9 significant

형 ❶ 중요한 ❷ 상당한

take **significant** measures
중요한 조치들을 취하다

experience **significant** growth
상당한 성장을 경험하다

10 widely

부 ❶ 광범위하게, 널리 ❷ 크게, 대단히

be now **widely** available
현재 광범위하게 이용 가능하다

widely fluctuate
크게 변동하다

11 variety

명 ❶ 여러 가지, 갖가지 ❷ (제품) 종류

a **variety** of other administrative tasks
여러 가지 다른 행정 업무들

add greater **variety** to the menu
메뉴에 더 많은 종류를 추가하다

12 expand

동 확대하다, 확장시키다

expand its delivery service
배달 서비스를 확대하다

expand its customer base
고객층을 확장시키다

13 outstanding

형 ❶ 우수한, 뛰어난 ❷ 미지불된

receive **outstanding** service
우수한 서비스를 받다

outstanding expenses
미지불된 지출 비용들

14 detailed

형 상세한, 상세히 설명된

detailed information about the new products
새로운 제품들에 대한 상세한 정보

15 provide

동 제공하다

provide the quarterly sales results
분기별 영업 결과들을 제공하다

16 initially

부 처음에

must **initially** pay all tuition fees
처음에 모든 수업료들을 지불해야 한다

17 priority

명 우선 순위

take **priority** over all other projects
모든 다른 프로젝트들보다 우선 순위를 가지다

18 alternative

명 대안, 대체재
형 대체의, 대안의

be an excellent **alternative** to the brand
그 브랜드에 대한 훌륭한 대안이 되다

be scheduled for an **alternative** date
대체 일자로 일정이 잡히다

19 advise

동 ❶ 권고하다, 충고하다 ❷ 알리다

be **advised** to check that travelers' passports are valid
여행객들의 여권이 유효한지 확인하도록 권고되다

advise staff of changes to meeting schedules
직원들에게 회의 일정에 대한 변경사항을 알리다

20 measure

명 ❶ 조치, 정책 ❷ 양, 정도
동 (치수 등을) 측정하다, 재다

utilize the latest security **measures**
최신 보안 조치들을 이용하다

measure all items prior to posting them online
온라인에 게시하기 전에 모든 제품들의 치수를 측정하다

21 initiative

명 ❶ 계획 ❷ 솔선수범, 진취성 ❸ 주도(권)

introduce similar **initiatives**
유사한 계획들을 도입하다

take the **initiative**
솔선수범하다, 주도권을 쥐다

22 soon

부 곧

will **soon** publish a new book
곧 새로운 책을 출간할 것이다

23 assure

동 ❶ 확신시키다, 장담하다 ❷ 보장하다

assure staff that the merger would benefit them
직원들에게 합병이 이득일 것이라고 확신시키다

24 renowned

형 저명한, 유명한

renowned for its architectural beauty
건축학적 아름다움으로 저명한

25 orderly

형 ❶ 질서정연한 ❷ 정돈된

leave the concert hall in an **orderly** fashion
공연장을 질서정연하게 떠나다

26 lower

- 통 줄이다, 낮추다
- 형 더 낮은, 더 아래 쪽의

lower the company's electricity bills
회사의 전기세를 줄이다

offer **lower** rates on international calls
국제 전화에 대한 더 낮은 요금을 제공하다

27 early

- 형 ❶ 이른 ❷ 빠른
- 부 ❶ 일찍 ❷ 빨리

arrive **early** to provide assistance
도움을 제공하기 위해 일찍 도착하다

renew subscriptions **early** to avoid missing an update
최신 소식을 놓치는 것을 피하기 위해 빨리 구독을 갱신하다

28 implement

- 동 시행하다

implement a rigorous training program
엄격한 교육 프로그램을 시행하다

29 capacity

- 명 ❶ 수용 인원, 용량 ❷ 생산 능력

improve the seating **capacity** of the theater
극장의 좌석 수용 인원을 향상시키다

increase Marvell Technology's manufacturing **capacity**
마벨 테크놀로지 사의 제조 생산 능력을 증가시키다

30 dedicated

- 형 헌신하는, 전념하는

consultants **dedicated** to helping their clients
고객들을 돕는 데 헌신하는 상담가들

Check-up Test

정답 및 해설 p.82

▶ 단어와 알맞은 뜻을 연결해 보세요.

1. certain • • (A) 우수한, 뛰어난, 미지불된

2. implement • • (B) 확실한, 틀림없는, 특정한

3. outstanding • • (C) 시행하다

▶ 빈칸에 알맞은 단어를 적어 보세요.

4. follow the setup instructions _____
   설치 안내사항을 정확히 따르다

5. _____ staff that the merger would benefit them
   직원들에게 합병이 이득일 것이라고 확신시키다

6. leave the concert hall in an _____ fashion
   공연장을 질서정연하게 떠나다

▶ 오늘 암기한 단어의 뜻을 생각하면서, 다음 어휘 문제를 풀어보세요.

7. Mavis Modern Art Gallery will showcase 25 pieces by the ------- artist Maria Gonzalez.

   (A) estimated
   (B) founded
   (C) renowned
   (D) allocated

8. The swift reorganization of the customer service department will enable the firm to operate at full ------- by April.

   (A) price
   (B) content
   (C) delivery
   (D) capacity

최빈출 기출 정답 VOCA ③

1	**recognize**	동 ❶ 인정하다 ❷ 인식하다
		be **recognized** for innovation in the field of design
		디자인 분야에서의 혁신을 인정받다

2	**permit**	명 허가증
		동 허용하다, 허락하다
		parking **permit**
		주차 허가증
		be **permitted** to use the room
		그 방을 사용하도록 허용되다

3	**process**	명 ❶ 과정, 절차, 순서 ❷ 방법
		동 ❶ 가공하다 ❷ 처리하다
		assess our manufacturing **process**
		제조 과정을 평가하다
		process fresh vegetables into baby food
		신선한 채소들을 이유식으로 가공하다

4	**ideal**	형 이상적인
		ideal venue for hosting large events
		큰 행사들을 개최하기에 이상적인 장소

5	**renovation**	명 개조 (공사), 보수 (공사)
		upcoming **renovation** of the Auckland Airport
		다가오는 오클랜드 공항의 개조 공사

6	**limited**	형 한정된, 제한된
		for a **limited** period of time
		한정된 기간 동안

7 occasion

명 ❶ 경우, 때 ❷ 행사

for any **occasion**
어떤 경우든지 간에

8 condition

명 ❶ 상태 ❷ (계약·요구) 조건

be in excellent **condition**
좋은 상태에 있다

perfect working **conditions**
완벽한 근무 조건

9 delivery

명 배송(품)

allow three days for **delivery** of your order
주문 배송을 위해 3일을 감안하다

10 ensure

동 보장하다, 확실히 하다

to **ensure** exceptional quality
우수한 품질을 보장하기 위해

ensure that the building is still sound
그 건물이 여전히 견고하다는 것을 확실히 하다

11 estimate

명 ❶ 추정(치) ❷ 견적서
동 ❶ 추정하다, 견적을 내다 ❷ 평가하다

submit **estimates** from at least three potential vendors
적어도 세 곳의 잠재 판매업체들의 견적서를 제출하다

estimate it would take two hours to repair the lobby
로비를 수리하는데 두 시간이 걸릴 것으로 추정하다

12 actively

부 적극적으로

actively listen to customers' concerns
고객들의 우려 사항을 적극적으로 듣다

13 accurate

형 정확한

accurate source of information
정보의 정확한 출처

14 require

동 요구하다

be **required** to submit receipts for business-related expenditure
비즈니스 관련 지출 비용에 대한 영수증을 제출하는 것이 요구되다

15 reach

동 (목표에) 도달하다, (장소에) 도착하다

reach an agreement
합의에 도달하다

reach the Tumon Public Library
투몬 공공 도서관에 도착하다

16 enthusiastically

부 열정적으로

enthusiastically applaud the cast
출연진에게 열정적으로 박수갈채를 보내다

17 establish

동 설립하다

establish a new office in Ireland
아일랜드에 새로운 사무실을 설립하다

18 record

명 기록
동 기록하다

keep **records** of all expenses
모든 지출들의 기록을 유지하다

record its highest profits in the third quarter
3분기에 가장 높은 수익을 기록하다

19 accommodate

동 ❶ 수용하다 ❷ 공간을 제공하다

accommodate a larger audience
더 많은 청중을 수용하다

20 retain

동 ❶ 보유하다 ❷ 유지하다

retain a copy of all confidential documents
모든 기밀 서류들의 사본을 보유하다

retain its current brand name
현재 브랜드명을 유지하다

21 markedly
부 현저하게, 두드러지게, 뚜렷하게

markedly increase the battery life
배터리 수명을 현저하게 증가시키다

22 impressed
형 깊은 인상을 받은

be **impressed** with its efficiency
효율성에 깊은 인상을 받다

23 support
명 지원, 지지
동 지원하다, 지지하다

thank our consumers for their continued **support**
우리 소비자들의 지속된 지원에 감사하다

support a wide range of after-school programs for students
학생들을 위한 다양한 방과 후 프로그램들을 지원하다

24 complimentary
형 무료의

offer customers **complimentary** admission tickets
고객들에게 무료 입장권을 제공하다

25 accessible
형 ❶ 접근 가능한 ❷ 이용 가능한

easily **accessible** by bus
버스로 쉽게 접근 가능한

be not **accessible** without a membership card
회원 카드 없이는 이용 불가능하다

26 eligible
형 자격이 있는

be **eligible** for promotion to a management role
관리 직책으로 승진할 자격이 있다

27 resume
동 재개하다, 재개되다

resume one's former duties
이전 업무를 재개하다

28 responsibility
명 책임(감), 책무

responsibility to determine the cause
원인을 알아내야 할 책임

29	**upcoming**	형 다가오는, 곧 있을
		upcoming holiday sale
		다가오는 휴일 세일

30	**secure**	동 ❶ 확보하다, 획득하다 ❷ 고정시키다
		형 ❶ 안전한, 확실한 ❷ 안심하는
		secure funding from investors
		투자자들로부터 자금을 확보하다
		secure and user-friendly solutions
		안전하고 사용자 친화적인 해결책들

Check-up Test

정답 및 해설 p.82

▶ 단어와 알맞은 뜻을 연결해 보세요.

1. retain •   • (A) 보유하다, 유지하다

2. eligible •   • (B) 현저하게, 두드러지게, 뚜렷하게

3. markedly •   • (C) 자격이 있는

▶ 빈칸에 알맞은 단어를 적어 보세요.

4. be _____ with its efficiency
   효율성에 깊은 인상을 받다

5. offer customers _____ admission tickets
   고객들에게 무료 입장권을 제공하다

6. _____ funding from investors
   투자자들로부터 자금을 확보하다

▶ 오늘 암기한 단어의 뜻을 생각하면서, 다음 어휘 문제를 풀어보세요.

7. Regular office operations will ------- as soon as the technician repairs the server.

   (A) assemble
   (B) resume
   (C) supply
   (D) repair

8. Ferndale Landscaping provides detailed cost ------- to clients planning to redesign their gardens.

   (A) competition
   (B) estimates
   (C) trade
   (D) markets

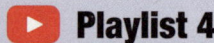 **Playlist 4**

최빈출 기출 정답 VOCA ❹

 음원 바로듣기
 강의 바로보기

1	**recently**	튀 최근(에)
		recently moved its headquarters
		최근 본사를 옮겼다

2	**position**	명 ❶ 위치 ❷ 자리 ❸ 직책
		동 배치하다, 위치하다
		secure the top **position** among law firms
		로펌들 중 가장 높은 자리를 확보하다
		fill the administrative assistant **position**
		행정 보조 직책을 채우다

3	**necessary**	형 필수적인, 필요한
		be **necessary** to make reservations in advance
		미리 예약하는 것이 필수적이다

4	**promptly**	튀 ❶ 즉시 ❷ 정확히 제 시간에
		promptly return the client's call
		고객의 전화에 즉시 응답하다
		arrive **promptly**
		정확히 제 시간에 도착하다

5	**produce**	명 농산물
		동 만들어 내다, 생산하다
		produce a clearer sound
		더 선명한 소리를 만들어 내다

6	**register**	동 등록하다
		register for the guided tour
		가이드 투어를 등록하다

7 complete

동 ❶ 완료하다, 끝마치다 ❷ 기입하다, 작성하다
형 ❶ 완성된, 완전한 ❷ 모든 것이 갖춰진, 완비된

complete training on laboratory safety procedures
연구실 안전 절차에 관한 교육을 완료하다

a **complete** program of study
완성된 학과 프로그램

8 nearly

부 거의

last **nearly** five hours
거의 다섯 시간 동안 지속되다

9 description

명 ❶ 설명 ❷ 묘사

provide a **description** of the product damage
제품 파손에 대한 설명을 제공하다

10 return

동 ❶ 돌아오다 ❷ 반납하다, 돌려주다 ❸ 반품하다

return to Michigan to open a new restaurant
새로운 식당을 개장하기 위해 미시간에 돌아오다

return reference books to the cart
참고 도서들을 카트에 반납하다

return the shirt to the department store
백화점에 셔츠를 반품하다

11 transfer

명 ❶ 이전, 이동 ❷ 환승 ❸ 전근
동 ❶ 이동하다, 이전하다 ❷ (교통편) 갈아타다 ❸ (다른 직장으로) 전근하다

automobile title **transfer**
자동차 명의 이전

transfer to the accounting department
회계부로 이동하다

12 periodically

부 주기적으로, 정기적으로

be adjusted **periodically**
주기적으로 조정되다

13 enough
형 충분한
부 충분히

enough time to revise the proposal
제안서를 수정할 충분한 시간

receive the manuscript early **enough**
원고를 충분히 일찍 받다

14 costly
형 비싼, 비용이 많이 드는

rent large and **costly** items
크고 비싼 제품들을 대여하다

15 reputation
명 평판, 명성

develop a **reputation** for providing the best service
최고의 서비스를 제공하는 것으로 평판을 쌓다

16 heavy
형 ❶ 무거운 ❷ (양이) 많은 ❸ (정도가) 심한

heavy office desks
무거운 사무실 책상들

given our **heavy** call volumes in the morning
오전에 많은 전화 통화량을 고려하면

heavy rain
폭우

17 prestigious
형 명망 있는, 일류의

receive a **prestigious** award
명망 있는 상을 받다

18 transaction
명 거래

handle the large volume of **transactions**
많은 양의 거래들을 처리하다

19 reliable
형 믿을 만한, 신뢰할 만한

sell **reliable** products at an affordable price
저렴한 가격에 믿을 만한 제품들을 판매하다

reliable product test results
신뢰할 만한 제품 시험 결과

20 pleased

형 ❶ 기쁜 ❷ 즐거운

be **pleased** to offer a membership discount
회원 할인을 제공하게 되어 기쁘다

21 seamlessly

부 이음매 없이, 균일하게, 매끄럽게

seamlessly combine AI images and live action
인공지능 이미지와 실사 촬영을 이음매 없이 결합하다

22 durable

형 내구성이 좋은, 오래 가는

a **durable** carry-on bag
내구성이 좋은 기내용 가방

23 currently

부 현재, 지금

be **currently** inaccessible
현재 접근 불가능하다

24 figure

명 ❶ 수치 ❷ 인물 ❸ 모양, 형태
동 ❶ 생각하다 ❷ 계산하다

update our quarterly sales **figures**
분기별 매출 수치를 업데이트하다

figure the best way
최선의 방법을 생각하다

25 formerly

부 이전에

be **formerly** a farmer
이전에 농부이다

26 numerous

형 수많은

receive proposals from **numerous** suppliers
수많은 공급업체로부터 제안을 받다

27 environment

명 환경

maintain a quiet work **environment**
조용한 업무 환경을 유지하다

28 series

명 ❶ 일련, 연속 ❷ (라디오·텔레비전의) 시리즈

participate in a **series** of social events
일련의 사회적 행사들에 참석하다

release of the new **series** *Green Cooks*
<그린 쿡스>의 새로운 시리즈의 출시

29 refund

명 환불
동 환불하다

a full **refund** within 30 days of purchase
구매 30일 이내 전액 환불

have all charges **refunded**
모든 비용을 환불받다

30 present

명 ❶ 현재 ❷ 선물
동 ❶ 수여하다, 주다 ❷ 제시하다, 제출하다
형 ❶ 현재의 ❷ 참석한, 출석한

present an award at the festival
축제에서 상을 수여하다

present photo identification
사진이 있는 신분증을 제시하다

at the **present** time
현재 시점에는

Check-up Test

정답 및 해설 p.83

▶ 단어와 알맞은 뜻을 연결해 보세요.

1. periodically •   • (A) 즉시, 정확히 제 시간에

2. promptly •   • (B) 주기적으로, 정기적으로

3. prestigious •   • (C) 명망 있는, 일류의

▶ 빈칸에 알맞은 단어를 적어 보세요.

4. sell _____ products at an affordable price
   저렴한 가격에 믿을 만한 제품들을 판매하다

5. participate in a _____ of social events
   일련의 사회적 행사들에 참석하다

6. given our _____ call volumes in the morning
   오전에 많은 전화 통화량을 고려하면

▶ 오늘 암기한 단어의 뜻을 생각하면서, 다음 어휘 문제를 풀어보세요.

7. Reviewers agree that the documentary *Nature's Wonders* ------- blends stunning visuals with an engaging narrative.
   (A) seamlessly
   (B) factually
   (C) distantly
   (D) rapidly

8. At the current manufacturing pace, Stein Electronics will produce ------- units to meet this month's target by the 25th.
   (A) full
   (B) quick
   (C) enough
   (D) overall

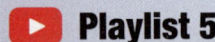 **Playlist 5**

최빈출 기출 정답 VOCA ⑤

 음원 바로듣기
 강의 바로보기

---

1 neatly
부 단정하게
fold all the clothes **neatly**
모든 옷들을 단정하게 접다

2 notable
형 ❶ 주목할 만한, 눈에 띄는 ❷ 유명한, 중요한
notable improvements
주목할 만한 향상
many **notable** economists
많은 유명한 경제학자들

3 compelling
형 ❶ 눈을 뗄 수 없는, 강렬한 ❷ 설득력 있는
create **compelling** videos
눈을 뗄 수 없는 영상들을 만들다

4 approve
동 승인하다
approve a plan to build a shopping center
쇼핑 센터를 건축하기 위한 계획을 승인하다

5 comply
동 따르다, 준수하다
comply with the firm's new policy
회사의 새로운 정책을 따르다

6 regarding
전 ~에 관하여
regarding the fuel efficiency of its vehicles
차량의 연료 효율성에 관하여

7 immediately

부 즉시, 당장

report to the security desk **immediately** upon arrival
도착 즉시 보안 데스크에 보고하다

8 facility

명 시설

sign up for a guided tour of the **facility**
시설의 가이드 투어를 신청하다

9 confidential

형 기밀의, 비밀의

keep all **confidential** documents secure
모든 기밀 서류들을 안전하게 보관하다

10 evaluation

명 평가

complete annual **evaluations**
연례 평가를 완료하다

11 operate

동 ❶ 작동하다, 가동되다 ❷ 운영되다, 운영하다

operate laboratory equipment
실험실 장비를 작동하다

operate only in the spring and fall
봄과 가을에만 운영되다

12 attraction

명 ❶ 명소, 명물 ❷ 매력

the most popular tourist **attractions**
가장 인기 있는 관광 명소들

13 reminder

명 (상기시켜주는) 알림, 상기시키는 것

send patients an e-mail **reminder**
환자들에게 이메일 알림을 보내다

14 recruit

명 신입 사원
동 ❶ 모집하다, 뽑다 ❷ (팀 등을) 구성하다

meet with new **recruits**
신입 사원들과 만나다

recruit seven additional customer service representatives
7명의 추가 고객 서비스 직원들을 모집하다

Playlist 5   173

15 finally

부 마침내, 드디어

finally accepted UrbanCraft Construction's bid
마침내 어반크래프트 건축사무소의 입찰을 받아들였다

16 attend

동 참석하다

be invited to **attend** a luncheon
오찬에 참석하도록 초대받다

17 previous

형 이전의

remove all **previous** versions of the software
소프트웨어의 모든 이전 버전들을 제거하다

18 nearby

형 인근의, 가까운 곳의
부 인근에, 가까운 곳에

choose to stay at a **nearby** hotel
인근 호텔에 머물기로 결정하다

be constructed **nearby**
인근에 건설되다

19 authorize

동 ❶ 권한을 부여하다 ❷ 인가하다, 허가하다

be **authorized** to enter the laboratory
실험실에 출입하도록 권한을 부여받다

authorize a payment for the services
서비스들에 대한 지불을 인가하다

20 probable

형 개연성 있는, (어떤 일이) 있을 것 같은

a **probable** outcome of the merger
합병의 개연성 있는 결과

21 announce

동 발표하다, 알리다

announce the resignation of the regional sales director
지역 영업이사의 사임을 발표하다

22 halfway

부 ❶ 절반쯤에, 중간에 ❷ 부분적으로, 불완전하게

halfway through the first draft of the manuscript
원고 초안의 절반쯤을 지나는

23 skilled

형 숙련된, 노련한

especially **skilled** at contract negotiation
계약 협상에 특별히 숙련된

24 comprehensive

형 종합적인, 포괄적인

gather **comprehensive** data
종합적인 자료를 모으다

25 transition

명 이동, 변화, 과도기
동 이동하다, 변천하다

a successful **transition** to a new system
새로운 시스템으로의 성공적인 이동

transition to a new energy source
새로운 에너지 자원으로 이동하다

26 informative

형 유익한, 유용한 정보를 주는

a very **informative** presentation at the conference
컨퍼런스에서의 매우 유익한 발표

27 remainder

명 나머지

continue for the **remainder** of the week
한 주의 나머지 날 동안 계속하다

28 intend

동 (~할) 예정이다, 의도하다

intend to conduct a vigorous analysis
활발한 분석을 행할 예정이다

29 primarily

부 주로

work **primarily** on large corporate accounts
주로 대기업 고객사에 대해 담당하다

30 compliance

명 준수, 따름

ensure **compliance** with new government guidelines
새 정부 지침의 준수를 보장하다

Check-up Test

정답 및 해설 p.83

▶ 단어와 알맞은 뜻을 연결해 보세요.

1. halfway •   • (A) (상기시켜주는) 알림, 상기시키는 것

2. reminder •   • (B) 절반쯤에, 중간에, 부분적으로, 불완전하게

3. compelling •   • (C) 눈을 뗄 수 없는, 강렬한, 설득력 있는

▶ 빈칸에 알맞은 단어를 적어 보세요.

4. _____ improvements
   주목할 만한 향상

5. _____ a payment for the services
   서비스들에 대한 지불을 인가하다

6. ensure _____ with new government guidelines
   새 정부 지침의 준수를 보장하다

▶ 오늘 암기한 단어의 뜻을 생각하면서, 다음 어휘 문제를 풀어보세요.

7. Graduates of the Horizon Technical Institute secure positions at leading tech firms ------- after completing their studies.

   (A) immediately
   (B) extremely
   (C) numerously
   (D) previously

8. The project manager requested a comprehensive ------- of the team's performance targets.

   (A) option
   (B) function
   (C) invitation
   (D) evaluation

Playlist 5

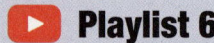 **Playlist 6**

최빈출 기출 정답 VOCA ❻

음원 바로듣기
강의 바로보기

VOCA

---

1 forward

[동] 보내다, 전달하다
[부] (위치가) 앞으로

forward the results to the physician
내과 의사에게 결과들을 보내다

move **forward** with plans to expand its facility
시설을 확장할 계획을 가지고 앞으로 나아가다

---

2 rather

[부] ❶ 꽤, 약간, 다소 ❷ 차라리, 오히려

rather slow in the second quarter
2분기에 (성장이) 꽤 느린

would **rather** postpone the client meeting
차라리 고객 회의를 연기하다

---

3 technical

[형] ❶ 과학 기술의, 기술적인 ❷ 전문적인

publish a monthly **technical** journal
월간 과학 기술 학술지를 발행하다

contact Mr. Welsh for **technical** assistance
기술 지원을 위해 웰시 씨에게 연락하다

---

4 highly

[부] 매우, 대단히, 크게, 많이

highly respected landscapers
매우 존경받는 조경사들

highly popular shopping mall in the downtown area
시내 지역에서 대단히 인기 있는 쇼핑몰

---

5 further

[형] ❶ 추가의 ❷ 더 이상의
[부] ❶ 더 ❷ 더 멀리에

further investigation
추가 조사

expand its operations **further**
운영을 더 확장하다

6 benefit

명 ❶ 혜택, 이득 ❷ 수당
동 ❶ 유익하다, 유용하다 ❷ 혜택을 보다, 득을 보다

benefits offered to long-term employees
장기 근속 직원들에게 제공된 혜택

can **benefit** from working with each other
함께 일하는 것으로부터 혜택을 볼 수 있다

7 charge

명 ❶ 청구 ❷ 요금
동 청구하다

for an additional **charge**
추가 요금으로

charge camping fees for all vehicles
모든 차량들에 대해 캠핑 요금을 청구하다

8 account

명 ❶ 계정, 계좌 ❷ 고객사
동 ❶ 설명하다 ❷ 차지하다

important work on the Starhall **account**
스타홀 고객사에 대한 중요한 업무

account for the increase in the price of paper
용지 가격의 상승을 설명하다

9 enclosed

형 동봉된

enclosed contract
동봉된 계약서

10 extensive

형 폭넓은, 광범위한, 대규모의

extensive experience in the financial industry
금융 업계에서의 폭넓은 경험

11 easily

부 쉽게, 수월하게

easily enroll online for the marketing trends workshop
마케팅 트렌드 워크숍을 온라인으로 쉽게 등록하다

12 issue

명 ❶ 문제 ❷ (출판물의) 호
동 ❶ 발표하다 ❷ 발급하다

last month's **issue** of the travel magazine
여행 잡지의 지난달 호

issue a statement
성명서를 발표하다

issue 200 building permits to small business owners
소기업체 소유주들에게 200개의 건축 허가증을 발급하다

13 procedure

명 절차, 방법

new safety **procedures**
새로운 안전 절차들

14 firm

명 회사
형 ❶ 확고한 ❷ 단단한

a design **firm** specializing in commercial spaces
상업 공간을 전문으로 하는 디자인 회사

make a **firm** decision
확고한 결정을 내리다

15 release

명 출시, 공개
동 공개하다, 출시하다

the **release** of its latest medication
최신 약물의 출시

release a first quarter report
1분기 보고서를 공개하다

16 updated

형 최신의

updated employee manual
최신 직원 안내서

17 effective

형 ❶ 효과적인 ❷ (날짜 등과 함께) ~부터 효력이 있는

effective measures to reduce manufacturing costs
제조 비용을 감소시킬 효과적인 조치들

become **effective** as of May 30
5월 30일부터 효력이 있다

18 closely

부 ① 자세히 ② 밀접하게

read **closely** to catch errors
오류를 잡기 위해 자세히 읽다

work **closely** with customers
고객들과 밀접하게 일하다

19 delay

명 지연
동 지연시키다

expect shipment **delays**
운송 지연을 예상하다

be **delayed** by malfunctioning factory equipment
공장 장비가 오작동함으로써 지연되다

20 address

명 주소
동 ① (문제 등을) 처리하다, 다루다 ② 연설하다

notify the HR department of the **address** change
인사부에 주소 변경을 알리다

address a growing demand
증가하는 수요를 처리하다

21 prior to

전 ~에 앞서

prior to the check-in time
체크인 시간에 앞서

22 original

명 원본
형 ① 원래의 ② 독창적인 ③ 원본의

retain the **originals** in the cabinets
원본들을 서랍장에 보관하다

different from the **original** idea
원래 생각과는 다른

send the **original** receipt
원본 영수증을 보내다

23 frequently

부 자주, 반번하게

frequently hold management meetings
경영진 회의를 자주 개최하다

24 potential

명 ❶ 잠재 능력 ❷ 가능성
형 ❶ 잠재적인 ❷ 가능한

have the **potential** to improve the environment
환경을 개선할 가능성을 가지다

potential benefits of doing business overseas
해외에서 사업을 하는 것의 잠재적인 혜택들

25 regardless of

전 ~와 상관없이

regardless of Mr. Sato's absence
사토 씨의 부재와 상관없이

26 conduct

동 ❶ (특정 활동을) 실시하다 ❷ 안내하다

conduct an inspection
점검을 실시하다

conduct a tour of the factory
공장 견학을 안내하다

27 efficient

형 효율적인

designed to be more **efficient**
더 효율적이게 고안된

28 accomplished

형 뛰어난

the country's most **accomplished** author
국내에서 가장 뛰어난 작가

29 change

명 ❶ 변경, 변화 ❷ 잔돈, 거스름돈
동 ❶ 변경하다, 변화하다 ❷ 환전하다

a slight **change** in the processing of orders
주문 처리에 있어서의 약간의 변경

require exact **change** for purchasing beverages
음료를 구매하는 데에 있어 정확한 잔돈을 필요로 하다

change the name of the business
사업체의 이름을 변경하다

30 challenge

명 도전
동 도전하다

the **challenge** of becoming a successful artist
성공적인 예술가가 되려는 도전

Check-up Test

정답 및 해설 p.83

▶ 단어와 알맞은 뜻을 연결해 보세요.

1. conduct • • (A) (특정 활동을) 실시하다, 안내하다

2. address • • (B) 주소, (문제 등을) 처리하다, 다루다, 연설하다

3. enclosed • • (C) 동봉된

▶ 빈칸에 알맞은 단어를 적어 보세요.

4. for an additional _____
   추가 요금으로

5. _____ measures to reduce manufacturing costs
   제조 비용을 감소시킬 효과적인 조치들

6. the country's most _____ author
   국내에서 가장 뛰어난 작가

▶ 오늘 암기한 단어의 뜻을 생각하면서, 다음 어휘 문제를 풀어보세요.

7. BrightFuture Consulting's services are relatively complex, so we need to clearly present our offerings to ------- clients.

   (A) trained
   (B) potential
   (C) elected
   (D) paid

8. With ten spacious halls, the Scottish Exhibition Center can ------- host multiple events simultaneously.

   (A) deeply
   (B) softly
   (C) easily
   (D) slowly

Playlist 6 183

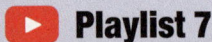 **Playlist 7**

최빈출 기출 정답 VOCA ❼

 음원 바로듣기
 강의 바로보기

1 permission
명 허가
get a supervisor's **permission**
상사의 허가를 받다

2 direct
동 ❶ 감독하다 ❷ 길을 안내하다 ❸ (편지 등을) 보내다
형 ❶ 직접적인 ❷ 직행의, 직통의
Please **direct** any questions to Mr. Waddell.
어떤 문의든 워들 씨에게 보내주십시오.
have **direct** access to the laboratory
연구소에 대한 직접적인 접근권을 가지다

3 initial
형 초기의, 처음의
initial findings
초기 조사결과

4 expense
명 비용, 지출
due to increasing operating **expenses**
증가하는 운영 비용으로 인해

5 consideration
명 고려
take the customers' preferences into **consideration**
고객들의 선호도를 고려하다

6 result
명 결과(물)
동 (~라는 결과를) 발생시키다, 생기다
receive the **results** of the recent survey
최근 설문조사의 결과들을 받다
will **result** in a higher-quality product
더 높은 품질의 제품이라는 결과를 발생시킬 것이다

7. determine

동 ❶ 결정하다 ❷ 밝히다

determine the most appropriate sofa size
가장 적절한 소파 크기를 결정하다

determine the cause of the power failure
정전의 원인을 밝히다

8. anniversary

명 (연례) 기념일

mark the 30th **anniversary** of Smithson Inc.'s founding
스미스슨 사의 창립 30주년을 기념하다

9. temporarily

부 일시적으로

be **temporarily** out of stock
일시적으로 재고가 없다

10. rise

명 상승, 인상, 증가
동 상승하다, 인상하다, 증가하다

unexpected **rise** in the cost of fuel
연료비의 예상치 못한 상승

rise in the first quarter
1분기에 상승하다

11. replacement

명 ❶ 교체(품) ❷ 후임자

request a refund or **replacement**
환불 또는 교체를 요청하다

introduce clients to Mr. Jackson's **replacement**
고객들에게 잭슨 씨의 후임자를 소개하다

12. productivity

명 생산성

increase worker **productivity**
직원 생산성을 높이다

13. advantage

명 장점, 이점

advantages to becoming a member of the association
협회의 회원이 되는 것의 장점들

14 cautioously

부 조심스럽게, 신중히

cautiously predict a collaboration between the two corporations
두 기업 간의 협력을 조심스럽게 예측하다

15 appropriate

형 적절한

must wear the **appropriate** safety gear
적절한 안전 장비를 착용해야 하다

16 defective

형 결함이 있는

ensure that no **defective** merchandise is shipped to stores
결함이 있는 상품이 매장으로 배송되지 않도록 확실히 하다

17 practice

명 ① 관행, 관례 ② 연습 ③ 실천
동 ① (관례에 따라) 행하다 ② 연습하다 ③ 실천하다

environmentally friendly **practices**
환경 친화적인 관행

practice prior to the awards ceremony
시상식에 앞서 연습하다

18 coverage

명 ① (신문·방송의) 보도, 취재 범위 ② (보험의) 보상 범위

provide full **coverage** of the National Music Awards
국내 음악 시상식의 전면 보도를 제공하다

offer full **coverage** of vehicle repair costs
차량 수리 비용의 전체 보상 범위를 제공하다

19 notify

동 알리다, 통지하다

notify Ms. Celine of your arrival
셀린 씨에게 귀하의 도착을 알리다

20 advanced

형 ① 고급의 ② 선진의

use **advanced** technology to keep areas clean
공간을 깨끗하게 유지하기 위해 고급 기술을 사용하다

21 relocation

명 (장소) 이전

consider the **relocation** of the company headquarters
회사 본사 이전을 고려하다

22 exceptional

형 ① 매우 우수한 ② 극히 예외적인

show **exceptional** performance and dedication
매우 우수한 성과와 헌신을 보여주다

23 seek

동 찾다, 구하다, 추구하다

seek qualified candidates
자격을 갖춘 지원자들을 찾다

24 feature

명 특징, 특성
동 특별히 포함하다, 특징으로 삼다

include several new **features**
여러 새로운 특징들을 포함하다

feature a very talented cast
매우 재능 있는 출연진들을 특별히 포함하다

25 rapidly

부 빠르게, 급속히

rapidly growing field of medical research
빠르게 성장하는 의학 연구 분야

26 specification

명 ① 설명서 ② 사양

the manufacturer's **specifications**
제조사의 설명서

follow the formatting **specifications** for all news articles
모든 뉴스 기사에 대한 서식 설정 사양을 따르다

27 consistently

부 일관적으로, 지속적으로

consistently outstanding contributions
일관적으로 뛰어난 기여

consistently produce high-quality products
지속적으로 높은 품질의 제품들을 생산하다

28 regretfully

부 유감스럽게도, 안타깝게도

regretfully cannot participate in the banquet
유감스럽게도 연회에 참석할 수 없다

29 appointment

명 ❶ 예약, 약속 ❷ 임명

schedule patient **appointments**
환자의 예약을 잡다

arrange **appointments** by e-mail
이메일로 약속을 잡다

the **appointment** of Mr. Jeong as sales director
영업이사로서 정 씨의 임명

30 term

명 ❶ 조건 ❷ 용어 ❸ 기간 ❹ 학기

under the **terms** of the contract
계약서의 조건 하에

use technical **terms**
기술적인 용어를 사용하다

before the **term** begins
학기가 시작하기 전에

Check-up Test

정답 및 해설 p.84

▶ 단어와 알맞은 뜻을 연결해 보세요.

1. exceptional •   • (A) 결함이 있는

2. defective •   • (B) 매우 우수한, 극히 예외적인

3. productivity •   • (C) 생산성

▶ 빈칸에 알맞은 단어를 적어 보세요.

4. must wear the _____ safety gear
   적절한 안전 장비를 착용해야 하다

5. _____ findings
   초기 조사결과

6. get a supervisor's _____
   상사의 허가를 받다

▶ 오늘 암기한 단어의 뜻을 생각하면서, 다음 어휘 문제를 풀어보세요.

7. Due to her ------- excellent results as a marketing strategist, Ms. Lee is likely to be recognized at the company banquet.

   (A) approximately
   (B) impulsively
   (C) readily
   (D) consistently

8. The Rivera & Sons chain of bookstores is ------- enthusiastic and knowledgeable managers for several stores.

   (A) entering
   (B) looking
   (C) seeking
   (D) inquiring

Playlist 7   189

Playlist 8

최빈출 기출 정답 Collocation ❶

음원 바로듣기  강의 바로보기

VOCA

---

1 continuously available

계속 ~할 시간이 있는

Dr. Emma will be **continuously available** from the very start of the clinic's opening to assist patients.
엠마 박사는 병원이 개원하는 순간부터 계속 환자들을 도울 시간이 있을 것이다.

2 take advantage of

~을 이용하다

To **take advantage of** the fitness club's promotional offer, members should register at selected centers.
헬스장의 프로모션 혜택을 이용하기 위해, 회원들은 엄선된 센터에서 등록해야 한다.

3 conveniently located

편리하게 위치해 있는

The library is **conveniently located** near the college campus.
도서관은 대학교 캠퍼스 근처에 편리하게 위치해 있다.

4 specialize in

~을 전문으로 하다

Delight Bakery **specializes in** producing artisan bread.
딜라이트 베이커리는 장인의 빵을 생산하는 것을 전문으로 한다.

5 widely anticipated

널리 기대되는, 널리 예상된

Liam O'Connor's latest album is the most **widely anticipated** music release of the week.
리암 오코너의 최신 앨범은 이번 주에 가장 널리 기대되는 음악 발매물이다.

6 mutually beneficial

상호 이익이 되는

The collaboration between the two research institutes will be **mutually beneficial** to both parties.
두 연구소 간의 협력은 두 당사자들에게 상호 이익이 될 것이다.

7	**comply with**	~을 준수하다, 지키다
		All digital content must **comply with** Cambridge University's publication standards.
		모든 디지털 컨텐츠는 캠브리지 대학교의 출판 기준들을 반드시 준수해야 한다.

8	**valid for**	~동안 유효한
		EcoHome appliances come with a manufacturer's warranty that is **valid for** two years.
		에코홈 가전제품은 2년 동안 유효한 제조사의 보증서와 함께 나온다.

9	**under control**	통제 하에
		The event coordinators kept the crowd **under control** despite the unexpected turnout.
		행사 기획자들은 예상치 못한 참가자들의 수에도 불구하고 군중들을 계속 통제 하에 두었다.

10	**significantly increase**	상당히 증가시키다
		Implementing new training programs would **significantly increase** the efficiency of our staff.
		새 교육 프로그램을 시행하는 것은 우리 직원들의 효율성을 상당히 증가시킬 것이다.

11	**aware of**	~을 알고 있는
		Board members are expected to be **aware of** all aspects of the organization's operations.
		이사회 임원들은 조직의 운영에 대한 모든 면을 알고 있도록 기대된다.

12	**already underway**	이미 진행 중인
		An initiative to encourage more citizens to recycle is **already underway** in the city.
		더 많은 시민들이 재활용을 하도록 격려하는 계획이 도시 내에서 이미 진행 중이다.

13	**consist of**	~으로 구성되다
		The International Writers' Association **consists of** over 3,000 authors from around the world.
		국제 작가 협회는 전 세계 3,000명 이상의 작가들로 구성되어 있다.

14 temporarily out of stock
일시적으로 품절된

The smartphone model Ms. Lee wants to purchase is **temporarily out of stock**, and she will be informed when new inventory arrives.
이 씨가 구매하기 원하는 스마트폰 모델이 일시적으로 품절되었고, 새로운 재고가 도착할 때 정보를 받을 것이다.

15 valuable information
가치 있는 정보

Daniel Smith's *Financial Insights* offers **valuable information** to investors.
다니엘 스미스 씨의 <재무 통찰력>은 투자자들에게 가치 있는 정보를 제공한다.

16 extend an offer
제안을 하다

The company founder **extended an offer** of partnership to the emerging tech startup.
회사 창립자는 떠오르는 기술 스타트업 기업에게 동업 제안을 했다.

17 participate in
~에 참여하다

Employees wishing to **participate in** the company's wellness initiative should contact Ms. Royle.
회사 건강 증진 계획에 참여하기를 희망하는 직원들은 로일 씨에게 연락해야 한다.

18 attract customers
고객들을 끌어들이다

Downtown restaurants are offering special deals to **attract customers**.
시내 식당들은 고객들을 끌어들이기 위해 특별 할인을 제공하고 있다.

19 in person
대면으로, 직접

Due to unforeseen circumstances, the seminar will be conducted online rather than **in person**.
예측하지 못한 상황으로 인해, 세미나는 대면보다는 온라인으로 진행될 것이다.

20 known for
~로 유명한

Chef Antonio is **known for** his innovative culinary techniques.
쉐프 안토니오 씨는 그의 혁신적인 요리 기술로 유명하다.

21	**within walking distance**	도보 거리 내에
		The textile market is **within walking distance** of the city's bus terminal.
		직물 시장은 도시 버스 터미널의 도보 거리 내에 있다.

22	**issue a permit**	허가증을 발급하다
		Last quarter, the council **issued** 300 business **permits** to entrepreneurs.
		지난 분기에, 의회는 기업가들에게 300개의 사업 허가증을 발급했다.

23	**highly regarded**	매우 존경받는
		Professor Zhang is a **highly regarded** physicist for her groundbreaking research.
		장 교수는 획기적인 연구로 매우 존경받는 물리학자이다.

24	**carefully examine**	신중히 조사하다
		Quality inspectors **carefully examine** each batch of organic produce before distribution.
		품질 조사관들은 유통 전에 각 유기농 농산품의 양을 신중히 조사한다.

25	**enroll in**	~에 등록하다
		New hires can **enroll in** the company's staff benefits scheme during their initial week.
		신입 사원들은 첫 주 동안 회사의 직원 복지 제도에 등록할 수 있다.

26	**equally important**	똑같이 중요한
		User-friendliness and reliability are **equally important** considerations when choosing software.
		사용자 친화성과 안정성은 소프트웨어를 선택할 때 똑같이 중요한 고려사항이다.

27	**strictly prohibited**	엄격히 금지된
		Electronic devices are **strictly prohibited** in all examination rooms.
		전자기기들은 모든 시험장에서 엄격히 금지된다.

28	**contribution to**	~에 대한 기여, ~에 대한 헌신
		Ms. Johnson received this year's Community Service Award for her **contributions to** local charities.
		존슨 씨는 지역 자선단체들에 대한 기여로 올해의 지역 사회 서비스상을 받았다.

29	**under construction**	공사 중인
☐ ☐		Over 50 square kilometers of beachfront property is **under construction** in Jakarta.
		자카르타에서 50 평방 킬로미터가 넘는 해안가 소유지들이 공사 중이다.

30	**address issues**	문제들을 처리하다
☐ ☐		Customer support agents are available seven days a week to **address issues** concerning your account.
		고객 지원 직원들은 귀하의 계정과 관련된 문제들을 처리하기 위해 주 7일 동안 대기하고 있습니다.

Check-up Test

정답 및 해설 p.84

▶ 알맞은 어휘를 연결해 콜로케이션 표현을 완성해 보세요.

1. issue • • (A) beneficial

2. under • • (B) construction

3. mutually • • (C) a permit

▶ 빈칸에 알맞은 콜로케이션을 적어 보세요.

4. Due to unforeseen circumstances, the seminar will be conducted online rather than _____ _____.
   예측하지 못한 상황으로 인해, 세미나는 대면보다는 온라인으로 진행될 것이다.

5. The company founder _____ an _____ of partnership to the emerging tech startup.
   회사 창립자는 떠오르는 기술 스타트업 기업에게 동업 제안을 했다.

6. Dr. Emma will be _____ _____ from the very start of the clinic's opening to assist patients .
   엠마 박사는 병원이 개원하는 순간부터 계속 환자들을 도울 시간이 있을 것이다.

▶ 오늘 암기한 콜로케이션의 뜻을 생각하면서, 다음 어휘 문제를 풀어보세요.

7. Situated near both the Grandpoint Exhibition Hall and the train station, the Maplewood Inn is very ------- located.

   (A) continuously
   (B) briefly
   (C) conveniently
   (D) thoroughly

8. The Crestfield Library is situated in the center of Westboro neighborhood, ------- walking distance of several popular cafés.

   (A) within
   (B) finally
   (C) moreover
   (D) until

Playlist 8 195

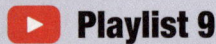 **Playlist 9**

최빈출 기출 정답 Collocation ❷

 음원 바로듣기
 강의 바로보기

VOCA

#	Collocation	의미 / 예문
1	**tentatively scheduled**	잠정적으로 일정이 잡힌 The music festival in Granton Park is **tentatively scheduled** for July 15. 그랜톤 공원에서의 음악 축제는 잠정적으로 7월 15일로 일정이 잡혀 있다.
2	**designated space**	지정된 장소 Tenants must park their vehicles in a **designated space** behind the apartment building. 세입자들은 아파트 건물 뒤에 지정된 장소에 그들의 차량을 주차해야 한다.
3	**familiar with**	~을 잘 아는, ~에 익숙한 Many experts **familiar with** the retail industry expect that consumer spending will rise in the coming months. 소매업계를 잘 아는 많은 전문가들은 다가오는 달에 소비자 지출이 상승할 것이라고 예상한다.
4	**earn a reputation**	평판을 얻다 Bonny Bistro **earned** its prestigious **reputation** largely for the high quality of its service. 보니 비스트로는 주로 서비스의 높은 품질로 명망 있는 평판을 얻었다.
5	**respond to**	~에 응답하다 At the technology convention, the CEO **responded to** attendees' questions with expertise. 기술 컨벤션에서, 대표이사는 참석자들의 질문에 전문지식으로 응답했다.
6	**feedback on**	~에 대한 의견, ~에 대한 피드백 The Halifax Group is seeking **feedback on** its sustainable energy campaign. 할리팩스 그룹은 지속 가능한 에너지 캠페인에 대한 의견을 구하고 있다.

#	Term	Meaning / Example
7	**extensive knowledge**	폭넓은 지식 With her **extensive knowledge** of European cuisine, Ms. James is the ideal choice for the head chef position. 유럽 요리에 대한 폭넓은 지식으로, 제임스 씨는 주방장 직책에 이상적인 선택된 사람이다.
8	**requirement for**	~을 위한 필수요건 A crucial **requirement for** success in marketing today is active social media engagement. 오늘날 마케팅에서의 성공을 위한 중요한 필수요건은 적극적인 소셜 미디어 참여이다.
9	**increase in**	(분야) ~의 증가 Our Boston branch recorded a 15 percent **increase in** sales this quarter. 우리 보스톤 지사가 이번 분기에 매출의 15퍼센트 증가를 기록했습니다.
10	**thoroughly review**	철저히 검토하다 All job applications must be **thoroughly reviewed** by the HR manager. 모든 구직 지원서들은 인사부장에 의해 철저히 검토되어야 한다.
11	**politely ask for**	예의 바르게 요청하다 Ms. Garrity **politely asked for** a more flexible work schedule. 가리티 씨는 더 유연한 근무 일정을 예의 바르게 요청했다.
12	**subject to**	(쉽게) ~될 수 있는, ~의 대상이 되는 Bus timetables are **subject to** changes based on traffic conditions. 버스 시간표는 교통 상황에 기반하여 변경될 수 있다.
13	**check regularly**	정기적으로 확인하다 While Mr. James is on business, he will be **checking** his messages **regularly** through his mobile phone. 제임스 씨는 출장에 가 있는 동안, 휴대전화를 통해 메시지를 정기적으로 확인할 것이다.
14	**undergo renovations**	보수 공사를 하다 The park's Nature Trail is **undergoing renovations** and will be closed for ten days. 공원의 자연 산책길은 보수 공사 중이며 10일 간 폐쇄될 것이다.

15	**refrain from**	~을 삼가다
		Please **refrain from** using mobile phones during the movie screening.
		영화 상영 중 휴대전화를 사용하는 것을 삼가주십시오.

16	**rigorous inspection**	엄격한 점검
		All assembly line machines undergo **rigorous inspections** to ensure safety.
		모든 조립 라인 기계들은 안전을 보장하기 위해 엄격한 점검을 거친다.

17	**clearly state**	명확히 명시하다
		The employment contract **clearly states** that employees should not disclose sensitive information.
		고용 계약서는 직원들이 민감한 정보를 밝히면 안 된다는 것을 명확히 명시한다.

18	**equipped with**	~을 갖추고 있는
		All of the cabins at Golden Resort are **equipped with** air conditioning and free Wi-Fi.
		골든 리조트의 모든 객실들은 에어컨과 무료 와이파이를 갖추고 있다.

19	**allocate funds**	자금을 배정하다
		The Department of Urban Development has finally **allocated funds** for a new public park.
		도시 개발부는 마침내 새로운 공공 공원을 위한 자금을 배정했다.

20	**decrease steadily**	점차 감소하다
		Our sales figures are expected to **decrease steadily** due to international competition.
		우리 매출 수치가 국제적인 경쟁으로 인해 점차 감소할 것으로 예상된다.

21	**on an annual basis**	매년
		Financial reports are reviewed **on an annual basis** for strategic planning.
		재무 보고서들은 전략적 기획을 위해 매년 검토되고 있다.

22	**specifically mention**	특별히 언급하다
		Among many recruitment firms, Greenfield Solutions was **specifically mentioned** as a dependable company.
		많은 채용 업체들 중에서, 그린필드 솔루션즈 사는 신뢰할 수 있는 회사로 특별히 언급되었다.

23 ☐ ☐ **take precautions**	주의를 기울이다
	Employees at TechBuild should **take precautions** while operating heavy machinery.
	테크빌드 사의 직원들은 중장비를 작동할 때 주의를 기울여야 한다.

24 ☐ ☐ **relevant receipt**	관련 영수증
	All defective merchandise returned to the store must be accompanied by **relevant receipts**.
	매장으로 반품된 모든 결함이 있는 상품들에는 관련 영수증이 동봉되어야 한다.

25 ☐ ☐ **securely store**	안전하게 보관하다
	Members of Long Island Gym can **securely store** their personal items in the provided lockers.
	롱 아일랜드 체육관의 회원들은 제공된 라커에 개인 용품들을 안전하게 보관할 수 있다.

26 ☐ ☐ **register promptly**	신속하게 등록하다
	Please **register promptly** for the upcoming cybersecurity training session.
	다가올 사이버 보안 교육 시간에 신속하게 등록해 주십시오.

27 ☐ ☐ **take over**	인계받다
	Mr. Abbott will **take over** as project leader when Ms. Stuckmann transitions to a new role.
	에보트 씨는 스턱만 씨가 새로운 직책으로 이동할 때 프로젝트 리더로서 인계받을 것이다.

28 ☐ ☐ **competitive rate**	경쟁력 있는 가격
	Skyward Direct advertises **competitive rates** for auto insurance on its Web site.
	스카이워드 다이렉트 사는 웹 사이트에 자동차 보험을 경쟁력 있는 가격으로 광고한다.

29 ☐ ☐ **eagerly await**	열망하며 기다리다
	Basketball enthusiasts worldwide **eagerly await** the start of the final match.
	전 세계적인 농구 팬들은 마지막 경기의 시작을 열망하며 기다린다.

30 shortly after

~한 후 곧바로

A recording of today's seminar will be available for download **shortly after** the presentation concludes.

오늘 세미나의 녹화본은 발표가 끝난 후 곧바로 다운로드 받으실 수 있습니다.

Check-up Test

정답 및 해설 p.85

▶ 알맞은 어휘를 연결해 콜로케이션 표현을 완성해 보세요.

1. thoroughly •   • (A) store

2. on an annual •   • (B) basis

3. securely •   • (C) review

▶ 빈칸에 알맞은 콜로케이션을 적어 보세요.

4. All assembly line machines undergo _____ _____ to ensure safety.
   모든 조립 라인 기계들은 안전을 보장하기 위해 엄격한 점검을 거친다.

5. Bonny Bistro _____ its prestigious _____ largely for the high quality of its service.
   보니 비스트로는 주로 서비스의 높은 품질로 명망 있는 평판을 얻었다.

6. Basketball enthusiasts worldwide _____ _____ the start of the final match.
   전 세계적인 농구 팬들은 마지막 경기의 시작을 열망하며 기다린다.

▶ 오늘 암기한 콜로케이션의 뜻을 생각하면서, 다음 어휘 문제를 풀어보세요.

7. It is crucial for workers to become ------ with the procedures outlined in this guide before operating any machinery.

   (A) memorable
   (B) beneficial
   (C) familiar
   (D) convenient

8. All business loan applications are ------ to review and may be rejected if supporting documentation is insufficient.

   (A) required
   (B) imaginary
   (C) conscious
   (D) subject

최빈출 기출 정답 Collocation ❸

1. qualified applicant — 자격 있는 지원자
Many business owners use recruitment agencies to help find **qualified applicants**.
많은 사업체 소유주들은 자격 있는 지원자들을 찾는 데 도움을 주는 채용 대행사를 사용한다.

2. waive a fee — 비용을 면제해 주다
Ironworks Gym will **waive** its joining **fee** for anyone who enrolls this week.
아이런웍스 체육관은 이번 주에 등록하는 누구든 가입비를 면제해 줄 것이다.

3. unanimously approve — 만장일치로 승인하다
The university's board of trustees **unanimously approved** the new curriculum.
대학교 이사회는 새로운 교육 과정을 만장일치로 승인했다.

4. urgent need — 긴급한 필요
Due to her **urgent need** for transportation, the vehicle was delivered to Ms. Lopez ahead of schedule.
교통편의 긴급한 필요로 인해, 차량이 예정보다 먼저 로페즈 씨에게 전달되었다.

5. meet the deadline — 마감일을 지키다
The organizers were unable to **meet the deadline** of June 15 for the festival preparations.
기획자들은 축제 준비를 위한 6월 15일이라는 마감일을 지킬 수 없었다.

6. change unexpectedly — 예상치 못하게 바뀌다
Road repairs may cause bus routes to **change unexpectedly** this winter season.
도로 수리는 이번 겨울 시즌에 버스 노선이 예상치 못하게 바뀌는 것을 야기할 수도 있다.

#	Term	Korean / Example
7	**steady sales**	꾸준한 매출 Greenfield Farms has experienced **steady sales** since the introduction of its organic produce line. 그린필드 농장은 유기농 농산물 제품의 출시 이래로 꾸준한 매출을 겪어 왔다.
8	**barely noticeable**	거의 눈에 띄지 않는 The scratches on the antique table are **barely noticeable** now that it has been polished. 골동품 식탁 위에 난 긁힌 자국들은 광택을 냈기 때문에 거의 눈에 띄지 않는다.
9	**severe weather**	극심한 날씨 Yesterday's **severe weather** disrupted deliveries for Fresh Harvest Grocers. 어제의 극심한 날씨가 프레시 하베스트 식료품점의 배달에 지장을 주었다.
10	**newly hired**	새롭게 채용된 The **newly hired** activity coordinators at the community center will undergo two weeks of orientation. 지역 사회 센터에 새롭게 채용된 활동 코디네이터들은 2주 간의 오리엔테이션을 거칠 것이다.
11	**sign an agreement**	계약서에 날인하다 On Friday, the leaders of both organizations will **sign** the **agreement**. 금요일에, 두 조직의 리더들이 계약서에 날인할 것이다.
12	**heavily discounted**	대폭 할인된 Items in the bookstore's clearance section are **heavily discounted** until the end of the month. 서점의 재고 정리 구역에 있는 제품들은 이달 말까지 대폭 할인된다.
13	**work remotely**	원격 근무하다 In case of heavy traffic congestion on the day of the parade, employees are advised to **work remotely**. 퍼레이드 당일의 심한 교통 체증의 경우에 대비하여, 직원들은 원격 근무하도록 권고된다.

14	**strive to**	~하기 위해 노력하다
		Dr. Patel always **strives to** acknowledge the individual contributions of her research team.
		파텔 박사는 자신의 연구팀의 개별적인 기여를 인정하기 위해 항상 노력한다.
15	**routine task**	일상적인 업무
		The laboratory assistant is expected to carry out **routine tasks**, such as cleaning equipment.
		연구소 보조자는 장비를 청소하는 것과 같은 일상적인 업무를 수행할 것으로 예상된다.
16	**rely on**	~을 필요로 하다, ~에 의존하다
		The success of the project will **rely on** everyone making an effort.
		프로젝트의 성공은 노력하는 모두를 필요로 할 것이다.
17	**randomly select**	무작위로 선별하다
		To ensure impartiality, we will **randomly select** a participant to lead the group discussion.
		공정성을 보장하기 위해, 우리는 그룹 토론을 이끌어갈 참가자를 무작위로 선별할 것이다.
18	**technical expertise**	기술 전문 지식
		Because Mr. Rodriguez has limited **technical expertise**, the repairs will be carried out by a qualified engineer.
		로드리게즈 씨가 한정된 기술 전문 지식을 가졌기 때문에, 수리 작업은 자격을 갖춘 기술자에 의해 수행될 것이다.
19	**lasting effect**	지속적인 영향
		Although Mr. Nguyen's assignment was brief, his input had a **lasting effect** on the project's success.
		은구엔 씨의 배정은 잠시 동안이었지만, 그의 투입은 프로젝트의 성공에 지속적인 영향을 미쳤다.
20	**proceed quickly**	빠르게 진행되다
		The renovation project is **proceeding quickly** now that the permits have been approved.
		보수 공사 프로젝트는 허가증이 승인되었으므로 빠르게 진행되고 있다.
21	**launch a campaign**	캠페인을 시작하다
		The health department will **launch** its **campaign** to promote vaccination awareness.
		보건부는 백신 접종 인식을 촉진시키기 위해 캠페인을 시작할 것이다.

#	Term	Meaning / Example
22	**excessive amount**	과도한 양 Teams should not allocate an **excessive amount** of their resources to non-essential activities. 팀들은 비필수 활동들에 과도한 양의 자원을 할당해서는 안 된다.
23	**coincide with**	~와 일치하다 The next product launch will **coincide with** the opening of our new retail location. 다음 제품 출시는 새로운 소매점의 개장과 시기가 일치할 것이다.
24	**negotiate a contract**	계약을 협상하다 Literary agent Ms. Thompson is renowned for adeptly **negotiating contracts** for several popular authors. 출판 직원인 톰슨 씨는 여러 인기 있는 작가들과 숙련되게 계약을 협상하는 것으로 유명하다.
25	**dependent on**	~에 달려있는, ~에 의존하는 The council's approval of the new park is **dependent on** the environmental impact assessment. 새로운 공원에 대한 의회의 승인은 환경 영향 평가에 달려있다.
26	**conduct an interview**	면접을 실시하다 The Human Resources manager will **conduct** the final **interviews** on Friday, March 24. 인사부장이 3월 24일 금요일에 최종 면접을 실시할 것이다.
27	**mandatory training**	의무 교육 All staff will receive **mandatory training** on the new software this month. 모든 직원이 이번 달에 새로운 소프트웨어에 대한 의무 교육을 받을 것이다.
28	**make an arrangement**	준비하다, 결정하다 Our team will **make arrangements** for the clients to be transported from the hotel. 저희 팀이 고객들이 호텔에서 이동할 수 있도록 준비할 것입니다.
29	**proper credentials**	(직업을 위한) 적절한 자격 Department managers must have **proper credentials** to apply for an executive position. 부서장들은 임원 직책에 지원하기 위해 반드시 적절한 자격을 갖춰야 한다.

30 begin precisely

정확하게 시작하다

Mr. Tanaka announced that the management seminar would **begin precisely** at 10:15 A.M.
타나카 씨는 경영 세미나가 오전 10시 15분에 정확하게 시작할 것이라고 알렸다.

Check-up Test

정답 및 해설 p.85

▶ 알맞은 어휘를 연결해 콜로케이션 표현을 완성해 보세요.

1. sign • • (A) an agreement

2. begin • • (B) hired

3. newly • • (C) precisely

▶ 빈칸에 알맞은 콜로케이션을 적어 보세요.

4. Yesterday's _____ _____ disrupted deliveries for Fresh Harvest Grocers.

   어제의 극심한 날씨가 프레시 하베스트 식료품점의 배달에 지장을 주었다.

5. The university's board of trustees _____ _____ the new curriculum.

   대학교 이사회는 새로운 커리큘럼을 만장일치로 승인했다.

6. The health department will _____ its _____ to promote vaccination awareness.

   보건부는 백신 접종 인식을 촉진시키기 위해 캠페인을 시작할 것이다.

▶ 오늘 암기한 콜로케이션의 뜻을 생각하면서, 다음 어휘 문제를 풀어보세요.

7. The grand opening date ------- with Mr. Cranston's celebration dinner to recognize his 30 years of service to our firm.

   (A) coincides
   (B) accompanies
   (C) consists
   (D) replaces

8. The imperfections on the antique chair are ------- noticeable but may reduce its value at the auction.

   (A) specifically
   (B) barely
   (C) recently
   (D) previously

Playlist 10 207

토익 강사 1위

서아쌤의
토익 비밀과외
START

<RC+LC+VOCA>
온라인 강의

토익 강사 1위,
20만 유튜버 서아쌤!
**유튜브를 인강에 녹여
말자막으로 편하게 학습!**

토익시험을 매회 응시하는
토익 만점강사 서아쌤.
**초보자 눈높이에 맞춘
학습 꿀팁 전수**

RC+LC+VOCA
+실전모의고사
**All-in-One 커리큘럼으로
700+ 3주 완성**

시원스쿨LAB(lab.siwonschool.com)에서 유료 강의를 수강하실 수 있습니다. *2025 히트브랜드 대상 토익 강사 1위

2025 히트브랜드 대상 토익 강사 1위 기념 스페셜 학습 지원!

*2025 히트브랜드 대상 토익 강사 1위

SIWONSCHOOL LAB
서아쌤 토익
단과 1만원 할인쿠폰
쿠폰번호 : 서아쌤토익1

SIWONSCHOOL LAB
서아쌤 토익
패키지 2만원 할인쿠폰
쿠폰번호 : 서아쌤토익2

* 시원스쿨LAB(lab.siwonschool.com)에서 쿠폰번호 등록 후 사용가능합니다. / *쿠폰 유효기간 : 등록일로부터 3일간

서아쌤 토익 비밀과외 환급 Package

토익 유튜버 **20만**

토익 강사 **1위**

* 2025 히트브랜드 대상 1위 토익강사 부문

토익 입문부터 실전까지 **3주 완성**
서아쌤의 밀착관리로 목표 달성하고 **100% 환급**까지!

목표 달성하면 **수강료 100% 환급** * 교재비/결제수수료/제세공과금 제외 유의사항 참고 	환급 대신 연장도 가능! **수강일 +90일 연장** 	토익 3주 완성 **강의 +교재 포함** 
기본 필수 강의 **VOCA 학습지 강의 제공** 	온라인 모의고사 **3회분+해설강의 무료제공** 	토익+취업까지 책임지는 **취업영어 강의 무료제공** 

Premium Benefit

유튜브에선 경험할 수 없는!
서아쌤 밀착관리 카톡 온라인 스터디

학원과 다를 바 없는 빈틈없는 학습관리
서아쌤 부가 학습자료 최대 4종

시원스쿨LAB(lab.siwonschool.com)에서 패키지를 신청하실 수 있습니다. 제공하는 혜택은 기간에 따라 다를 수 있습니다.

과목별 스타 강사진 영입, 기대하세요!

시원스쿨LAB 강사 라인업

20년 노하우의 토익/토스/오픽/지텔프/텝스/아이엘츠/토플/SPA/듀오링고
기출 빅데이터 심층 연구로 빠르고 효율적인 목표 점수 달성을 보장합니다.

시험영어 전문 연구 조직
시원스쿨어학연구소

 시험영어 전문　　 기출 빅데이터　　 264,000시간

TOEIC/TOEIC Speaking/OPIc/
G-TELP/TEPS/IELTS/
TOEFL/SPA/Duolingo
공인 영어시험 콘텐츠 개발 경력
20년 이상의 국내외 연구원들이
포진한 전문적인 연구 조직입니다.

본 연구소 연구원들은
매월 각 전문 분야의 시험에 응시해
시험에 나온 모든 문제를 철저하게
해부하고, 시험별 기출문제 빅데이터
분석을 통해 단기 고득점을 위한
학습 솔루션을 개발 중입니다.

각 분야 연구원들의 연구시간
모두 합쳐 264,000시간
이 모든 시간이 쌓여
시원스쿨어학연구소가
탄생했습니다.

히트브랜드 토익·토스·오픽 인강 1위
시원스쿨LAB 교재 라인업
*2020-2024 5년 연속 히트브랜드대상 1위 토익·토스·오픽 인강

시원스쿨 토익 교재 시리즈

	입문/기초	기본	실전
한 권 토익	시원스쿨 처음토익 기초영문법 / 시원스쿨 처음토익 Part 7 / 시원스쿨 처음토익 550+	시원스쿨 기본토익 700+	시원스쿨 실전토익 900+
토익 학습지		시원스쿨 토익학습지 기본편	시원스쿨 토익학습지 실전편
서아쌤 토익	서아쌤의 토익 비밀과외 START	서아쌤의 토익 비밀과외	서아쌤의 토익 비밀과외 기출 VOCA
전략서 모의고사	시원스쿨 구문 독해	일주일에 끝내는 파트 5&6 / 일주일에 끝내는 파트 3&4 / 토익 기본서 압축노트 / 토익 단기 전략 과외노트 750+	시원스쿨 토익 실전 모의고사 / 시원스쿨 토익 기출유형 모의고사 2025 최신 / 시원스쿨 토익 실전 1500제 LC / RC

시원스쿨 토익스피킹·오픽 교재 시리즈

10가지 문법으로 시작하는 토익스피킹 기초영문법 / 28시간에 끝내는 토익스피킹 START / 5일 만에 끝내는 토익스피킹 / 15개 템플릿으로 끝내는 토익스피킹 필수 전략서 / 멀캠X시원스쿨 오픽 진짜학습지 IM 실전 / 멀캠X시원스쿨 오픽 진짜학습지 IH 실전 / 멀캠X시원스쿨 오픽 진짜학습지 AL 실전 / OPIc All in one PACKAGE IM-AL

서아쌤의 토익 비밀과외 *START*

실전모의고사

MP3 바로듣기

해설 바로보기

시작 시간 _____ 시 _____ 분

종료 시간 _____ 시 _____ 분

서아쌤의 토익 비밀과외 START
실전모의고사

LISTENING TEST

In the Listening test, you will be asked to demonstrate how well you understand spoken English. The entire Listening test will last approximately 45 minutes. There are four parts, and directions are given for each part. You must mark your answers on the separate answer sheet. Do not write your answers in your test book.

PART 1

Directions: For each question in this part, you will hear four statements about a picture in your test book. When you hear the statements, you must select the one statement that best describes what you see in the picture. Then find the number of the question on your answer sheet and mark your answer. The statements will not be printed in your test book and will be spoken only one time.

Statement (D), "They are taking photographs," is the best description of the picture, so you should select answer (D) and mark it on your answer sheet.

1.

2.

3.

4.

5.

6.

GO ON TO THE NEXT PAGE

PART 2

Directions: You will hear a question or statement and three responses spoken in English. They will not be printed in your test book and will be spoken only one time. Select the best response to the question or statement and mark the letter (A), (B), or (C) on your answer sheet.

7. Mark your answer on your answer sheet.
8. Mark your answer on your answer sheet.
9. Mark your answer on your answer sheet.
10. Mark your answer on your answer sheet.
11. Mark your answer on your answer sheet.
12. Mark your answer on your answer sheet.
13. Mark your answer on your answer sheet.
14. Mark your answer on your answer sheet.
15. Mark your answer on your answer sheet.
16. Mark your answer on your answer sheet.
17. Mark your answer on your answer sheet.
18. Mark your answer on your answer sheet.
19. Mark your answer on your answer sheet.
20. Mark your answer on your answer sheet.
21. Mark your answer on your answer sheet.
22. Mark your answer on your answer sheet.
23. Mark your answer on your answer sheet.
24. Mark your answer on your answer sheet.
25. Mark your answer on your answer sheet.
26. Mark your answer on your answer sheet.
27. Mark your answer on your answer sheet.
28. Mark your answer on your answer sheet.
29. Mark your answer on your answer sheet.
30. Mark your answer on your answer sheet.
31. Mark your answer on your answer sheet.

PART 3

Directions: You will hear some conversations between two or more people. You will be asked to answer three questions about what the speakers say in each conversation. Select the best response to each question and mark the letter (A), (B), (C), or (D) on your answer sheet. The conversations will not be printed in your test book and will be spoken only one time.

32. Where most likely are the speakers?
    (A) At a photography studio
    (B) At a medical office
    (C) At a tailor shop
    (D) At an art gallery

33. What did the man bring with him?
    (A) A catalog
    (B) A magazine
    (C) A business contract
    (D) A video clip

34. What does the woman ask the man about?
    (A) How he prefers to receive some files
    (B) How he can be reached
    (C) How he made a reservation
    (D) How he created a design

35. Why is the woman calling?
    (A) To volunteer to join a team
    (B) To adjust a travel itinerary
    (C) To ask about a corporate event
    (D) To change a lodging reservation

36. What does the man say will be available?
    (A) Flight upgrades
    (B) Catered meals
    (C) Private transportation
    (D) Laundry services

37. Why does the man apologize?
    (A) A position has already been filled.
    (B) A Web site contains incorrect information.
    (C) Accommodation requests cannot be fulfilled.
    (D) Travel expenses will not be reimbursed.

38. Where do the speakers work?
    (A) A performing arts venue
    (B) A publishing company
    (C) A recording studio
    (D) A news agency

39. What does the man hope Roy Jung will do?
    (A) Describe his future plans
    (B) Showcase his music
    (C) Take a photo
    (D) Autograph an album

40. What does the man say he will do?
    (A) Contact a guest speaker
    (B) Reserve a space
    (C) Send out an invitation
    (D) Draft a statement

41. What problem are the speakers discussing?
    (A) A rise in supply price
    (B) A lack of funding
    (C) A missing payment
    (D) A damaged shipment

42. What does the man suggest?
    (A) Changing a product design
    (B) Filing a formal complaint
    (C) Replacing a business partner
    (D) Expanding a product range

43. What will take place next month?
    (A) A facility inspection
    (B) An opening event
    (C) A product-testing session
    (D) A new-employee orientation

GO ON TO THE NEXT PAGE

44. What industry do the speakers work in?
    (A) Architecture
    (B) Travel
    (C) Healthcare
    (D) Technology

45. What does the woman mean when she says, "They're even throwing a party"?
    (A) She is overseeing a project.
    (B) She will celebrate a birthday.
    (C) Her schedule is fixed.
    (D) Her family is going on vacation.

46. What does the woman say about Vicky?
    (A) She is usually available.
    (B) She has many creative ideas.
    (C) She is highly competent.
    (D) She recently received a promotion.

47. Who most likely is the woman addressing?
    (A) Security staff
    (B) Professional photographers
    (C) Construction workers
    (D) Event caterers

48. What does the woman say about some uniforms?
    (A) They are custom-made.
    (B) They are still in production.
    (C) They come in multiple colors.
    (D) They will be delivered tomorrow.

49. What will the men probably do next?
    (A) Have a meal
    (B) Visit a break room
    (C) Introduce themselves
    (D) Check a calendar

50. What are the speakers discussing?
    (A) A fitness program
    (B) A flooring project
    (C) Safety regulations
    (D) Market analysis

51. What will happen in the first week of June?
    (A) A sales event
    (B) A product launch
    (C) A training session
    (D) A company anniversary

52. What does the man say he will send tomorrow?
    (A) A license
    (B) A price list
    (C) A project schedule
    (D) Some calculations

53. What is the woman working on?
    (A) A Web browser
    (B) An image editor
    (C) A virtual chat-bot
    (D) An audio recorder

54. What does the woman mean when she says, "We're each focusing on different projects right now"?
    (A) She does not have time for a task.
    (B) She is unable to be productive.
    (C) She did not request assistance.
    (D) She joined the team not long ago.

55. What is the man concerned about?
    (A) A brand's reputation
    (B) A department reorganization
    (C) Budget limitations
    (D) Performance evaluations

56. What event did the woman recently attend?

    (A) An opening event
    (B) A health fair
    (C) A luncheon
    (D) A dental expo

57. According to the man, what have patients been asking for?

    (A) Cheaper service rates
    (B) Quieter care sessions
    (C) More diverse merchandise
    (D) More convenient business hours

58. What does the woman say she will do next?

    (A) Open a Web page
    (B) Contact a manufacturer
    (C) Request a sample
    (D) Watch a video

59. Who most likely is the man?

    (A) A residential landscaper
    (B) A local ecologist
    (C) An apartment manager
    (D) A flower specialist

60. What does the Pro-Zap Z93 do?

    (A) Trim bushes with precision
    (B) Remove unwanted plants
    (C) Minimize water usage
    (D) Recycle unused materials

61. What does the woman say about a shipment order?

    (A) It must include a specific item.
    (B) It can be paid for in-store.
    (C) It must exceed a certain amount.
    (D) It will take one week to process.

Q1 Store Revenue	
Retail Sales	$55,000
Community Workshops	$12,000
Equipment Rental	$7,000
Custom Services	$8,000

62. What products does the store sell?

    (A) Beauty products
    (B) Art supplies
    (C) Office furniture
    (D) Gym equipment

63. What does the man point out about the report?

    (A) Some goods are not selling well.
    (B) Operation costs are too high.
    (C) Clients are not utilizing some resources.
    (D) The participation rate at some events is low.

64. Look at the graphic. Which amount does the man want to change?

    (A) $55,000
    (B) $12,000
    (C) $7,000
    (D) $8,000

GO ON TO THE NEXT PAGE

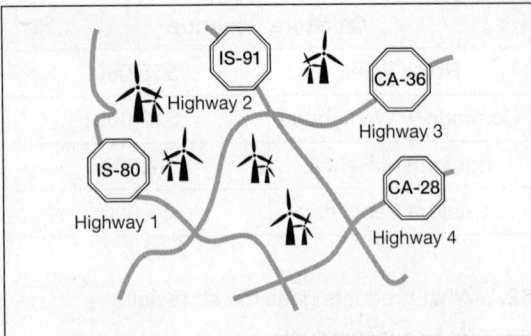

| New Album Recording Schedule ||
Track	Date
1. Curtain	June 27
2. Home	July 3
3. When Fall Comes	July 6
4. Thank You	July 12

65. Why is the woman giving the man a tour?

   (A) He is a potential investor.
   (B) He is trying to draft some policies.
   (C) He is conducting an experiment.
   (D) He will lead a construction project.

66. According to the woman, what is happening today?

   (A) Electrical work
   (B) Road repairs
   (C) Office renovations
   (D) Facility maintenance

67. Look at the graphic. Which highway will the speakers take?

   (A) Highway 1
   (B) Highway 2
   (C) Highway 3
   (D) Highway 4

68. What have the speakers just attended?

   (A) An international festival
   (B) A magazine photoshoot
   (C) A training seminar
   (D) A broadcast program

69. Look at the graphic. Which track's recording session will be rescheduled?

   (A) Curtain
   (B) Home
   (C) When Fall Comes
   (D) Thank You

70. What has caused a change in the schedule?

   (A) A system inspection
   (B) A medical appointment
   (C) An office relocation
   (D) An electrical fault

PART 4

Directions: You will hear some talks given by a single speaker. You will be asked to answer three questions about what the speaker says in each talk. Select the best response to each question and mark the letter (A), (B), (C), or (D) on your answer sheet. The talks will not be printed in your test book and will be spoken only one time.

71. Why is the speaker calling?
    (A) To request some files
    (B) To ask for feedback
    (C) To provide a reminder
    (D) To verify a transaction

72. What is the speaker doing on Wednesday?
    (A) Traveling to a foreign country
    (B) Reviewing a company policy
    (C) Visiting a government office
    (D) Attending a full-day meeting

73. What does the speaker suggest that the listener do?
    (A) Send a message
    (B) Stop by her office
    (C) Pick up a folder
    (D) Save a phone number

74. What type of business does the speaker work for?
    (A) A frozen food manufacturer
    (B) A catering company
    (C) A beverage store
    (D) A fresh produce market

75. What business plan is the speaker discussing?
    (A) Opening another store
    (B) Hiring more staff
    (C) Developing a new product
    (D) Exploring a different market

76. What has the speaker's business been asked to do?
    (A) Use sustainable materials
    (B) Change its logo design
    (C) Appoint a qualified manager
    (D) Modify a production process

77. Where do the listeners most likely work?
    (A) A leasing office
    (B) A stadium
    (C) A resort
    (D) A hospital

78. According to the speaker, what is being changed?
    (A) A method to log complaints
    (B) A deadline for a feedback report
    (C) An advertising campaign
    (D) A hiring process

79. What should the listeners do this week?
    (A) Reply to an inquiry
    (B) Fill out a registration form
    (C) Give a demonstration
    (D) Attend a presentation

80. What does the speaker imply when she says, "my flight's been delayed by three hours"?
    (A) The weather has been bad.
    (B) The airport is extremely crowded.
    (C) She is unable to receive compensation.
    (D) She cannot meet some job candidates.

81. What will the speaker e-mail to the listener?
    (A) Client reviews
    (B) Employment records
    (C) Rental agreements
    (D) Schedule updates

82. What will the speaker assign Eddy to do?
    (A) Proofread some writing
    (B) Escort some visitors
    (C) Prepare some questions
    (D) Print some documents

GO ON TO THE NEXT PAGE

83. What is the talk mainly about?
(A) Property taxes
(B) Team management
(C) Investment strategies
(D) Financial planning

84. What will the speaker give the listeners?
(A) A catalog
(B) A summary
(C) An application
(D) A timetable

85. What will the listeners do next?
(A) Compile some data
(B) View a presentation
(C) Talk with a partner
(D) Create some digital graphics

86. Who most likely are the listeners?
(A) Professional athletes
(B) Physical trainers
(C) Sports equipment manufacturers
(D) Athletic wear designers

87. What does the speaker imply when he says, "we're still negotiating a big contract"?
(A) Sales may increase even more.
(B) A product launch is behind schedule.
(C) The listeners are invited to a discussion.
(D) A brainstorming meeting will be held soon.

88. Why should the listeners contact the speaker as soon as possible?
(A) To finalize a budget
(B) To approve a design
(C) To arrange transportation
(D) To request vacation time

89. What is being advertised?
(A) A clothing steamer
(B) An automated air freshener
(C) A compact dishwasher
(D) A robotic vacuum cleaner

90. What does the speaker emphasize about the product?
(A) Its affordability
(B) Its functionality
(C) Its availability
(D) Its durability

91. Why should the listeners visit a Web site?
(A) To install an update
(B) To buy accessories
(C) To generate a coupon code
(D) To utilize extra features

92. Where is the speaker reporting from?
(A) A library
(B) A subway station
(C) A community center
(D) A government office

93. According to the speaker, what benefit will the project provide?
(A) Reduced pollution
(B) Expanded bus routes
(C) Affordable housing
(D) Educational resources

94. What does the speaker imply when he says, "they could be a popular option"?
(A) The city has listened to residents' opinions.
(B) A new service may reduce commute times.
(C) Many people will vote on a proposal.
(D) A plan should prove to be successful.

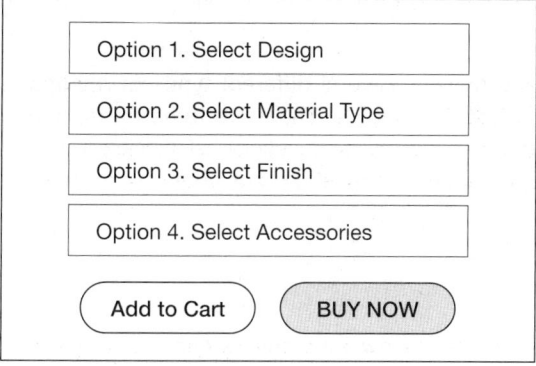
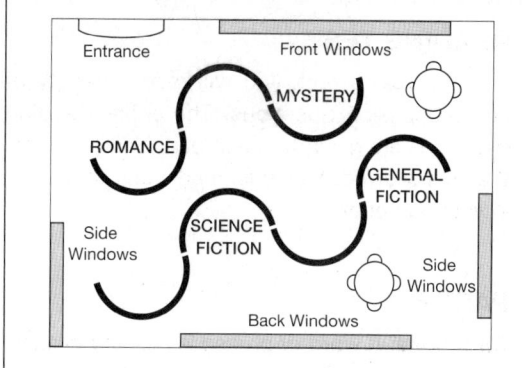

95. What is the speaker mainly discussing?
    (A) A business acquisition
    (B) A product renewal plan
    (C) Marketing strategies
    (D) Machinery upgrades

96. Look at the graphic. Which option will be enhanced next month?
    (A) Option 1
    (B) Option 2
    (C) Option 3
    (D) Option 4

97. What is the speaker concerned about?
    (A) Web site security
    (B) Shipping costs
    (C) Packaging defects
    (D) Road conditions

98. Who most likely is the speaker?
    (A) A sales associate
    (B) An interior designer
    (C) A property manager
    (D) A café owner

99. Look at the graphic. Which section is the speaker talking about?
    (A) Romance
    (B) Mystery
    (C) Science Fiction
    (D) General Fiction

100. What does the speaker suggest changing?
    (A) A work schedule
    (B) A payment method
    (C) A furnishing approach
    (D) An appliance selection

This is the end of the Listening test. Turn to Part 5 in your test book.

READING TEST

In the Reading test, you will read a variety of texts and answer several different types of reading comprehension questions. The entire Reading test will last 75 minutes. There are three parts, and directions are given for each part. You are encouraged to answer as many questions as possible within the time allowed. You must mark your answers on the separate answer sheet. Do not write your answers in your test book.

PART 5

Directions: A word or phrase is missing in each of the sentences below. Four answer choices are given below each sentence. Select the best answer to complete the sentence. Then mark the letter (A), (B), (C), or (D) on your answer sheet.

101. Ms. McDonald will be visiting the convention venue with ------- event planning team.

(A) she
(B) her
(C) hers
(D) herself

102. ------- the past few weeks, Mr. Anderson's sales figures have improved significantly.

(A) With
(B) Again
(C) During
(D) Below

103. Today, many corporations have stepped up their recycling efforts ------- unnecessary waste.

(A) is prevented
(B) prevent
(C) to prevent
(D) prevented

104. Barton Furniture will ------- be launching a new range of products designed for office environments.

(A) soon
(B) such
(C) ever
(D) like

105. Ms. Spears plans to ------- rehearse with her backing dancers ahead of the music festival.

(A) intentionally
(B) usually
(C) thoroughly
(D) remarkably

106. The ------- of virtual tour videos to our real estate agency's Web site will attract more clients.

(A) content
(B) addition
(C) demand
(D) opinion

107. Chef Duplantier is tasting Ms. Montague's desserts to decide whether changes -------.

(A) have needed
(B) needing
(C) are needed
(D) to be needed

108. As the seminar finishes, please exit ------- the door on the east side of the conference hall.

(A) between
(B) inside
(C) without
(D) through

109. The committee that will review the construction proposal includes ------- from the city's planning department.
(A) represents
(B) representatives
(C) represented
(D) represent

110. Mr. Harford has valuable experience working in Indonesia, including ------- knowledge of local business customs and etiquette.
(A) extensive
(B) purposeful
(C) accepted
(D) high

111. Remember to change the meeting location when ------- the tour schedule for participants.
(A) revising
(B) revises
(C) revised
(D) revise

112. The state-of-the-art technology allows you to press the power button ------- your TV remote control by using your voice.
(A) from
(B) out
(C) on
(D) along

113. Mr. Haskin's latest kitchen appliance is definitely the most ------- the entrepreneur has ever invented.
(A) innovate
(B) innovative
(C) innovations
(D) innovatively

114. After four months of work, the sculpture outside St. Mark's Cathedral is ------- restored.
(A) almost
(B) nearby
(C) anytime
(D) yet

115. Colin Chen, the HR Manager, asked that all job application forms be sent to him ------- the end of today.
(A) by
(B) to
(C) quite
(D) in

116. Before the new branch opens in downtown Waterford, we will need to ------- an experienced store manager.
(A) commence
(B) modify
(C) recruit
(D) prefer

117. Several of Lisa Ferrier's songs from her upcoming debut album have been very ------- reviewed.
(A) favor
(B) favorably
(C) favorable
(D) favored

118. ------- confirming the relocation of the company yesterday, Mr. Webster announced that all employees would receive a resettlement bonus.
(A) Onto
(B) Unlike
(C) About
(D) Upon

119. Please prepare the full list of ------- documents for the food vendor permit application.
(A) vague
(B) frequent
(C) installed
(D) essential

120. Our publishing deadlines cannot be extended, ------- it is imperative that all magazine articles be submitted on time.
(A) why
(B) then
(C) but
(D) so

GO ON TO THE NEXT PAGE

121. Yoga lessons at our Regal Street fitness center have been in high demand -------.
    (A) lateness
    (B) later
    (C) lately
    (D) latest

122. Great Palms Resort has a ------- as an affordable holiday destination with numerous activities for children.
    (A) promotion
    (B) courtesy
    (C) reputation
    (D) reference

123. ------- Mr. Hamm or his secretary will contact the job applicants to schedule interviews next week.
    (A) Both
    (B) Either
    (C) And
    (D) Nor

124. Glisten Cosmetics will purchase a larger vehicle to ------- its growing door-to-door sales team.
    (A) allocate
    (B) present
    (C) experience
    (D) accommodate

125. Even though Aviemore Landscaping's summer promotion was not -------, the company gained numerous new regular clients.
    (A) profitable
    (B) profiting
    (C) profitability
    (D) profitably

126. The Majestic Motel is a common choice for business travelers because of its ------- to the international airport.
    (A) direction
    (B) proximity
    (C) consideration
    (D) exception

127. The storage lockers installed next to the staff lounge are only for staff members ------- workstations are on the third floor of our headquarters.
    (A) whose
    (B) which
    (C) what
    (D) who

128. ------- Mr. Packham has performed well as an employee mentor, he is being considered for a full-time management role.
    (A) Nevertheless
    (B) As well as
    (C) While
    (D) Because

129. The new SUV developed by Sunstar Auto will most likely be ------- at the annual motor show next quarter.
    (A) performed
    (B) unveiled
    (C) consulted
    (D) resumed

130. Diamond IT Solutions ------- an online chat service in order to provide technical support 24 hours a day.
    (A) has implemented
    (B) to be implemented
    (C) to have been implementing
    (D) is implemented

PART 6

Directions: Read the texts that follow. A word, phrase, or sentence is missing in parts of each text. Four answer choices for each question are given below the text. Select the best answer to complete the text. Then mark the letter (A), (B), (C), or (D) on your answer sheet.

Questions 131-134 refer to the following advertisement.

Verdant Gardens – The Landscaping Experts!

Verdant Gardens brings vibrant and functional outdoor spaces to life, no matter the size or scope. Our team has ------- everything from cozy backyard gardens to expansive commercial properties and public parks. -------. However, we are also adept at accommodating unique or classic styles and preferences. That's why Verdant Gardens has assembled a team of skilled landscapers ------- to bring your vision to life. Members of our team would be happy to visit your garden to perform a free consultation and discuss your ideas. Our commitment to understanding and fulfilling our customers' desires ensures that every project leaves clients -------. If you want to schedule an initial consultation, contact us today at 555-8427!

131. (A) transformed
(B) located
(C) gathered
(D) purchased

132. (A) It is our policy to request a down payment before starting work.
(B) Our work generally involves modern landscaping techniques.
(C) Some of our projects have attracted national media attention.
(D) We have appreciated the opportunity to provide an after-care service.

133. (A) readiness
(B) readies
(C) readiest
(D) ready

134. (A) inexpensive
(B) efficient
(C) satisfied
(D) interested

GO ON TO THE NEXT PAGE

Questions 135-138 refer to the following memo.

To: All Staff
From: Marcus Johnson
Date: January 3
Subject: New Factory

Hi Team,

As we kick off the new year, I want to extend my gratitude for your dedication and hard work! Also, I'm excited to share some great news: we will be ------- our new manufacturing plant in
                                                                                            135.
mid-April. This facility, located in Riverside Industrial Park, will significantly enhance our production capacity and help us meet growing demand.

We will be accepting applications for positions at the new factory ------- March 15. Interviews for
                                                                    136.
shortlisted candidates will be held in late March, and successful new hires will undergo -------
                                                                                          137.
shortly thereafter. -------.
                     138.

135. (A) releasing
     (B) updating
     (C) recruiting
     (D) opening

136. (A) until
     (B) within
     (C) for
     (D) so that

137. (A) trainer
     (B) training
     (C) train
     (D) trained

138. (A) Feel free to refer any skilled acquaintances for these vacancies.
     (B) I'm confident these workshops will benefit each of you.
     (C) We will inform you when the conference registration opens.
     (D) The new product will be launched in the second financial quarter.

Questions 139-142 refer to the following article.

Heritage Corp to Fund Restoration of Author's Childhood Home

A representative from Heritage Corp ------- that the company will provide funds for the
                                      139.
restoration of the childhood home of famous author Samuel Fletcher. "Thanks to Heritage Corp's generous support, we can proceed with this vital project," said Emma Clarke, director of the Brookfield Historical Society. -------. Now, adequate funding is in place to cover the full cost of
                                                140.
restoring the building. The home, which has suffered from years of neglect, will be transformed into a museum celebrating Fletcher's life and work.

The restoration will allow the town to preserve an important piece of its cultural history. The museum will feature exhibits about Fletcher's early life, a collection of his manuscripts, and a reading room for visitors. A pond and reading garden will be created ------- the main building.
                                                                                        141.
Many of the ------- architectural features and furnishings will be kept in place to preserve the
             142.
building's authenticity.

139. (A) confirm
(B) confirmation
(C) has confirmed
(D) will confirm

140. (A) Heritage Corp is urgently seeking investors to avoid bankruptcy.
(B) The proposed work had stalled due to financial problems.
(C) Mr. Fletcher is known for his popular series of children's novels.
(D) An investigation will be conducted to determine the cause of the damage.

141. (A) adjacent to
(B) such as
(C) instead of
(D) provided that

142. (A) proposed
(B) existing
(C) temporary
(D) conditional

GO ON TO THE NEXT PAGE

Questions 143-146 refer to the following e-mail.

To: Daniel Whitaker <dwhitaker@mailservice.com>
From: Sarah Benoit <sbenoit@mightyhomeappliances.com>
Subject: Product Recall
Date: July 15

Dear Mr. Whitaker,

We are reaching out to inform you about a recall involving your recent ------- **143.** of the MightyHome Model X500 Tumble Dryer. We regret to inform you that this model has been recalled due to a potential safety issue. It has come to our attention that certain units may have a fault in the heating element. -------. **144.**

Please ------- **145.** the serial number located on the back panel of your dryer. If your serial number falls within the range of #A12345 to #A12500, we urge you to stop using the appliance immediately and contact our service center for further instructions on how to return ------- **146.** for a free repair.

We apologize for any inconvenience this may cause and appreciate your cooperation in ensuring safety.

Best regards,

Sarah Benoit
Customer Service Manager
MightyHome Appliances

---

143. (A) purchase
(B) review
(C) modification
(D) launch

144. (A) This has been repaired for you free of charge.
(B) Most appliance deliveries will take around three days.
(C) Unfortunately, this could potentially pose a fire risk.
(D) Thank you for pointing out this manufacturer defect.

145. (A) verification
(B) verified
(C) verify
(D) verifies

146. (A) mine
(B) it
(C) theirs
(D) these

PART 7

Directions: In this part, you will read a selection of texts, such as magazine and newspaper articles, e-mails, and instant messages. Each text or set of texts is followed by several questions. Select the best answer for each question and mark the letter (A), (B), (C), or (D) on your answer sheet.

Questions 147-148 refer to the following advertisement.

Master Chef Meals

Do you love delicious, home-cooked meals but lack the time to prepare them?
Do you crave fresh, nutritious ingredients tailored to your taste?
Are you feeling overwhelmed by planning, shopping, and cooking?

Enjoy the luxury of tasting gourmet meals prepared right in your own kitchen with our monthly subscription plan. Master Chef Meals is excited to offer a free trial for first-time customers. For one full month, indulge in chef-prepared meals on the house!

Go to www.masterchefmeals.com and enter code: EatWell
Offer valid until November 30 with your first purchase.

147. What is the purpose of the advertisement?
(A) To announce a job opening
(B) To promote a new restaurant
(C) To sell memberships
(D) To provide recipes

148. What is available until November 30?
(A) A sampling tour
(B) A diet plan
(C) A tailored menu
(D) A complimentary service

GO ON TO THE NEXT PAGE

Questions 149-150 refer to the following e-mail.

To:	All Members
From:	Brandon Smith <bsmith@nextlevelgamingconference.com>
Date:	February 24
Subject:	Thrilling update: Next-Level Gaming Conference

To our dear Next-Level community,

We are writing to remind you that the first-ever Next-Level Gaming Conference is set to take place this August in Rochester, NY. This immersive event will spotlight a dynamic lineup of industry experts, game developers, and creators exhibiting the latest in gaming technology and design.

The Play Museum has agreed to collaborate with us by hosting tours, panel discussions, and special exhibits at the museum. Please keep in mind that for the duration of the conference, the Play Museum will be closed to the general public from August 15-17.

For these days only, the museum will operate only during conference hours, and attendees will be given access by presenting their conference registration cards. We recommend visiting the reception desk should you encounter any access-related issues.

For more information about the conference program, speaker lineup, and registration options, visit our Web site at www.nextlevelgamingconference.com. We can't wait to bring the gaming community together for this unforgettable experience!

Best regards,

Brandon Smith
Event Organizer, Next-Level Gaming Conference

149. Why was the e-mail written?

(A) To promote a new event
(B) To encourage purchasing a game pack
(C) To explain how to enter a contest
(D) To describe some attendance issues

150. What is indicated about the gaming conference?

(A) Proof of registration is required for admission.
(B) A group of developers founded the event.
(C) It will sell limited edition goods.
(D) It is accessible to Play Museum members.

Questions 151-152 refer to the following information.

PhoenixPro Premium Phone Cases

Why do we insist on using reinforced silicone for our premium phone cases, even if it takes more time and effort? Because of its exceptional durability and flexibility! Features such as shock resistance, enhanced grip, and aesthetic customization can be flawlessly incorporated into silicone designs. This approach, which we call "integrated protection," guarantees that your phone is safeguarded against drops, scratches, and impacts without compromising on style or usability. Even though regular layered protection may be more accessible, many mobile users opt for our products' integrated protection as it offers comprehensive defense in a sleek design and ensures long-lasting durability with minimal maintenance.

151. What is stated about reinforced silicone?
(A) It is easy to manufacture.
(B) It helps display items on store shelves.
(C) It saves time on repairs.
(D) It is comfortable to hold.

152. Why do users like integrated protection?
(A) It can be applied to other products.
(B) It is more affordable than layered protection.
(C) It has an all-in-one approach.
(D) It helps prevent dirt build-up.

GO ON TO THE NEXT PAGE

Questions 153-154 refer to the following text message chain.

[10:32 A.M.] Sam Johnson: Hey, Emma. We still have several backlogged orders for the Downpark area. We need 121 books delivered by the end of today. Can we make this happen?

[10:33 A.M.] Emma Scott: We're already preparing a shipment for the local book fair, but I think we can make it work. When can you get the books packaged by?

[10:34 A.M.] Sam Johnson: I'm aiming to get everything ready to go by noon. Is that alright?

[10:35 A.M.] Emma Scott: For sure. I'll arrange for a courier immediately.

[10:36 A.M.] Sam Johnson: Sounds good. Thanks for handling this so quickly!

153. Where do Mr. Johnson and Ms. Scott most likely work?

(A) At a bookstore
(B) At a school
(C) At a mail office
(D) At a library

154. At 10:36 A.M., what does Mr. Johnson most likely mean when he writes, "Sounds good"?

(A) He is excited to be getting more business.
(B) He is satisfied with Ms. Scott's prompt efforts.
(C) He is grateful that he does not need to work overtime.
(D) He is concerned that a customer might complain.

Questions 155-157 refer to the following notice.

PRENATAL WORKSHOP

October 24, 10 A.M.

Harmony Wellness, Elmwood Center

Facilitator: Emily Carter

Are you in need of guidance on how to prepare and develop skills for parenthood?

This prenatal workshop is part of Harmony Wellness's mission to support healthy and informed pregnancies.

You will be shown how to:

- Prepare for labor with essential breathing and positioning exercises
- Practice relaxation techniques to relieve physical pain
- Select the appropriate accessories and furniture for your growing family's needs
- Check your home for safety hazards and risks for your peace of mind

The workshop is open to the public. Sign-ups begin on October 6. Make sure to learn about our other events, such as our Newborn Sleep Seminar on November 16 at our Willburgh Center and November 20 at our Downsview Center. Don't miss your chance to prepare for the journey ahead!

---

155. When will the prenatal workshop be held?

(A) On October 6
(B) On October 24
(C) On November 16
(D) On November 20

156. What will NOT be discussed at the prenatal workshop?

(A) Doing breathing techniques
(B) Choosing accessories and furniture
(C) Learning labor positions
(D) Purchasing the right vitamins

157. What is true about Harmony Wellness?

(A) It has several training locations.
(B) It consists of a number of health experts.
(C) It holds monthly events for community members.
(D) It sells teaching materials online.

GO ON TO THE NEXT PAGE

Questions 158-160 refer to the following advertisement.

ROOMMATE WANTED

Two females, both PhD students in biology, are looking for a third student to share an apartment in suburban Georgeville. Only postgraduate students may apply.

Qualities:
1. A respectful and cooperative attitude
2. Clean eating and lifestyle habits
3. Openness to discussing concerns and household-related issues

Responsibilities:
1. Clean and maintain common areas in accordance with a shared cleaning schedule
2. Respect quiet hours (9 P.M. - 7 A.M.) and ensure a peaceful environment for both roommates
3. Contribute monthly and punctually for costs of all utility bills
4. Help purchase household supplies, like toilet paper, hand soap, and trash bags

How to apply:
Please send a brief introduction about yourself and contact details to jbenner@istock.com. Please also attach reference letter from a previous landlord or roommates (most recent lease preferred). Interested parties that match our lifestyle will be invited to tour the unit in person.

---

158. What is mentioned about the apartment?

(A) It is well located.
(B) It has two bedrooms.
(C) It has just been renovated.
(D) It is available for postgraduates only.

159. What is NOT mentioned as a responsibility for roommates?

(A) Paying utility bills every month
(B) Following a cleaning routine
(C) Minimizing noise levels during the day
(D) Assisting in the management of supplies

160. What will applicants do if invited?

(A) View the space personally
(B) Use some household products
(C) Sign the lease agreement
(D) See nearby tourist spots

Questions 161-163 refer to the following information.

The Grandview Hotel

– [1] –. The Grandview Hotel is thrilled to announce the unveiling of our new Luxury Spa & Wellness Center! – [2] –. This premier facility is intended to cater to the needs of guests who wish to relax at a world-class venue.

We now provide:
- A range of spa amenities fitted with state-of-the-art anti-aging and relaxation technology
- Onsite consultations with nutritionists specializing in detox, stress management, and digestive health
- Guided wellness programs personalized to specific lifestyle objectives and priorities
- Complimentary access to indoor pools and hot tubs for a restorative escape

The Grandview Hotel is conveniently situated in the heart of downtown, with private access for premium guests. – [3] –. For inquiries or to book your stay and spa appointment, please contact us at reservations@grandviewhotel.com or call 555-987-6543. We cannot wait to welcome you for a serene experience. – [4] –.

161. For whom is the information intended?
(A) Hotel guests
(B) Wellness coaches
(C) Booking agents
(D) Downtown workers

162. What does the Luxury Spa & Wellness Center provide at no charge?
(A) Wellness programs
(B) Detox diet foods
(C) Hot tub access
(D) Nutritional consultation

163. In which of the positions marked [1], [2], [3], and [4] does the following sentence best belong?

"Our confidential entrance provides personalized check-in for a seamless arrival."

(A) [1]
(B) [2]
(C) [3]
(D) [4]

Questions 164-167 refer to the following article.

Speech Care Expands to Online Programs

(July 28)—Speech Care, a leading language therapy service, is preparing to launch a set of online programs designed to reach clients nationwide. Speech Care aims to enhance its packages for people in remote areas as part of a strategic plan to make its programs more accessible. While Speech Care's spokesperson has yet to release specific details about the online programs, personnel close to the management suggest that the company plans to implement virtual platforms capable of hosting both large-scale and one-on-one sessions. The rollout of these programs will incorporate multilingual support to clients from diverse communities.

164. What is Speech Care planning to do online?
(A) Research artificial intelligence
(B) Create new Web sites
(C) Deliver bigger workshops
(D) Offer its speech programs

165. What is true about Speech Care?
(A) It will become more accessible.
(B) It already provides services across the country.
(C) It is a delivery company.
(D) It has invested in digital advertising.

166. How did the reporter most likely obtain information for the article?
(A) By investigating Speech Care's records
(B) By speaking with Speech Care workers
(C) By visiting a neighborhood business fair
(D) By interviewing the CEO of Speech Care

167. According to the article, what is likely to happen soon?
(A) Services in more languages will be available.
(B) Speech Care will stop offering in-person sessions.
(C) New programs will be limited to business clients only.
(D) Speech Care will close its offices.

Questions 168-171 refer to the following memo.

From: Sarah Walker <swalker@trektravel.com>
To: TrekTravel Inc. Team
Subject: Web site Traffic Growth Update
Date: April 9

Dear TrekTravel Team,

I trust everyone is doing well. I'm excited to share some fantastic news about our recent Web site performance. – [1] –. Our Web site traffic has increased by an impressive 30% over the past quarter, a testament to the successful launch of our new design.

– [2] –. In the United States, we experienced a 45% surge in Web site visits, largely due to our focus on social media campaigns. Correspondingly, in Europe, traffic grew by 28%, with an increased interest in all-inclusive cruises projected to boost engagement throughout the next quarter.

Surprisingly in Australia, in spite of a competitive market, we reached a 15% increase in site visits. Additionally, we noticed an improvement in visitor activity and conversion rates thanks to our optimized landing pages. Lastly, our campaign efforts across South Korea have been met with enthusiasm, with web traffic from both younger and older demographics generating higher visitor numbers. – [3] –.

In sum, we have had a successful quarter. I'm sure that our upcoming loyalty program, featuring upgrades and perks for users who achieve premium status, will further boost Web site engagement across all markets. – [4] –. I appreciate your continued commitment and hard work. Let's keep doing our best to deliver a comfortable booking experience to travelers across the world.

168. What kind of business is TrekTravel?

(A) An international consulting firm
(B) An online travel business
(C) A social media agency
(D) An airplane manufacturer

169. According to the memo, where did the company experience unexpected growth?

(A) In the United States
(B) In Europe
(C) In Australia
(D) In South Korea

170. According to Ms. Walker, what will most likely bring increased engagement in the future?

(A) A rewards program
(B) Well-designed landing pages
(C) New technology
(D) Growing markets

171. In which positions marked [1], [2], [3], and [4] does the following sentence best belong?

"Here's an overview of our traffic growth throughout key regions."

(A) [1]
(B) [2]
(C) [3]
(D) [4]

GO ON TO THE NEXT PAGE

Questions 172-175 refer to the following online chat discussion.

Deah Arden (2:15 P.M.)	Hi, Daniel and Sophia. Is it possible to schedule a quick meeting to finalize the launch plans for our new GlowSkin cream?
Sophia Ramirez (2:17 P.M.)	Sure thing! Should we gather all the product developers together for this?
Deah Arden (2:19 P.M.)	This is specifically about the packaging design for the GlowSkin cream, so only the three of us working on it need to be there.
Sophia Ramirez (2:21 P.M.)	Got it. I'm free either Wednesday or Friday early afternoon.
Daniel Park (2:22 P.M.)	I thought I was reassigned to the Pure Radiance serum team or BloomLuxe lotion team instead?
Sophia Ramirez (2:24 P.M.)	No, Michael and Vivian were already added to those teams due to a staff shortage.
Daniel Park (2:25 P.M.)	Oh, okay. That makes sense.
Deah Arden (2:26 P.M.)	I'm available Wednesday and Friday as well, but I have wrap-up meetings at 2 P.M. on both days regarding the Aura moisturizer - one is with the operations team on Wednesday, and the other is with the partnerships team on Friday.
Daniel Park (2:28 P.M.)	I'll be doing interviews all day on Wednesday, but I'm free on Friday at 1 P.M.
Sophia Ramirez (2:29 P.M.)	That works! How about we go with that?
Deah Arden (2:31 P.M.)	Great! I'll book a meeting room shortly.

172. In what department do the writers most likely work?

(A) Human Resources
(B) Sales
(C) Product Development
(D) Customer Service

173. To which project are the three writers assigned?

(A) GlowSkin cream
(B) Pure Radiance serum
(C) BloomLuxe lotion
(D) Aura moisturizer

174. At 2:25 P.M., what does Mr. Park most likely mean when he writes, "That makes sense"?

(A) He understands a decision that was made.
(B) He regrets not being available.
(C) He admits there is a demand for more work hours.
(D) He wishes to get feedback on a project.

175. Why was the meeting scheduled for Friday rather than Wednesday?

(A) Ms. Arden has two appointments on that day.
(B) Mr. Park's schedule is full on Wednesday.
(C) Ms. Ramirez is not free that week.
(D) Other employees are not in town.

GO ON TO THE NEXT PAGE

Questions 176-180 refer to the following Web page and e-mail.

http://www.styleprintapparel.com

About Us   Our Products   Gift Vouchers   **Extra Services**

StylePrint Custom Apparel
Your go-to destination for personalized clothing!

At StylePrint Apparel, we offer high-quality customized printing services on our vests, T-shirts, and hoodies. Most standard designs can be printed and ready for pickup or shipping on the same day. For bulk orders or intricate designs, please allow an extra day or two for preparation and printing. Please refer to the table below for our customization costs.

Garment Type	Small Design (Front)	Large Design (Front)	Large Design (Front & Back)
Vest	$3	$5	$8
T-shirt	$4	$6	$10
Hoodie	$6	$8	$14

If you have any questions about your order or need assistance with design options, our Customer Support Team is here to assist you at help@styleprintapparel.com. We're committed to ensuring your satisfaction with quick and efficient service.

To:	help@styleprintapparel.com
From:	mickrogers@omnimail.net
Date:	September 18
Subject:	Recent Garment Purchase

Hello,

I recently used your Web site to order a T-shirt and paid an additional fee for the customization service. While I appreciate that the shirt was delivered promptly, I'm disappointed with the final product. As per my order details, I requested a large design on the front and back of the T-shirt, but the design I received is much smaller than expected. Additionally, the design on the back is faded and lacks the vibrancy I anticipated.

Given that I paid extra for customization, I was expecting a product that met my expectations. I would like a full refund or a replacement T-shirt that accurately reflects my original request. Please let me know how you plan to sort out this issue. You can contact me at 555-0147 at your earliest convenience.

Sincerely,

Mick Rogers

176. On the Web page, what is indicated about StylePrint Apparel's services?

(A) Product customization is offered only on bulk orders.
(B) Complex designs may take longer to print.
(C) Customization costs are the same for all garments.
(D) Printing requests must be made two days in advance.

177. On the Web page, the word "allow" in paragraph 1, line 3, is closest in meaning to

(A) think
(B) consider
(C) waive
(D) approve

178. What is the purpose of the e-mail?

(A) To confirm receipt of a product delivery
(B) To point out an error on an invoice
(C) To request a different print design
(D) To express dissatisfaction with a service

179. How much did Mr. Rogers pay for product customization?

(A) $6
(B) $8
(C) $10
(D) $14

180. According to the e-mail, why should StylePrint Apparel call Mr. Rogers?

(A) To reschedule a delivery
(B) To suggest different products
(C) To resolve a problem
(D) To provide a voucher code

GO ON TO THE NEXT PAGE

Questions 181-185 refer to the following schedule and e-mail.

3rd Annual Greenfield Farming & Agriculture Trade Show
Horizon Conference Center (HCC), March 15-17
First draft schedule for Saturday, March 15

Time	Event
8:00 A.M. – 9:00 A.M.	Trade Show Registration
9:00 A.M. – 9:45 A.M.	Slideshow of recent innovations in farming and agricultural technology
9:50 A.M. – 10:00 A.M.	Welcome Address: Chris Melville, CEO of GreenField Innovations
10:05 A.M. – 10:20 A.M.	Product Launch: (To Be Announced) – Speaker (Unknown), AquaFarm Solutions, Melbourne, Australia
10:25 A.M. – 11:10 A.M.	Product Launch: SolarSeed Aerial Drone – Mr. Carlos Mendes, AgriTech Drones, São Paulo, Brazil
11:15 A.M. – 12:45 P.M.	Buffet Lunch (Served in the main atrium)
12:55 P.M. – 1:40 P.M.	Product Launch: SoilSense Monitoring System – Ms. Grace Li, EcoFarm Technologies, Shanghai, China
1:50 P.M. – 2:45 P.M.	Product Launch: GreenHarvest Autonomous Harvester – Mr. John Carter, AutoAgri Enterprises, Austin, USA
2:50 P.M. – 4:00 P.M.	Product Launch: CropShield Organic Pesticide – Ms. Isabelle Dupont, BioFarm Chemicals, Lyon, France

To:	Louisa Wray <lwray@greenfieldinnovations.com>
From:	Chris Melville <cmelville@greenfieldinnovations.com>
Subject:	RE: First draft schedule for March 15
Date:	March 7

Hello Louisa,

I wanted to give you a quick update on the preparations for the trade show next weekend. Firstly, AquaFarm Solutions has confirmed that they will be unveiling their new device at the event, but they're keeping the specifics under wraps until the day of the launch. Apparently, they are inviting a special guest to unveil the product, but that's all I know at the moment. They said they would confirm who the person is within the next few days. Their lead engineer, Thomas Nguyen, did inform me that the technology is called the HydroGrow Irrigation System, and he expects it to be groundbreaking.

Secondly, there's a small problem with Grace Li. It appears her organization's new product is undergoing some last-minute modifications, so she will not be able to present it as planned. Instead, she has requested a vendor booth in Hall 2, where she can promote the company's other technologies.

I'll be arriving at the Horizon Conference Center around 3 P.M. on Friday. After checking in at my hotel, I'll spend the evening reviewing my notes to ensure everything is in place for my welcome address the next day.

Best regards,

Chris Melville, CEO, Greenfield Innovations

181. What is indicated about Mr. Melville?

(A) He is currently working at a Melbourne-based company.
(B) He will introduce a new range of agricultural products.
(C) He will give a talk on the first day of the trade show.
(D) He will address the audience after a refreshment break.

182. When will a flying device be unveiled to attendees?

(A) At 10:05 A.M.
(B) At 10:25 A.M.
(C) At 1:50 P.M.
(D) At 2:50 P.M.

183. Which company will most likely have its product launch canceled?

(A) AquaFarm Solutions
(B) EcoFarm Technologies
(C) AutoAgri Enterprises
(D) BioFarm Chemicals

184. According to the e-mail, what information is Mr. Melville waiting to receive?

(A) The location of a hotel
(B) The registration fee for an event
(C) The name of a service
(D) The identity of a presenter

185. In the e-mail, the word "ensure" in paragraph 3, line 2, is closest in meaning to

(A) safeguard
(B) value
(C) guarantee
(D) secure

GO ON TO THE NEXT PAGE

Questions 186-190 refer to the following e-mail, flyer, and article.

E-Mail Message

To: Jenny Smith <jsmith@bookworld.net>
From: Rebecca Thompson <rthompson@readerscircle.com>
Subject: Reader's Circle Invitation to Book Lovers Convention
Date: August 12

Dear Ms. Smith,

As a valued member of Reader's Circle, it is with great pleasure that we invite you to our upcoming Book Lovers Convention on Saturday, September 20. This exciting event will feature readings by renowned authors, an array of vendor booths offering the latest literary releases, and engaging presentations on various literary topics.

Additionally, if you visit our Web site and enter promotional code BLC50 before September 20, you will receive a special printable coupon. This coupon will grant you access to exclusive perks at the convention.

We look forward to seeing you there!

Best regards,

Rebecca Thompson
Manager of Member Services
Reader's Circle

You are invited to the
Book Lovers Convention!
Saturday, September 20th, 10 A.M. – 7 P.M. @ City Convention Center

※

Join us for a full day of fun with interactive talks, huge book selections, raffles, and delicious food (Andrea's Tacos, Nora the Greek, J.W. Lee Dumplings, & more)

※

Featuring…
Guest Speakers: Rebecca Thompson ("Fantasy & Fairytales"), Nathan Green ("Themes in Mystery"), Julia Bennett ("Fiction Today"), Ethan Hoang ("Exploring Love & Friendship")
Notable Authors: Mark Sinclair, Sophia Lin, David Harper, Evelyn Reynolds, & many more!

※

Book Lovers Convention Hosted by Reader's Circle

By Alex Monroe on September 22

This past weekend, Reader's Circle hosted an unforgettable Book Lovers Convention to celebrate their growing community of literary enthusiasts. The event, held at the City Convention Center, aimed to bring book lovers together and thank long-time members for their dedication.

Attendees enjoyed captivating readings by well-known authors and had the chance to explore vendor booths filled with the latest books and literary accessories. Those who had printed out special coupons received a gift bag containing a selection of paperbacks, a bookmark, and a stationery set.

Each of the unique sessions organized by Reader's Circle had a great turnout. Participant Sarah Mitchell shared, "I came to meet some of my favorite authors, but the talk about the latest trends in fiction were incredibly enlightening." A highlight of the convention was the reading by David Harper, whose engaging storytelling captivated the audience. His session concluded with a lively Q&A about his new novel and his previous works, adding a personal touch to the experience.

Fans also had the opportunity to meet authors in the autograph booth, with many opting to have their books signed and photos taken. The event's success was summed up by Reader's Circle founder, Martha Daniels, who remarked that the convention exceeded all expectations and implied plans for future events.

---

186. What is Ms. Smith encouraged to do?

(A) Give a speech
(B) Write a novel
(C) Read a new book
(D) Attend an event

187. How did some attendees receive a free bookmark?

(A) By purchasing some books
(B) By arriving at a convention early
(C) By entering a promotional code online
(D) By attending a book reading

188. Which guest speaker was praised by Ms. Mitchell?

(A) Rebecca Thompson
(B) Nathan Green
(C) Julia Bennett
(D) Ethan Hoang

189. What is suggested about Mr. Harper's reading?

(A) It was originally scheduled at a different time.
(B) It took place near the end of the event.
(C) It included a talk about both his new and old books.
(D) It did not receive much attention from the audience.

190. What does Martha Daniels imply about the convention?

(A) There were supposed to be more autograph sessions.
(B) There were not enough speakers.
(C) Follow-up events may be planned in the future.
(D) It will be held in a bigger venue next year.

GO ON TO THE NEXT PAGE

Questions 191-195 refer to the following job posting, application form, and letter.

Employment Opportunity at AstroTech Research Facility

AstroTech Research Facility is a leading institution dedicated to advancing scientific knowledge in the fields of biochemistry, molecular biology, and environmental science. We currently have an opening for a full-time Laboratory Technician. The role involves conducting experiments, maintaining laboratory equipment, and recording and analyzing data under the supervision of senior scientists. The successful candidate will collaborate with a team of researchers and contribute to various ongoing projects.

Requirements:

- A bachelor's degree in Biology, Chemistry, or a related field
- At least one year of experience in a laboratory setting, either through full-time employment or an internship
- Strong attention to detail and excellent organizational skills

Performance evaluations will be conducted quarterly to ensure continuous professional development. If you are interested in this position, please visit www.astrotechresearch.com/careers to apply.

Name: Olivia Lauren
E-mail: olauren87@scimail.com
Phone: 555-0192
Related Education: Bachelor's degree in Biochemistry from Northwood University

Work Experience (Starting with the most recent position)

Employer	Position	Duration of Employment
Precision Labs	Laboratory Technician	One Year
Greenway Biotech	Laboratory Assistant	Six Months
Northwood University	Laboratory Assistant	Two Semesters

Additional Comments:

I'm writing to express my interest in the Laboratory Technician position at AstroTech Research Facility. I currently work as a Laboratory Technician at Precision Labs, where I assist in conducting complex biochemical experiments. My previous role as a lab assistant at Greenway Biotech also provided me with experience in maintaining lab equipment and documenting research findings meticulously. My professors at Northwood University can certify my dedication and proficiency in laboratory work. For further reference, Dr. Evelyn Hughes, my academic advisor, can provide detailed insights into my academic and professional capabilities.

Additional Attachments: Résumé / List of references

Northwood University
Department of Biochemistry
Dr. Evelyn Hughes

Dear Hiring Committee,

I'm writing this reference letter for Olivia Lauren, who has applied for the Laboratory Technician position at AstroTech Research Facility. Olivia was an outstanding student who excelled in both theoretical and practical aspects of biochemistry. During her time at Northwood University, she worked as a lab assistant and helped on several high-level research projects, demonstrating exceptional skill and dedication. At that time, we had many active research teams that worked on a wide range of projects.

Olivia's supervisor, Dr. Michael Rowe, praised her careful approach to lab protocols and her ability to manage multiple tasks efficiently. In fact, he was instrumental in helping Olivia secure her first job after graduation as he wrote to that company's CEO to strongly recommend hiring Olivia. I'm confident that Olivia's strong academic foundation and hands-on experience make her an excellent candidate for your team. Should you require additional information, please feel free to reach out to me.

Sincerely,

Dr. Evelyn Hughes, Professor of Biochemistry
Northwood University

191. What is indicated about the laboratory technician position?

(A) It requires a practical test of laboratory skills.
(B) It is available as a part-time role.
(C) It includes a mandatory probationary period.
(D) It involves regular professional assessments.

192. What is true about Ms. Lauren?

(A) She has lectured at Northwood University.
(B) She meets the requirements for the role.
(C) She is applying for multiple job vacancies.
(D) She graduated from university earlier this year.

193. In the letter, the word "demonstrating" in paragraph 1, line 4, is closest in meaning to

(A) protesting
(B) surpassing
(C) displaying
(D) determining

194. What is suggested about Northwood University?

(A) It was more involved in research activities in the past.
(B) It is seeking new staff for the Department of Biochemistry.
(C) It collaborated with AstroTech Research Facility on a project.
(D) It is launching new courses in scientific fields.

195. To which organization did Dr. Rowe most likely send a letter?

(A) AstroTech Research Facility
(B) Precision Labs
(C) Greenway Biotech
(D) Northwood University

GO ON TO THE NEXT PAGE

Questions 196-200 refer to the following pamphlet, review, and e-mail.

PAWS & RELAX: YOUR PET'S SECOND BEST FRIEND!

Welcome to Paws & Relax, your go-to service for all your dog walking and grooming needs, located in the heart of downtown Seattle. We understand that your furry friends are a beloved part of your family, and we're here to ensure they get the care and attention they deserve. To celebrate our first year in business next month, we are offering a 10% discount to all new customers right now!

Our Services:
- Dog Walking: From energetic puppies to senior dogs, we offer tailored walking sessions to suit your pet's needs.
- Grooming: Our experienced groomers provide baths, haircuts, nail trims, and more to keep your dog looking and feeling their best.
- Pet Sitting: Heading out of town? We also offer in-home pet sitting to give your pets love and care while you're away.

Our team includes dedicated animal lovers, including Maggie Sullivan, a certified canine behaviorist and lecturer at Abbotsford University, and Jake Sykes, a professional groomer with over 10 years of experience and author of the bestselling pet care book *Man's Best Friend*.

For more information about our services and to read customer reviews, visit us at www.pawsandrelax.com.

---

www.pawsandrelax.com/reviews

About Us | Services | **Reviews** | Contact Us

Comment #45

I recently moved to Seattle and was looking for a reliable dog walking service for my Labrador, Max. A friend recommended Paws & Relax, so I decided to give them a try.

While their Web site is informative, I was a bit disappointed that they don't offer an online booking system yet. It would be more convenient for tech-savvy users. However, the phone booking process was smooth, and the staff was friendly. Max absolutely loves his walks with Maggie Sullivan, who is always punctual and treats Max like her own. The grooming service was equally impressive — Max's coat has never looked shinier! I highly recommend Paws & Relax to any pet owner trying to find a professional and caring service.

Posted by: Emily Johnson
Date of posting: November 12

To: ejohnson@petlover.net
From: customer.care@pawsandrelax.com
Subject: Thanks for Your Feedback
Date: November 14

Dear Ms. Johnson,

Thank you so much for sharing your experience on our Web site! We're glad to hear that Max enjoys his time with Maggie and that you're happy with our grooming services. We appreciate your suggestion about the booking system. We are currently in the process of developing this feature to enhance our clients' satisfaction. It should be up and running in the next few months. Your feedback helps us improve, and we are grateful for your support. Please feel free to reach out if you have any more suggestions or if there's anything else we can do for you and Max.

Warm regards,

Tricia Paterson
Customer Care Team
Paws & Relax

---

196. Who is the pamphlet intended for?

(A) Job seekers
(B) Pet owners
(C) Business owners
(D) Veterinary students

197. What is indicated about Paws & Relax?

(A) It offers discounts to people with a membership.
(B) It provides several services free of charge.
(C) It has been in business for less than one year.
(D) It operates in more than one business location.

198. Where does Ms. Johnson's dog walker most likely work in addition to Paws & Relax?

(A) At a pet shop
(B) At a university
(C) At a bookstore
(D) At a hair salon

199. What does Ms. Johnson mention about her dog walker?

(A) She buys treats for Max.
(B) She is always on time.
(C) She provided tips on pet care.
(D) She recently moved to Seattle.

200. How will Paws & Relax most likely address the complaint made by Ms. Johnson?

(A) By adjusting some prices
(B) By retraining some staff
(C) By hiring new skilled workers
(D) By improving its Web site

Stop! This is the end of the test. If you finish before time is called,
you may go back to Parts 5, 6, and 7 and check your work.

시원스쿨 LAB

READING

▶ **Playlist 1**
꼭 맞혀야 하는 명사 문제, 이걸로 끝!

Practice

| 1. (D) | 2. (D) | 3. (A) | 4. (C) | 5. (B) |
| 6. (B) | 7. (B) | 8. (C) | | |

1.
해석 창 씨는 제조사의 웹 사이트에 주방 용품의 등록을 완료했다.
해설 빈칸 앞에 관사 the가 있으므로 빈칸은 명사 자리이다. 따라서 -tion으로 끝나는 명사 (D) registration이 정답이다.
어휘 complete ~을 완료하다, 작성하다 kitchen appliance 주방 용품 manufacturer 제조사 register 등록하다 registration 등록

2.
해석 일시적인 시스템 오류로 인해, 미드웨스트 은행은 ATM 기기를 통한 예금을 받을 수 없다.
해설 빈칸 앞에 목적어를 필요로 하는 타동사 accept가 있으므로 빈칸은 명사 자리이다. deposit은 명사와 동사 둘 다 사용될 수 있으므로 (D) deposits이 정답이다.
어휘 due to ~로 인해, ~ 때문에 temporary 일시적인, 임시의 accept ~을 받아들이다, 수락하다 deposit n. 예금, 보증금 v. 예금하다, 돈을 넣다

3.
해석 공장 근로자들은 휴식을 취하기 전에 조립 라인 관리자로부터 반드시 허가를 받아야 한다.
해설 빈칸 앞에 목적어가 필요한 타동사 receive가 있으므로 빈칸은 명사 자리인데, 선택지에서 (A) permission과 (B) permit이 명사이다. 빈칸 앞에 관사가 없으므로 빈칸에는 불가산명사가 와야 한다. 따라서 (A) permission이 정답이다.
어휘 assembly line 조립 라인 take a break 휴식을 취하다 permission 허가 permit n. 허가증 v. ~을 허가하다, 허락하다 permissive 관대한

4.
해석 조경 작업이 진행되는 동안, 직원들에게 식물원으로의 접근이 제한될 것이다.
해설 선택지가 가산명사와 불가산명사로 구성되어 있고, 빈칸 앞에 관사가 없으므로 빈칸은 불가산명사 자리이다. 따라서 (C) access가 정답이다.
어휘 while ~하는 동안, ~하는 반면에 landscaping 조경 underway 진행 중인 botanical garden 식물원 restrict ~을 제한하다 direction 길, 방향 placement 배치, 설치 access 접근, 출입

5.
해석 알포드 히팅 사는 고객들에게 유선상 그리고 모바일 어플리케이션을 통해 기술적인 지원을 제공한다.
해설 빈칸 앞에 형용사 technical이 있으므로 빈칸은 명사 자리인데, 선택지에 사물명사 (B) assistance와 사람명사 (D) assistant가 있다. 회사가 유선과 모바일 앱을 통해 제공하는 것은 '지원'이므로 사물명사 (B) assistance가 정답이다.
어휘 offer ~을 제공하다, 주다 technical 기술적인 client 고객 by phone 유선상으로 through ~을 통해 assist ~을 지원하다, 도움을 주다 assistance 지원, 도움 assistant 보조원

6.
해석 피츠버그 팬서스의 소유주는 팀 경기장의 디자인을 개선하기 위해 건축가를 찾고 있다.
해설 빈칸 앞에 관사 an이 있으므로 빈칸은 명사 자리이면서 가산 단수명사의 자리이다. 따라서 사람명사 (B) architect가 정답이다.
어휘 look for ~을 찾다 improve ~을 개선하다, 향상시키다 stadium 경기장 architecture 건축(물) architect 건축가 architectural 건축의 architecturally 건축학적으로

7.
해석 퍼시픽 바이오테크 사는 연구 시설을 위해 많은 양의 신규 장비를 구입할 것이다.
해설 선택지가 서로 다른 명사로 구성되어 있고 빈칸 앞에 research가 제시되어 있다. 따라서 빈칸에 올 명사는 research와 함께 쓰여 신규 장비를 필요로 하는 장소를 나타내야 하므로 '시설'이라는 뜻의 (B) facility가 정답이다.
어휘 amount 양, 총액 equipment 장비, 기구 research facility 연구 시설 exercise 운동 situation 상황 provision 공급, 제공

8.

해석 그 3D 프린터는 교체 부품들이 도착하려면 며칠 걸릴 것이기 때문에 아직 수리되지 않았다.

해설 빈칸 뒤에 명사 components와 동사 will take가 있으므로 빈칸에는 components와 함께 복합명사를 구성하여 주어의 역할을 해야 한다. 따라서 (C) replacement가 정답이다.

어휘 repair ~을 수리하다, 고치다 replacement component 교체 부품 take (시간이) 걸리다 replace ~을 교체하다, 대체하다

Check-up Test

1. (C)	2. (D)	3. (B)	4. (A)	5. (D)
6. (D)	7. (D)	8. (B)	9. (C)	10. (B)
11. (D)	12. (A)	13. (C)	14. (B)	15. (B)
16. (C)				

1.

해석 세 달의 개조 후에, 그 휴양 리조트는 다시 한번 예약을 받고 있다.

해설 빈칸 앞에 전치사 of가 있으므로 빈칸은 명사 자리이다. 따라서 -tion으로 끝나는 (C) renovations가 정답이다.

어휘 once more 다시 한번, 한 번 더 accept ~을 받다, 수락하다 booking n. 예약

2.

해석 집집마다 찾아가는 영업팀에 의해 실시된 설문조사는 잠재적 고객들을 창출하는데 매우 유용했다.

해설 빈칸 앞에 관사 The가 있으므로 빈칸은 명사 자리인데, 선택지에 사람명사 (B) surveyor과 사물명사 (D) survey가 있다. 문장의 동사를 해석해 의미상 어울리는 명사를 정답으로 고르면 되는데, 잠재 고객을 만들어 내는 데 유용한 것은 '설문조사'이므로 (D) survey가 정답이다.

어휘 carry out ~을 실시하다, 수행하다 door-to-door 집집마다 찾아가는 extremely 매우, 극도로 useful 유용한 generate ~을 창출하다, 만들어 내다 potential 잠재적인, 가능성이 있는 survey v. 설문조사를 하다 n. 설문조사 surveyor 측량사, 부동산 감정인

3.

해석 메이페어 레스토랑은 신선한 과일과 채소 공급업체를 긴급히 필요로 했고, 브러쉬덴 농장과 함께 일하기로 결정했다.

해설 빈칸 앞에 관사 a가 있으므로 빈칸은 명사 자리인데, 선택지에 (A) supplies와 (B) supplier가 있다. 빈칸 앞에 위치한 관사 a와 함께 쓸 수 있는 것은 단수명사여야 하므로 (B) supplier가 정답이다.

어휘 urgently 긴급히, 급하게 decide ~을 결정하다 supply v. ~을 공급하다 n. 공급 supplier 공급업체, 공급업자

4.

해석 사업체 이전 제안을 위해서는 이사진으로부터의 만장일치의 승인이 필요하다.

해설 선택지가 가산명사와 불가산명사로 구성되어 있고, 빈칸 앞에 관사가 없으므로 빈칸은 불가산명사 자리이다. 따라서 (A) approval이 정답이다.

어휘 unanimous 만장일치의 board of directors 이사진 require ~을 필요로 하다, 요구하다 relocation 이전, 이주 proposal 제안, 제안서 approval 승인 committee 위원회 commercial (상업) 광고

5.

해석 채용 전문가는 모든 구직자들이 그들의 이력서에 모든 관련된 증명서들을 목록화해야 한다고 조언한다.

해설 빈칸 앞에 형용사 relevant가 있으므로 빈칸은 명사 자리인데, 선택지에 불가산명사 (B) certification과 가산명사 (D) certificates가 있다. 문장의 동사를 해석해 의미상 어울리는 명사를 정답으로 고르면 되는데, 이력서에 구직자들이 목록화시켜야 하는 것은 '증명서'이므로 (D) certificates가 정답이다.

어휘 recruitment 채용, 모집 expert 전문가 advise ~라고 조언하다, 충고하다 jobseeker 구직자 relevant 관련된 résumé 이력서 certify ~을 증명하다 certification 증명 certificate 증명서

6.

해석 다트포드 자동차 사는 미시간 지역 도처에 세 개의 새로운 제조 공장들을 개장함으로써 생산량을 가속화시켰다.

해설 빈칸 앞에 소유격 its가 있으므로 빈칸은 명사 자리이다. 따라서 -tion으로 끝나는 명사 (D) production이 정답이다.

어휘 accelerate ~을 가속화시키다, 촉진시키다 by -ing ~함으로써 manufacturing plant 제조 공장 throughout ~ 지역 도처에, ~ 동안 내내 produce ~을 생산하다 productive 생산적인 production 생산량, 생산

7.

해석 호킹 씨는 그의 창업 기업 계획의 일환으로 예상되는 자금 지원의 출처를 포함할 것이다.

해설 빈칸 앞에 전치사 of가 있으므로 빈칸은 명사 자리인데, 선택지에 가산명사 (A) fund와 불가산명사 (D) funding이

있다. 빈칸 앞에 관사 a가 없으므로 불가산명사 (D) funding이 정답이다.

어휘 prospective 예상되는, 잠재의 source 출처, 원천 as part of ~의 일환으로 start-up 창업 fund n. 돈, 기금 v. 돈을 대다 fundable 자금을 조달할 수 있는 funding 자금 (지원)

8.

해석 이카루스 스포츠웨어 사는 유럽 내에서의 브랜드 인지도를 증가시키기 위해 광범위한 광고 캠페인을 출시할 것이다.

해설 선택지가 모두 다른 명사로 구성되어 있고, 빈칸 앞에 advertising이라는 명사가 제시되어 있으므로 advertising과 빈칸에 들어갈 명사가 복합명사가 되어야 한다. 따라서 advertising과 함께 쓰여 '광고 캠페인'이라는 의미를 가지는 (B) campaign이 정답이다.

어휘 launch ~을 출시하다, 시작하다 extensive 광범위한 advertising campaign 광고 캠페인 recognition 인지도 association 협회, 연관 expense (지출) 비용

9.

해석 박물관 큐레이터는 방문객들로부터의 부정적인 피드백에 대응하여 몇몇 전시들을 개선했다.

해설 빈칸 앞뒤에 각각 전치사 in과 to가 있으므로 빈칸은 명사 자리이다. 따라서 (C) response가 정답이다.

어휘 improve ~을 개선하다, 향상시키다 exhibit 전시 negative 부정적인 respond 대응하다, 반응하다 responsive 즉각 대응하는 response 대응, 반응

10.

해석 성공적인 전기 자전거 제조사는 거의 100,000달러의 예산 흑자와 함께 한 해를 마무리할 것을 예상한다.

해설 선택지가 모두 다른 명사로 구성되어 있고, 빈칸 앞에 budget이라는 명사가 있으므로 budget과 빈칸에 들어갈 명사가 복합명사가 되어야 한다. 따라서 budget과 함께 '예산 흑자'라는 의미를 가지는 (B) surplus가 정답이다.

어휘 manufacturer 제조사 successful 성공적인 electric 전기의 expect ~을 예상하다, 기대하다 budget surplus 예산 흑자 almost 거의 assembly 조립, 모임

11.

해석 시상식에서, 마조리 코니그 씨는 패션 업계에서 그녀의 기여에 대해 정식으로 인정받을 것이다.

해설 빈칸 앞에 소유격 her이 있으므로 빈칸은 명사 자리이다. 따라서 -tion으로 끝나는 (D) contributions가 정답이다.

어휘 award ceremony 시상식 formally 정식으로, 정중하게 recognize ~을 인정하다, 알아보다 industry 업계, 산업 contribute ~에 기여하다, 공헌하다 contribution 기여, 공헌

12.

해석 몹게임즈의 여러 개발자들은 휴대폰 어플리케이션과 컴퓨터 게임을 둘 다 작업한다.

해설 빈칸 앞에 형용사 Several이 있으므로 빈칸은 명사 자리인데, 선택지에 사람명사 (A) developers와 행위명사 (B) development가 있다. 문장의 동사를 해석해 의미상 어울리는 명사를 정답으로 고르면 되는데, 어플리케이션과 컴퓨터 게임을 작업하는 주체는 '개발자들'이므로 사람명사 (A) developers가 정답이다.

어휘 both A and B A와 B 둘 다 developer 개발자 development 개발 developed 발달한, 선진의 develop ~을 개발하다, 발달시키다

13.

해석 고객들이 잔테 투어 사와 예약을 마무리한 후에, 여행 일정표 사본이 이메일로 그들에게 보내질 것이다.

해설 선택지가 모두 다른 명사로 구성되어 있고, 빈칸 앞에 travel이라는 명사가 있으므로 travel과 빈칸에 들어갈 명사가 복합명사가 되어야 한다. 따라서 travel과 함께 '여행 일정표'라는 의미를 가지는 (C) itinerary가 정답이다.

어휘 finalize ~을 마무리하다, 완결하다 travel itinerary 여행 일정표

14.

해석 멜리사 첸 씨는 환자들이 진료를 위해 약 2달 동안 기다려야 할 정도로 그런 인기 있는 물리치료사이다.

해설 빈칸 앞에 관사 an이 있으므로 빈칸은 명사 자리이다. 따라서 -ment로 끝나는 (B) appointment가 정답이다.

어휘 such 그러한, 그 정도의 physiotherapist 물리치료사 around 약, 대략 appoint ~을 약속하다, 임명하다 appointment (진료) 약속, 임명 appointed 약속된, 임명된

15.

해석 스텀 일렉트로닉스 사의 창업자들은 매년 자선 단체에 상당한 규모의 기부를 한다.

해설 빈칸 앞에 형용사 sizable이 있으므로 빈칸은 명사 자리인데, 선택지에 사람명사 (A) donor와 행위명사 (B) donation이 있다. 문장의 동사를 해석해 의미상 어울리는 명사를 정답으로 고르면 되는데, 창업자가 자선 단체에 취할 수 있는 행위는 '기부'이므로 (B) donation이 정답이다.

어휘 **founder** 창업자 **sizable** 상당한 규모의 **charitable organization** 자선 단체 **donor** 기부자 **donation** 기부 **donate** 기부하다

16.
해석 다니엘즈 씨는 새로운 쇼핑 센터를 위한 청사진에 대한 이례적일 정도로 훌륭한 작업을 마쳤다.
해설 선택지가 모두 다른 명사로 구성되어 있고, 가산명사와 불가산명사가 섞여 있다. 빈칸 앞에 관사 a가 없으므로 불가산명사 (C) work가 정답이다.
어휘 **exceptional** 이례적일 정도로 훌륭한 **blueprint** 청사진 **career** 경력 **work** 작업, 작품 **task** 업무, 임무

▶ **Playlist 2**
시험 전 꼭 봐야 하는 대명사 문제

Practice

1. (B)　2. (A)　3. (C)　4. (C)

1.
해석 주 말까지 여러분의 비용 환급 양식을 제출해 주시기 바랍니다.
해설 동사 submit과 명사 목적어 reimbursement forms 사이에 위치한 빈칸은 명사를 수식할 단어가 쓰여야 하는 자리이므로 소유격 인칭대명사 (B) your가 정답이다.
어휘 **submit** ~을 제출하다 **reimbursement** (비용) 환급 **form** 양식, 서식 **by** (기한) ~까지

2.
해석 오직 보안 출입증을 가지고 계신 분들만 연구소에 출입하실 수 있습니다.
해설 빈칸 뒤에 관계대명사 who가 이끄는 절과 복수동사가 있으므로 who절의 수식을 받아 '~하는 사람들'이라는 의미를 나타내는 지시대명사 (A) those가 정답이다.
어휘 **access** ~에 출입하다, ~을 이용하다 **research laboratory** 연구소

3.
해석 버스 기사들은 반드시 승객들이 각각 안전벨트를 착용하고 있는지 확인해야 한다.
해설 빈칸 뒤에 위치한 「of the + 복수명사」의 수식을 받을 수 있는 부정대명사는 (B) all과 (C) each인데, 빈칸은 that절의 주어로서 단수동사 is와 수 일치되어야 하므로 (C) each가 정답이다.

4.
해석 고객 서비스부의 두 책임자들 모두 서로 잘 의사 소통할 수 있는 훌륭한 능력을 보유한다.
해설 전치사 with 뒤에 빈칸이 위치해 있어 전치사의 목적어 역할을 할 대명사가 필요하며, '서로 잘 의사 소통할 수 있는 훌륭한 능력'을 의미해야 자연스러우므로 '서로'라는 의미로 동사나 전치사의 목적어로만 쓰이는 (C) each other가 정답이다.
어휘 **supervisor** 책임자, 상사, 감독 **possess** ~을 보유하다, 소지하다 **ability to do** ~할 수 있는 능력

Check-up Test

1. (B)	2. (A)	3. (D)	4. (B)	5. (A)
6. (C)	7. (C)	8. (B)	9. (D)	10. (B)
11. (B)	12. (B)	13. (D)	14. (B)	15. (B)
16. (C)				

1.
해석 베이츠 씨는 자신의 임원 비서와 함께 재생 가능 에너지 세미나에 참석할 것이다.
해설 빈칸 뒤에 명사 executive assistant가 있으므로 명사를 수식할 수 있는 소유격 인칭대명사 (B) her가 정답이다.
어휘 **renewable** 재생 가능한 **executive** 임원의, 경영의

2.
해석 국립 심포니 오케스트라에서 손꼽히는 음악가들 중 일부가 오늘밤 그랜드 하모니아 홀에서 라이브로 공연할 것이다.
해설 빈칸 뒤에 「of the + 복수명사 + 복수동사」가 쓰여 있어 이 구조의 수식을 받을 수 있는 대명사 (A) Some이 정답이다.
어휘 **leading** 손꼽히는, 선도적인

3.
해석 마르티네즈 씨가 혼자 발표를 시작했지만, 김 씨가 나중에 합류했다.
해설 전치사 by 뒤에 빈칸이 쓰여 있어 by의 목적어 역할이 가능한 목적격 인칭대명사 (C) him과 재귀대명사 (D) himself 중에서 정답을 골라야 한다. 또한, '~가 혼자 시작했지만, …가 나중에 합류했다'라는 의미를 나타내야 자연스러우므로 '혼자 힘으로, 스스로'를 뜻하는 「by + 재귀대명사」를 구성하는 (D) himself가 정답이다.
어휘 **initiate** ~을 시작하다, ~에 착수하다 **join** ~에 합류하다, 함께 하다

4.

해석 그 부서장은 우리 회의 안건이 매주 수요일 오전에 제출되도록 요청한다.

해설 빈칸이 명사절 접속사 that과 동사 be submitted 사이에 위치해 있으므로 빈칸은 명사 meeting agenda와 함께 that절의 주어가 되어야 한다. 따라서, 명사를 수식할 수 있는 소유격 인칭대명사 (B) our가 정답이다.

어휘 **department head** 부서장 **request that** ~하도록 요청하다 **agenda** 안건, 의제

5.

해석 교육 시간이 끝난 후, 여러분께서는 업무 흐름의 향상을 관찰하실 수 있습니다.

해설 조동사 can 앞에 위치한 빈칸은 주어 역할을 할 단어가 필요한 자리이므로 주격 인칭대명사 (A) you가 정답이다.

어휘 **session** (특정 활동을 위한) 시간 **conclude** 끝나다, 종료되다 **observe** ~을 관찰하다, 보고 알다 **improvement** 향상, 개선 **workflow** 업무 흐름

6.

해석 우리 요리사들은 반드시 오븐들이 각각 모든 교대 근무의 종료 시에 철저히 세척되도록 해야 한다.

해설 빈칸 뒤에 위치한 「of the + 복수명사」의 수식을 받을 수 있는 부정대명사는 (B) all과 (C) each인데, 빈칸은 that절의 주어로서 단수동사 is와 수 일치되어야 하므로 (C) each가 정답이다.

어휘 **make sure that** 반드시 ~하도록 하다, ~임을 확인하다 **thoroughly** 철저히 **shift** 교대 근무(조)

7.

해석 초기 고객 회의를 준비하고 있는 영업 및 마케팅 이사님들께서는 함께 모의 시간을 실시함으로써 서로 도와 주시도록 권장됩니다.

해설 to부정사로 쓰인 동사 assist의 목적어 역할을 할 대명사가 필요한데, '함께 모의 시간을 실시함으로써 서로 도와주도록 권장되다'라는 의미를 구성해야 가장 자연스러우므로 '서로'를 뜻하는 (C) each other가 정답이다.

어휘 **executive** 이사, 임원 **prepare for** ~을 준비하다 **initial** 초기의, 처음의 **be encouraged to do** ~하도록 권장되다 **by** (방법) ~함으로써, ~해서 **conduct** ~을 실시하다 **mock** 모의의, 가짜의 **either** 둘 중 하나 **whichever** ~하는 어느 것이든

8.

해석 고급 소프트웨어 교육에 등록하는 데 관심이 있으신 분들께서는 반드시 오후 3시까지 작성 완료된 신청서를 제출하셔야 합니다.

해설 빈칸 뒤에 관계대명사 who와 복수동사가 있으므로 who절의 수식을 받아 '~하는 사람들'이라는 의미를 나타내는 지시대명사 (B) Those가 정답이다.

어휘 **be interested in** ~에 관심이 있다 **enroll in** ~에 등록하다 **advanced** 고급의, 진보한, 발전된 **completed** 완료된 **application** 신청(서), 지원(서) **whoever** ~하는 사람은 누구든

9.

해석 우리 단체의 대부분의 팀 책임자들은 지국장님과 갖는 회의에 참석하는 자신들의 모습을 자주 발견한다.

해설 빈칸이 타동사 find 뒤에 위치해 있어 find의 목적어 역할을 할 대명사를 골라야 하는데, 지국장과의 회의에 참석하는 사람이 주어 Most team supervisors여야 하므로 주어와 목적어가 동일할 때 사용하는 재귀대명사 (D) themselves가 정답이다.

어휘 **supervisor** 책임자, 상사 **organization** 단체, 기관, 조직(체) **frequently** 자주, 빈번히 **regional** 지역의, 지방의 **director** 국장, 이사, 감독

10.

해석 LTS 제약회사와의 합병 후에, 메디코 헬스 사는 전국에서 손꼽히는 의료 서비스 회사들 중 하나가 되었다.

해설 빈칸 뒤에 위치한 「of the + 복수명사」의 수식을 받을 수 있는 부정대명사는 (A) some과 (B) one인데, 주어 Medico Health가 '~들 중 하나가 되었다'를 의미해야 자연스러우므로 (B) one이 정답이다.

어휘 **following** ~ 후에 **merger** 합병 **healthcare** 의료 서비스, 보건

11.

해석 그 컨퍼런스 등록 페이지상의 실수로 인해, 참석자들 중 많은 사람들이 부정확한 시간에 행사장에 도착할 것으로 예상된다.

해설 빈칸 뒤에 위치한 「of the + 복수명사」의 수식을 받을 수 있는 부정대명사는 (B) many와 (D) either인데, 컨퍼런스 등록 페이지상의 실수로 인해 많은 참석자들이 부정확한 시간에 도착할 것이 예상된다고 의미해야 자연스러우므로 (B) many가 정답이다.

어휘 **due to** ~로 인해 **registration** 등록 **attendee** 참석자 **incorrect** 부정확한

12.
해석 테크노바 사는 자사의 카탈로그 뒤 페이지에 서비스 센터 주소들을 기재한다.
해설 빈칸 뒤에 명사 catalog가 있으므로 명사를 수식할 수 있는 소유격 인칭대명사 (B) its가 정답이다.
어휘 list ~을 기재하다

13.
해석 샐먼드 박사님은 화요일에 그 대학교에 도착하면 강연할 것이다.
해설 접속사 when과 동사 arrives 사이에 위치한 빈칸은 when 절의 주어 역할을 할 단어가 필요한 자리이므로 주격 인칭대명사 (D) he가 정답이다.
어휘 deliver a lecture 강연하다, 강의하다

14.
해석 휴가 시간을 요청하실 계획이신 분은 누구든 반드시 미리 소속 책임자께 알리셔야 합니다.
해설 빈칸 뒤에 관계대명사 who와 단수동사가 있으므로 who 절의 수식을 받아 '~하는 사람은 누구든'이라는 의미를 나타내는 (B) Anyone이 정답이다.
어휘 plan to do ~할 계획이다 request ~을 요청하다 notify ~에게 알리다, 통지하다 in advance 미리, 사전에

15.
해석 호라이즌 빌더스 사의 위원회 구성원들은 자신들의 본사를 새로운 시설로 이전하는 데 동의했다.
해설 빈칸 뒤에 명사 headquarters가 있으므로 명사를 수식할 수 있는 소유격 인칭대명사 (B) their가 정답이다.
어휘 agree to do ~하는 데 동의하다 relocate ~을 이전하다, 재배치하다 headquarters 본사 facility 시설(물)

16.
해석 비록 우리 컨설턴트들이 일반적으로 독립적으로 일하고 있기는 하지만, 분기별 포럼은 그들이 서로 교류할 수 있는 기회를 제공합니다.
해설 전치사 with 뒤에 빈칸이 쓰여 있어 with의 목적어 역할을 할 단어가 필요하며, '그들(컨설턴트들)이 서로 교류할 수 있는 기회'를 의미해야 자연스러우므로 '서로'라는 의미로 동사나 전치사의 목적어로 쓰이는 (C) each other가 정답이다.
어휘 even though 비록 ~이기는 하지만 typically 일반적으로 independently 독립적으로 quarterly 분기의 engage with ~와 교류하다, 관계를 맺다, ~에 관여하다

▶ Playlist 3
200% 꼭 나오는 동사 문제

Practice
1. (D) 2. (B) 3. (C) 4. (D) 5. (B)
6. (C) 7. (B) 8. (C)

1.
해석 그 세미나에 등록한 모든 직원들께서는 미리 해당 자료를 읽어 보시도록 권장됩니다.
해설 빈칸 앞에 주어 All employees와 signing으로 시작하는 분사구가 있는데, 주어인 All employees가 복수 명사이므로 복수 동사 (D) are가 정답이다.
어휘 sign up for ~에 등록하다, ~을 신청하다 be encouraged to do ~하도록 권장되다 material 자료, 내용, 재료, 물품

2.
해석 오리온 메일은 여러분의 소포가 좋은 상태로 도착할 것을 약속해 드릴 수 있습니다.
해설 빈칸 앞에 조동사 can이 있으므로 빈칸은 동사원형 자리이다. 따라서 (B) promise가 정답이다.
어휘 parcel 소포 in good condition 좋은 상태로 promise (that) (~임을) 약속하다

3.
해석 제한된 그 파일들은 오직 승인된 직원들만 이용할 수 있습니다.
해설 빈칸 앞에 위치한 be동사와 어울리는 단어가 필요하며, 빈칸 뒤에 목적어 없이 by 전치사구만 쓰여 있어 목적어가 필요한 타동사 access의 수동태를 구성해야 알맞으므로 (C) accessed가 정답이다.
어휘 restricted 제한된 authorized 승인된, 허가 받은 personnel 직원들, 인력 access ~을 이용하다, ~에 접근하다

4.
해석 그 아파트 건물의 개조 공사는 12월까지 지속될 것으로 예상된다.
해설 선택지가 5형식 동사 expect의 여러 형태로 구성되어 있고, 빈칸 뒤에 to부정사 to continue가 쓰여 있으므로 5형식 동사의 수동태 「be expected to do」를 구성해야 한다. 따라서 (D) is expected가 정답이다.
어휘 renovation 개조 (공사), 보수 continue 지속되다, ~을 지속하다 expect ~을 예상하다, 기대하다

1.

해석 직원들께서는 중장비를 이용하시기 전에 안전 교육을 이수하도록 요구된다.

해설 선택지가 5형식 동사 require의 여러 형태로 구성되어 있고, 빈칸 앞뒤에 be동사 are와 to부정사가 쓰여 있으므로 5형식 동사의 수동태 「be required to do」를 구성해야 한다. 따라서 (D) required가 정답이다.

어휘 heavy machinery 중장비 require ~을 요구하다, 필요로 하다

2.

해석 늦어도 금요일 오후 5시까지 모든 주주들에게 업데이트된 프로젝트 진행 일정표를 제출하시기 바랍니다.

해설 빈칸 앞에 Please가 있으므로 빈칸에는 동사원형이 와야 한다. 따라서 (A) submit이 정답이다.

어휘 timeline 진행 일정(표) stakeholder 주주 no later than 늦어도 ~까지

3.

해석 그 제안서의 최종본이 승인되기 전에, 위원회가 명료성을 보장하기 위해 그 문서를 수정했었다.

해설 선택지가 모두 동사의 형태이므로 시제와 능/수동태, 그리고 수 일치와 관련된 단서를 찾아야 한다. 빈칸이 속한 주절 앞에 위치한 Before절처럼 「Before + 주어 + 과거시제 동사」일 때, 주절에 그보다 더 이전의 과거에 발생한 일을 나타낼 과거완료시제 동사가 쓰여야 알맞으므로 과거완료시제 (B) had revised가 정답이다.

어휘 final draft 최종본, 최종안 ensure ~을 보장하다, 반드시 ~하도록 하다 clarity 명료성, 명확성 revise ~을 수정하다, 변경하다

4.

해석 호라이즌 투자회사는 웹 사이트에 강령을 개괄적으로 설명한다.

해설 주어와 빈칸 뒤로 명사구 its mission statement와 on 전치사구만 있으므로 빈칸이 문장의 동사 자리임을 알 수 있다. 선택지에서 동사의 형태는 (B) outlines와 (C) is outlined인데, 빈칸 뒤에 위치한 명사구 its mission statement를 목적어로 취할 수 있는 능동태 동사가 필요하므로 (B) outlines가 정답이다.

어휘 mission statement (기업 등의) 강령 outline 개괄적으로 설명하다

5.

해석 지난주 컨퍼런스에서, 기조 연설자가 인공 지능의 발전을

5.

해석 3년 전에, 도슨 씨는 자신만의 사업을 시작하기 위해 대학을 그만두었다.

해설 선택지가 모두 동사의 형태이므로 시제와 능/수동태, 그리고 수 일치와 관련된 단서를 찾아야 한다. 문장 시작 부분에 과거 시점 표현 Three years ago가 쓰여 있으므로 과거시제 동사 (B) left가 정답이다.

어휘 one's own 자기 자신의 leave ~을 그만두다, 떠나다

6.

해석 그 연구팀은 내일 세미나에서 설문 조사 결과를 발표할 것이다.

해설 선택지가 모두 동사의 형태이므로 시제와 능/수동태, 그리고 수 일치와 관련된 단서를 찾아야 한다. 문장 마지막에 tomorrow라는 미래 시점이 있어 미래시제 동사가 필요하므로 (C) will announce가 정답이다.

어휘 result 결과(물) announce ~을 발표하다, 알리다

7.

해석 그 지역 뉴스 방송국은 취업률이 작년 이래로 상당히 증가해 왔다고 보도했다.

해설 빈칸이 속한 that절에 주어 employment rates와 빈칸 뒤로 부사와 since 전치사구만 있으므로 빈칸이 that절의 동사 자리임을 알 수 있다. 또한, 「since + 과거시점」은 현재완료시제 동사와 어울리므로 (B) have increased가 정답이다.

어휘 employment 취업, 고용, 직장 rate 비율, 속도, 요금, 등급 significantly 상당히, 많이 since ~ 이래로

8.

해석 호킨스 씨가 은퇴할 때쯤이면, 마커스 은행에서 근무한지 30년째가 됐을 것이다.

해설 '~할 때쯤이면'을 뜻하는 By the time이 이끄는 절의 동사가 retires처럼 현재시제일 때, 주절에 미래완료시제 동사를 함께 사용하므로 (C) will have worked가 정답이다.

어휘 by the time ~할 때쯤이면 retire 은퇴하다, 퇴직하다

Check-up Test

1. (D)	2. (A)	3. (B)	4. (B)	5. (D)
6. (C)	7. (D)	8. (A)	9. (C)	10. (C)
11. (A)	12. (D)	13. (A)	14. (B)	15. (C)
16. (A)				

되짚었다.
해설 주어 keynote speaker와 빈칸 뒤 명사 advancements와 in 전치사구만 있으므로 빈칸이 문장의 동사 자리임을 알 수 있다. 선택지에서 동사는 (B) will review와 (D) reviewed인데, 문장 시작 부분에 쓰인 과거 시점 표현과 어울려야 하므로 과거시제 (D) reviewed가 정답이다.
어휘 **keynote speaker** 기조 연설자 **advancement** 발전, 진보 **artificial intelligence** 인공 지능

6.
해석 관광청의 공식 온라인 지도는 그 도시 내 명소들의 안내 목록을 포함한다.
해설 주어 The tourism board's official online map과 빈칸 뒤로 명사구 a directory of attractions와 in 전치사구만 있으므로 빈칸이 문장의 동사 자리임을 알 수 있다. 선택지에서 동사는 (A) contain과 (C) contains인데, 주어로 쓰인 명사구 The tourism board's official online map이 단수이므로 단수 동사 (C) contains가 정답이다.
어휘 **official** 공식적인, 정식의 **directory** (상호, 주소 등을 포함한) 안내 목록 **attraction** 명소, 인기 장소 **contain** ~을 포함하다, 담고 있다

7.
해석 다음 주의 그린테크 심포지엄은 지속 가능한 도시 계획에 초점을 맞출 것이다.
해설 주어 Next week's GreenTech Symposium과 빈칸 뒤로 on 전치사구만 있으므로 빈칸이 문장의 동사 자리임을 알 수 있다. 선택지에서 동사는 (A) focus와 (D) will focus인데, 주어 Next week's GreenTech Symposium이 단수이므로 수 일치와 상관없이 사용 가능한 조동사를 포함한 (D) will focus가 정답이다.
어휘 **sustainable** 지속 가능한 **urban** 도시의 **focus on** ~에 초점을 맞추다

8.
해석 지난 5년 동안, 이지 항공은 저가 항공사 업계에서 타의 추종을 불허하는 기준을 만들어 왔다.
해설 주어 Easy Air와 빈칸 뒤로 명사구 unbeatable standards와 in 전치사구만 있으므로 빈칸이 문장의 동사 자리임을 알 수 있다. 또한, 문장 시작 부분에 쓰인 For the past five years는 현재완료시제와 어울리므로 (A) has created가 정답이다.
어휘 **unbeatable** 타의 추종을 불허하는, 이길 수 없는 **budget** a. 저가의 n. 예산

9.
해석 그 예약에 대한 선금이 반드시 영업일로 3일 내에 수납되어야 합니다.
해설 빈칸 앞에 조동사 must가 있으므로 빈칸은 동사원형 자리이다. 따라서 동사원형의 형태는 (B) receive와 (C) be received인데, 빈칸 뒤에 목적어 없이 전치사구만 있으므로 수동태 (C) be received가 정답이다.
어휘 **deposit** 선금, 착수금, 보증금

10.
해석 워크숍 등록을 끝마치시는 대로, 플랫폼의 전용 콘텐츠를 이용하시도록 허용됩니다.
해설 선택지가 5형식 동사 allow의 다양한 형태로 구성되어 있고, 빈칸 앞뒤에 be동사 are와 to부정사가 쓰여 있으므로 5형식 동사의 수동태 「be allowed to do」를 구성해야 한다. 따라서 (C) allowed가 정답이다.
어휘 **once** (일단) ~하는 대로, ~하자마자 **registration** 등록 **access** ~을 이용하다, ~에 접근하다 **exclusive** 전용의, 독점적인

11.
해석 계정에 대해 도움을 받고자 하시는 고객들께서는 온라인 작업 양식을 작성 완료하셔야 합니다.
해설 주어 Customers와 수식어인 분사구 뒤로 빈칸과 to부정사구만 있으므로 빈칸이 문장의 동사 자리임을 알 수 있다. 주어 Customers가 복수 명사이므로 복수 동사 (A) need가 정답이다.
어휘 **assistance with** ~에 대한 도움 **account** 계정, 계좌, 거래처

12.
해석 조 씨가 또 다른 주문을 할 준비가 될 때쯤이면, 액시스 서플라이 사는 새로운 카탈로그를 발행했을 것이다.
해설 By the time이 이끄는 절의 동사가 is처럼 현재시제일 때, 주절에 미래완료시제 동사를 함께 사용하므로 (D) will have published가 정답이다.
어휘 **by the time** ~할 때쯤이면 **be ready to do** ~할 준비가 되다 **place an order** 주문하다

13.
해석 그 기념비는 엔지니어링 회사 슬로언 앤 파트너스 사에 의해 디자인되었다.
해설 명사구 주어 The commemorative monument와 빈칸 뒤에 by 전치사구만 있으므로 빈칸이 문장의 동사 자리임을 알 수 있다. 또한, 빈칸 뒤에 목적어 없이 전치사 by가 이

어져 있어 목적어가 필요한 타동사 design이 수동태로 쓰여야 알맞으므로 (A) was designed가 정답이다.

어휘 **commemorative monument** 기념비, 기념탑

14.

해석 써밋 파이낸셜 서비스 사는 최근에 고객 서비스를 개선하기 위해 추가 점원들을 고용했다.

해설 주어와 빈칸 뒤로 명사구 additional clerks와 to부정사 구만 있으므로 빈칸이 문장의 동사 자리임을 알 수 있다. 또한, 빈칸 뒤에 명사구가 쓰여 있어 이 명사구를 목적어로 취할 수 있는 능동태 동사 (B) has hired와 (C) hire 중에서 하나를 골라야 하는데, 문장 끝부분에 위치한 부사 recently가 현재완료시제와 어울리므로 (B) has hired가 정답이다.

어휘 **additional** 추가적인 **clerk** 점원 **recently** 최근에 **hire** ~을 고용하다

15.

해석 에이펙스 스포츠웨어 사는 곧 남미 시장에 진출할 것이라고 지난달에 발표했다.

해설 주어와 빈칸 뒤로 시간 부사구 last month와 that절만 쓰여 있어 빈칸이 주절의 동사 자리임을 알 수 있다. 또한, 과거 시점을 나타내는 last month와 어울리는 과거시제 동사가 쓰여야 알맞으므로 (C) announced가 정답이다.

어휘 **announce that** ~라고 발표하다, ~임을 알리다

16.

해석 매장 영업 시간의 연장이 수익을 20퍼센트 높여 줄 것으로 예상된다.

해설 선택지가 5형식 동사 expect의 다양한 형태로 구성되어 있고, 빈칸 앞뒤에 be동사 is와 to부정사가 쓰여 있으므로 5형식 수동태 「be expected to do」를 구성해야 한다. 따라서 (A) expected가 정답이다.

어휘 **extension** 연장, 확대, 증축, 내선전화(번호) **boost** ~을 높이다, 증진하다 **revenue** 수익, 수입 **expect** ~을 예상하다, 기대하다 **expectation** 예상, 기대(치) **expectant** 기대하는, 기다리고 있는

▶ **Playlist 4**
틀리면 안 되는 형용사/부사 문제

Practice

| 1. (C) | 2. (A) | 3. (A) | 4. (C) | 5. (D) |
| 6. (C) | 7. (D) | 8. (C) | | |

1.

해석 수면용 마스크와 담요의 제공이 비행 중에 우리 승객들을 더 편하게 만들어 줄 것입니다.

해설 빈칸 앞에 위치한 5형식 동사 make는 「make + 목적어 + 목적격보어」의 구조로 쓰이므로 make의 목적어인 our passengers 뒤에 위치한 빈칸에 형용사가 쓰여야 한다. 따라서 (C) comfortable이 정답이다.

어휘 **provision** 제공(량), 공급 **blanket** 담요 **comfort** n. 편안, 위로 v. ~을 위로하다 **comfortable** 편한, 편안한 **comfortably** 편하게, 편안하게

2.

해석 애리샘 주식회사는 경제적 가치 및 진보적인 철학을 유지하는 데 초점을 맞추고 있다.

해설 소유격 인칭대명사 its와 명사 value 사이에 위치한 빈칸은 명사를 수식할 형용사가 쓰여야 알맞은 자리이므로 (A) economic이 정답이다.

어휘 **be focused on** ~에 초점을 맞추다 **maintain** ~을 유지하다 **value** 가치, 값어치 **progressive** 진보적인, 진취적인 **philosophy** 철학 **economic** 경제의 **economy** 경제 **economist** 경제 전문가, 경제학자 **economically** 경제적으로

3.

해석 포커스 그룹 시간에, 각 참가자는 제품들과 관련해 무엇이 마음에 들었고 그렇지 않았는지 설명하도록 요청 받았다.

해설 선택지가 모두 수량형용사이고, 빈칸 뒤에 위치한 participant가 단수명사이므로 (A) each가 정답이다.

어휘 **focus group** 포커스 그룹(시장 조사 등을 위해 참여하는 사람들) **participant** 참가자 **be asked to do** ~하도록 요청 받다 **describe** ~을 설명하다, 묘사하다

4.

해석 대쉬포드 모터스 사의 조립 라인 근무자들은 6개월마다 안전 교육 과정을 이수하도록 요구된다.

해설 빈칸 뒤에 숫자 표현과 복수명사로 구성되어 있는 six months가 '6개월마다'라는 의미로 안전 교육 과정을 이수해야 하는 반복 주기를 나타내야 알맞으므로 (C) every가 정답이다.

5.

해석 최고 재무 이사는 우리가 월간 지출을 줄일 필요가 있다고 반복적으로 언급했다.

해설 현재완료시제 동사 has mentioned 사이에 위치한 빈칸은 동사를 중간에서 수식할 부사가 필요한 자리이므로 (D)

repeatedly가 정답이다.

어휘 mention that ~라고 언급하다 reduce ~을 줄이다, 감소시키다 expenditure 지출 (비용), 경비 repeat ~을 반복하다 repeatable 반복할 수 있는 repeatedly 반복적으로

6.

해석 브랜드우드 교수는 화학 분야의 공헌에 대해 열렬히 상을 받았다.

해설 주어 Professor Brandwood와 타동사 accepted 사이에 위치한 빈칸은 타동사를 앞에서 수식할 부사가 필요한 자리이므로 (C) enthusiastically가 정답이다.

어휘 accept ~을 받다, 수락하다 contribution 공헌, 기여 field 분야 chemistry 화학 enthusiast 애호가, 열성적인 팬 enthusiastic 열렬한, 열정적인, 열심인 enthusiastically 열렬히, 열정적으로, 열심히 enthusiasm 열광, 열정, 열심

7.

해석 설문조사는 새 고속도로가 브랜트포드 주민들의 통근 시간을 상당히 감소시킨다는 것을 보여준다.

해설 that절의 주어 the new expressway와 동사 reduces 사이에 위치한 빈칸은 동사를 앞에서 수식할 부사가 필요한 자리이며, reduce가 증감을 나타내는 동사이므로 이와 어울리는 (D) significantly가 정답이다.

어휘 expressway 고속도로 reduce ~을 감소시키다, 줄이다 commute 통근, 통학 resident 주민 significant 상당한, 많은, 중요한 significance 중요성, 의의 significantly 상당히, 많이, 중요하게

8.

해석 이전에 옥수수 밭이었던 축제 부지는 약 6만 명의 행사 참석자들을 수용할 수 있다.

해설 a cornfield 같은 명사구 앞에 위치할 수 있는 부사가 쓰여야 하며, 축제 부지가 과거에 옥수수 밭이었음을 의미해야 알맞으므로 '이전에, 과거에'라는 의미로 명사구 앞에 위치할 수 있는 부사 (C) formerly가 정답이다.

어휘 site 부지, 현장, 장소 accommodate ~을 수용하다, ~에 공간을 제공하다 closely 면밀히, 밀접하게, 접근하여, 단단히 extremely 극도로, 대단히 매우 immediately 즉시

Check-up Test

1. (B)	2. (D)	3. (A)	4. (D)	5. (A)
6. (B)	7. (D)	8. (C)	9. (B)	10. (C)
11. (D)	12. (D)	13. (D)	14. (C)	15. (B)
16. (B)				

1.

해석 그 극단의 놀라운 공연이 평론가들로부터 매우 긍정적인 평가를 받았다.

해설 정관사 The와 명사 performance 사이에 위치한 빈칸은 명사를 수식할 단어가 필요한 자리이므로 형용사 (B) remarkable이 정답이다.

어휘 performance 공연, 연주(회), 성과, 실적, 수행 (능력) theatrical 연극의 positive 긍정적인 critic 평론가, 비평가 remark n. 말, 발언, 의견 v. ~을 말하다, ~에 대해 발언하다 remarkable 놀라운, 주목할 만한 remarkably 놀라울 정도로, 주목할 만하게

2.

해석 롱뮤어 씨가 처음에는 3월에 자신의 미용실을 시작할 계획이었지만, 대신 5월로 미뤄졌다.

해설 주절의 주어 Ms. Longmuir와 타동사 planned 사이에 위치한 빈칸은 타동사를 수식할 부사가 필요한 자리이므로 (D) initially가 정답이다.

어휘 push A back to B A를 B로 미루다 instead 대신 initial 처음의, 초기의 initialize 초기 설정하다 initially 처음에는, 초기에는

3.

해석 웬디 챈의 새 앨범 각각은 가수 자신에 의해 직접 사인이 되어 있다.

해설 빈칸 뒤에 단수명사 copy가 있으므로 이러한 명사를 수식할 수 있는 (A) Each와 (D) Either 중에서 정답을 골라야 한다. '새 앨범의 각각 한 장에 사인이 되어 있다'를 의미해야 자연스러우므로 '각각의'를 뜻하는 (A) Each가 정답이다.

어휘 copy (책, 문서, 음반 등의) 한 부, 한 권, 사본 personally 직접, 개별적으로

4.

해석 사이먼 인테리어 디자인 사의 안내 책자는 창의적인 우리 직원들이 고객들에게 제공하는 혁신적인 접근법을 보여 준다.

해설 소유격 인칭대명사 our와 명사 workforce 사이에 위치

한 빈칸은 명사를 수식할 형용사가 쓰여야 하므로 (D) creative가 정답이다.

어휘 brochure 안내 책자, 소책자 display ~을 보여 주다, 드러내다 innovative 혁신적인 approach 접근(법) workforce 직원들, 인력 create ~을 만들다, 창작하다 creatively 창의적으로 creative 창의적인

5.

해석 오웬스 씨는 일관되게 목표 판매량을 충족해 왔기 때문에, 연말에 보너스를 지급 받을 것이다.

해설 현재완료시제 동사 has met 사이에 위치한 빈칸은 현재완료시제 동사를 중간에서 수식할 부사가 필요한 자리이므로 (A) consistently가 정답이다.

어휘 meet (조건 등) ~을 충족하다 consistently 일관되게, 지속적으로 consistent 일관적인, 지속적인 consist (of) (~로) 구성되다

6.

해석 미라 반스 씨에 의해 감독된 최신 영화의 높은 시청률은 네뷸라 스튜디오의 수익을 거의 15퍼센트 증가시켰다.

해설 선택지가 모두 부사로 구성되어 있고, 빈칸 뒤에 15퍼센트라는 숫자 표현이 있으므로 이와 어울리는 (B) nearly가 정답이다.

어휘 viewership 시청률 revenue 수익, 이익 equally 동등하게

7.

해석 재정 자문은 우리가 센젠 제약회사와 잠재적인 사업 거래를 모색하는 과정에서 신중히 움직이도록 권했다.

해설 자동사와 타동사로 모두 쓰이는 move 뒤에 빈칸이 있으므로 자동사를 뒤에서 수식하는 부사 또는 타동사 뒤에서 목적어 역할을 하는 명사 중에서 하나를 골라야 한다. 이 문장에서는 부사 cautiously가 동사 move를 수식해 '~하는 과정에서 신중히 움직이도록 권했다'와 같은 의미를 나타내야 자연스러우므로 (D) cautiously가 정답이다.

어휘 financial 재정의, 재무의, 금융의 encourage A to do A에게 ~하도록 권하다 explore ~을 모색하다, 살펴 보다, 탐구하다 deal 거래 (제품), 계약 caution n. 조심, 신중, 경고(문) v. ~에게 경고하다, 주의를 주다 cautious 신중한, 조심스러운 cautiously 신중히, 조심스럽게

8.

해석 그 호텔의 건설 공사는 관광 산업을 증진함으로써 지역 업체들에게 긍정적으로 영향을 미칠 것이다.

해설 조동사 will과 동사 impact 사이에 위치한 빈칸은 동사를 수식할 부사가 필요한 자리이므로 (C) favorably가 정답이다.

어휘 impact ~에 영향을 미치다 tourism 관광 산업 favor n. 호의, 친절, 부탁, 찬성 v. ~에 찬성하다, 유리하다, ~의 편을 들다 favorably 긍정적으로, 호의적으로, 유리하게

9.

해석 지난달의 주민 불만 사항의 증가는 주로 메인 스트리트에서 실시된 시끄러운 개조 공사 작업에 따른 결과였다.

해설 be동사 was와 명사구 보어 a result 사이에 위치한 빈칸은 명사구를 수식할 부사가 필요한 자리이므로 (B) largely가 정답이다.

어휘 rise in ~의 증가, 상승 complaint 불만, 불평 result 결과(물) renovation 개조, 보수 carry out ~을 실시하다, 수행하다 largely 주로, 대체로

10.

해석 그 지역 사회 피트니스 클럽은 건강한 삶과 사회적 교류를 증진하기 위해 특별히 만들어진 것이다.

해설 수동태 동사 is designed 사이에 위치한 빈칸은 수동태 동사를 중간에서 수식할 부사가 필요한 자리이므로 (C) specifically가 정답이다.

어휘 be designed to do ~하기 위해 만들어지다 promote ~을 증진하다, 촉진하다, 홍보하다, 승진시키다 interaction 교류, 상호 작용 specify (구체적으로) ~을 명시하다 specific 특정한, 구체적인 specifically 특별히, 구체적으로 specificity 특별함, 특수함

11.

해석 새롭게 설치된 소프트웨어는 환자들의 개인 상세 정보를 안전하게 유지하는 데 도움이 된다.

해설 to부정사로 쓰인 5형식 동사 keep은 「keep + 목적어 + 목적격보어」의 구조로 쓰이는데, keep의 목적어인 명사구 the personal details of patients 뒤에 위치한 빈칸에 형용사가 쓰여야 하므로 (D) secure가 정답이다.

어휘 install ~을 설치하다 details 상세 정보, 세부 사항 patient 환자 secure a. 안전한, 안정된, 확보된 v. ~을 안전하게 하다, 확보하다 security 보안, 안전

12.

해석 마커스 체임버스 씨는 원래 주방 보조였지만, 레스토랑 소유주에 의해 부주방장으로 승진되었다.

해설 be동사 was와 명사구 보어 a kitchen porter 사이에 위치한 빈칸은 명사구를 수식할 부사가 필요한 자리이므로 (D) originally가 정답이다.

어휘 kitchen porter 주방 보조 sous chef 부주방장

originality 독창성, 참신함 original a. 원래의, 원본의, 독창적인 n. 원본, 원작, 원형 originally 원래, 애초에

13.
해석 야구 경기에 갈 계획을 세우고 있는 분은 누구든 미리 입장권을 예매하셔야 하는데, 많은 사람들이 그 행사에 참석할 것으로 예상되기 때문입니다.
해설 선택지가 모두 수량형용사이고, 빈칸 뒤에 복수명사 people이 있으므로 '많은'을 뜻하는 (D) many가 정답이다.
어휘 book v. ~을 예매하다, 예약하다 in advance 미리, 사전에 since ~하기 때문에, ~한 이후로

14.
해석 도슨 투자 회사는 전통적으로 매년 12월 30일에 연간 수익을 발표해 왔다.
해설 현재완료시제 동사 has announced 사이에 위치한 빈칸은 현재완료시제 동사를 중간에서 수식할 부사가 필요한 자리이므로 (C) traditionally가 정답이다.
어휘 announce ~을 발표하다, 알리다 annual 연간의, 연례적인 earnings 수익, 소득 tradition 전통, 관습 traditional 전통적인, 관습적인 traditionally 전통적으로 traditionalism 전통주의

15.
해석 국내 에너지 가격이 올해 다시 약간 하락했지만, 업계 전문가들은 내년에 상당한 상승을 예측한다.
해설 선택지가 모두 부사이므로 문장의 의미에 어울리는 것을 골라야 한다. 동사 decreased 뒤에 빈칸이 위치해 있으므로 동사 decreased를 수식해 하락 정도를 나타낼 부사가 필요하다. 따라서 '약간, 조금'이라는 의미로 증감 동사와 어울리는 (B) slightly가 정답이다.
어휘 domestic 국내의, 국산의, 가정의 decrease v. 하락하다, 감소하다 n. 하락, 감소 predict ~을 예측하다 significant 상당한, 많은, 중요한 highly 매우, 대단히, 크게 slightly 약간, 조금 rarely 좀처럼 ~ 않다, 드물게 previously 이전에, 과거에

16.
해석 저희 피트니스 센터는 회원들이 2주 마다 개인 트레이닝 시간에 참석할 것을 권장합니다.
해설 빈칸 앞에는 트레이닝 시간에 참석하는 것을 권장하는 내용이, 빈칸 뒤에는 2주라는 기간이 제시되어 있다. 이 기간이 개인 트레이닝 시간에 참석하도록 권장되는 반복 주기이므로 숫자 표현 및 복수명사와 함께 '~마다'라는 뜻을 나타내는 (B) every가 정답이다.

어휘 recommend (that) (~하는 것을) 권장하다, 추천하다 attend ~에 참석하다 personal 개인의

▶ **Playlist 5**
보자마자 정답이 보이는 전치사 문제

Practice

| 1. (C) | 2. (C) | 3. (B) | 4. (D) | 5. (A) |
| 6. (C) | 7. (D) | 8. (A) | | |

1.
해석 제10회 연례 기술 심포지엄이 할시 컨퍼런스 홀에서 개최될 것이다.
해설 선택지가 모두 전치사이므로 문장의 의미에 어울리는 것을 찾아야 한다. 빈칸 뒤에 위치한 명사구 the Halsey Conference Hall이 행사 개최 장소를 나타내는 정확한 지점에 해당하므로 (C) at이 정답이다.
어휘 annual 연례적인, 해마다의 hold ~을 개최하다

2.
해석 보우포드 다리는 유지 관리 작업으로 인해 수요일에 접근할 수 없을 것이다.
해설 선택지가 모두 전치사이므로 문장의 의미에 어울리는 것을 찾아야 한다. 빈칸 뒤에 수요일을 의미하는 명사 Wednesday가 쓰여 있으므로 요일 앞에 사용하는 (C) on이 정답이다.
어휘 inaccessible 접근할 수 없는, 이용할 수 없는 due to ~로 인해, ~ 때문에 maintenance 유지 관리, 시설 관리

3.
해석 회사 이전 제안이 통근 거리 증가에 대한 일부 직원들의 우려에도 불구하고 승인되었다.
해설 선택지가 모두 전치사이므로 문장의 의미에 어울리는 것을 찾아야 한다. '회사 이전 제안이 ~에 대한 일부 직원들의 우려에도 불구하고 승인되었다'와 같은 의미를 나타내야 자연스러우므로 '~에도 불구하고'를 뜻하는 (B) despite이 정답이다.
어휘 relocation (위치) 이전, 재배치 approve ~을 승인하다 concern 우려, 걱정 commute 통근 (거리) except ~을 제외하고 behind (위치, 장소 등) ~ 뒤에, ~의 이면에, (속도, 진행 등) ~보다 뒤처져

4.

해석 품질 보증 책임자들은 우리 자동차들의 조립 작업 전체에 걸쳐 모든 단계를 점검한다.

해설 선택지가 모두 전치사이므로 문장의 의미에 어울리는 것을 찾아야 한다. '~의 조립 작업 전반에 걸쳐 모든 단계를 점검한다'와 같은 의미를 나타내야 자연스러우므로 '(장소·기간 등) ~ 전체에 걸쳐, ~ 동안 내내'를 뜻하는 (D) throughout이 정답이다.

어휘 quality assurance 품질 보증 assembly 조립 automobile 자동차 among ~ 사이에, ~ 중에서 beneath (위치 등) ~ 밑에, ~ 아래에, (지위 등) ~보다 낮은

5.

해석 엘리트 소프트웨어 사의 새 비디오 게임은 4월 5일까지 출시될 것으로 예상된다.

해설 선택지가 모두 전치사이므로 문장의 의미에 어울리는 것을 찾아야 한다. 빈칸 뒤에 특정 날짜가 쓰여 있으므로 (A) by와 (B) until 중에서 정답을 골라야 한다. 또한, 제품을 출시하는 것은 한 번으로 끝나는 일회성이므로 (A) by가 정답이다.

어휘 be expected to do ~할 것으로 예상되다 launch 출시되다, 시작되다, 공개되다 down (길 등) ~을 따라, ~ 아래쪽으로

6.

해석 글로브맥스 시네마 회원들께서는 7월 한 달 동안 선별된 지점에서 독점적인 할인을 받으실 것입니다.

해설 선택지가 모두 전치사이므로 문장의 의미에 어울리는 것을 찾아야 한다. 빈칸 뒤에 기간을 나타내는 명사구 the month가 쓰여 있으므로 '~ 동안, ~ 중에'라는 의미로 기간 명사 앞에 사용하는 (C) during이 정답이다.

어휘 selected 선별된, 엄선된 location 지점, 위치 onto ~ 위로 above (분리된 위치) ~ 위쪽에, (수량·정도 등) ~을 넘어, ~보다 뛰어난 between (A and B) (A와 B) ~ 사이에

7.

해석 연구소에 대한 출입은 실험의 민감한 성격 때문에 오직 예약에 의해서만 허용된다.

해설 선택지가 모두 전치사이므로 문장의 의미에 어울리는 것을 찾아야 한다. 빈칸 이하 부분이 '실험의 민감한 성격 때문에'와 같은 의미로 실험실 출입이 허용되는 이유를 나타내야 알맞으므로 '~ 때문에, ~로 인해'를 뜻하는 (D) due to가 정답이다.

어휘 access to ~에 대한 출입, 이용 research laboratory 연구소 permit ~을 허용하다 appointment 예약, 약속

sensitive 민감한, 예민한, 세심한 nature 성격, 특성 experiment 실험 regarding ~와 관련해 as (자격·신분) ~로서, (유사성) ~처럼

8.

해석 직원 휴가 요청에 관한 회람이 오늘 아침에 전 직원에게 발송되었다.

해설 선택지가 모두 전치사이므로 문장의 의미에 어울리는 것을 찾아야 한다. 빈칸 앞뒤에 각각 위치한 명사구들이 '직원 휴가 요청과 관련된 회람'이라는 의미를 구성해야 자연스러우므로 '~와 관한'이라는 뜻으로 주제나 관련성을 나타낼 때 사용하는 -ing형 전치사 (A) concerning이 정답이다.

어휘 memorandum 회람 leave n. 휴가 request 요청(서), 요구 send out ~을 발송하다 among ~ 사이에서, ~ 중에서 near ~ 근처에, ~ 가까이에

Check-up Test

1. (A)	2. (C)	3. (C)	4. (A)	5. (C)
6. (D)	7. (B)	8. (A)	9. (B)	10. (B)
11. (B)	12. (D)	13. (D)	14. (D)	15. (A)
16. (D)				

1.

해석 요리사는 반드시 음식 준비 중에 특정 위생 규정을 지켜야 한다.

해설 선택지가 모두 전치사이므로 문장의 의미에 어울리는 것을 찾아야 한다. 빈칸 이하 부분이 '음식 준비 중에'라는 의미로 요리사가 위생 규정을 지켜야 하는 기간이나 시간대를 나타내야 알맞으므로 '~ 중에, ~ 동안'을 뜻하는 (A) during이 정답이다.

어휘 adhere to ~을 지키다, 고수하다 specific 특정한, 구체적인 hygiene 위생 protocol 규정, 규약 except ~을 제외하고 beside ~ 옆에 along (길 등) ~을 따라

2.

해석 그레이트 레이크스 은행은 11월 10일에 50주년 기념일을 축하할 것이다.

해설 선택지가 모두 전치사이므로 문장의 의미에 어울리는 것을 찾아야 한다. 빈칸 뒤에 날짜를 나타내는 명사 November 10가 쓰여 있으므로 (C) on이 정답이다.

어휘 celebrate ~을 축하하다, 기념하다 anniversary (해마다 돌아오는) 기념일

3.

해석 시포스 로드에 위치한 어린이 박물관의 개조 공사가 마침내 시 의회 자금 제공 덕분에 마무리되었다.

해설 빈칸 뒤에 위치한 명사구 city council funding을 목적어로 취해 개조 공사가 마무리된 원인을 나타낼 전치사가 쓰여야 알맞으므로 '~ 덕분에'를 뜻하는 (C) thanks to가 정답이다.

어휘 remodeling 개조, 리모델링 finally 마침내, 결국 council 의회 funding 자금 (제공) as well as ~뿐만 아니라 …도 overall ad. 전반적으로 a. 전반적인 even if 설사 ~한다 하더라도

4.

해석 선임 소프트웨어 디자이너 일자리가 사용자 인터페이스 디자인에 대한 배경 때문에 미나 페트루치 씨에게 제안되었다.

해설 선택지가 모두 전치사이므로 문장의 의미에 어울리는 것을 찾아야 한다. 빈칸 이하 부분이 '사용자 인터페이스 디자인에 대한 배경 때문에'와 같은 의미로 특정 일자리가 미나 페트루치 씨에게 제안된 이유를 나타내야 알맞으므로 '~ 때문에'를 뜻하는 (A) because of가 정답이다.

어휘 prior to ~에 앞서, ~ 전에 plus ~에 더해

5.

해석 모든 구독자들께서는 인쇄 버전 대신 디지털 소식지를 선택하시도록 권장됩니다.

해설 선택지가 모두 전치사이므로 문장의 의미에 어울리는 것을 찾아야 한다. 빈칸 앞뒤 부분이 '인쇄 버전 대신 디지털 소식지를 선택하도록'과 같은 의미로 대신 선택하는 대상을 나타내야 알맞으므로 '~ 대신, ~가 아니라'를 뜻하는 (C) instead of가 정답이다.

어휘 subscriber 구독자, 가입자 opt for ~을 선택하다 except ~을 제외하고 according to ~에 따르면, ~에 따라

6.

해석 행사 기획 위원회가 가을에 일주일 동안 소집될 예정이다.

해설 선택지가 모두 전치사이므로 문장의 의미에 어울리는 것을 찾아야 한다. 빈칸 뒤에 가을을 나타내는 명사구가 쓰여 있으므로 계절을 나타낼 때 사용하는 (D) in이 정답이다.

어휘 planning 기획, 계획 committee 위원회 be scheduled to do ~할 예정이다 convene 소집되다, 모이다

7.

해석 시청은 방문객들에게 프론트 데스크에서 신분증을 제시하도록 요구한다.

해설 선택지가 모두 전치사이므로 문장의 의미에 어울리는 것을 찾아야 한다. 빈칸 뒤에 신분증을 제시해야 하는 정확한 지점이 제시되어 있으므로 (B) at이 정답이다.

어휘 require A to do A에게 ~하도록 요구하다 present ~을 제시하다, 제공하다 identification badge 신분증 near ~ 근처에, ~ 가까이에

8.

해석 월요일까지 글로벌 서플라이즈 사로부터 귀하의 배송품을 받지 못하신 경우에 고객 서비스부에 알려 주시기 바랍니다.

해설 선택지가 모두 전치사이므로 문장의 의미에 어울리는 것을 찾아야 한다. 빈칸 뒤에 시점을 나타내는 명사 Monday가 쓰여 있으므로 시점 명사(구)를 목적어로 취해 '~까지'라는 의미로 일회성의 기한을 나타낼 때 사용하는 (A) by가 정답이다.

어휘 notify ~에게 알리다, 통지하다 package 배송품

9.

해석 리 씨는 다음 달 첫 번째 주까지 출장으로 해외에 가 있을 것이다.

해설 선택지가 모두 전치사이므로 문장의 의미에 어울리는 것을 찾아야 한다. 빈칸 뒤에 '다음 달 첫 번째 주'라는 의미로 시점을 나타내는 명사구가 쓰여 있으므로 시점 명사(구)를 목적어로 위해 '~까지'라는 의미로 지속 상태를 나타낼 때 사용하는 (B) until이 정답이다.

어휘 overseas a. 해외에 있는, 해외의 ad. 해외로, 해외에 onto ~ 위로 without ~ 없이

10.

해석 본관 건물 내의 난방 시스템이 오늘 아침 7시 이래로 계속 오작동하고 있다.

해설 빈칸 뒤에 명사가 제시되어 있으므로 빈칸은 전치사 자리이며, 빈칸 앞에 현재완료진행시제 has been malfunctioning이 쓰여 있어 빈칸 뒤에 위치한 시점 표현이 과거의 시작점이어야 알맞다. 따라서, 현재완료시제 또는 현재완료진행시제와 어울려 '~ 이래로'라는 의미로 과거의 시작점을 나타낼 때 사용하는 (B) since가 정답이다.

어휘 malfunction 오작동하다

11.

해석 새 고속 열차가 리버튼과 레이크타운 사이에 있는 몇몇 소도시와 마을에 정차할 것이다.

해설 선택지가 모두 전치사이므로 문장의 의미에 어울리는 것을 찾아야 한다. 빈칸 앞뒤 부분의 명사구들이 '리버튼과 레이크타운 사이에 있는 몇몇 소도시와 마을'을 의미해야 자연스럽다. 따라서, '~ 사이에'를 뜻하는 (B) between이 정답이다.

12.

해석 여러분의 컴퓨터를 이용해 저희 새 온라인 포털을 통해 지원서를 제출하실 수 있습니다.

해설 선택지가 모두 전치사이므로 문장의 의미에 어울리는 것을 찾아야 한다. 빈칸 앞뒤 부분이 '새 온라인 포털을 통해 지원서를 제출할 수 있다'와 같은 의미를 구성해야 자연스러우므로 '~을 통해, ~을 거쳐, ~을 통과해' 등의 의미로 수단 등을 나타낼 때 사용하는 (D) through가 정답이다.

어휘 application 지원(서), 신청(서) around ~ 주위에, ~ 곳곳에

13.

해석 곧 있을 교육 시간이 점심 식사 시간 후에 시작될 예정이다.

해설 빈칸 뒤에 명사구 the lunch break가 쓰여 있어 이 명사구를 목적어로 취할 수 있는 전치사 (B) including과 (D) following 중에서 의미가 알맞은 것을 골라야 하며, '점심 식사 시간 후에 시작될 예정이다'와 같이 일의 전후 순서를 의미해야 자연스러우므로 '~ 후에'를 뜻하는 -ing형 전치사 (D) following이 정답이다.

어휘 upcoming 곧 있을, 다가오는 be set to do ~할 예정이다 rather 다소, 오히려, 좀 including ~을 포함해

14.

해석 손님들께서는 시설 내에서의 숙박 기간 내내 이용하실 수 있는 임시 출입 카드를 받으실 것입니다.

해설 선택지가 모두 전치사이므로 문장의 의미에 어울리는 것을 찾아야 한다. 빈칸 뒤에 지속 기간을 나타내는 명사 the duration이 쓰여 있으므로 '(장소·기간 등) ~ 전체에 걸쳐, ~ 동안 내내'라는 의미로 쓰이는 (D) throughout이 정답이다.

어휘 temporary 임시의, 일시적인 access 출입, 접근, 이용 duration (지속) 기간 facility 시설(물) behind (위치·장소 등) ~ 뒤에, ~의 이면에, (속도·진행 등) ~보다 뒤처져 upon ~하는 즉시

15.

해석 프로젝트 관리 책임자에 따르면, 새 소프트웨어 업데이트가 시스템 성능을 25퍼센트 향상시킬 것이다.

해설 빈칸 뒤에 위치한 명사구 the project manager를 목적어로 취할 전치사가 빈칸에 필요하며, '프로젝트 관리 책임자에 따르면'과 같이 새 소프트웨어 업데이트와 관련된 정보의 출처를 의미해야 자연스러우므로 '~에 따르면, ~에 따라'를 뜻하는 (A) According to가 정답이다.

어휘 improve ~을 향상시키다 performance 성능, 성과, 수행(능력), 공연, 연주, 연기 by (차이) ~만큼, ~ 정도 instead of ~ 대신 so that (목적) ~하도록, (결과) 그래서, 그러므로

16.

해석 최근의 부상에도 불구하고, 그 연극 공연의 주연 배우는 어젯밤에 뛰어난 연기를 선보였다.

해설 선택지가 모두 전치사이므로 문장의 의미에 어울리는 것을 찾아야 한다. '최근의 부상에도 불구하고, 주연 배우는 뛰어난 연기를 선보였다'와 같은 의미를 구성해야 가장 자연스러우므로 '~에도 불구하고'를 뜻하는 (D) Despite이 정답이다.

어휘 recent 최근의 injury 부상 theater play 연극 공연 outstanding 뛰어난, 우수한 regarding ~와 관련해, ~에 관해 except ~을 제외하고

▶ Playlist 6
부사절 접속사/관계대명사 집중 공략

Practice

1. (A) 2. (C) 3. (B) 4. (A) 5. (A)
6. (C) 7. (C) 8. (D)

1.

해석 주차 공간이 제한적이기 때문에, 행사 참석자들께 대중 교통을 이용하시도록 권해 드립니다.

해설 선택지가 모두 부사절 접속사이므로 문장의 의미에 어울리는 것을 찾아야 한다. '주차 공간이 제한적이기 때문에, 대중 교통을 이용하도록 권한다'와 같은 의미를 나타내야 자연스러우므로 '~하기 때문에'라는 뜻으로 이유를 나타낼 때 사용하는 (A) Since가 정답이다.

어휘 parking 주차(장) limited 제한적인 attendee 참석자 be advised to do ~하도록 권해지다 take (교통편·도로 등) ~을 이용하다, 타다 public transportation 대중 교통 until ~할 때까지 unless ~하지 않는다면, ~가 아니라면

2.

해석 스위프티 렌탈에서 예약하실 때 여행을 위한 차량을 대여하시는 일이 간단한 과정이 될 것입니다.

해설 선택지가 모두 부사절 접속사이므로 문장의 의미에 어울리는 것을 찾아야 한다. '스위프티 렌탈에서 예약할 때 여행차량을 대여하는 일이 간단한 과정이 될 것이다'와 같은 의미를 나타내야 자연스러우므로 '~할 때'라는 뜻으로 시간을 나타낼 때 사용하는 (C) when이 정답이다.

어휘 hire (돈을 내고) ~을 대여하다, 고용하다 vehicle 차량 process (처리) 과정 book v. ~을 예약하다 though 비록 ~이기는 하지만 whereas ~하는 반면 as if 마치 ~하는 것처럼

3.

해석 비록 휘즈 가전기기 회사의 영업팀이 신규 고객들을 끌어들이기 위해 노력하기는 했지만, 회사의 월간 수익은 꾸준히 감소해 왔다.

해설 빈칸 뒤에 절이 쓰여 있어 이 절을 이끌 접속사가 필요하며, '비록 영업팀이 신규 고객들을 끌어들이기 위해 노력하기는 했지만, 회사의 월간 수익은 꾸준히 감소해 왔다'와 같은 의미를 구성해야 가장 자연스러우므로 '비록 ~하기는 하지만'을 뜻하는 접속사 (B) Even though가 정답이다.

어휘 sales 영업, 판매(량), 매출 attract ~을 끌어들이다 profit 수익, 수입 decline 감소하다, 줄어들다 steadily 꾸준히, 한결같이 in spite of ~에도 불구하고 without ~ 없이, ~하지 않고

4.

해석 오디오 시스템이 설치되고 있는 동안 그 회의실은 이용할 수 없다.

해설 빈칸 뒤에 절이 쓰여 있어 이 절을 이끌 접속사가 필요하며, '시스템이 설치되고 있는 동안 그 회의실은 이용할 수 없다'와 같은 의미를 구성해야 가장 자연스러우므로 '~하는 동안'을 뜻하는 (A) while이 정답이다.

어휘 accessible 이용할 수 있는, 접근할 수 있는 install ~을 설치하다 while ~하는 동안, ~하는 반면에 for ~을 위해 but 그러나, 하지만

5.

해석 시장에 참여하는 소규모 판매업체들이 부스와 발전기를 받을 것이다.

해설 빈칸 뒤로 동사 participate과 전치사구 in the market이 쓰여 있고, 그 뒤에 주어 없이 또 다른 동사 will receive가 바로 이어지는 구조이다. 따라서, 빈칸부터 market까지가 주어 Small vendors와 동사 will receive 사이에서 주어를 수식하는 관계대명사절이 되어야 알맞고, 빈칸 뒤에 동사가 있으므로 주격 관계대명사 (A) that이 정답이다.

어휘 vendor 판매업체, 판매업자 participate in ~에 참여하다 power generator 발전기 whoever ~하는 사람은 누구든

6.

해석 유통 창고로 가시려면, 동쪽 10번 나들목으로 향하는 고속도로를 이용하시기 바라며, 이 나들목은 쇼핑몰을 지나 얼마 떨어지지 않은 곳에 있습니다.

해설 선택지가 모두 관계사이므로 빈칸 앞에 위치한 선행사 및 빈칸 다음 부분의 구조에 따라 알맞은 것을 골라야 한다. 빈칸 앞에 위치한 선행사 Junction 10이 사물 명사이므로 콤마 뒤에 쓰일 수 있으면서 사물 명사를 수식할 수 있는 관계대명사 (C) which가 정답이다.

어휘 get to ~로 가다, ~에 도착하다 distribution 유통, 배부, 분배 warehouse 창고 take (도로·교통편 등) ~을 이용하다, 타다 past ~을 지나

7.

해석 업계 컨퍼런스에 참석하시는 직원들께서는 항상 잠재 투자자들께 나눠 드릴 제품 안내 책자를 갖고 계셔야 합니다.

해설 주격 관계대명사 who 다음은 동사 자리이므로 동사 (C) attend와 (D) attends 중에서 정답을 골라야 하는데, who 앞에 위치한 선행사가 복수 명사 Representatives이므로 복수 동사 (C) attend가 정답이다.

어휘 representative n. 직원, 대표자 industry 업계, 산업 brochure 안내 책자, 소책자 distribute ~을 나눠 주다, 배부하다 potential 잠재적인 investor 투자자 attendance 참석, 출석, 참석자 수 attend ~에 참석하다

8.

해석 합격한 구직 지원자에게 분실된 고용 계약서를 한 부 더 보내 주시기 바랍니다.

해설 빈칸 앞에 선행사 employment contract와 관계대명사 that이 있으므로 빈칸은 관계대명사의 동사 자리이다. 따라서 (C) misplaced와 (D) was misplaced 중에서 정답을 골라야 하는데 타동사 misplace 뒤에 목적어가 없으므로 수동태 (D) was misplaced가 정답이다.

어휘 candidate 지원자, 후보자 employment 고용, 취업, 일자리 contract 계약(서) misplace ~을 분실하다, 둔 곳을 잊다

정답 및 해설 17

Check-up Test

1. (B)	2. (A)	3. (A)	4. (C)	5. (A)
6. (B)	7. (D)	8. (A)	9. (A)	10. (B)
11. (A)	12. (A)	13. (A)	14. (B)	15. (D)
16. (D)				

1.

해석 비록 그 호텔이 기차역까지 무료 셔틀 버스 서비스를 제공하기는 하지만, 많은 고객들께서 그곳에 걸어 가시는 것을 선호합니다.

해설 빈칸 뒤에 절이 쓰여 있어 이 절을 이끌 접속사가 필요하므로 부사절 접속사 (B) Though가 정답이다.

어휘 complimentary 무료의 prefer to do ~하는 것을 선호하다 despite ~에도 불구하고 according to ~에 따르면, ~에 따라 during ~ 동안, ~ 중에

2.

해석 컴퓨터 능력 워크숍에 주기적으로 참석하시는 직원들께서는 상품권을 받으실 것입니다.

해설 빈칸 뒤에 두 개의 동사가 있으므로 빈칸부터 regularly까지가 빈칸 앞에 위치한 주어 Employees를 수식하는 관계대명사절이 되어야 한다. 주어 Employees가 사람 선행사이고 빈칸 뒤에 동사가 있으므로 주격 관계대명사 (A) who가 정답이다.

어휘 attend ~에 참석하다 regularly 주기적으로, 규칙적으로 gift certificate 상품권

3.

해석 우리 프로젝트의 중요 단계들이 계속 순조롭게 진행되기만 하면 회사 복지 혜택이 팀원들에게 계속 제공될 것입니다.

해설 빈칸 뒤에 절이 쓰여 있어 이 절을 이끌 접속사가 필요하므로 부사절 접속사 (A) as long as가 정답이다.

어휘 company benefits 회사 복지 혜택, 회사 복리 후생 제도 continue to do 계속 ~하다 milestone 중요 단계, 중대 시점 remain 계속 ~한 상태를 유지하다 on track (일의 진행 등이) 순조롭게 진행되는, 정상 궤도에 오른 as long as ~하기만 하면, ~하는 한 otherwise 그렇지 않으면 thanks to ~ 덕분에 regarding ~ 관해서

4.

해석 대부분의 대학교에는 재정 지원을 위해 학생들의 적격성을 결정하는 정책이 있다.

해설 빈칸 앞에 선행사 policies와 관계대명사 that이, 빈칸 뒤에 명사구만 쓰여 있으므로 빈칸이 관계대명사절의 동사 자리임을 알 수 있다. 또한, 선행사 policies가 복수 명사이므로 복수 동사 (C) determine이 정답이다.

어휘 policy 정책, 방침 eligibility 적격(성), 적임 financial aid 재정의 aid 지원, 원조 determine ~을 결정하다, 밝혀내다 determiner 결정하는 요소

5.

해석 쓰러진 나무들이 철로에서 즉시 치워지지 않는 한, 여러 열차가 지연될 것입니다.

해설 빈칸 뒤에 절이 쓰여 있어 이 절을 이끌 접속사가 필요하며, '쓰러진 나무들이 철로에서 즉시 치워지지 않는다면, 여러 열차가 지연될 것이다'를 의미해야 가장 자연스러우므로 '~하지 않는 한, ~가 아니라면'을 뜻하는 부사절 접속사 (A) Unless가 정답이다.

어휘 clear ~을 치우다 promptly 즉시, 지체 없이 delay ~을 지연시키다 in case of ~의 경우에

6.

해석 많은 비디오 게이머들이 소프트웨어 회사 넥서스의 팬이며, 이곳의 최신 게임기가 지난주에 출시되었다.

해설 빈칸 뒤에 완전한 절이 쓰여 있고, latest console과 the software company Nexus가 소유 관계를 나타내므로 소유격 관계대명사 (B) whose가 정답이다.

어휘 latest 최신의 console 게임기 release ~을 출시하다, 발매하다, 개봉하다

7.

해석 <투데이즈 사이언스>는 신생 기술에 초점을 맞추는 팟캐스트이다.

해설 빈칸 뒤에 주어 없이 동사 focuses로 시작하는 불완전한 절이 쓰여 있어 이 절이 선행사 a podcast를 수식하는 관계대명사절이 되어야 한다. 또한, 선행사가 사물명사이므로 사물명사를 수식할 수 있는 주격 관계대명사 (D) which가 정답이다.

어휘 focus on ~에 초점을 맞추다 emerging 신생의, 새롭게 떠오르는 while ~하는 동안, ~인 반면

8.

해석 대표이사님에 의해 승인되는 대로 공식 제품 출시 날짜가 결정될 것입니다.

해설 빈칸 뒤에 절이 쓰여 있어 이 절을 이끌 접속사가 빈칸에 필요하다. 또한, '대표이사에 의해 승인되는 대로 ~가 결정될 것이다'와 같은 의미를 구성해야 자연스러우므로 '(일단) ~하는 대로'를 뜻하는 부사절 접속사 (A) once가 정답이다.

어휘 official 공식적인, 정식의 chief executive officer

대표이사 yet 아직, 벌써, (최상급과 함께) 지금까지 중에서
rather 다소, 오히려, 좀

9.
해석 다음 예산 검토 시간은 쳉 씨가 출장에서 복귀하실 때까지 연기될 것입니다.
해설 선택지가 모두 부사절 접속사이므로 문장의 의미에 어울리는 것을 골라야 한다. 빈칸 앞뒤에 위치한 절들이 '쳉 씨가 출장에서 복귀할 때까지 연기될 것이다'와 같은 의미를 구성해야 자연스러우므로 '~할 때까지'를 뜻하는 (A) until이 정답이다.
어휘 budget 예산 postpone ~을 연기하다, 미루다 since ~하기 때문에, ~한 이후로

10.
해석 그린 썸 조경회사는 지속 가능한 정원을 설계하는 일을 전문으로 하는 성공한 지역 업체이다.
해설 빈칸 뒤에 주어 없이 동사 specializes로 시작하는 불완전한 절이 쓰여 있어 이 절이 선행사 a successful local business를 수식하는 관계대명사절이 되어야 한다. 또한, 선행사가 사물명사에 해당하므로 사물명사를 수식할 수 있는 주격 관계대명사 (B) that이 정답이다.
어휘 specialize in ~을 전문으로 하다 sustainable 지속 가능한

11.
해석 야외 축제는 기상 조건이 예상보다 훨씬 더 나빴기 때문에 취소되었다.
해설 빈칸 뒤에 절이 쓰여 있어 이 절을 이끌 접속사가 필요하며, '기상 조건이 예상보다 훨씬 더 나빴기 때문에 취소되었다'와 같은 의미를 구성해야 자연스러우므로 '~하기 때문에'를 뜻하는 부사절 접속사 (A) because가 정답이다.
어휘 cancel ~을 취소하다 condition 조건, 상태 than expected 예상보다 in order to ~하기 위해

12.
해석 다음 달에 우리 신임 마케팅 이사 직책을 맡을, 찰스 더든 씨를 환영하기 위한 저녁 만찬이 마련되었다.
해설 선택지가 모두 관계대명사이므로 선행사 및 빈칸 이하 부분의 구조를 파악해 알맞은 것을 골라야 한다. 빈칸 앞에는 사람 명사가, 빈칸 뒤에는 동사 will assume이 있으므로 빈칸에 주어의 역할을 할 수 있는 관계대명사가 와야 한다. 따라서 주격 관계대명사 (A) who가 정답이다.
어휘 arrange ~을 마련하다, 조치하다, 정렬하다 assume (직책·책임 등) ~을 맡다

13.
해석 공사 작업이 실시되는 동안 직원 구내식당이 한 달 간 전 직원을 대상으로 폐쇄될 것입니다.
해설 빈칸 뒤에 절이 쓰여 있어 이 절을 이끌 접속사가 빈칸에 필요하다. 또한, '공사 작업이 실시되는 동안 한 달 간 폐쇄될 것이다'와 같은 의미를 구성해야 자연스러우므로 '~하는 동안'을 뜻하는 (A) while이 정답이다.
어휘 cafeteria 구내식당 carry out ~을 실시하다, 수행하다 then 그리고 나서

14.
해석 스텔라 아키텍츠 사가 최신 고층 건물 프로젝트에 대해 우수 디자인상을 수상했으며, 그 프로젝트는 수석 건축가인 나카무라 씨에 의해 총괄되었다.
해설 빈칸 앞에 관계대명사 which가, 빈칸 뒤에 by 전치사구만 있으므로 빈칸은 관계대명사의 동사 자리이다. 따라서 유일한 동사 형태 (B) was overseen이 정답이다.
어휘 win an award 상을 받다 skyscraper 고층 건물 chief 수석의, 주된, 최고위의 architect 건축가 oversee ~을 총괄하다, 감독하다

15.
해석 이제 연휴 시즌이 다가오고 있으므로, 여러분의 여행 조치 사항들을 미리 계획하는 것이 중요합니다.
해설 빈칸 뒤에 절이 쓰여 있어 이 절을 이끌 접속사가 필요하며, '이제 연휴 시즌이 다가오고 있으므로, ~하는 것이 중요하다'와 같은 의미를 구성해야 자연스러우므로 '이제 ~이므로'를 뜻하는 (D) Now that이 정답이다.
어휘 approach 다가오다, 다가가다 arrangement 조치, 준비, 정렬 in advance 미리, 사전에 in case (that) ~하는 경우에 (대비해) during ~ 동안에, ~ 중에 because of ~ 때문에

16.
해석 소설들이 전 세계 각지에서 베스트셀러인 작가가 곧 나올 문학 잡지 호에 특집으로 실릴 것이다.
해설 선택지가 모두 관계대명사이므로 선행사 및 빈칸 이하 부분의 구조를 파악해 알맞은 것을 골라야 한다. 빈칸 앞에는 사람 명사가, 빈칸 뒤에는 완전한 구조의 문장이 있고, 선행사 An author와 novels가 소유 관계를 나타내므로 소유격 관계대명사 (D) whose가 정답이다.
어휘 author 작가, 저자 feature ~을 특집으로 싣다, 특징으로 하다 upcoming 곧 있을, 다가오는 literary 문학의

▶ Playlist 7
외우면 3초컷, 준동사 문제

Practice

| 1. (C) | 2. (B) | 3. (C) | 4. (B) | 5. (B) |
| 6. (D) | 7. (B) | 8. (B) |

1.
- 해석: 악틱 프로즌 요거트 사가 수익성을 높이는 것을 목표로 하기 때문에, 다섯 가지 새로운 맛을 출시할 계획이다.
- 해설: 빈칸 앞에 동사 aims은 to부정사를 목적어로 취하므로 (C) to increase가 정답이다.
- 어휘: profitability 수익성 plan to do ~할 계획이다 flavor 맛, 풍미

2.
- 해석: 고객 관리부장은 할인된 제품을 포함하기 위해 상품 반품 정책을 조정할 생각이다.
- 해설: 빈칸 앞에 「주어 + 동사(intends) + 목적어(to부정사)」로 구성된 완전한 하나의 절이 쓰여 있으므로 빈칸 이하 부분은 부사의 역할을 해야 알맞다. 따라서, to부정사가 빈칸에 들어가 '~하기 위해'라는 의미로 목적을 나타내야 알맞으므로 (B) to include가 정답이다.
- 어휘: intend to do ~할 생각이다, ~하려는 의도이다 adjust ~을 조정하다, 조절하다 merchandise 상품 inclusive 포함하는, 모든 경비가 포함된 include ~을 포함하다 inclusion 포함(된 것)

3.
- 해석: 선임 제품 디자이너는 새로운 산악 자전거 모델을 위해 더 견고한 페달을 개발하도록 권장했다.
- 해설: 동사 recommended와 명사구 sturdier pedals 사이에 위치한 빈칸은 명사구를 목적어로 취함과 동시에 recommended의 목적어 역할을 할 동명사가 필요한 자리이므로 (C) developing이 정답이다.
- 어휘: sturdy 견고한, 튼튼한 develop ~을 개발하다, 발전시키다 development 개발, 발전

4.
- 해석: 위니펙 항공사는 모든 탑승객에게 최고 수준의 서비스를 제공하는 데 헌신한다.
- 해설: 빈칸 앞에 위치한 is dedicated to는 동명사 관용 표현으로 '~하는 데 헌신하다'라는 의미를 나타내므로 동명사 (B) providing이 정답이다.
- 어휘: passenger 탑승객 standard 수준, 기준, 표준

5.
- 해석: 이사회 구성원들이 제안된 교통 규정 개정 사항들을 논의하기 위해 소집될 것이다.
- 해설: 동사 discuss와 명사 revisions 사이에 빈칸이 쓰여 있어 명사를 수식할 수 있는 형용사 또는 분사가 빈칸에 들어가야 알맞다. 따라서, 선택지에서 과거분사 (B) proposed와 현재분사 (C) proposing 중에서 정답을 골라야 하는데, revisions는 사람에 의해 제안되는 것이므로 수동의 의미를 나타낼 수 있는 과거분사 (B) proposed가 정답이다.
- 어휘: board 이사회 convene 소집되다, ~을 소집하다 revision 개정, 수정, 변경 transportation 교통(편), 운송 regulation 규정, 규제 propose ~을 제안하다 proposal 제안(서)

6.
- 해석: 팜 델리는 아주 다양한 신선한 지역 식재료를 판매하는 식품점 체인이다.
- 해설: 빈칸 앞에 이미 문장의 동사 is가 쓰여 있어 빈칸이 동사 자리가 아니므로 분사가 빈칸에 들어가 명사구 a chain of food stores를 뒤에서 수식하는 구조를 만들어야 알맞다. 또한, 빈칸 뒤에 위치한 명사(구)를 목적어를 취할 수 있는 현재분사가 쓰여야 알맞으므로 (D) selling이 정답이다.
- 어휘: a wide variety of 아주 다양한 ingredients (식)재료

7.
- 해석: 다이아몬드 부동산은 브라이트 힐즈 지역에서 다수의 경험 많은 부동산 중개 직원을 고용하고 있다.
- 해설: 빈칸 앞에 동사와 형용사 numerous가, 빈칸 뒤에 명사구가 있으므로 빈칸에 형용사 numerous와 함께 복합명사를 수식할 또 다른 형용사가 쓰여야 알맞다. 따라서 '경험 많은'이라는 의미로 과거분사로 굳어져 사용하는 (B) experienced가 정답이다.
- 어휘: employ ~을 고용하다 numerous 다수의, 수많은 real estate 부동산 agent 중개인, 대리인, 직원 experienced 경험 많은

8.
- 해석: 자신의 최신 앨범에 대한 실망스러운 평가에도 불구하고, 조던 막스는 현재의 투어에서 여러 대규모 행사장을 매진시켰다.
- 해설: 빈칸 앞에 전치사가, 빈칸 뒤에 명사가 있으므로 명사를 수식할 형용사 또는 분사가 빈칸에 쓰여야 알맞다. 선택지에서 형용사는 (B) disappointing과 (C) disappointed인데, reviews가 사람을 실망시키는 주체이므로 '(사람을) 실망시키는'을 뜻하는 (B) disappointing이 정답이다.

어휘 despite ~에도 불구하고 latest 최신의, 최근의 sell out ~을 매진시키다 venue 행사장, 개최 장소 current 현재의 disappointment 실망(감) disappointing (사람을) 실망시키는 disappointed (사람이) 실망한 disappoint ~을 실망시키다

Check-up Test

1. (A)	2. (C)	3. (B)	4. (B)	5. (B)
6. (C)	7. (D)	8. (C)	9. (D)	10. (B)
11. (C)	12. (C)	13. (A)	14. (D)	15. (C)
16. (B)				

1.

해석 저희 AI 챗봇과 대화를 시작하고 싶으시면 마이크 아이콘을 클릭하시기 바랍니다.

해설 빈칸 앞에 위치한 동사 want는 to부정사를 목적어로 취하므로 (A) to begin이 정답이다.

어휘 click on ~을 클릭하다

2.

해석 스미스 박사는 20년 넘게 지역 사회에서 환경 지속 가능성 문제들을 다루는 데 전념해 왔다.

해설 '~하는 데 전념하다, ~하는 데 헌신하다'를 의미하는 「be committed to -ing」의 구조가 빈칸 앞에 있으므로 동명사 (C) addressing이 정답이다.

어휘 sustainability 지속 가능성 decade 10년 address v. (문제 등) ~을 다루다, 처리하다

3.

해석 저희는 화상 통화를 통해 귀하의 여행 선호 사항들을 깊이 있게 살펴 보게 되어 기쁩니다.

해설 빈칸 앞에 2형식 동사 be동사 are가 있으므로 빈칸은 형용사 또는 분사 자리이다. 따라서 (A) delighting과 (B) delighted 중에서 정답을 골라야 하는데 주어 We가 기쁨이라는 감정을 느끼므로 과거분사 (B) delighted가 정답이다.

어휘 explore ~을 살펴 보다, 탐구하다 preference 선호(하는 것) in depth 깊이 있게, 심층적으로 via ~을 통해 delight v. ~을 기쁘게 하다 n. 기쁨

4.

해석 전통적인 기념품을 제공하는 대신, 그 여행 가이드는 각 참가자에게 개인에게 맞춘 사진 앨범을 제공했다.

해설 빈칸 앞에 전치사 Instead of가, 빈칸 뒤에 명사구가 있으므로 명사구를 목적어로 취함과 동시에 전치사의 목적어 역할을 할 동명사가 쓰여야 알맞다. 따라서 (B) providing이 정답이다.

어휘 instead of ~ 대신 souvenir 기념품 participant 참가자 personalized 개인에게 맞춰진 provision 제공(되는 것), 대비

5.

해석 투숙객들께서는 VIP 라운지를 이용하시려면 반드시 안내 데스크에서 예약 확인서를 제시하셔야 합니다.

해설 빈칸 뒤에 위치한 access는 동사와 명사로 모두 쓰이는데, access 바로 뒤에 명사구가 이어져 있어 「동사 + 명사구 목적어」의 구조임을 알 수 있다. 따라서, 동사원형과 결합 가능한 것으로서 '~하려면, ~하기 위해'라는 목적의 의미를 나타내는 (B) in order to가 정답이다.

어휘 present v. ~을 제시하다, 제공하다 confirmation 확인(서) access v. ~을 이용하다, ~에 접근하다 n. 이용 (권한), 접근 (권한) in front of ~ 앞에

6.

해석 그 코치는 시즌이 종료된 후에 청소년 선수들의 멘토가 되겠다고 약속했다.

해설 빈칸 앞에 과거시제로 쓰여 있는 동사 promise는 to부정사를 목적어로 취하므로 (C) to become이 정답이다.

어휘 junior 청소년의, 어린, 하급의 athlete 운동 선수

7.

해석 기차역에서 고객들을 모셔 올 수 있을 정도로 충분한 연료가 회사 차량에 남아 있다.

해설 빈칸 앞에 완전한 구조의 문장이 있으므로 빈칸부터 문장 끝까지가 빈칸 앞에 위치한 명사 fuel을 수식해야 하는데 선택지에 제시된 자동사 remain은 현재분사로만 쓰일 수 있으므로 (D) remaining이 정답이다.

어휘 sufficient 충분한 pick up (차로) ~을 태우러 가다 remain 남아 있다, 계속 ~한 상태로 유지되다 remainder 나머지, 남은 것

8.

해석 도쿄에 본사를 둔 사쿠라 일렉트로닉스 사는 혁신적인 로봇 공학의 선도적인 제조사이다.

해설 빈칸 앞에 관사가, 빈칸 뒤에 명사가 있으므로 빈칸은 형용사 또는 분사 자리이다. 따라서 '선도적인'이라는 뜻으로 현재분사로 굳어져 사용하는 (C) leading이 정답이다.

어휘 based ~에 본사를 둔, ~을 기반으로 하는 manufacturer 제조사 robotics 로봇 공학

9.

해석 전기 자동차에 대한 놀라운 수요에 의해, 생산률이 증가할 것으로 예상된다.

해설 빈칸 앞에 관사 the가, 빈칸 뒤에 명사 demand가 있으므로 빈칸은 형용사 또는 분사 자리이다. 따라서 (C) surprised와 (D) surprising 중 정답을 골라야 하는데 demand는 사람을 놀라게 하는 주체이므로 (D) surprising이 정답이다.

어휘 demand 수요, 요구 rate 비율, 요금, 등급, 속도

10.

해석 웨비나 중에 다른 분들을 방해하는 것을 방지하기 위해 참석자들께 마이크를 무음으로 바꾸시도록 상기시켜 드립니다.

해설 to부정사로 쓰인 동사 avoid는 동명사를 목적어로 취하므로 (B) distracting이 정답이다.

어휘 be reminded to do ~하도록 상기되다 mute ~을 무음으로 바꾸다 webinar 웨비나(웹으로 진행하는 세미나) distract ~을 방해하다, ~에 지장을 주다 distraction 방해(하는 것), 지장(을 주는 것)

11.

해석 그린리프 아키텍츠 사는 현재 다가오는 친환경 주택 공사 프로젝트를 위해 상세한 설계도의 초안을 만들고 있다.

해설 빈칸 앞에 관사 a가, 빈칸 뒤에 명사 blueprint가 있으므로 빈칸은 형용사 또는 분사 자리이다. 따라서 '상세한'이라는 뜻으로 과거분사로 굳어져 사용하는 (C) detailed가 정답이다.

어휘 draft v. ~의 초안을 만들다 blueprint 설계도, 청사진 upcoming 다가오는, 곧 있을 housing 주택 (제공) detail v. ~을 상세히 설명하다 n. 상세 정보, 세부 사항

12.

해석 기조 연설 후에, 참가자들께서는 해당 연사에게 질문하기 위해 15분의 시간을 갖게 되실 것입니다.

해설 빈칸 앞에 이미 문장의 동사 will have가 쓰여 있어 빈칸이 동사 자리가 아니며, '연사에게 질문하기 위해'와 같이 15분의 시간을 갖는 목적을 의미해야 알맞으므로 부사로 사용하는 to부정사 (C) to ask가 정답이다.

어휘 keynote speech 기조 연설

13.

해석 그 요리사의 새 요리책이 그 독특한 조리법을 설명하는 안내 책자와 함께 출시되었다.

해설 빈칸 앞에 이미 문장의 동사 was released가 쓰여 있어 빈칸이 동사 자리가 아니므로 분사가 들어가 명사구 a brochure를 뒤에서 수식하는 구조를 만들어야 알맞다. 또한, 빈칸 뒤에 위치한 명사(구)를 목적어로 취할 수 있는 현재분사가 쓰여야 알맞으므로 (A) describing이 정답이다.

어휘 along with ~와 함께 brochure 안내 책자 recipe 조리법

14.

해석 왕 씨는 자신의 비서에게 다가오는 컨퍼런스를 위해 안건을 타자로 치도록 요청했다.

해설 빈칸 앞에 과거시제로 쓰여 있는 5형식 동사 ask는 「ask + 목적어 + 목적격보어」의 구조로 '~에게 …하도록 요청하다'라는 의미를 나타낸다. 따라서, asked의 목적어 his secretary 뒤에 위치한 빈칸에 목적격보어로서 to부정사가 쓰여야 알맞으므로 (D) to type이 정답이다.

어휘 secretary 비서 agenda 안건, 의제 type v. ~을 타자로 치다

15.

해석 그 호텔의 웹 사이트를 통해 이뤄진 예약은 도착 즉시 프론트 데스크에서 비용이 지불될 수 있습니다.

해설 빈칸 뒤에 이미 문장의 동사 can be paid가 쓰여 있어 빈칸이 동사 자리가 아니므로 빈칸부터 Web site까지가 주어 Reservations를 뒤에서 수식하는 분사구를 구성해야 알맞다. 따라서, 선택지에서 유일하게 분사의 형태인 과거분사 (C) booked가 정답이다.

어휘 upon ~ 즉시, ~하자마자

16.

해석 오찬 행사가 새롭게 선임된 영업 이사를 나머지 팀원들에게 정식으로 소개하기 위해 마련될 것이다.

해설 빈칸 앞에 관사 the와 부사 newly가, 빈칸 뒤에 명사구 sales executive가 있으므로 빈칸은 형용사 또는 분사 자리이다. 따라서 (B) appointed와 (C) appointing 중 정답을 골라야 하는데 영업 이사는 다른 누군가에 의해 선임되는 것이므로 수동의 의미를 나타낼 수 있는 과거분사 (B) appointed가 정답이다.

어휘 luncheon 오찬 formally 정식으로, 공식적으로 executive 이사, 임원 the rest of ~의 나머지 appoint ~을 선임하다

▶ Playlist 8
해석으로 단서 찾는 접속부사&문맥파악

Practice

| 1. (B) | 2. (B) | 3. (A) | 4. (D) | 5. (C) |

1.

> 카페에서, 도자기 컵은 비용 효율적이면서 깨지는 경우에 교체하기 쉽기 때문에 흔히 사용됩니다. **한편**, 도자기 컵과 달리, 스테인리스 스틸 텀블러는 대단히 내구성이 뛰어나고, 음료 온도를 유지해 줄 수 있습니다. 그 결과, 많은 카페들이 고객 만족도를 증가시키기 위해 스테인리스 스틸 텀블러로 바꾸고 있습니다.

해설 선택지가 모두 접속부사이므로 빈칸 앞뒤에 위치한 문장들 사이의 흐름을 파악해야 한다. 빈칸 앞뒤에 도자기 컵과 스테인리스 스틸 텀블러가 각각 지닌 장점이 언급되어 있으므로 '한편, 반면에'라는 의미로 처음 언급한 것과 반대되는 내용을 설명할 때 사용하는 (B) On the other hand가 정답이다.

어휘 ceramic 도자기 commonly 흔히, 일반적으로 cost-effective 비용 효율적인 highly 대단히, 매우, 아주 durable 내구성이 좋은 maintain ~을 유지하다 temperature 온도, 기온 unlike ~와 달리 consequently 그 결과, 결과적으로 transition to ~로 바꾸다, 전환하다

2.

> (샌프란시스코 - 6월 15일) 호라이즌 테크놀로지 사는 뉴욕시에서 손꼽히는 금융 기관 한 곳을 위해 고급 데이터 분석 플랫폼을 만드는 3.5백만 달러 규모의 계약을 체결했다고 발표했습니다. 이 플랫폼은 다양한 데이터 출처를 통합해, 전략적 의사 결정을 뒷받침할 수 있는 실시간 분석 정보를 제공할 것입니다. 이 **프로젝트**는 완료하는 데 약 1년이 소요될 것으로 예상됩니다. 호라이즌 테크놀로지 사가 소프트웨어 설계를 최종 확정하는 대로, 시행이 즉시 시작될 것입니다.

해설 선택지가 모두 명사이므로 문장의 의미에 어울리는 것을 찾아야 하는데, 빈칸 앞에 정관사 The가 있으므로 The와 함께 앞서 언급된 특정 대상을 가리킬 명사가 필요하다. 빈칸 바로 뒤에 완료하는 데 약 1년이 소요될 것으로 예상된다는 말이 쓰여 있어 앞서 언급된 계약에 따라 고급 데이터 분석 플랫폼을 만드는 일을 가리켜야 한다는 것을 알 수 있다. 이는 하나의 프로젝트에 해당하는 일이므로 (B) project가 정답이다.

어휘 secure v. ~을 확보하다, 얻다 advanced 고급의, 발전된, 진보한 analytics 분석 (정보) leading 손꼽히는, 선도적인 financial 금융의, 재정의, 재무의 institution 기관, 단체, 협회 integrate ~을 통합하다 source 출처, 원천, 공급원 real-time 실시간의 strategic 전략적인 decision-making 의사 결정 complete ~을 완료하다 finalize ~을 최종 확정하다 implementation 시행, 이행 commence 시작되다

3.

> 미국 내 고급 식당 체인인 메이플우드 레스토랑 그룹이 지난주에 21번째 지점을 개장했습니다. 이 새로운 레스토랑은 200명의 손님을 위한 좌석 공간, 개별 식사 공간, 그리고 최신식 주방을 특징으로 합니다. 조너선 스미스 대표이사의 말에 따르면, 이 신규 지점에서 식사한 첫 150명의 고객들이 무료 디저트를 **받았습니다**.

해설 선택지가 모두 능동태 동사의 형태이고, 시제만 다르므로 시제와 관련된 단서를 찾아야 한다. 첫 문장에 과거시제 동사 opened 및 과거 시점 표현 last week과 함께 가까운 과거 시점에 신규 지점이 개장한 사실이 쓰여 있다. 따라서, 이 신규 지점에서 첫 150명의 고객들이 무료 디저트를 받은 사실을 나타낼 수 있도록 opened와 동일한 과거시제 동사가 쓰여야 알맞으므로 (A) received가 정답이다.

어휘 dining 식사 establishment (식당·학교·회사 등의) 시설, 기관, 설립물 location 지점, 위치 feature v. ~을 특징으로 하다 state-of-the-art 최신식의, 최첨단의 patron 고객, 손님 dine 식사하다

4.

> 저희는 다양한 능력 수준에 맞춰진 아주 다양한 디자인 강좌들을 제공해 드립니다. 일부는 초보자들을 위해 특별히 고안된 반면, 다른 것들은 경험이 더 많은 디자이너들의 요구를 충족해 드립니다. **모든** 강좌들은 알맞게 가격이 책정되어 있으며, 폭넓은 전문 지식을 갖추고 계신 유명 전문가들에 의해 진행됩니다.

해설 빈칸 뒤에 위치한 of the classes 같은 「of the + 복수명사」의 수식을 받을 수 있는 대명사 (B) Both와 (C) Each, 그리고 (D) All 중에서 정답을 골라야 한다. 또한, 알맞은 가격 및 유명 전문가들이 진행한다는 특징은 빈칸에 앞서 언급된 아주 다양한 디자인 강좌들 모두에 해당하는 것이어야 의미가 자연스러우므로 '모두'를 뜻하는 (D) All이 정답이다.

어휘 a diverse selection of 아주 다양한 tailored to ~에 맞춰진 specifically 특별히, 특히, 구체적으로 cater to ~의 요구를 충족하다, 구미에 맞추다 affordably (가격이) 알맞게, 저렴하게 priced 가격이 책정된 renowned 유명한 extensive 폭넓은, 광범위한 expertise 전문 지식, 전문 기술 whole n. 전체, 전부

5.

> 우리 고객 지원 서비스의 수준을 향상시키기 위해 추가 직원들이 다음 달 초에 우리 시내 콜 센터에서 고용될 것이라는 사실에 유의하시기 바랍니다. **이는 우리에게 최고의 공급업**

체로서 명성을 유지할 수 있게 해 줄 것입니다.

(A) 저희가 귀하의 지원서를 접수했다는 사실을 확인해 드릴 수 있습니다.
(B) 이 과정은 온라인 또는 현장 방문 둘 중 한 가지로 수강하실 수 있습니다.
(C) 이는 우리에게 최고의 공급업체로서 명성을 유지할 수 있게 해 줄 것입니다.
(D) 저희는 이것을 가능하게 만들어 주신 모든 직원들께 감사 드립니다.

해설 빈칸 앞 문장에 고객 지원 서비스의 수준을 향상시키기 위해 추가 직원들이 다음 달 초에 고용된다는 사실을 알리는 말이 쓰여 있다. 따라서, 그러한 사실을 This로 지칭해 그에 따른 결과로서 최고의 공급업체로서 명성을 유지하게 해 준다는 긍정적인 영향을 언급한 (C)가 정답이다.

어휘 Please be informed that ~라는 사실에 유의하십시오, ~임을 알아 두시기 바랍니다 improve ~을 향상시키다 either A or B A 또는 B 둘 중 하나 in person 직접 (가서) allow A to do A에게 ~할 수 있게 해 주다 maintain ~을 유지하다 reputation 명성, 평판 thankful 감사하는

Check-up Test

1. (C)	2. (C)	3. (B)	4. (A)	5. (D)
6. (C)	7. (D)	8. (B)	9. (B)	10. (B)
11. (D)	12. (D)			

1-4.

저희 던위치 지역 문화 센터는 4월 15일부터 시작되는 첫 지역 도서 프로젝트(CBP)를 **1 알려 드리게 되어** 기쁩니다.

CBP의 목적은 깨끗하게 사용한 책 또는 여분의 책을 저희 지역 문화 센터에 기부하도록 주민들께 동기를 부여해 드리는 것이며, 그 후 도움이 필요한 지역 학교들 **2 사이에서** 그 책들을 나눌 것입니다. **3 기부자**가 되기를 원하시는 개인 및 기업들은 전달 장소에 관한 정보를 얻으실 수 있도록 저희 지역 문화 센터의 웹 사이트를 방문하시면 됩니다.

자금 제공의 상당한 감소가 최근 몇 년 사이에 걸쳐 지역 내 학교마다 교육용 자료의 부족 문제를 초래했습니다. **4 이 프로젝트가 이러한 문제를 해결하는 데 도움이 될 것입니다.** 추가 상세 정보는, www.dunwichcommunity.com/cbp를 방문하시기 바랍니다.

어휘 motivate ~에게 동기를 부여하다 contribute ~을 기부하다 gently (상태 등이) 깨끗하게, 조심스럽게, 부드럽게 surplus a. 여분의, 과잉의 distribute ~을 나누다, 분배하다 neighborhood 지역, 인근, 이웃 drop-off (사물) 전달,

갖다 놓기, (사람) 내려 주기 significant 상당한, 많은, 중요한 reduction in ~의 감소 funding 자금 (제공) result in ~을 초래하다, ~라는 결과를 낳다 lack 부족

1.

해설 빈칸 앞에 위치한 is pleased와 어울려 '~해서 기쁘다'를 뜻하는 「be pleased to do」를 구성해야 알맞으므로 to부정사 (C) to announce가 정답이다.

어휘 announcement 알림, 공지, 발표 announce ~을 알리다, 공지하다, 발표하다

2.

해설 선택지가 모두 전치사이므로 문장의 의미에 어울리는 것을 찾아야 한다. 빈칸 바로 앞에 기부된 책들을 나눌 것이라는 말이 쓰여 있어 빈칸 뒤에 언급된 지역 학교들이 그 대상임을 알 수 있다. 따라서, '지역 학교들 사이에서'와 같은 의미를 나타내야 자연스러우므로 '~ 사이에서, ~ 중에서'를 뜻하는 (C) among이 정답이다.

어휘 along (길 등) ~을 따라 beside ~ 옆에, ~에 비해

3.

해설 선택지가 모두 명사이므로 문장의 의미에 어울리는 것을 찾아야 한다. 빈칸 뒤에 전달 장소에 관한 정보를 얻을 수 있도록 지역 문화 센터의 웹 사이트를 방문하라는 말이 쓰여 있는데, 이는 앞서 언급한 도서 기부와 관련된 정보를 확인하는 방법이다. 이는 기부자가 되려는 개인 및 기업들이 확인하는 정보에 해당하므로 '기부자들'을 뜻하는 (B) donors가 정답이다.

어휘 employer 고용주 beneficiary 수혜자, 수령인

4.

(A) 이 프로젝트가 이러한 문제를 해결하는 데 도움이 될 것입니다.
(B) 그 결과, 여러 학교가 보유 장비를 업그레이드했습니다.
(C) 여러분의 기부가 많은 학생들의 삶을 향상시키는 데 도움을 주었습니다.
(D) 증가하는 수업료가 많은 지역 가정에 영향을 미쳤습니다.

해설 빈칸 앞 문장에 자금 제공의 상당한 감소로 인해 최근에 지역 내 학교마다 교육용 자료의 부족 문제를 초래한 사실이 언급되어 있다. 따라서, 이 문제를 this issue로, 그리고 도서 기부 프로젝트를 The project로 각각 지칭해 이 프로젝트가 해당 문제에 대한 해결책임을 언급하는 (A)가 정답이다.

어휘 solve ~을 해결하다 as a result 그 결과 equipment 장비 contribution 기부(금), 기여, 공헌 rising 증가하는, 상승하는 tuition 수업, 교습 affect ~에 영향을 미치다

5-8.

수신: 로버트 밴크로프트 <rbancroft@apexofficesupplies.com>
발신: 조던 툼즈 <jtooms@hendersonenterprises.com>
제목: 사무실 가구 계약
날짜: 10월 15일

밴크로프트 씨께,

오늘 아침에 있었던 논의 중에 함께 개괄적으로 이야기했던 조건에 대한 **5 확인**을 받고자 이 이메일을 씁니다. 합의된 바와 같이, 귀사에서 저희 샌디에이고에 있는 새 지사에 책상, 의자, 그리고 다른 사무용 가구들을 배송해 주실 것입니다. 이 배송은 10월 22일에 **6 시작될 것이며**, 가구 준비가 1~2일 내로 완료될 수 있다면 감사하겠습니다. **7 추가로**, 배송 및 설치 작업에 대한 전체 비용은 2만 달러를 초과하지 않을 것입니다.

위에 언급된 계약 조건들을 바탕으로 하는 정식 계약서를 준비하시는 대로, 두 부를 만드셔서 서명하신 다음, 제게 보내 주시기 바랍니다. **8 귀사의 것은 가능한 한 빨리 귀사께 돌려 보내질 것입니다.**

안녕히 계십시오.

조던 툼즈, 시설 운영 책임자
헨더슨 엔터프라이즈

어휘 term (계약 등의) 조건, 조항 outline ~을 개괄적으로 설명하다 complete ~을 완료하다 expense (지출) 비용, 경비 setup 설치, 설정, 준비 exceed ~을 초과하다 formal 정식의, 공식적인 above-mentioned 위에 언급된 terms and conditions 계약 조건, 이용 약관

5.

해설 선택지가 모두 명사이므로 문장의 의미에 어울리는 것을 찾아야 한다. 빈칸은 동사 receive의 목적어로서 이메일을 쓰는 이유를 나타내야 한다. 따라서, '오늘 아침에 있었던 논의한 조건에 대한 확인'을 의미해야 자연스러우므로 '확인'을 뜻하는 (D) confirmation이 정답이다.

어휘 termination 종료 stipulation 규정, 조항, 약정 limitation 제한, 한정

6.

해설 선택지가 모두 능동태 동사의 형태이고 시제만 다르므로, 시제와 관련된 단서를 찾아야 한다. 빈칸 뒤에 시작 시점으로 제시된 날짜 October 22는 지문 상단에 표기된 이메일 작성 날짜 October 15보다 나중인 미래 시점에 해당하므로 미래시제 동사 (C) will begin이 정답이다.

7.

해설 선택지가 모두 접속부사이므로 빈칸 앞뒤에 위치한 문장들 사이의 흐름을 파악해야 한다. 빈칸 앞에는 가구 준비 기간에 대한 요청 사항이, 빈칸 뒤에는 배송 및 설치 작업에 대한 비용을 언급하는 말이 각각 쓰여 있다. 따라서, 해당 작업과 관련된 세부 정보를 추가하는 흐름임을 알 수 있으므로 '추가로, 더욱이' 등의 의미로 유사 정보를 추가할 때 사용하는 (D) Additionally가 정답이다.

어휘 for instance 예를 들어 thus 따라서, 그러므로 in fact 실제로, 사실

8.

(A) 귀사의 배송품이 저희 창고에서 출발하는 대로 저희가 알려 드릴 것입니다.
(B) 귀사의 것은 가능한 한 빨리 귀사께 돌려 보내질 것입니다.
(C) 몇몇 대체 제품들을 기꺼이 추천해 드릴 것입니다.
(D) 이러한 일정상의 변동에 동의해 주셔서 감사합니다.

해설 빈칸 앞 문장에 정식 계약서를 두 부 만들어서 서명하고 자신에게 보내 달라고 요청하는 말이 쓰여 있다. 따라서, 계약서 두 부 중 한 부에 해당하는 상대방의 것을 Yours로 지칭해 상대방이 보관할 계약서 한 부를 전달할 방법을 언급하는 (B)가 정답이다.

어휘 inform ~에게 알리다 shipment 배송(품) warehouse 창고 alternative 대체의, 대안의 agree to ~에 동의하다

9-12.

수신: 프리모 출판사 전 직원
발신: 트로이 포스터
제목: 새로운 사무실 재활용 프로그램
날짜: 1월 6일

최근 평가들은 우리의 쓰레기 발생량이 상당히 증가했다는 것을 보여주었습니다. 따라서, 시설 관리 책임자께서 이번 달의 이사회 회의 시간 **9 중에**, 환경 지속 가능성 노력을 향상시키는 것을 목표로 하는 새로운 계획을 제안하셨습니다. 회의에서, 그분은 개별 쓰레기통에서 중앙 집중식 재활용 수거장으로의 전환이 우리의 환경 발자국을 상당히 감소시켜 줄 것이라는 확신을 나타내셨습니다.

10 우리는 다음 달부터 새로운 사무실 재활용 프로그램을 시행할 것입니다. **11 이는 변화를 필요로 하겠지만, 대단히 유익할 것입니다.** 더욱이, 시설 관리 책임자께서는 적절한 재활용 절차에 관한 직원 교육, 일회용 플라스틱 줄이기, 그리고 재사용 가능한 용품의 이용 권장에 대한 노력을 선도하실 것입니다. 이러한 **12 조치**는 더욱 지속 가능한 업무 공간에 도움이 되고, 환경적 책임에 대한 우리의 헌신도 보여 주게 될 것입니다.

어휘 recycling 재활용 assessment 평가 generation 발생(량) initiative n. 계획 aimed at ~을 목표로 하는 sustainability 지속 가능성 confidence 확신, 자신감 transition from A to B A에서 B로 전환하다 individual 개별적인, 개인의 bin 쓰레기통 centralized 중앙 집중화된 significantly 상당히, 많이 environmental footprint 환경 발자국 implement ~을 시행하다 proper 적절한, 제대로 된 single-use 일회용의 encourage ~을 장려하다, 권장하다

9.

해설 선택지가 모두 전치사이므로 문장의 의미에 어울리는 것을 찾아야 한다. 빈칸 뒤에 기간을 나타내는 명사구가 있으므로 '~ 중에, ~ 동안'을 뜻하는 (B) during이 정답이다.

어휘 since ~ 이후로 except ~을 제외하고

10.

해설 빈칸 뒤에 다음 달부터 새로운 재활용 프로그램을 시행할 것이라는 말이 쓰여 있는데, 앞선 문장에서 our로 지칭하는 것과 같이 이 회람의 작성자가 소속된 회사에서 시행하는 프로그램임을 나타내야 알맞으므로 our와 동일한 1인칭이자 주격 인칭대명사 (B) We가 정답이다.

11.

(A) 이 새로운 계획이 시장님에 의해 발표되었습니다.
(B) 이는 우리 출판 서비스 범위의 확대로 인한 것입니다.
(C) 우리 직원들이 새로운 정책을 따랐습니다.
(D) 이는 변화를 필요로 하겠지만, 대단히 유익할 것입니다.

해설 빈칸 앞 문장에 다음 달부터 새로운 사무실 재활용 프로그램을 시행한다고 알리는 말이 쓰여 있다. 따라서, 그러한 과정을 This로 지칭해 앞으로 변화가 필요한 일임을 언급함과 동시에 대단히 유익할 것이라는 말로 긍정적인 영향을 언급하는 (D)가 정답이다.

어휘 mayor (도시의) 시장 portfolio 서비스 범위, 상품 목록 highly 대단히, 매우, 아주 beneficial 유익한, 이로운

12.

해설 선택지가 모두 명사이므로 문장의 의미에 어울리는 것을 찾아야 한다. 빈칸 뒤에 더욱 지속 가능한 업무 공간에 도움이 되고 환경적 책임에 대한 헌신도 보여 주게 될 것이라는 말이 쓰여 있어 빈칸 앞에 위치한 These가 앞선 문장에서 구체적으로 언급한 세 가지 변화를 가리킨다는 것을 알 수 있다. 이는 쓰레기 관리 방식을 개선하기 위한 조치에 해당하므로 '조치, 수단' 등을 뜻하는 (D) measures가 정답이다.

어휘 promotion 판촉 (행사), 홍보, 촉진, 승진 appointment 예약, 약속

▶ **Playlist 9**
점수 끌어올리는 단일지문 총정리

주제&목적

귀사의 새로운 사바나 등산 부츠가 어려운 등산에 적절할지 알려 주시겠습니까? 제가 펀 산을 방문하려는 계획을 세우고 있어 제 수요를 충족시킬 믿을 만한 브랜드를 찾고 있습니다. 감사합니다.

어휘 suitable 적절한 look for ~을 찾다 reliable 믿을 만한 meet one's need ~의 수요를 충족하다

Q. 이메일의 목적이 무엇인가?
(A) 한 제품에 관해 문의하는 것
(B) 매장으로 가는 길을 알려주는 것

세부사항

다가오는 여름 음악 축제 때문에, 많은 운수 회사들이 행사장 주변 지역을 피하는 대체 경로를 제공하기 시작했습니다.

어휘 transport n. 운수, 수송, 이동 alternative 대체의, 대안의 route 경로

Q. 운수 회사들이 음악 축제로 인해 어떻게 적응할 것인가?
(A) 이동 요금 할인을 제공함으로써
(B) 다른 경로를 제공함으로써

사실확인

상품권 정책
- 상품권은 오직 참여 지점에서만 사용될 수 있습니다.
- 저희는 상품권을 현금으로 교환해 드릴 수 없습니다.

어휘 voucher 상품권 participating 참여하는 exchange A for B A를 B로 교환하다

Q. 상품권과 관련해 언급된 것은 무엇인가?
(A) 오직 선별된 지점에서만 유효하다.
(B) 현금으로 바꿀 수 있다.

구직 기회
저희 스타라이트 시네마가 현재 야간 교대 근무 관리자 직책을 위해 채용 중입니다. 저희는 뛰어난 리더십 능력을 지니고 있으면서 심야 시간대, 특히 오후 11시부터 오전 6시까지 영업을 감독하는 데 전념하실 수 있는 지원자를 찾고 있

습니다. 최소 2년 동안의 오락 업계 경력이 필수입니다. 관심 있으신 분들께서는 이력서와 자기 소개서를 동봉해 hr@starlightcinemas.com으로 보내 주시기 바랍니다.

어휘 exceptional 뛰어난, 예외적으로 우수한 commitment 전념, 헌신 oversee ~을 감독하다 late-night 심야 시간 accompanying 동봉한, 동반하는

Q. 지원자들이 제출하도록 요청 받지 않는 것은 무엇인가?
(A) 이력서
(B) 추천서

추론

매주 토요일에 새로운 방송분을 게시하실 때 많은 압박감이 있으시다는 것은 이해하지만, 우리 팟캐스트가 성장할 수 있는 유일한 방법은 우리의 정규 일정을 고수하는 것입니다.

어휘 pressure 압박감 stick to ~을 고수하다

Q. 팟캐스트와 관련해 암시된 것은 무엇인가?
(A) 아직 청자들이 많지 않다.
(B) 연예 뉴스를 다룬다.

문장삽입

영업 및 마케팅 분야에서 지닌 폭넓은 경험으로 인해 저희 클라이언트 스타 솔루션즈 사는 여러분의 사업 목표를 완수하시는 데 있어 최고의 선택입니다. – [1] –. 저희는 도시 전역에 걸쳐 지역 업체들이 매출을 증진하는 데 도움을 드리기 위해 방문 판매 담당 직원들로 이뤄진 팀을 구성했습니다. – [2] –.

어휘 vast 폭넓은 option 선택 (사항) accomplish ~을 완수하다, 성취하다, 이루다 door-to-door 방문하는 generate ~을 증진하다, 생산하다 throughout ~ 전역에 걸쳐, ~ 동안 내내

Q. [1]과 [2]로 표시된 위치들 중에서 아래 문장이 들어가기에 가장 적합한 곳은 어디인가?

"또한, 저희는 잠재 고객들께 전화를 드릴 유선 판매 담당 직원들도 모집하고 있습니다."

(A) [1]
(B) [2]

의도파악

고객 서비스 상담 직원 (오후 1:31)
그 소프트웨어를 업데이트해 보셨나요? 이용 가능한 더 새로운 버전이 있을 수 있는데, 그것이 바로 그 프로그램을 시작하

실 수 없는 이유입니다.

미쉘 랭리 (오후 1:33)
제가 그 생각을 했어야 했는데요! 대단히 감사합니다! 해 보고 어떻게 되어 가는지 알려 드릴게요.

어휘 available 이용 가능한, 구매 가능한 give A a try A를 해 보다

Q. 오후 1시 33분에, 랭리 씨가 "제가 그 생각을 했어야 했는데요"라고 쓸 때 무엇을 의미할 것 같은가?
(A) 적절한 교육을 받지 못했다.
(B) 상담 직원의 아이디어를 시도해 보지 못했다.

동의어

저는 아마추어 천문학자들의 열정과 노력이 지니는 가치를 인정하시는 모든 분께 이 영화를 진심으로 추천합니다. 재미있을뿐만 아니라, 과학에 대해 다르게 생각하는 사람들을 지원하는 것의 중요성을 보여줍니다.

어휘 wholeheartedly 진심으로 passion 열정 astronomer 천문학자 importance 중요성 support ~을 지원하다, 지지하다

Q. 첫 번째 단락, 첫 번째 줄의 단어 "appreciates"과 의미가 가장 가까운 것은 무엇인가?
(A) 예상하다
(B) 소중히 여기다

Practice

1. (B)   2. (A)   3. (C)   4. (D)

1.

쇼핑몰 건설 공사 프로젝트에 대한 투자에 감사 드리기 위해, **5월 19일에 있을 저희 개장식에 함께 하시게 된다면 영광일 것입니다.**

어휘 investment 투자(금) honored 영광인, 명예로운 join ~와 함께 하다, ~에 합류하다

Q. 편지의 목적이 무엇인가?
(A) 공사의 지연 문제를 알리는 것
(B) 행사에 초대하는 것
(C) 프로젝트에 대한 새 투자자들을 찾는 것
(D) 업체로 고객들을 끌어들이는 것

해설 5월 19일에 있을 개장식에 함께 하게 된다면 영광일 것이라는 말은 개장식 행사에 참석하도록 초대하는 것이므로 (B)가 정답이다.

어휘 extend an invitation 초대하다, 초대장을 보내다 seek ~을 찾다, 구하다 attract ~을 끌어들이다

2.

음악 업계에 대한 기사로 잘 알려져 있는 바바라 벤슨 씨가 최근 잭 스미스 씨를 인터뷰했습니다. 음반 회사의 사장인 스미스 씨는 가수인 밀리나 칸 씨의 최신 앨범을 높이 평가했습니다.

어휘 be well known for ~로 잘 알려져 있다 speak highly of ~을 높이 평가하다 latest 최신의

Q. 벤슨 씨가 누구인가?
(A) 기자
(B) 음반 프로듀서
(C) 음악가
(D) 행사 주최자

해설 바바라 벤슨 씨가 음악 업계에 대한 기사로 잘 알려져 있다고 언급되어 있어 기자임을 알 수 있으므로 (A)가 정답이다.

3.

레이테크 솔루션즈 사의 마리아 로페즈 대표이사는 "고객들께서는 더 이상 수리를 위해 저희 중앙 시설로 오작동되는 노트북 컴퓨터들을 보내실 필요가 없습니다. 대신, 저희 수리 팀이 현재 결함이 있는 화면과 키보드들을 교체하는 것을 포함해 귀하의 위치에서 곧바로 유지보수 서비스를 제공합니다. 추가로, 저희는 현재 외부 웹캠, 화면 보호기, 그리고 전원 어댑터를 포함해 아주 다양한 부대용품도 제공하고 있습니다."라고 발표했다.

어휘 malfunctioning 오작동하는 maintenance 유지 보수 directly 곧바로 replace ~을 교체하다 faulty 결함이 있는 accessories 부대용품

Q. 레이테크 솔루션즈에 의해 제공되지 않는 것은 무엇인가?
(A) 노트북 부대용품
(B) 현장 유지 보수
(C) 무료 사용 지침서
(D) 교체부품

해설 무료 사용 지침서와 관련된 정보는 제시되어 있지 않으므로 (C)가 정답이다.

4.

이 할인 쿠폰은 오직 다운타운 델리의 선별된 지점에서만 사용하실 수 있습니다. 12월 31일 후에는 이 쿠폰을 교환해 사용하실 수 없을 것이라는 점에 유의하시기 바랍니다.

어휘 selected 선별된 redeem (쿠폰 등) ~을 제품으로 교환하다

Q. 쿠폰과 관련해 언급된 것은 무엇인가?
(A) 온라인에서 교환해 사용할 수 있다.
(B) 어느 지점에서나 사용할 수 있다.
(C) 소지자에게 50퍼센트 할인 자격을 준다.
(D) 한시적으로 유효하다.

해설 12월 31일 후에는 쿠폰을 교환해 사용할 수 없다는 점에 유의하라는 말이 쓰여 있어 한시적으로 유효하다는 사실을 알 수 있으므로 (D)가 정답이다.

어휘 entitle A to B A에게 B에 대한 자격을 주다 holder 소지자, 보유자

Paraphrasing will be unable to redeem this after December 31 → is valid for a limited time

Check-up Test

| 1. (D) | 2. (B) | 3. (C) | 4. (D) | 5. (C) |
| 6. (D) | 7. (D) | 8. (C) | 9. (D) | 10. (D) |

1-3.

별들에게 닿을 준비가 된 이니스필 시!
작성자, 조던 레이놀즈, 테크월드 가제트

1 이니스필 시가 최신 교육 시설인 호라이즌 과학 탐험 센터가 대중에게 공개된다고 발표했습니다. 이 센터는 모든 연령대의 사람들 사이에서 과학을 향한 호기심 및 열정을 고취시키는 데 전념하는 곳입니다.

"호라이즌 과학 탐험 센터는 상호 작용 실험실들과 몰입형 모의 체험실을 포함해, 다양한 전시회들을 특징으로 하도록 설계되어 있습니다,"라고 2 해당 공간을 창고에서 역동적인 학습 중심 시설로 탈바꿈시키는 작업을 책임진 건축회사 캐리건 콘셉트 주식회사의 에릭 캐리건 씨가 언급했습니다. 이 센터의 운영 관리 책임자 마커스 리 씨는 "이 센터는 단지 학교 현장 체험 중에 방문하는 곳이 아니라, 방문객들께서 과학적 개념들을 깊이 있게 접하고 다양한 과학 지식 분야에 대해 오래 지속되는 관심을 발전시킬 수 있는 환경입니다."라고 덧붙였습니다.

지역 전체에 걸친 민간 후원자들 덕분에, 센터의 회원권이 8월 31일까지 첫 한 달 동안 무료일 것입니다. 다음 달부터, 이

센터는 특별 워크숍 및 다른 행사들에 대한 이용 권한을 **3 주는** 회원권과 함께, 성인은 매달 15달러, 그리고 아동은 7달러의 요금제를 시행할 것입니다. 관심이 있으신 분들은 www.horizonsciencecenter.org에서 연간 회원권 패키지에 관한 정보와 주말 및 휴일 운영 시간, 그리고 모든 전시회 상세 설명을 찾아 보실 수 있습니다.

어휘 set to do ~할 준비가 된, ~할 예정인 be dedicated to -ing ~하는 데 전념하다 foster ~을 고취시키다, 조성하다, 촉진하다 curiosity 호기심 interactive 상호 작용의, 대화형의 laboratory 실험실 immersive 몰입형의 simulation 모의 체험 transform ~을 탈바꿈하다, 변형하다 dynamic 역동적인 hub 중심(지) operation 운영, 영업, 가동 merely 단지, 그저 engage with ~을 접하다, ~와 관련되다, 교류하다 lasting 오래 지속되는 implement ~을 시행하다 grant ~을 주다, 승인하다

1. 기사의 목적이 무엇인가?
   (A) 기술 분야의 발전상을 설명하는 것
   (B) 한 시설을 위해 기부를 요청하는 것
   (C) 다가오는 행사를 홍보하는 것
   (D) 한 센터의 개장을 알리는 것

해설 첫 번째 단락에서 이니스필 시가 호라이즌 과학 탐험 센터가 공개됐다고 언급한 뒤로 그 센터의 특징 및 이용 방법 등과 관련해 설명하고 있으므로 (D)가 정답이다.

어휘 seek ~을 요청하다, 구하다 donation 기부(금)

2. 캐리건 씨가 누구일 것 같은가?
   (A) 과학자
   (B) 건축가
   (C) 사무실 관리자
   (D) 프로젝트 투자자

해설 에릭 캐리건 씨의 이름이 언급되는 두 번째 단락에 해당 공간을 창고에서 역동적인 학습 중심 시설로 탈바꿈시키는 작업을 책임진 건축회사인 캐리건 콘셉트 주식회사의 사람이라고 소개하고 있으므로 (B)가 정답이다.

3. 세 번째 단락, 네 번째 줄의 단어 "granting"과 의미가 가장 가까운 것은 무엇인가?
   (A) 자금을 제공하는
   (B) 환영하는
   (C) 허용하는
   (D) 참가하는

해설 동사 grant의 현재분사인 granting 앞뒤로 '회원권'을 뜻하는 명사 membership와 '이용 (권한)'을 의미하는 명사 access가 각각 쓰여 있어 '이용 권한을 주는 회원권'이라는 의미로 해석될 수 있다. 이는 그러한 권한을 허용하는 것과 같으므로 '허용하다'를 뜻하는 allow의 현재분사 (C) allowing이 정답이다.

4-6.

알렉스 머피 [오후 2:15]
팀원 여러분, 다가오는 **4 우리 새 식기 세척기 모델**의 출시를 위해 모두가 각자의 프로젝트로 바쁘다는 사실은 알고 있지만, **5 수요일에 있을 언론 행사 전에 누군가 홍보용 안내 책자를 만드는 일 좀 맡아 주시겠어요?**

조던 레예스 [오후 2:17]
저는 일주일 내내 최신 시장 조사 데이터를 분석하느라 바빠서 꼼짝 못하고 있습니다. 케이시 씨는요?

케이시 탬버 [오후 2:18]
제게 맡겨 주세요. 제가 내일 오전 11시까지 테스트 최종 단계를 마무리할 겁니다. 정확히 어떤 걸 찾고 계신 건가요?

알렉스 머피 [오후 2:20]
감사합니다, 케이시 씨. 관련 이미지들과 함께, 제품의 특징과 이점들을 강조하는 간결한 안내 책자라면 이상적일 거예요.

케이시 탬버 [오후 2:22]
알겠습니다. 안내 책자를 얼마나 많이 인쇄해야 하나요?

알렉스 머피 [오후 2:23]
6 제가 여전히 참석 여부 회신을 확인하는 과정에 있습니다. 오늘 이따가 언론 행사에서 예상되는 참석자들의 수에 대한 추정치를 제공해 드릴게요.

어휘 be occupied with ~로 바쁘다 respective 각자의, 각각의 take on ~을 맡다 task 일, 업무 be tied up -ing ~하느라 바빠서 꼼짝 못하다 analyze ~을 분석하다 wrap up ~을 마무리하다 phase 단계 simple 간결한 feature 특징 benefit 이점, 혜택 relevant 관련된 ideal 이상적인 RSVP (초대장 등에서) 참석 여부 회신 estimate 추정(치), 견적(서)

4. 메시지 작성자들이 어떤 종류의 업체에서 일하고 있을 것 같은가?
   (A) 화학 회사
   (B) 식당
   (C) 실내 디자인 회사
   (D) 가전 기기 제조사

해설 머피 씨가 첫 번째 메시지에서 소속 회사의 제품을 '우리 새 식기 세척기 모델'이라고 지칭하고 있으므로 (D)가 정답이다.

Paraphrasing dishwasher → appliance

5. 오후 2시 18분에, 탬버 씨가 "제게 맡겨 주세요"라고 말할 때 무엇을 의미하는가?
   (A) 한 가지 일을 완료하도록 레예스 씨를 도울 것이다.
   (B) 머피 씨에게 일부 데이터를 제공할 것이다.
   (C) 제품 안내 책자를 만들 것이다.
   (D) 오늘 일찍 퇴근할 것이다.

해설 머피 씨가 첫 번째 메시지에서 나머지 두 사람에게 수요일에 있을 언론 행사 전에 누군가 홍보용 안내 책자를 만드는 일을 맡아 달라고 요청한 것에 대해 탬버 씨가 '제게 맡겨 주세요'라고 대답한 것이므로 (C)가 정답이다.

6. 머피 씨가 곧이어 무엇을 할 것인가?
   (A) 행사 예산을 확정하는 일
   (B) 행사장 수용 규모를 확인하는 일
   (C) 언론 행사 일정을 재조정하는 일
   (D) 행사 참석자들의 수를 공유하는 일

해설 머피 씨가 마지막 메시지에서 참석 여부 회신을 확인하는 과정에 있다는 말과 함께 관련 수치를 이따 알려 주겠다고 알리고 있다. 따라서, 참석자 수에 대한 추정치를 공유할 것으로 볼 수 있으므로 (D)가 정답이다.

어휘 capacity 수용 규모, 수용력, 용량

7-10.

조너선 휘트모어
휘트모어 아트 컬렉션
켄싱턴 애비뉴 58번지
런던, W8 4PT

휘트모어 씨께,

7 귀하의 개인 소장품 중에서 배송된 물품이 지난주에 도착했으며, 귀하의 너그러움에 감사 드리기 위해 편지를 씁니다. 기증해 주신 그림들이 저희 호텔의 중앙 로비의 분위기를 상당히 향상시켜 주었습니다. - [1] -. 귀하의 기증 덕분에, 저희 손님들께서 현재 더욱 세련되고 문화적으로 풍부한 환경을 즐기시고 계십니다.

귀하께서는 저희가 어떻게 이 물품들을 선보일 계획인지 문의하셨습니다. - [2] -. **8 저희가 로비에 미술품들을 진열하면서**, 도착 즉시 저희 방문객들을 사로잡는 매력적인 분위기를 만들어 내고 있습니다. 귀하의 너그러움을 기리기 위해, **8 각 미술품 옆에 목재 명판도 포함해**, 귀하의 기증에 감사의 뜻을 표하고 있습니다. - [3] -.

게다가, 귀하의 기증은 저희에게 월간 미술 감상 행사를 주최하도록 영감을 주었으며, 이는 고객들과 지역 미술 애호가들께 작품들을 더욱 밀접하게 접할 수 있게 해 줍니다. 저희는 이 계획이 저희 지역 사회 내에서 미술에 대해 더 깊이 있는 감상을 촉진할 것으로 생각합니다. **9 10 지금으로부터 몇**

달 후에 저희의 첫 행사에 참석하시는 데 관심이 있으신가요? 그러실 경우, 제게 알려 주시기 바랍니다. - [4] -.

저희 해러거트 호텔을 위한 귀하의 소중한 지원에 대해 다시 한 번 감사 드립니다.

안녕히 계십시오.

엘레너 헤이스팅스, 총지배인
해러거트 호텔

어휘 collection 소장(품), 수집(품) generosity 너그러움, 관대함 significantly 상당히, 많이 ambiance 분위기 refined 세련된 enriched 풍부한 showcase ~을 선보이다 display ~을 진열하다, 전시하다 inviting 매력적인 atmosphere 분위기 captivate ~을 사로잡다 honor v. ~을 기리다, ~에게 영예를 주다 acknowledge ~에 감사의 뜻을 표하다, ~을 인정하다 inspire A to do A에게 ~하도록 영감을 주다 appreciation 감상, 감사, 인식 enthusiast 애호가, 열광적인 팬 engage with ~을 접하다, ~와 관련되다, 교류하다 piece (글·그림·음악 등의) 작품 intimately 밀접하게 initiative 계획 foster ~을 촉진하다, 조성하다 invaluable 소중한

7. 헤이스팅스 씨가 왜 휘트모어 씨에게 편지를 쓰는가?
   (A) 호텔에 머물도록 요청하기 위해
   (B) 곧 있을 미술 전시회를 알리기 위해
   (C) 지연된 배송에 관해 문의하기 위해
   (D) 기증품에 대해 감사의 뜻을 표하기 위해

해설 첫 번째 단락에 휘트모어 씨의 개인 소장품 중에서 배송된 물품이 지난주에 도착한 사실과 함께 그 너그러움에 감사하기 위해 편지를 쓴다고 알리고 있다. 따라서, 휘트모어 씨가 기증한 물품에 대해 감사의 인사를 전하는 편지임을 알 수 있으므로 (D)가 정답이다.

어휘 gratitude 감사(의 뜻)

Paraphrasing items from your private collection/ thank you for your generosity → express gratitude for donations

8. 호텔 로비에 있는 미술품과 관련해 사실인 것은 무엇인가?
   (A) 전등에 의해 불빛이 비춰지고 있다.
   (B) 지역 미술가들에 의해 만들어졌다.
   (C) 명판을 동반하고 있다.
   (D) 호텔 손님들에 의해 구입될 수 있다.

해설 두 번째 단락에 로비에 미술품들을 진열한 사실과 함께 각 미술품 옆에 목재 명판도 포함해 두었다고 알리고 있으므로 (C)가 정답이다.

어휘 illuminate ~에 불빛을 비추다 be accompanied by ~을 동반하다, ~이 딸려 있다 nameplate 명판

| Paraphrasing | have also included a wood plate → are accompanied by nameplates |

9. 해러거트 호텔과 관련해 암시된 것은 무엇인가?
   (A) 설치 작업으로 인해 일시적으로 문을 닫았다.
   (B) 인기 있는 미술가들이 자주 방문한다.
   (C) 스위트 객실에 대해 요금을 인상할 계획이다.
   (D) 현재 미술 행사를 제공하지 않는다.

해설 마지막 단락에 미술 감상 행사를 언급하면서 지금으로부터 몇 달 후에 그 첫 행사에 참석하는 데 관심이 있는지 묻고 있다. 이를 통해 현재 미술 관련 행사를 제공하고 있지 않다는 것을 알 수 있으므로 (D)가 정답이다.

10. [1], [2], [3], 그리고 [4]로 표시된 위치들 중에서 다음 문장이 들어가기에 가장 적합한 곳은 어디인가?

    "참석자들께서 진열 중인 작품과 관련된 귀하의 식견을 꼭 들어 보고 싶어 하십니다."

    (A) [1]
    (B) [2]
    (C) [3]
    (D) [4]

해설 제시된 문장은 참석자들이 작품과 관련해 기증자인 휘트모어 씨의 식견을 꼭 듣고 싶어 한다는 의미를 담고 있다. 따라서, 몇 달 후에 있을 첫 행사에 참석하는 데 관심이 있는지 묻는 문장 뒤에 표시된 [4]에 들어가 행사 참석자들의 희망 사항을 언급하는 것으로 휘트모어 씨에게 참석하도록 당부하는 흐름이 되어야 알맞으므로 (D)가 정답이다.

어휘 insight 식견, 통찰력 regarding ~와 관련된 on display 진열 중인, 전시 중인

▶ Playlist 10
고득점 치트키, 이중지문&삼중지문

Practice

1. (B)   2. (C)   3. (D)   4. (A)

1.

안녕하세요, 레이첼 씨,

한 가지 부탁 드릴 것이 있습니다. 작년에 당신의 새 시내 지점을 위해 정말로 성공적인 개장 행사를 주최하셨던 것이 기억납니다. 저희 팀이 현재 저희 최신 지점을 위해 개장식을 계획하고 있으며, 저는 당신의 행사가 얼마나 잘 준비되었는지에 대해 정말로 깊은 인상을 받았습니다. **협업하셨던 기획 전문 회사가 당신에게 신규 고객으로서 뛰어난 할인 혜택을 제공해 주었다고 언급하셨습니다.** 그것이 아주 매력적인 것 같아서, 그곳의 상세 연락처를 제게 전달해 주실 수 있기를 바라고 있었습니다.

어휘 ask a favor of ~에게 부탁하다 be impressed by ~에 깊은 인상을 받다 well-organized 잘 준비된, 아주 체계적인 mention that ~라고 언급하다 appealing 매력적인 pass on A to B A를 B에게 전달하다

안녕하세요, 테리 씨,

개장식을 계획하고 계시다니 정말 기대되시겠어요, 축하합니다! **저희가 행사를 위해 브라이트라인 이벤트 사라고 부르는 회사와 협업했어요.** 꽤 신규 업체이긴 하지만, 진행이 매끄럽고 기억에 남을 만한 행사를 준비하는 것으로 뛰어난 명성을 지니고 있습니다. 이야기해 보시기를 원하시는 분은 설립자이신 폴라 제닝스 씨입니다. 이분의 전화번호는 555-8271입니다. 꼭 제 이름을 언급해 주세요. 이곳과 협업했던 것은 훌륭한 경험이었습니다.

어휘 called A A라고 부르는 fairly 꽤, 상당히 reputation 명성, 평판 smooth (진행이) 매끄러운, 순조로운 memorable 기억에 남을 만한

Q1. 테리 씨가 왜 브라이트라인 이벤트 사에 특별히 관심이 있는가?
   (A) 여러 해 동안 영업해 왔다.
   (B) 첫 방문 고객에게 인하된 가격을 제공한다.
   (C) 그의 이전 동료 직원들 중 한 명에 의해 설립되었다.
   (D) 대단히 긍정적인 온라인 평가를 받아 왔다.

해설 브라이트라인 이벤트 사는 두 번째 지문에서 행사를 위해 협업한 업체로 언급되어 있다. 첫 번째 지문에서 협업했던 기획 전문회사가 레이첼 씨에게 신규 고객으로서 뛰어난 할인 혜택을 제공해 주었다고 언급한 사실이 쓰여 있어 브라이트라인 이벤트 사가 그 할인 혜택을 제공한 것으로 볼 수 있으므로 (B)가 정답이다.

어휘 in business 영업하는, 사업하는 former 이전의, 전직 ~의 colleague 동료 (직원)

2.

저희 스카이바운드 어드벤처 파크는 가족 전체를 위한 신나는 놀이기구들을 제공합니다. 여러분의 일상 생활에서 잠시 벗어나 저희의 가장 인기 있는 놀이기구와 함께 짜릿함의 세계로 빠져들어 보세요:

팔콘 플라이트: 매처럼 상공으로 솟구치는 고속 롤러 코스터.
트위스터 써밋: 하늘 높이 올라간 다음, 갑자기 떨어지는 회전 놀이기구.
아쿠아 루프: 물보라 사이로 굽이굽이 나아가는 수상 놀이기구로서, 시원하게 즐기기에 완벽합니다.

루나 랜더: 공중으로 떠올랐다가 부드럽게 다시 내려오는 과정에서 무중력 상태를 경험해 보세요.

어휘 exciting 신나는, 유쾌한 ride 놀이기구, (교통편 등의) 타고 가기 take a break from (휴식을 위해) ~에서 잠시 벗어나다, ~을 잠시 쉬다 dive into ~에 빠져들다 attraction 놀이기구, 인기 장소 soar 솟구치다, 솟아오르다 spinning 회전하는 suddenly 갑자기 propel ~을 나아가게 하다, ~에 추진력을 제공하다 loop 고리(모양의 것), 원형 splash (떨어지거나 튀는) 물방울 gravity 중력 lift ~을 끌어올리다 gently 부드럽게, 조심스럽게, 약하게

스카이바운드 어드벤처 파크: 스릴을 즐기는 사람들의 인기 장소
작성자, 마비스 하디

스카이바운드 어드벤처 파크가 빠르게 아드레날린 애호가들이 가장 좋아하는 장소가 되어 가고 있습니다. 최근의 방문 중에, 저는 **팔콘 플라이트** 롤러 코스터를 경험했는데, 만 상공에서 굽이치며 나아가고 방향 전환하는 과정에서 숨이 멎을 듯한 경관을 제공해 줍니다. **아쿠아 루프**는 그 빠르고 물보라를 일으키는 회전으로 짜릿함을 제공해 주었습니다. 하지만, 하이라이트는 **그래비티 드롭**이었는데, 갑작스러운 수직 낙하가 제 심장을 쿵쾅거리게 만들었습니다. 독특한 놀이기구들의 조합으로, 스카이바운드 어드벤처 파크는 즐거움을 찾는 분들에게 필수 방문 코스입니다.

어휘 hit 인기 있는 것 seeker 찾는 사람, 구하는 사람 enthusiast 애호가, 열광적인 팬 twist 굽이치며 나아가다 turn 방향을 전환하다, 회전하다 bay 만(바다가 육지로 휘어들어간 곳) watery 물의, 물기가 잇는 sudden 갑작스러운 race (심장이) 빨리 뛰다 combination 조합 must-visit 필수 방문 코스

Q2. 하디 씨가 광고에서 하지 않는 어떤 놀이기구를 언급하는가?
(A) 트위스트 써밋
(B) 아쿠아 루프
(C) 그래비피 드롭
(D) 루나 랜더

해설 두 번째 지문에서 작성자 하디 씨가 언급하는 놀이기구는 팔콘 플라이트 롤러 코스터와 아쿠아 루프, 그리고 그래비피 드롭, 이 세 가지인데, 이 중에서 그래비피 드롭은 첫 번째 지문에서 소개하는 놀이기구에 포함되어 있지 않으므로 (C)가 정답이다.

3-4.

안녕하세요, 패트릭 씨,

요청하신 대로, 곧 떠나실 시카고 출장을 위해 렌터카를 한 대 예약해 드렸습니다. **3** 비용이 하루에 140달러인 이그제큐티브 렌터카의 자동차를 예약했습니다. 회사에서 대여 비용을 충당해 드리기는 하지만, 충전 케이블과 쓰레기 봉지와 같은 당신만의 필수 용품들을 가져가는 것을 잊지 마십시오. **4** 휴대폰 거치대가 필요하시다면, 하나 빌려드릴 수 있습니다.

안녕히 계십시오.

야스민

어휘 cover (비용 등) ~을 충당하다, 포함하다 essential n. 필수 용품, 필요한 것

이그제큐티브 렌터카
아처 드라이브 193번지, 시카고

메컨 A4 - $125/일일
아폴로 3 시리즈 - $130/일일
에스프릿 ES - $135/일일
3 젠슨 C-클래스 - $140/일일

안녕하세요, 야스민 씨,

렌터카를 준비해 주셔서 감사합니다. 이그제큐티브 렌터카의 자동차를 운전해 보기를 고대하고 있습니다. **4** 제가 목요일에 사무실로 복귀할 때 반드시 모든 영수증을 제출하겠습니다. 또 그때 제게 빌려 주신 부대용품을 돌려 드리겠습니다.

안녕히 계십시오.

패트릭

어휘 arrange ~을 준비하다, 조치하다 look forward to -ing ~하기를 고대하다 give A back A를 돌려주다

Q3. 패트릭 씨를 위해 어떤 종류의 자동차가 예약되었을 것 같은가?
(A) 메컨 A4
(B) 아폴로 3 시리즈
(C) 에스프릿 ES
(D) 젠슨 C-클래스

해설 첫 번째 지문에 비용이 하루에 140달러인 자동차를 예약했다고 알리는 말이 쓰여 있고, 두 번째 지문에 일일 요금이 $140인 자동차가 'Jensen C-Class - $140/day'로 표기된 젠슨 C-클래스이므로 (D)가 정답이다.

Q4. 패트릭 씨가 목요일에 무엇을 야스민 씨에게 줄 것인가?
(A) 휴대폰 거치대
(B) 재사용 가능한 봉투
(C) 주차권
(D) 충전 케이블

해설 세 번째 지문에 패트릭 씨가 목요일에 빌렸던 부대용품을 돌려 주겠다고 알리는 말이 쓰여 있다. 첫 번째 지문에 야스민 씨가 휴대폰 거치대를 빌려줄 수 있다고 언급되어 있으므로 (A)가 정답이다.

Check-up Test

| 1. (B) | 2. (C) | 3. (C) | 4. (D) | 5. (B) |
| 6. (D) | 7. (D) | 8. (D) | 9. (C) | 10. (B) |

1-5.

수신: 전 직원
날짜: 11월 15일
제목: 연말 기념 연회

우리의 연례 연말 기념 행사가 12월 10일, 토요일에 그랜드 오크 호텔에서 개최될 것이라는 사실을 알려 드리게 되어 기쁩니다. **1** 이 연회는 오후 6시부터 오후 10시까지 이 호텔의 에머럴드 볼룸에서 진행될 것입니다. 공식 만찬은 행사가 시작되고 1시간 후에 제공되며, 그 후 라이브 공연과 댄스가 이어집니다. 이 저녁 시간을 더욱 기억에 남을 만하게 만들기 위해, 포토 부스와 흥미로운 상품이 있는 경품 추첨 행사, 그리고 우수한 팀 성과를 기리는 특별 표창식이 있을 것입니다.

야간에 숙박하시는 데 관심이 있는 분들을 위해, **2** 그랜드 오크 호텔에서 우리 직원들을 대상으로 할인된 요금을 제공합니다. 555-4561번으로 호텔 예약 안내 데스크에 연락하셔서 우리 회사 이름을 언급하시고 이 특별 요금을 이용하시기 바랍니다. **3** 이 행사와 관련해 어떤 질문이나 제안 사항이든 있으실 경우, 소속 부서장 또는 인사부의 제이미 린 씨에게 연락하십시오.

어휘 year-end 연말의 formal 공식적인, 정식의 serve (음식 등) ~을 제공하다, 내오다 followed by A A가 뒤에 이어지는 memorable 기억에 남을 만한 raffle 경품 추첨 행사 recognition 표창, 인정 honor v. ~을 기리다, ~에게 영예를 주다 outstanding 우수한, 뛰어난 take advantage of ~을 이용하다 reach out to ~에게 연락하다

발신: 엘레나 마르티네즈 <emartinez@halfordsolutions.com>
3 수신: 데이빗 김 <dkim@halfordsolutions.com>
날짜: 11월 17일
제목: 연말 연회 문의

김 씨께,

그랜드 오크 호텔에서 곧 있을 연말 연회에 대해 대단히 기쁘게 생각합니다. **3 4** 직원들이 이 행사에 손님을 한 명 모시고 가도록 허용되는지 문의하고 싶었습니다. 제 배우자가 우리 회사의 행사와 관련해 아주 많은 얘기를 들어서 꼭 참석하고 싶어 합니다.

추가로, 할인된 객실의 이용 가능성에 관한 정보를 듣게 되어 기쁘긴 했지만, 행사 개최 장소가 대부분의 직원들이 이동하기엔 꽤 멀리 있습니다. **5** 참석자들을 우리 사무실에서 행사장으로 데려갔다가 다시 오는 셔틀 버스를 마련하는 게 좋은 생각일지 모릅니다.

손님을 한 명 모시고 가는 것의 가능성과 관련해 가급적 빨리 알려 주시기 바랍니다. 제게 이메일을 통해, 또는 내선 번호 204번으로 연락하시면 됩니다.

안녕히 계십시오.

엘레나 마르티네즈

어휘 thrilled 대단히 기쁜, 짜릿한 be permitted to do ~하도록 허용되다 availability 이용 가능성 possibility 가능성 reach ~에게 연락하다 via ~을 통해 extension 내선 전화 (번호)

1. 행사에서 언제 식사가 제공될 것인가?
(A) 오후 6시에
(B) 오후 7시에
(C) 오후 8시에
(D) 오후 9시에

해설 첫 지문 첫 단락에 연회가 오후 6시부터 오후 10시까지 해당 호텔의 에머럴드 볼룸에서 진행된다는 정보와 함께 공식 만찬이 행사가 시작되고 1시간 후에 제공된다고 언급되어 있으므로 (B)가 정답이다.

2. 해당 호텔과 관련해 언급된 것은 무엇인가?
(A) 서비스에 대해 인정 받았다.
(B) 무료 음료를 제공할 것이다.
(C) 기업 할인 혜택을 제공한다.
(D) 여러 행사용 연회실이 있다.

해설 첫 지문 두 번째 단락에 그랜드 오크 호텔에서 이메일 작성자의 회사 직원들을 대상으로 할인된 요금을 제공한다고 언급되어 있으므로 (C)가 정답이다.

Paraphrasing is offering a discounted rate for our employees → is offering a corporate discount

3. 데이빗 김 씨가 누구일 것 같은가?
   (A) 재무 설계사
   (B) 호텔 지배인
   (C) 부서장
   (D) 버스 기사

해설 마르티네즈 씨가 데이빗 김 씨에게 보내는 이메일인 두 번째 지문 첫 단락에 행사에 손님을 한 명 모시고 가는 것과 관련해 문의하는 말이 쓰여 있다. 이와 관련해, 첫 지문 두 번째 단락에 행사와 관련된 질문이나 제안 사항이 있으면 소속 부서장이나 인사부의 제이미 린 씨에게 연락하라고 당부하는 내용에 제시되어 있어 데이빗 김 씨가 마르티네즈 씨의 부서장임을 알 수 있으므로 (C)가 정답이다.

4. 마르티네즈 씨가 연말 연회와 관련해 무엇을 알고 싶어 하는가?
   (A) 어떤 음식이 제공될지
   (B) 언제 시작할지
   (C) 어디에서 개최될지
   (D) 누가 참석할 수 있는지

해설 마르티네즈 씨가 작성한 이메일인 두 번째 지문 첫 단락에 행사에 손님을 한 명 모시고 가도록 허용되는지 문의하고 싶었다는 말이 쓰여 있으므로 (D)가 정답이다.

Paraphrasing whether employees are permitted to bring a guest ➡ Who can attend

5. 마르티네즈 씨가 무엇을 제안하는가?
   (A) 객실 가격을 인하할 것
   (B) 직원들을 위해 교통편을 마련할 것
   (C) 추가 행사를 주최할 것
   (D) 연회 장소를 변경할 것

해설 두 번째 지문 두 번째 단락에 마르티네즈 씨가 참석자들을 데리고 행사장을 오가는 셔틀 버스를 마련하는 게 좋은 생각일 것이라고 제안하는 말이 쓰여 있으므로 (B)가 정답이다.

Paraphrasing organize a shuttle bus ➡ Arranging transportation

6-10.

저희 휴고 볼레로스 시그니처 살롱에서 예술적인 헤어 스타일을 경험해 보세요.

5월 한 달 동안 내내, 토론토 시내 중심부에 위치한, 휴고 볼레로스 시그니처 살롱의 개장식을 기념하는 데 여러분을 초대합니다. 25년이 넘는 경력을 보유하고 계신, 유명 헤어 스타일리스트 휴고 볼레로 씨께서 세계적인 전문 기술을 우리 도시에 전해 주시면서, 여러분 고유의 스타일에 맞춘 **6 아주 다양한** 종류의 헤어 서비스를 제공해 드립니다.

저희 미용실은 화요일부터 일요일, 오전 10시부터 오후 7시까지 운영되며, 모든 경우에 대비한 정밀 커트와 컬러 트리트먼트, 그리고 스타일링을 포함하는 서비스를 제공해 드립니다. 휴고 씨와 팀원들은 여러분의 자연미를 향상시키는 뛰어난 결과물을 제공해 드리는 데 전념하고 있습니다.

7 예약은 필수이며, 최소 5일 전에 미리 예약되어야 합니다. 저희가 매주 월요일에 문을 닫는다는 사실에 유의하시기 바랍니다. www.hugobolerosalon.com에서 저희 서비스와 관련해 더 많은 것을 알아 보시거나 555-3779번으로 직접 저희에게 전화 주십시오.

계속 주목해 주시기 바랍니다! **10 새 미용실 지점 한 곳이 올 9월에 오타와에서 개장할 예정입니다!**

어휘 throughout (기간) ~ 동안 내내, (장소) ~ 전역에 걸쳐 expertise 전문 기술, 전문 지식 extensive 폭넓은, 광범위한 range 종류, 제품군, 범위 tailored to ~에 맞춰진, ~에 맞게 조정된 precision 정밀, 정확 occasion 경우, 행사, 때 be dedicated to -ing ~하는 데 전념하다, ~하는 데 헌신하다 exceptional 뛰어난, 이례적인 appointment 예약, 약속 discover ~을 알아내다, 발견하다 stay tuned 계속 주목하다, (방송에서) 채널을 고정하다 be set to do ~할 예정이다, 준비가 되다

**휴고 볼레로스 시그니처 살롱
개장 기념 특가 서비스 - 5월 한정!**

5월 한 달 동안 내내 이용 가능한 이 독점 제공 서비스와 함께 저희 새 미용실의 개장을 기념해 보세요. 무료 선물 또는 서비스를 받기 위해 아래의 예약 시간들 중 하나의 시간 동안 이 쿠폰을 제시하시기 바랍니다:

- 시그니처 헤어컷: 이동 중에 스타일을 유지하실 수 있는 여행용 사이즈 무료 헤어 관리 세트를 받아 보세요.
- 남성용 그루밍 패키지: 세련된 빗과 고급 헤어 젤을 추가 비용 없이 집으로 가져 가세요.
- **9 컬러 트리트먼트: 색상의 선명함을 향상시켜 드리는 무료 심층 컨디셔닝 트리트먼트를 즐겨 보세요.**
- 신부 스타일링: 결혼식을 위한 무료 스타일링 상담을 받아 보세요.

지금 예약하셔서 휴고 볼레로 씨의 예술적 기교를 경험해 보세요.

어휘 exclusive 독점적인, 전용의 care 관리, 돌봄, 주의 kit 세트 maintain ~을 유지하다 on the go 이동 중에, (끊임없이) 활동하는, (계속) 바쁜 comb 빗 vibrancy 선명함, 생기 bridal 신부의 artistry 예술적 기교, 예술성

수신: 휴고 볼레로 <contact@hugobolerosalon.com>
발신: 카밀 김 <kim@flymail.net>
날짜: 10월 5일
제목: 신부 스타일링 예약 문의

볼레로 씨께,

별일 없이 잘 지내고 계시기를 바랍니다. **8** 제가 이번 5월에 퀘벡 시에서 열린 헤어 & 스킨케어 컨벤션에 참석했는데, 이곳에서 귀하의 헤어 스타일링 시연회에 대단히 깊은 인상을 받았습니다. **9** 그 행사 직후에, 제 머리를 염색하기 위해 토론토 지점을 방문했고, 컨벤션에서 받았던 쿠폰도 사용했습니다. 귀하의 세부요소에 대한 주의가 제게 오래 지속되는 인상을 남겼습니다.

저는 이번 11월 몬트리올에서 결혼할 예정이고, 그 때를 위해 제 머리를 스타일링 해주신다면 영광일 것입니다. **10** 저희 아파트에서 겨우 두 블록 떨어진 곳에 있는, 귀하의 새 미용실 지점에서 상담을 예약하고 싶습니다.

귀하의 시간 가능성을 제게 알려 주시겠습니까? 귀하의 연락을 들을 생각에 기대가 됩니다.

안녕히 계십시오.

카밀 김

어휘 thoroughly 대단히, 철저히 demonstration 시연(회), 시범 attention 주의(력), 관심 lasting 오래 지속되는 impression 인상, 감명 style v. 스타일링하다 consultation 상담 availability 시간 가능성, 이용 가능성

6. 광고에서, 첫 번째 단락, 네 번째 줄의 단어 "extensive"와 의미가 가장 가까운 것은 무엇인가?
   (A) 독점적인
   (B) 길이가 긴
   (C) 널찍한
   (D) 광범위한

해설 해당 문장에서 형용사 extensive 뒤에 위치한 명사구 range of hair services는 분사 offering의 목적어로서 미용실에서 제공하는 서비스의 범위나 종류를 나타낸다. 따라서, extensive가 범위나 종류의 다양함과 관련된 의미를 지닌 형용사임을 알 수 있으므로 (D) vast가 정답이다.

7. 광고 내용에 따르면, 미용실 예약과 관련해 사실인 것은 무엇인가?
   (A) 매주 월요일에는 더 비싸다.
   (B) 사전 예약 요금을 필요로 한다.
   (C) 반드시 직접 가서 일정을 잡아야 한다.
   (D) 5일 전에 미리 예약되어야 한다.

해설 예약 관련 정보가 제시되는 첫 지문 세 번째 단락에 예약이

필수라는 점, 그리고 최소 5일 전에 미리 예약되어야 한다는 점이 언급되어 있으므로 (D)가 정답이다.

어휘 advance a. 사전의, 미리 하는 in person 직접 (가서)

8. 이메일이 볼레로 씨와 관련해 암시하는 것은 무엇인가?
   (A) 올해 결혼할 것이다.
   (B) 김 씨의 멘토였다.
   (C) 자신의 작품에 대해 여러 상을 받았다.
   (D) 올해 업계 행사에 참가했다.

해설 볼레로 씨에게 보내는 이메일인 세 번째 지문 첫 단락에 작성자인 김 씨가 올해 초에 퀘벡 시에서 열린 헤어 & 스킨케어 컨벤션에 참석해서 볼레로 씨의 헤어스타일링 시연회에 대단히 깊은 인상을 받았다고 알리는 내용이 쓰여 있다. 이를 통해 볼레로 씨가 그 컨벤션, 즉 업계에서 주최하는 행사에 참가했다는 사실을 알 수 있으므로 (D)가 정답이다.

어휘 get married 결혼하다 win an award 상을 받다 work (글, 그림, 음악 등의) 작품

Paraphrasing Hair & Skincare Convention → industry event

9. 김 씨가 미용실 서비스의 일환으로 무엇을 받았을 것 같은가?
   (A) 헤어 관리 세트
   (B) 스타일링 젤 제품
   (C) 컨디셔닝 트리트먼트
   (D) 상담 시간

해설 김 씨의 이메일인 세 번째 지문 첫 번째 단락에 머리 염색을 위해 미용실을 방문했고 쿠폰도 사용했다고 알리는 내용이 쓰여 있다. 이는 두 번째 지문 두 번째 단락에 제시된 컬러 트리트먼트 항목에 해당하며, 무료 심층 컨디셔닝 트리트먼트 혜택이 언급되어 있으므로 (C)가 정답이다.

어휘 as part of ~의 일환으로, 일부로

10. 김 씨는 자신의 미용실 예약이 어디에서 진행되기를 원하는가?
    (A) 토론토에서
    (B) 오타와에서
    (C) 퀘벡 시에서
    (D) 몬트리올에서

해설 세 번째 지문 두 번째 단락에 김 씨가 새 미용실 지점이 자신의 아파트에서 겨우 두 블록 떨어진 곳에 개장한 사실을 언급하고 있다. 이 신규 지점과 관련해, 첫 번째 지문 마지막 문장에 오타와에서 9월에 개장할 예정임을 알리는 내용이 쓰여 있으므로 (B)가 정답이다.

LISTENING

▶ Playlist 1
소거만 해도 답 나오는 사람사진&사물사진

Practice

| 1. (C) | 2. (B) | 3. (B) | 4. (C) | 5. (A) |
| 6. (B) | 7. (B) | 8. (D) | | |

1.
(A) A man is looking through his bag.
(B) A man is paying at a counter.
(C) A shopper is selecting fruit.
(D) A customer is pushing a shopping cart.

(A) 남자가 가방 안을 훑어 보고 있다.
(B) 남자가 계산대에서 지불하고 있다.
(C) 쇼핑객이 과일을 고르고 있다.
(D) 고객이 쇼핑 카트를 밀고 있다.

해설 남자 한 명이 마트에서 과일을 고르는 모습에 초점을 맞춰 묘사한 (C)가 정답이다.

어휘 look through ~을 (빠르게) 훑어보다, 살펴보다 counter 계산대 select ~을 고르다, 선별하다 push ~을 밀다

2.
(A) The woman is loading a toolbox into a car.
(B) The woman is mopping the floor.
(C) The woman is fixing some tires.
(D) The woman is inspecting a vehicle.

(A) 여자가 자동차 안에 공구박스를 싣고 있다.
(B) 여자가 바닥을 대걸레질하고 있다.
(C) 여자가 몇몇 타이어들을 고치고 있다.
(D) 여자가 차량을 점검하고 있다.

해설 여자 한 명이 차고 바닥을 대걸레로 닦고 있는 모습에 초점을 맞춰 묘사한 (B)가 정답이다.

어휘 load ~을 싣다, 적재하다 toolbox 공구박스 mop ~을 대걸레질하다 fix ~을 고치다, 수리하다 inspect ~을 점검하다 vehicle 차량, 탈 것

3.
(A) The woman is picking up a cushion on a sofa.
(B) Some people are rearranging the furniture.
(C) Some people are assembling a bookshelf.
(D) One of the people is leaving a room.

(A) 여자가 소파 위에 있는 쿠션을 집어 들고 있다.
(B) 몇몇 사람들이 가구를 재배치하고 있다.
(C) 몇몇 사람들이 책장을 조립하고 있다.
(D) 사람들 중 한 명이 방을 나가고 있다.

해설 사람 두 명이 소파를 함께 들어 옮기고 있는 모습에 초점을 맞춰 묘사한 (B)가 정답이다.

어휘 pick up ~을 집어 들다 rearrange ~을 재배치하다 furniture 가구 assemble ~을 조립하다 bookshelf 책장 leave ~을 나가다, 떠나다

4.
(A) Some tree branches are being cut down.
(B) One of the men is taking off his helmet.
(C) A streetlamp is being inspected
(D) A ladder is leaning against a fence.

(A) 몇몇 나무 가지들이 잘리는 중이다.
(B) 남자들 중 한 명이 헬멧을 벗고 있다.
(C) 가로등이 점검되고 있는 중이다.
(D) 사다리가 울타리에 기대어져 있다.

해설 가로등이 작업자들에 의해 점검되고 있는 모습에 초점을 맞춰 묘사한 (C)가 정답이다.

어휘 cut down ~을 자르다 take off (옷이나 모자 등) ~을 벗다 streetlamp 가로등 inspect ~을 점검하다 ladder 사다리 lean against ~에 기대다

5.
(A) A train platform is unoccupied.
(B) Some train rails are being cleared.
(C) Some passengers are boarding a train.
(D) There is a ticket machine in a waiting area.

(A) 기차 승강장이 비어 있다.
(B) 몇몇 기차 길들이 치워지고 있는 중이다.
(C) 몇몇 승객들이 기차에 탑승하고 있다.
(D) 대기 공간에 티켓 기계가 있다.

해설 기차 승강장에 아무도 없어 비어 있는 상태에 초점을 맞춰 묘사한 (A)가 정답이다.

어휘 unoccupied 비어 있는, 사용하지 않는 rail 길, 선로 clear ~을 치우다 board ~에 탑승하다

6.
(A) Some flowers are being watered.
(B) Some bushes have been planted in a garden.
(C) There is a road under a bridge.
(D) Lampposts are lined up along a path.

(A) 몇몇 꽃들에게 물이 주어지고 있다.
(B) 몇몇 덤불들이 정원에 심겨져 있다.
(C) 다리 아래에 길이 있다.
(D) 가로등들이 길을 따라 줄 지어 있다.

해설 덤불 여러 개가 정원에 심겨 있는 상태에 초점을 맞춰 묘사한 (B)가 정답이다.

어휘 water v. ~에게 물을 주다 bush 덤불 plant v. ~을 심다 line up 줄 지어 있다 along ~을 따라 path 길

7.
(A) Some containers are being unloaded at a pier.
(B) A mountain is overlooking a harbor.
(C) Some people are taking pictures of some boats.
(D) Some travelers are resting on a beach.

(A) 몇몇 컨테이너들이 부두에서 내려지고 있는 중이다.
(B) 산이 항구를 내려다보고 있다.
(C) 몇몇 사람들이 몇몇 배들을 사진 찍고 있다.
(D) 몇몇 여행객들이 해변에서 쉬고 있다.

해설 산이 위에서 항구를 내려다보고 있는 모습에 초점을 맞춰 묘사한 (B)가 정답이다.

어휘 unload ~을 내리다 pier 부두 overlook ~을 내려다보다 harbor 항구 rest 쉬다, 휴식하다

8.
(A) A flower vase is hanging on a ceiling.
(B) Some chairs are stacked next to a table.
(C) A light fixture has been mounted on a wall.
(D) Some books are being displayed on shelves.

(A) 화병이 천장에 걸려 있다.
(B) 몇몇 의자들이 테이블 옆에 쌓여 있다.
(C) 조명기구가 벽에 달려 있다.
(D) 몇몇 책들이 선반에 전시되고 있는 중이다.

해설 여러 책들이 선반에 전시되어 있는 모습에 초점을 맞춰 묘사한 (D)가 정답이다.

어휘 flower vase 화병 hang 걸다, 걸려 있다 ceiling 천장 stack ~을 쌓다 light fixture 조명기구 mount on ~에 달려 있다 display ~을 전시하다

Check-up Test

1. (C) 2. (D) 3. (A) 4. (D) 5. (C)
6. (A)

1.
(A) Some people are walking through a pedestrian walkway.
(B) A truck is stopped at an intersection.
(C) The men are doing some maintenance work.
(D) Leaves have been raked into a pile.

(A) 몇몇 사람들이 보행자 전용 보도를 걷고 있다.
(B) 트럭이 교차로에 멈춰 있다.
(C) 남자들이 몇몇 유지보수 작업을 하고 있다.
(D) 나뭇잎들이 더미로 긁어 모아져 있다.

해설 남자 여러 명이 공원에서 낙엽을 치우는 유지보수 작업을 하고 있는 모습에 초점을 맞춰 묘사한 (C)가 정답이다.

어휘 pedestrian walkway 보행자 전용 보도 intersection 교차로 maintenance 유지보수 rake v. ~을 (갈퀴로) 긁어 모으다 pile n. 더미

2.
(A) A patio is covered by a roof.
(B) A lawn mower is being used to cut the grass.
(C) Light fixtures have been turned off in a house.
(D) Some furniture has been positioned outside.

(A) 야외 테라스가 지붕으로 덮여 있다.
(B) 잔디 깎는 기계가 잔디를 자르기 위해 사용되고 있는 중이다.
(C) 조명기구들이 집 안에서 전원이 꺼져 있다.
(D) 몇몇 가구들이 야외에 위치해 있다.

해설 가구 여러 개가 야외 테라스에 있는 모습에 초점을 맞춰 묘사한 (D)가 정답이다.

어휘 patio 야외 테라스 cover ~을 덮다 roof 지붕 lawn mower 잔디 깎는 기계 turn off 전원을 끄다 position ~에 위치해 있다

3.
(A) Some products are being displayed in a store.
(B) A customer is reaching for a bottle.
(C) Some shopping carts have been filled with items.
(D) Shopping baskets are piled in a corner.

(A) 몇몇 제품들이 매장에 전시되고 있는 중이다.
(B) 고객이 병에 손을 뻗고 있다.
(C) 몇몇 쇼핑 카트들이 상품으로 가득 차 있다.
(D) 쇼핑 바구니들이 구석에 쌓여 있다.

해설 여러 와인병이 매장에 전시되어 있는 모습에 초점을 맞춰

묘사한 (A)가 정답이다.

어휘 reach for ~에 손을 뻗다 be filled with ~로 가득차다 basket 바구니 pile v. ~을 쌓다 corner 구석

4.
(A) A woman is washing dishes in a sink.
(B) A woman is wiping a counter.
(C) A woman is opening a kitchen drawer.
(D) A woman is putting some plates into a cabinet.

(A) 여자가 싱크대에서 그릇들을 씻고 있다.
(B) 여자가 조리대를 닦고 있다.
(C) 여자가 주방 서랍을 열고 있다.
(D) 여자가 수납장 안에 몇몇 접시들을 넣고 있다.

해설 여자가 주방에서 수납장 안으로 접시 여러 개를 넣고 있는 모습에 초점을 맞춰 묘사한 (D)가 정답이다.

어휘 sink 싱크대, 개수대 wipe ~을 닦다 counter 조리대, 계산대 drawer 서랍 plate 접시 cabinet 수납장

5.
(A) One of the men is leaning over a railing.
(B) Some people are facing each other.
(C) Computer monitors are placed on desks.
(D) Some pieces of paper have been scattered on the floor.

(A) 남자들 중 한 명이 난간에 기대고 있다.
(B) 몇몇 사람들이 서로 마주보고 있다.
(C) 컴퓨터 모니터들이 책상 위에 위치해 있다.
(D) 몇몇 종이들이 바닥에 흩어져 있다.

해설 사무실 책상 위에 컴퓨터 모니터 여러 대가 있는 모습에 초점을 맞춰 묘사한 (C)가 정답이다.

어휘 lean over ~에 기대다 railing 난간 face v. 마주보다 place v. 위치하다 scatter ~을 흩어지게 하다

6.
(A) Some lines have been painted on the ground.
(B) A lamppost is being installed.
(C) Motorcycle riders are driving down the street.
(D) A road sign has been set up in a parking area.

(A) 몇몇 선들이 땅에 페인트칠 되어 있다.
(B) 가로등이 설치되고 있는 중이다.
(C) 오토바이 운전자가 거리를 달리고 있다.
(D) 도로 표지판이 주차 구역에 설치되어 있다.

해설 주차장에 주차 선이 페인트칠 되어 있는 모습에 초점을 맞춰 묘사한 (A)가 정답이다.

어휘 ground 땅, 바닥 lamppost 가로등 install ~을 설치하다 motorcycle 오토바이 drive down ~을 달리다, 운전하다 set up ~을 설치하다

▶ Playlist 2
실수하기 쉬운 의문사 의문문

Practice

1. (A)	2. (C)	3. (C)	4. (A)	5. (C)
6. (A)	7. (C)	8. (A)	9. (B)	10. (B)
11. (A)	12. (A)			

1. Who should I contact to fix the water dispenser?
   (A) The maintenance team.
   (B) Maybe we can set up a new display.
   (C) He has his own reusable bottle.

   정수기를 고치려면 누구에게 연락해야 하나요?
   (A) 시설 관리팀이요.
   (B) 아마 우리가 새 진열품을 설치할 수 있을 겁니다.
   (C) 그분은 재사용 가능한 개인 병을 갖고 있어요.

해설 정수기를 고치기 위해 누구에게 연락해야 하는지 묻고 있으므로 Who와 어울리는 답변의 하나로서 담당 부서명을 언급하는 (A)가 정답이다.

어휘 contact ~에 연락하다 fix ~을 고치다, 바로잡다, 고정하다 water dispenser 정수기, 급수기 maintenance 시설 관리, 유지 관리 set up ~을 설치하다, 설정하다 display n. 진열(품), 전시(품) reusable 재사용 가능한

2. Who signed for this shipment of cleaning wipes?
   (A) There's a dry cleaner nearby.
   (B) A copy of the contract.
   (C) Probably Helen.

   누가 이 청소용 물티슈 배송품에 대해 서명했나요?
   (A) 근처에 세탁소가 있어요.
   (B) 계약서 한 부요.
   (C) 아마 헬렌 씨일 겁니다.

해설 누가 청소용 물티슈 배송품에 대해 서명했는지 묻고 있으므로 Who와 어울리는 답변의 하나로서 사람 이름을 언급하는 (C)가 정답이다.

어휘 shipment 배송(품) wipe 물티슈, 물수건 dry cleaner 세탁소 nearby ad. 근처에 a. 근처의 contract 계약(서)

3. When did we first relocate our office?
   (A) Wow, that's very exciting.
   (B) He transferred to the London branch.

(C) About a decade ago.

우리가 언제 사무실을 처음 이전했죠?
(A) 우와, 그건 너무 흥미롭네요.
(B) 그분은 런던 지사로 전근했어요.
(C) 약 10년 전에요.

해설 소속 회사가 언제 사무실을 처음 이전했는지 묻고 있으므로 When과 어울리는 과거 시점 표현으로 답변하는 (C)가 정답이다.

어휘 relocate ~을 이전하다, 재배치하다 transfer 전근하다, 이전하다, 환승하다 about 약, 대략 decade 10년

4. When will the panel discussion begin?
   (A) In the next 10 minutes.
   (B) That won't be necessary.
   (C) We had a great conversation.

패널 토론회가 언제 시작하나요?
(A) 앞으로 10분 후에요.
(B) 그건 필요치 않을 겁니다.
(C) 저희는 아주 좋은 대화를 나눴습니다.

해설 패널 토론회가 언제 시작하는지 묻고 있으므로 When과 어울리는 미래 시점으로 답변하는 (A)가 정답이다.

어휘 discussion 토론(회) in + 시간 ~ 후에 necessary 필요한, 필수적인

5. Where are the vendor service agreements?
   (A) Yes, the one selling funnel cake.
   (B) On Thursday morning.
   (C) Ms. Vendy should know.

판매업체 서비스 계약서가 어디에 있죠?
(A) 네, 퍼넬 케이크를 판매하는 곳이요.
(B) 목요일 아침에요.
(C) 벤디 씨가 아실 겁니다.

해설 판매업체 서비스 계약서가 어디에 있는지 묻고 있으므로 벤디 씨가 알고 있을 것이라는 말로 관련 정보를 파악할 수 있는 사람 이름을 언급하는 (C)가 정답이다.

어휘 vendor 판매업체, 판매자 agreement 계약(서), 합의(서)

6. Where can I return this pair of sneakers?
   (A) At the register right over there.
   (B) Would you like your receipt?
   (C) The style with white shoelaces.

이 운동화를 어디서 반품할 수 있나요?
(A) 바로 저기 저쪽 계산대에서요.
(B) 영수증 드릴까요?
(C) 흰색 신발끈이 있는 스타일이요.

해설 운동화를 어디서 반품할 수 있는지 묻고 있으므로 Where와 어울리는 「전치사 + 장소명사」로 답변하는 (A)가 정답이다.

어휘 return ~을 반품하다, 반환하다 register n. 계산대, 금전 등록기 right over there 바로 저기 저쪽에 receipt 영수(증)

7. What time does the bank close?
   (A) No, you don't need an appointment.
   (B) I opened a new card recently.
   (C) At 5 P.M. on weekdays.

은행이 몇 시에 문을 닫죠?
(A) 아니요, 예약하실 필요 없어요.
(B) 제가 최근에 새 카드를 만들었어요.
(C) 주중에는 오후 5시에요.

해설 은행이 몇 시에 문을 닫는지 묻고 있으므로 What time과 어울리는 구체적인 시간으로 답변하는 (C)가 정답이다.

어휘 appointment 예약, 약속 recently 최근에

8. Which railway station are we meeting at?
   (A) The one nearest to our office.
   (B) You can find the train schedule online.
   (C) No later than 11:30.

우리가 어느 기차역에서 만나는 건가요?
(A) 우리 사무실과 가장 가까운 곳이요.
(B) 온라인에서 열차 시간표를 찾으실 수 있어요.
(C) 늦어도 11시 30분까지요.

해설 어느 기차역에서 만나는지 묻고 있으므로 railway station을 대명사 one으로 대신해 사무실과 가장 가까운 곳을 언급하는 (A)가 정답이다.

어휘 near to ~와 가까운, ~ 근처의 no later than 늦어도 ~까지

9. Why have they rearranged all the chairs in the café?
   (A) A small table in the center.
   (B) For a private event.
   (C) No, I didn't help with that.

그분들이 왜 카페에 있는 모든 의자를 재배치한 건가요?
(A) 중앙에 있는 작은 테이블이요.
(B) 사적인 행사를 위해서요.
(C) 아니요, 저는 그 일을 돕지 않았어요.

해설 카페에서 왜 모든 의자를 재배치했는지 묻고 있으므로 Why와 어울리는 「For + 명사」를 통해 특정 행사 개최를

이유로 언급한 (B)가 정답이다.

어휘 rearrange ~을 재배치하다, 재조정하다 help with ~을 돕다

10. Why don't we rehearse the proposal one more time?
    (A) I can print out the packets for you.
    (B) Sure, sounds good.
    (C) The performance went well.

    그 제안서 내용을 한 번 더 예행 연습해 보면 어떨까요?
    (A) 제가 그 자료집을 출력해 드릴 수 있습니다.
    (B) 네, 좋습니다.
    (C) 공연이 잘 진행되었습니다.

해설 제안서 내용을 한 번 더 예행 연습해 보자고 제안하고 있으므로 수락을 뜻하는 Sure와 함께 좋은 생각임을 나타내는 말을 덧붙이는 (B)가 정답이다.

어휘 rehearse ~을 예행 연습하다 proposal 제안(서) packet 자료집, 책자 묶음 go well 잘 진행되다

11. How do our customers like the new espresso drinks?
    (A) They've been selling quite well.
    (B) A digital menu board.
    (C) We only have small or medium cups.

    우리 고객들이 새 에스프레소 음료를 얼마나 마음에 들어 하고 있나요?
    (A) 그것들은 꽤 잘 판매되고 있습니다.
    (B) 디지털 메뉴판이요.
    (C) 저희는 스몰 또는 미디엄 크기의 컵만 있습니다.

해설 고객들이 새 에스프레소 음료를 얼마나 마음에 들어 하고 있는지 묻고 있으므로 복수명사 new espresso drinks를 They로 지칭해 꽤 잘 판매되고 있다는 말로 의견을 나타내는 (A)가 정답이다.

12. How long will the online training session last?
    (A) You'll only need to be available for an hour.
    (B) On the 9th of August.
    (C) I set up a desktop microphone.

    그 온라인 교육 시간이 얼마나 오래 지속될까요?
    (A) 한 시간 동안만 시간이 있으시면 될 겁니다.
    (B) 8월 9일에요.
    (C) 제가 탁상용 마이크를 설치했어요.

해설 온라인 교육 시간이 얼마나 오래 지속될지 묻고 있으므로 How long과 어울리는 숫자 표현 for an hour를 포함해 답변하는 (A)가 정답이다.

어휘 last v. 지속되다 available (사람) 시간이 있는, (사물) 이용 가능한

Check-up Test

| 1. (B) | 2. (C) | 3. (A) | 4. (C) | 5. (C) |
| 6. (A) | 7. (C) | 8. (C) | 9. (B) | 10. (A) |

1. Why did you buy a used car?
   (A) It's not too long of a drive.
   (B) Because it was a good deal.
   (C) A rental service on Felton Road.

   왜 중고차를 구입하신 건가요?
   (A) 운전해서 가기에 그렇게 멀지 않습니다.
   (B) 좋은 계약 조건이었기 때문입니다.
   (C) 펠튼 로드에 위치한 대여 서비스 업체요.

해설 왜 중고차를 구입했는지 묻고 있으므로 Why와 어울리는 Because와 함께 좋은 계약 조건이었음을 이유로 언급하는 (B)가 정답이다.

어휘 used 중고의 deal 계약 (조건), 거래 (제품) rental 대여, 임대

2. Who will clean the storage room?
   (A) We changed our store hours.
   (B) There's plenty of space.
   (C) Lisa designated a few people already.

   누가 보관실을 청소할 건가요?
   (A) 저희가 매장 운영 시간을 변경했습니다.
   (B) 공간이 많이 있어요.
   (C) 리사 씨가 이미 몇 명을 지정했습니다.

해설 누가 보관실을 청소할지 묻고 있으므로 청소할 사람들을 지정한 사람 이름을 언급한 (C)가 정답이다.

어휘 storage 보관, 저장 plenty of 많은, 풍부한 designate ~을 지정하다

3. When can I see the plans for the charity event?
   (A) They're not ready yet.
   (B) I'm really excited, too.
   (C) For Cornerstone Foundation.

   제가 언제 그 자선 행사에 대한 계획을 확인해 볼 수 있나요?
   (A) 아직 준비되지 않은 상태입니다.
   (B) 저도 정말 흥분됩니다.
   (C) 코너스톤 재단을 위해서요.

해설 언제 자선 행사에 대한 계획을 확인해 볼 수 있는지 묻고 있으므로 복수명사 plans를 They로 지칭해 아직 준비되지 않았다는 말로 언제 확인 가능한지 알 수 없다는 뜻을 나타내는 (A)가 정답이다.

어휘 charity 자선 활동, 자선 단체

4. Where are you traveling this summer?
   (A) Yes, I already reserved a hotel.
   (B) We usually go once a year.
   (C) To Bali with my family.

올 여름에 어디로 여행을 하시나요?
(A) 네, 이미 호텔을 한 곳 예약했어요.
(B) 저희는 보통 1년에 한 번 갑니다.
(C) 가족과 함께 발리로요.

해설 올 여름에 어디로 여행을 떠나는지 묻고 있으므로 Where와 어울리는 「전치사 + 장소명사」로 답변하는 (C)가 정답이다.

어휘 reserve ~을 예약하다 usually 보통, 일반적으로, 평소에

5. How can I restore my Internet connection?
   (A) Mostly during busy hours.
   (B) The standard plan costs $40 per month.
   (C) Try restarting your device.

제 인터넷 접속 상태를 어떻게 복구할 수 있죠?
(A) 대부분 바쁜 시간대에요.
(B) 표준 약정은 매달 40달러의 비용이 듭니다.
(C) 기기를 다시 시작해 보세요.

해설 인터넷 접속 상태를 어떻게 복구할 수 있는지 묻고 있으므로 How와 어울리는 방법을 제안하는 (C)가 정답이다.

어휘 connection 접속, 연결, 연관(성), (교통 수단의) 연결편 cost ~의 비용이 들다 try -ing ~해 보다 device 기기, 장치

6. Which coat belongs to you?
   (A) The long gray one.
   (B) In the overhead compartment.
   (C) No, but I'd like to try one day.

어느 코트가 당신 것인가요?
(A) 길고 회색으로 된 거요.
(B) 머리 위쪽의 짐칸에요.
(C) 아니요, 하지만 언젠가 해 보고 싶어요.

해설 어느 코트가 상대방의 것인지 묻고 있으므로 coat를 대명사 one으로 대신해 코트의 특징을 언급하는 (A)가 정답이다.

어휘 belong to ~의 소유이다, ~에 속하다 overhead 머리 위쪽의 compartment 짐칸, 수납 공간 would like to do ~하고 싶다 try 한 번 해 보다, 시도하다

7. How much do you spend on groceries every week?
   (A) On Saturday mornings, normally.
   (B) Yes, their produce is very fresh.
   (C) Around $100.

매주 식료품에 얼마나 많이 소비하시나요?
(A) 보통은, 토요일 오전마다요.
(B) 네, 그곳의 농산물이 아주 신선해요.
(C) 약 100달러요.

해설 매주 식료품에 얼마나 많이 소비하는지 묻고 있으므로 How much와 어울리는 답변으로서 가격을 언급하는 (C)가 정답이다.

어휘 groceries 식료품 normally 보통, 일반적으로 produce n. 농산물

8. Where can I pick up my prescription?
   (A) Yes, the counter opens at 9.
   (B) The product description is missing.
   (C) The pharmacist will call your name.

제 처방약을 어디에서 가져갈 수 있나요?
(A) 네, 카운터가 9시에 엽니다.
(B) 제품 설명서가 빠져 있어요.
(C) 약사님께서 성함을 불러 드릴 거예요.

해설 처방약을 어디에서 가져갈 수 있는지 묻고 있으므로 구체적인 장소 대신 직업명을 언급해 약사가 이름을 부르는 곳으로 가면 된다는 뜻을 나타내는 (C)가 정답이다.

어휘 pick up ~을 가져가다, (사람) ~을 차로 데리러 가다 prescription 처방(된 약), 처방전 description 설명(서), 묘사 missing 빠진, 없는, 사라진 pharmacist 약사

9. When did Erica earn her financial analysis certification?
   (A) Using the sales data.
   (B) Several months ago.
   (C) For more than a year.

에리카 씨가 언제 재무 분석 자격증을 취득하셨나요?
(A) 판매 데이터를 이용해서요.
(B) 몇 달 전에요.
(C) 1년 넘는 동안에요.

해설 에리카 씨가 언제 재무 분석 자격증을 취득했는지 묻고 있으므로 When과 어울리는 과거 시점 표현으로 답변하는 (B)가 정답이다.

어휘 **financial** 재무의, 재정의, 금융의 **analysis** 분석 **certification** 자격증, 인증(서), 증명(서) **sales** 판매(량), 영업, 매출

10. What do you think of our new media director?
    (A) She has a great eye for visual arts.
    (B) Yes, by direct deposit.
    (C) The video still needs some editing.

    우리 신임 미디어 감독님에 대해 어떻게 생각하세요?
    (A) 그분은 시각 예술에 대해 뛰어난 안목을 지니고 계세요.
    (B) 네, 계좌 자동 이체로요.
    (C) 그 동영상은 여전히 편집이 좀 필요해요.

해설 신임 미디어 감독에 대해 어떻게 생각하는지 묻고 있으므로 new media director를 She로 지칭해 그 사람에 대한 의견을 언급하는 (A)가 정답이다.

어휘 **have a great eye for** ~에 대해 뛰어난 안목을 지니다 **visual arts** 시각 예술 **by** (방법) ~로, ~을 통해, ~해서 **direct deposit** 계좌 자동 이체 **editing** 편집

▶ **Playlist 3**
은근 까다로운 일반/선택/요청&제안 의문문

Practice

| 1. (C) | 2. (B) | 3. (C) | 4. (B) | 5. (C) |
| 6. (A) | 7. (B) | 8. (A) | | |

1. Won't organizing an awards ceremony cost a lot?
   (A) A local organization.
   (B) The banquet hall holds over 200 people.
   (C) No, there are ways we can save money.

   시상식을 주최하는 데 비용이 많이 들지 않을까요?
   (A) 지역 단체요.
   (B) 그 연회 홀은 200명이 넘는 인원을 수용해요.
   (C) 아니요, 우리가 돈을 절약할 수 있는 방법들이 있어요.

해설 시상식을 주최하는 데 비용이 많이 들지 않을지 확인하기 위해 묻고 있으므로 부정을 뜻하는 No와 함께 돈을 절약할 방법들이 있다는 말로 비용 문제가 해결 가능하다는 뜻을 나타내는 (C)가 정답이다.

어휘 **organize** ~을 주최하다, 조직하다 **awards ceremony** 시상식 **cost** ~의 비용이 들다 **organization** 단체, 조직(체), 준비 **banquet** 연회 **hold** ~을 수용하다

2. Did you hear the announcement about the industry conference?
   (A) On biochemical research.
   (B) It's taking place very close by.
   (C) Two microphones are enough.

   그 업계 컨퍼런스에 관한 공지 들으셨어요?
   (A) 생화학 연구에 관해서요.
   (B) 아주 가까운 곳에서 개최됩니다.
   (C) 마이크 두 개면 충분합니다.

해설 업계 컨퍼런스에 관한 공지를 들었는지 확인하기 위해 묻고 있으므로 아주 가까운 곳에서 개최된다는 말로 컨퍼런스와 관련된 정보를 언급하는 (B)가 정답이다.

어휘 **industry** 업계, 산업 **biochemical** 생화학의 **take place** 개최되다, 발생하다 **close by** 가까이, 근처에

3. Do you want to take the opening or closing shifts?
   (A) At the grocery store.
   (B) I'm currently ahead of schedule.
   (C) I prefer to open.

   개장 교대 근무를 맡고 싶으세요, 아니면 마감 교대 근무를 맡고 싶으세요?
   (A) 식료품 매장에서요.
   (B) 저는 현재 일정보다 앞서 있어요.
   (C) 저는 개장하는 걸 선호합니다.

해설 개장 교대 근무를 맡고 싶은지, 아니면 마감 교대 근무를 맡고 싶은지 묻는 선택 의문문이므로 두 가지 선택 사항 중 하나인 '개장 교대 근무'를 선호한다는 뜻을 나타내는 (C)가 정답이다.

어휘 **shift** 교대 근무(조) **currently** 현재 **ahead of schedule** 일정보다 앞서 있는 **prefer to do** ~하는 것을 선호하다

4. Should we redesign our line of smartphones or tablets?
   (A) Discounts are available online.
   (B) They've both had very strong sales.
   (C) A longer-lasting battery.

   우리 스마트폰 제품 라인을 재디자인해야 할까요, 아니면 태블릿 라인을 재디자인해야 할까요?
   (A) 할인은 온라인에서 이용 가능합니다.
   (B) 둘 모두 판매량이 아주 뛰어났어요.
   (C) 더 오래 지속되는 배터리요.

해설 스마트폰 제품 라인을 재디자인하는지, 아니면 태블릿 라인을 해야 하는지 묻는 선택 의문문이므로 두 가지 선택 사항에 대해 모두 판매량이 아주 뛰어났다는 말로 둘 다 재디자인할 필요가 없다는 뜻을 나타내는 (B)가 정답이다.

어휘 both 둘 모두 long-lasting 오래 지속되는

어휘 can't afford to do (시간, 금전적으로) ~할 여유가 없다

5. Can you bring those boxes of clothes into the back of the store?
   (A) She came back just now.
   (B) All our dresses come in multiple sizes.
   (C) Sorry, I'm helping a customer at the moment.

   저 의류 상자들을 매장 뒤쪽으로 가져가 주시겠어요?
   (A) 그분은 지금 막 복귀했어요.
   (B) 저희 모든 드레스는 다양한 사이즈로 나옵니다.
   (C) 죄송하지만, 제가 지금 고객을 한 분 도와 드리고 있습니다.

해설 의류 상자들을 매장 뒤쪽으로 가져가 달라고 요청하고 있으므로 거절을 뜻하는 Sorry와 함께 그 이유로 지금 고객을 돕고 있다는 말을 덧붙이는 (C)가 정답이다.

어휘 come in (크기, 색상 등) ~로 나오다, 출시되다 at the moment 지금

6. Would it be possible to move your desk to the fifth floor?
   (A) Yes, I'm okay with that.
   (B) Check the building directory.
   (C) I like living in this neighborhood.

   당신의 자리를 5층으로 옮기는 것이 가능할까요?
   (A) 네, 저는 그래도 좋습니다.
   (B) 건물 안내도를 확인해 보세요.
   (C) 저는 이 지역에 사는 게 마음에 들어요.

해설 상대의 자리를 5층으로 옮길 수 있는지 요청하고 있으므로 수락을 뜻하는 Yes와 함께 그렇게 해도 좋다는 말을 덧붙이는 (A)가 정답이다.

어휘 building directory (입구 등에 게시된) 건물 안내도 neighborhood 지역, 인근, 이웃

7. Why don't we ask the client for their opinion first?
   (A) It's my first time here.
   (B) We can't afford to waste more time.
   (C) No, on Monday morning.

   고객사에 그쪽 의견을 먼저 물어 보면 어떨까요?
   (A) 저는 이곳이 처음입니다.
   (B) 우리는 시간을 더 낭비할 여유가 없습니다.
   (C) 아니요, 월요일 아침에요.

해설 고객사에 의견을 먼저 물어 보면 어떨지 제안하고 있으므로 시간을 더 낭비할 여유가 없다는 말로 거절의 뜻을 나타내는 (B)가 정답이다.

8. Do you want me to find cheaper catering options for the event?
   (A) Is there any other way to lower costs?
   (B) No, he hasn't found a good speaker yet.
   (C) About 100 guests in total.

   제가 그 행사를 위해 더 저렴한 출장 요리 업체 선택지를 찾아 볼까요?
   (A) 비용을 낮출 다른 어떤 방법이 있을까요?
   (B) 아니요, 그분은 아직 좋은 연사를 찾지 못했어요.
   (C) 총 약 100명의 손님이요.

해설 행사를 위해 더 저렴한 출장 요리 업체 선택지를 찾아 보겠다고 제안하고 있으므로 비용 문제와 관련해 낮출 다른 방법이라도 있는지 되묻는 것으로 더 저렴한 곳이 있을지 확인하는 (A)가 정답이다.

어휘 catering 출장 요리 제공(업) way to do ~하는 방법 lower v. ~을 낮추다, 내리다 in total 총, 전부 합쳐서

Check-up Test

| 1. (A) | 2. (B) | 3. (B) | 4. (B) | 5. (B) |
| 6. (C) | 7. (C) | 8. (A) | 9. (B) | 10. (B) |

1. Would you like me to post the announcement now?
   (A) Yes, if it's all ready to go.
   (B) I went to the post office earlier.
   (C) A big policy change.

   제가 지금 그 공지를 게시해 드릴까요?
   (A) 네, 진행할 준비가 모두 되어 있으면요.
   (B) 제가 아까 우체국에 갔어요.
   (C) 중요한 정책 변화요.

해설 지금 공지를 게시할지 제안하고 있으므로 수락을 나타내는 Yes와 함께 '그 준비가 모두 되어 있으면'이라는 말로 조건을 덧붙이는 (A)가 정답이다.

어휘 post ~을 게시하다 announcement 공지, 알림, 발표 policy 정책, 방침

2. Why don't you come to the music festival with me and Janice?
   (A) Here's the musical soundtrack.
   (B) I have plans this weekend.
   (C) The song from which artist?

   저랑 재니스 씨와 함께 음악 축제에 가시는 건 어떠세요?
   (A) 여기 뮤지컬 사운드트랙입니다.

(B) 저는 이번 주말에 계획이 있어요.
(C) 원곡이 어느 아티스트라고 하셨죠?

해설 자신 및 재니스 씨와 함께 음악 축제에 가면 어떨지 제안하고 있으므로 이번 주말에 계획이 있다는 말로 거절 의사를 나타내는 (B)가 정답이다.

3. Does the restaurant close at 9:30 or 10:00 P.M.?
   (A) Inside the shopping mall.
   (B) Dea would know.
   (C) No, I've only been there once.

   그 레스토랑이 오후 9시 30분에 닫나요, 아니면 10시에 닫나요?
   (A) 쇼핑몰 내부에요.
   (B) 데아 씨가 알 거예요.
   (C) 아니요, 저는 그곳에 한 번만 가 봤어요.

해설 레스토랑이 오후 9시 30분에 닫는지, 아니면 10시에 닫는지 묻는 선택 의문문이므로 그 시간과 관련해 아는 사람에게 물어보라고 우회적으로 답변하는 (B)가 정답이다.

4. Are you joining the factory tour this afternoon?
   (A) Some malfunctioning equipment.
   (B) Yes, I'm going to be taking pictures.
   (C) This is a famous tourist destination.

   오늘 오후에 있을 공장 견학에 함께 하시나요?
   (A) 일부 오작동하는 장비요.
   (B) 네, 제가 사진을 촬영할 예정입니다.
   (C) 이곳은 유명 관광지입니다.

해설 오늘 오후에 있을 공장 견학에 함께 하는지 확인하기 위해 묻고 있으므로 긍정을 뜻하는 Yes와 함께 자신이 그곳에서 사진을 촬영한다는 말을 덧붙이는 (B)가 정답이다.

어휘 malfunctioning 오작동하는, 기능 불량인 equipment 장비 take a picture 사진을 촬영하다 tourist destination 관광지

5. Do you prefer having a meeting first or sending out a questionnaire?
   (A) OK, I'm free later today.
   (B) We need to collect opinions first.
   (C) The meeting went overtime.

   회의를 먼저 하는 걸 선호하세요, 아니면 설문지 발송을 선호하세요?
   (A) 네, 제가 오늘 이따가 시간이 있어요.
   (B) 우리는 의견을 먼저 수집해야 합니다.
   (C) 그 회의는 시간을 초과했어요.

해설 회의를 먼저 하는 걸 선호하는지, 아니면 설문지 발송을 선호하는지 묻는 선택 의문문이므로 의견을 먼저 수집해야 한다는 말로 그 방법인 설문지 발송을 선택한다는 뜻을 나타내는 (B)가 정답이다.

어휘 prefer -ing ~하는 것을 선호하다 send out ~을 발송하다 questionnaire 설문지 free 시간이 있는 collect ~을 수집하다, 모으다 go overtime 시간을 초과하다

6. Could you tell Mr. Jefferson to meet us in the lobby?
   (A) I'd love to tell you about our company.
   (B) One of the front desk employees.
   (C) Sure thing. At 2 o'clock, right?

   제퍼슨 씨에게 로비에서 우리와 만나자고 말해 주시겠어요?
   (A) 저희 회사에 관해 꼭 말씀 드리고 싶습니다.
   (B) 프론트 데스크 직원들 중 한 명이요.
   (C) 물론이죠. 2시 맞죠?

해설 제퍼슨 씨에게 로비에서 만나도록 말해 달라고 요청하고 있으므로 수락을 뜻하는 Sure thing과 함께 그 시간이 2시가 맞는지 확인하기 위해 되묻는 (C)가 정답이다.

어휘 tell A to do A에게 ~하라고 말하다 would love to do 꼭 ~하고 싶다

7. Did you major in agriculture or environmental science?
   (A) The work culture here is great.
   (B) I always wanted to be a scientist.
   (C) Neither, actually.

   농업을 전공하셨나요, 아니면 환경 과학을 전공하셨나요?
   (A) 이곳의 업무 문화는 훌륭합니다.
   (B) 저는 항상 과학자가 되고 싶었어요.
   (C) 실은, 둘 다 아닙니다.

해설 농업을 전공했는지, 아니면 아니면 환경 과학을 전공했는지 묻는 선택 의문문이므로 두 가지 대상에 대해 모두 아니라는 뜻을 나타낼 때 사용하는 Neither로 답변하는 (C)가 정답이다.

어휘 major in ~을 전공하다 neither (앞서 언급된 두 가지에 대해) 둘 다 아니다

8. Should I have used a different title for the presentation?
   (A) Well, it's too late to fix it now.
   (B) Yes, it really left a strong impact.
   (C) Did you print enough copies?

   제가 발표에 대해 다른 제목을 사용했어야 했나요?

(A) 음, 지금 고치기엔 너무 늦었어요.
(B) 네, 그게 정말 강력한 영향을 미쳤어요.
(C) 사본을 충분히 인쇄하셨나요?

해설 발표에 대해 다른 제목을 사용했어야 했는지 확인하기 위해 묻고 있으므로 지금 고치기엔 너무 늦었다는 부정적인 말로 다른 제목을 사용했다면 더 좋았겠지만 그럴 수 없는 상황임을 언급하는 (A)가 정답이다.

어휘 should have p.p. ~했어야 했다 too A to do ~하기엔 너무 A한 leave an impact 영향을 미치다

9. Are you going to clean up the entire yard or just trim the bushes?
   (A) We chose the sunflowers.
   (B) I plan to do both.
   (C) Exactly ten yards long.

마당 전체를 청소하실 건가요, 아니면 덤불만 다듬으실 건가요?
(A) 저희는 해바라기를 선택했어요.
(B) 둘 다 할 계획입니다.
(C) 길이가 정확히 10야드입니다.

해설 마당 전체를 청소할 건지, 아니면 덤불만 다듬을 건지 묻는 선택 의문문이므로 두 가지 대상에 대해 '둘 모두'를 뜻하는 both를 이용해 두 가지 일을 모두 할 계획임을 밝히는 (B)가 정답이다.

어휘 entire 전체의 trim ~을 다듬다, 손질하다 bush 덤불, 관목 plan to do ~할 계획이다 both (앞서 언급된 두 가지에 대해) 둘 모두 exactly 정확히

10. Won't the ink cartridges arrive later this afternoon?
    (A) A new method for recycling.
    (B) They haven't been ordered yet.
    (C) Yes, the printer is working just fine.

잉크 카트리지가 오늘 오후에 늦게 도착하지 않을까요?
(A) 새로운 재활용 방법이요.
(B) 그것들은 아직 주문되지 않았어요.
(C) 네, 프린터가 정말 잘 작동하고 있어요.

해설 잉크 카트리지가 오늘 오후에 늦게 도착하지 않을지 확인하기 위해 묻고 있으므로 복수명사 ink cartridges를 They로 지칭해 아직 주문되지 않았다는 말로 오늘 오후에 도착하지 않는다는 부정적인 뜻을 나타내는 (B)가 정답이다.

어휘 method 방법, 방식 recycling 재활용 work (기계 등이) 작동하다

▶ Playlist 4
요즘 평서문은 이렇게 연습하세요

Practice

1. (B)   2. (B)   3. (C)   4. (B)

1. These assembly instructions are very complicated.
   (A) A new wardrobe.
   (B) I can figure them out.
   (C) Some replacement parts.

이 조립 설명서는 너무 복잡하네요.
(A) 새로운 옷장이요.
(B) 제가 그것들을 파악할 수 있어요.
(C) 몇몇 교체 부품들이요.

해설 조립 설명서가 너무 복잡하다는 문제를 언급하고 있으므로 복수명사구 assembly instructions를 them으로 지칭해 그 내용을 파악해 줄 수 있다는 긍정적인 말로 해결책을 제시하는 (B)가 정답이다.

어휘 assembly 조립 instructions 설명(서), 안내(서), 지시 complicated 복잡한 wardrobe 옷장 figure A out A를 파악하다, 알아내다 replacement 교체(품) part 부품

2. I'm going to bring an umbrella with me.
   (A) Yeah, it's pretty warm.
   (B) The forecast said it won't rain.
   (C) I'll check that, too.

우산을 하나 갖고 갈 겁니다.
(A) 네, 꽤 따뜻해요.
(B) 예보에서는 비가 오지 않을 거라고 했어요.
(C) 저도 그걸 확인해 볼게요.

해설 우산을 하나 갖고 가겠다는 생각을 전달하고 있으므로 예보에서 비가 오지 않을 거라고 했다는 사실을 언급해 추가 정보를 덧붙이는 (B)가 정답이다.

어휘 pretty ad. 꽤, 아주, 상당히 forecast 예보, 예측

3. You can't get us a seat upgrade, can you?
   (A) It's very comfortable.
   (B) Two first class tickets, please.
   (C) No, the flight is fully booked.

저희에게 좌석 업그레이드를 해 주실 수 없죠, 그렇죠?
(A) 아주 편합니다.
(B) 일등석 티켓 두 장 부탁합니다.
(C) 아니요, 항공편이 완전히 예약되었습니다.

해설 좌석 업그레이드를 해 줄 수 없는지 확인하기 위해 묻고 있으므로 부정을 뜻하는 No와 함께 항공편이 완전히 예약되었다는 말로 그 이유를 밝히는 (C)가 정답이다.

어휘 **get A B** A에게 B를 얻게 해 주다 **comfortable** 편한, 편안한 **fully** 완전히, 전적으로, 최대로 **book** ~을 예약하다

4. Ms. Hutton agreed to work overtime today, didn't she?
   (A) I can cover your shift for you.
   (B) Yes, she's taking a quick break now.
   (C) Your watch must be wrong.

   허튼 씨가 오늘 초과 근무하는 데 동의하셨죠, 그렇지 않나요?
   (A) 제가 당신 교대 근무를 대신해 드릴 수 있어요.
   (B) 네, 지금 잠깐 휴식 시간을 갖고 계세요.
   (C) 당신 손목시계가 맞지 않는 게 틀림없어요.

해설 허튼 씨가 오늘 초과 근무하는 데 동의하지 않았는지 확인하기 위해 묻고 있으므로 긍정을 뜻하는 Yes와 함께 Ms. Hutton을 she로 지칭해 지금은 휴식 중이라는 사실을 덧붙이는 (B)가 정답이다.

어휘 **agree to do** ~하는 데 동의하다 **cover** ~을 대신하다 **shift** 교대 근무(조) **take a break** 휴식하다

Check-up Test

| 1. (A) | 2. (C) | 3. (B) | 4. (A) | 5. (C) |
| 6. (A) | 7. (B) | 8. (A) | 9. (B) | 10. (A) |

1. You're organizing the employee excursion, aren't you?
   (A) No, Brian is handling it.
   (B) Thanks, I enjoyed myself.
   (C) There are over 30 employees.

   당신이 직원 야유회를 준비하고 계시죠, 그렇지 않나요?
   (A) 아니요, 브라이언 씨가 처리하고 있어요.
   (B) 감사합니다, 즐거웠어요.
   (C) 30명이 넘는 직원들이 있습니다.

해설 상대방이 직원 야유회를 준비하고 있지 않는지 확인하기 위해 묻고 있으므로 부정을 뜻하는 No와 함께 브라이언 씨가 그 일을 처리한다는 말로 담당자를 언급하는 (A)가 정답이다.

어휘 **organize** ~을 준비하다, 조직하다, 주최하다 **excursion** 야유회, 짧은 여행 **handle** ~을 처리하다, 다루다 **enjoy oneself** 즐거운 시간을 보내다

2. Mr. Clarke has lived in the Derry Hills neighborhood for a while, hasn't he?
   (A) No, I prefer suburban areas.
   (B) Only three blocks from here.
   (C) Yes, he grew up there.

   클락 씨가 한동안 데리 힐즈 지역에 거주해 오셨죠, 그렇지 않나요?
   (A) 아니요, 저는 교외 지역을 선호해요.
   (B) 여기서 겨우 세 블록 떨어져 있어요.
   (C) 네, 그분은 그곳에서 자라셨어요.

해설 클락 씨가 한동안 데리 힐즈 지역에 거주하지 않았는지 확인하기 위해 묻고 있으므로 긍정을 뜻하는 Yes와 함께 Mr. Clarke를 he로, Derry Hills neighborhood를 there로 각각 지칭해 그곳에서 자랐다는 추가 정보를 덧붙이는 (C)가 정답이다.

어휘 **for a while** 한동안 **prefer** ~을 선호하다 **suburban** 교외의 **grow up** 자라다, 성장하다

3. I'm tidying up the cupboards in the staff break room.
   (A) No, my break is at 11.
   (B) I can help if you'd like.
   (C) Because the old ones were damaged.

   제가 직원 휴게실에 있는 찬장을 말끔히 정리하는 중입니다.
   (A) 아니요, 제 휴식 시간은 11시입니다.
   (B) 원하시면 제가 도와 드릴 수 있어요.
   (C) 오래된 것들이 손상되었기 때문입니다.

해설 직원 휴게실에 있는 찬장을 말끔히 정리하는 중이라는 사실을 전달하고 있으므로 그 일에 대해 도움을 줄 수 있다고 제안하는 (B)가 정답이다.

어휘 **tidy up** ~을 말끔히 정리하다 **break room** 휴게실 **damaged** 손상된, 피해를 입은

4. We've decided to ask for a budget increase for marketing.
   (A) How much money do you need?
   (B) A 90 percent approval rating.
   (C) Try the market on South Street.

   저희가 마케팅용 예산 인상을 요청하기로 결정했습니다.
   (A) 얼마나 많은 돈이 필요하신가요?
   (B) 90퍼센트의 지지율이요.
   (C) 사우스 스트리트에 있는 시장에 한 번 가 보세요.

해설 마케팅용 예산 인상을 요청하기로 결정했다는 사실을 전달하고 있으므로 그 비용으로 얼마나 많이 필요한지 확인하기

위해 다시 물어보는 (A)가 정답이다.

어휘 **decide to do** ~하기로 결정하다 **ask for** ~을 요청하다
budget 예산 **increase** 인상, 증가 **approval rating** 지지율

5. Mr. Hartnett is addressing the staff at the annual meeting.
   (A) It's at 32 Barker Avenue.
   (B) No, they met last Wednesday.
   (C) I thought he disliked public speaking.

   하트넷 씨가 연례 회의 시간에 직원들에게 연설할 겁니다.
   (A) 그곳은 바커 애비뉴 32번지에 있어요.
   (B) 아니요, 그분들은 지난주 수요일에 만나셨어요.
   (C) 저는 그분이 공개 연설을 싫어하시는 줄 알았어요.

해설 하트넷 씨가 연례 회의 시간에 직원들에게 연설한다는 사실을 전달하고 있으므로 Mr. Hartnett을 he로 지칭해 공개 연설과 관련해 그 사람에 대해 갖고 있던 생각을 밝히는 (C)가 정답이다.

어휘 **address** v. ~에게 연설하다, 말하다, (문제 등) ~을 처리하다 **annual** 연례적인, 해마다의 **public speaking** 공개 연설, 대중 연설

6. The accounting team sent out an e-mail regarding the payroll delay.
   (A) I didn't know there was an issue.
   (B) An extra payment for overtime work.
   (C) No, I haven't received my wages.

   회계팀에서 급여 지연과 관련된 이메일을 발송했어요.
   (A) 문제가 있었는지 몰랐네요.
   (B) 초과 근무에 대한 추가 지급액이요.
   (C) 아니요, 저는 제 임금을 받지 못했어요.

해설 회계팀에서 급여 지연과 관련된 이메일을 발송했다는 사실을 전달하고 있으므로 그 일과 관련해 문제가 있었는지 몰랐다고 밝히는 (A)가 정답이다.

어휘 **accounting** 회계(부) **send out** ~을 발송하다 **regarding** ~와 관련된 **payroll** (회사의) 전체 급여, 급여 대상자 명단 **delay** 지연, 지체 **extra** 추가의, 별도의 **payment** 지급(액), 결제(액) **wage** 임금

7. The orientation session is supposed to end at 4 P.M., correct?
   (A) I trained some of the new employees.
   (B) No, the e-mail said three thirty.
   (C) Because the meeting room is unavailable.

   오리엔테이션 시간이 오후 4시에 종료되기로 되어 있죠, 맞죠?
   (A) 제가 일부 신입 직원들을 교육했습니다.
   (B) 아니요, 이메일에는 3시 30분이라고 쓰여 있었어요.
   (C) 그 회의실을 이용할 수 없기 때문입니다.

해설 오리엔테이션 시간이 오후 4시에 종료되는 게 맞는지 확인하기 위해 묻고 있으므로 부정을 뜻하는 No와 함께 이메일에 3시 30분으로 쓰여 있었다는 말로 정확한 정보를 제공하는 (B)가 정답이다.

어휘 **be supposed to do** ~하기로 되어 있다, ~해야 하다 **train** ~을 교육하다, 훈련시키다 **say** (문서 등에) ~라고 쓰여 있다, 나와 있다 **unavailable** 이용할 수 없는

8. The official launch for our new video game is next month, isn't it?
   (A) It's been pushed back to November.
   (B) A lot of positive reviews and reactions.
   (C) I'm free for lunch whenever you are.

   우리 새 비디오 게임의 공식 출시가 다음 달이죠, 그렇지 않나요?
   (A) 11월로 미뤄졌습니다.
   (B) 많은 긍정적인 후기와 반응들이요.
   (C) 언제든 되실 때 저는 점심 식사할 시간이 있습니다.

해설 새 비디오 게임의 공식 출시가 다음 달이 아닌지 확인하기 위해 묻고 있으므로 11월로 미뤄졌다는 말로 다음 달에 출시하지 않는다는 부정적인 뜻을 나타내는 (A)가 정답이다.

어휘 **launch** 출시 (행사), 시작, 착수 **push back A to B** A를 B로 미루다 **positive** 긍정적인 **review** 후기, 평가 **reaction** 반응 **whenever** 언제든 ~할 때

9. This old photocopy machine is being thrown out, right?
   (A) I've made some extra copies.
   (B) We can't afford to replace it yet.
   (C) You can put them in the bin over there.

   이 오래된 복사기는 버리는 거죠, 맞죠?
   (A) 제가 몇몇 추가 복사본을 만들었어요.
   (B) 우리는 아직 그걸 교체할 여유가 없어요.
   (C) 저기 쪽에 있는 쓰레기통에 넣으시면 됩니다.

해설 오래된 특정 복사기를 버리는 게 맞는지 확인하기 위해 묻고 있으므로 단수 사물명사 This old photocopy machine을 it으로 지칭해 아직 그것을 교체할 여유가 없다는 말로 버리지 않는다는 부정적인 뜻을 나타내는 (B)가 정답이다.

어휘 **throw out** ~을 버리다, 없애다 **can't afford to do** (시간·금전적으로) ~할 여유가 없다 **replace** ~을 교체하다, 대체하다 **bin** 쓰레기통, (보관용) 통 **over there** 저기 저쪽에

10. Our Web site is temporarily down.
    (A) So, we can't process online orders?
    (B) Figures are up from last month.
    (C) You can borrow mine in the meantime.

    우리 웹 사이트가 일시적으로 작동을 멈춘 상태입니다.
    (A) 그럼, 우리가 온라인 주문을 처리할 수 없는 건가요?
    (B) 수치가 지난달부터 오르고 있습니다.
    (C) 그 사이에 제 것을 빌려가셔도 됩니다.

해설 자사의 웹 사이트가 일시적으로 작동을 멈춘 상태라는 문제를 알리고 있으므로 그에 따른 결과로서 온라인 주문을 처리할 수 없는 상황인지 확인하기 위해 다시 물어보는 (A)가 정답이다.

어휘 temporarily 일시적으로, 임시로 down (기계 등이) 작동을 멈춘 process v. ~을 처리하다 order 주문(품) figure 수치, 숫자 borrow ~을 빌리다 in the meantime 그 사이에, 그러는 동안

▶ Playlist 5
정답률 올려주는 주제&목적, 문제점

주제&목적

M: Jillian, I just took a look at the application forms from people who are interested in working at our library.
W: What do you think? Does anyone look promising?
M: Well, some candidates have relevant work experience, which is good. But, a lot of people forgot to include a reference letter. Should we reach out to them individually?
W: No, let's just send out a group e-mail instead.

남: 질리안 씨, 제가 방금 우리 도서관에서 근무하는 데 관심이 있는 분들의 지원서를 한 번 살펴 봤습니다.
여: 어떻게 생각하세요? 누구든 유망해 보이시는 분이 있나요?
남: 저, 어떤 지원자들은 관련 근무 경력이 있으셔서, 좋습니다. 하지만, 많은 분들이 추천서를 포함하는 것을 잊으셨습니다. 그분들에게 개별적으로 연락해야 하나요?
여: 아니요, 대신 우리는 그룹 이메일만 발송합시다.

어휘 take a look at ~을 한 번 보다 form 양식, 서식 be interested in ~에 관심이 있다 look + 형용사 ~하게 보이다, ~한 것 같다 promising 유망한, 촉망되는 candidate 지원자, 후보자 relevant 관련된 forget to do ~하는 것을 잊다 include ~을 포함하다 reference letter 추천서 reach out to ~에게 연락하다 individually 개별적으로, 개인적으로 instead 대신

Q. 화자들이 주로 무엇을 이야기하고 있는가?
   (A) 소프트웨어 프로그램
   (B) 건설 공사 프로젝트
   (C) 몇몇 고객 계약서
   (D) 몇몇 구직 지원서

해설 남자가 대화 초반부에 자신들의 도서관에서 근무하는 데 관심이 있는 사람들의 지원서를 한 번 살펴 봤다고 언급한 뒤로 어떤 지원자들이 있는지에 관해 이야기하고 있으므로 (D)가 정답이다.

문제점

W: Hi, Joshua. I saw that you submitted a request to use the company car next Wednesday. But, someone has already reserved it for that entire day.
M: Oh, really? I was going to use it to go to our Carlton manufacturing site for an equipment inspection.
W: You can take a taxi to get there and then get reimbursed later. Just make sure to keep your receipt.

여: 안녕하세요, 조슈아 씨. 다음 주 수요일에 회사 차량을 이용하시기 위해 요청서를 제출하셨다는 사실을 알게 되었어요. 하지만, 누군가 이미 그날 온종일 예약해 두었습니다.
남: 아, 정말인가요? 저는 장비 점검을 위해 우리 칼튼 제조 현장으로 가는 데 이용하려고 했었어요.
여: 택시를 타고 그곳에 가신 다음, 나중에 환급 받으시면 됩니다. 영수증은 반드시 보관해 두도록 하세요.

어휘 submit ~을 제출하다 request 요청(서) reserve ~을 예약하다 entire 전체의, 모든 manufacturing 제조(업) site 현장, 부지, 장소 inspection 점검, 검사 take (교통편, 도로 등) ~을 타다, 이용하다 get there 그곳으로 가다 get p.p. ~되게 하다 reimburse ~을 환급해 주다 make sure to do 반드시 ~하도록 하다

Q. 무엇이 문제인가?
   (A) 차량이 이용할 수 없다.
   (B) 일정이 변경되었다.

(C) 기계가 작동하지 않는다.
(D) 문서가 사라졌다.

해설 여자가 초반부에 남자가 회사 차량을 이용하기 위해 요청서를 제출한 사실을 언급하면서 누군가 그 차량을 당일 하루 종일 예약했다고 밝히고 있다. 이는 차량을 이용할 수 없다는 문제를 알리는 것이므로 (A)가 정답이다.

어휘 vehicle 차량 unavailable (사물) 이용할 수 없는 go + 형용사 ~한 상태가 되다 missing 사라진, 없는, 빠진

Practice

1. (B)   2. (C)

Question 1 refers to the following conversation.

> W: Woodbridge Dental Center. How may I assist you?
> M: Hello. I'm calling to check if my payment was received. I paid the bill for my dental check-up last week, but I'm not sure if it went through.
> W: Alright, may I have your name, please? Usually, electronic receipts are sent to every patient in an automated e-mail. Our staff does not process those individually.
> M: I don't recall getting an e-mail. Anyway, my name is Bruce Fleming, and I saw Dr. Matsutomo last Tuesday.
> W: Let me see, Mr. Fleming… Ah, I can see here that your fees have been fully paid. And a message was sent out. Have you tried checking your spam folder?

여: 우드브리지 치과 센터입니다. 무엇을 도와 드릴까요?
남: 안녕하세요. 제 지불 금액이 수납되었는지 확인하려고 전화 드렸습니다. 지난주에 제 치과 검진에 대한 청구서 비용을 지불했는데, 그게 처리되었는지 잘 모르겠어서요.
여: 알겠습니다, 성함을 말씀해 주시겠어요? 일반적으로, 전자 영수증이 자동 이메일로 모든 환자분께 발송됩니다. 저희 직원들이 개별적으로 그것들을 처리해 드리지는 않습니다.
남: 이메일을 받은 기억이 없습니다. 어쨌든, 제 이름은 브루스 플레밍이고, 지난주 화요일에 마츠토모 의사 선생님께 진찰 받았습니다.
여: 어디 보자, 플레밍 씨... 아, 여기 요금이 완전히 지불된 것을 확인할 수 있습니다. 그리고 메시지가 발송되었습니다. 스팸 폴더를 한 번 확인해 보셨나요?

어휘 check if ~인지 확인하다 bill 청구서, 계산서, 고지서 dental 치과의, 치아의 check-up 검진 go through 처리되다, 이뤄지다, 성사되다 automated 자동화된 process ~을 처리하다 individually 개별적으로, 개인적으로 recall -ing ~한 것이 기억나다 anyway 어쨌든 fee 요금, 수수료 fully 완전히, 전부, 최대로

1. 남자가 왜 전화하는가?
   (A) 회의 일정을 재조정하기 위해
   (B) 비용 지불을 확인하기 위해
   (C) 구독을 취소하기 위해
   (D) 서비스에 관해 문의하기 위해

해설 대화 초반부에 남자가 자신의 지불 금액이 수납되었는지 확인하기 위해 전화했다고 밝히고 있으므로 (B)가 정답이다.

어휘 reschedule ~의 일정을 재조정하다 confirm ~을 확인하다 subscription 구독, 서비스 가입 inquire 문의하다

Paraphrasing check if my payment was received → confirm a payment

Question 2 refers to the following conversation.

> W: Hello. I bought a set of linen curtains from your store, but I just found out that they aren't long enough to cover my living room windows. I must've measured them wrong!
> M: Oh, that happens all the time. There's no need to worry. We accept returns and exchanges within 30 days of purchase.
> W: I'm glad to hear that! Actually, I used a discount coupon for my first set. Will I be able to apply that discount again?

여: 안녕하세요. 제가 그쪽 매장에서 리넨 커튼 한 세트를 구입했는데, 제 거실 창문들을 가릴 정도로 충분히 길지 않다는 사실을 막 알게 되었습니다. 제가 잘못 측정한 게 틀림없습니다!
남: 아, 그런 일이 항상 일어납니다. 걱정하실 필요 없습니다. 저희가 구매 후 30일 내로 반품 및 교환 신청을 받고 있습니다.
여: 그 말씀을 듣게 되어 기쁩니다! 실은, 제가 첫 번째 세트에 대해 할인 쿠폰을 사용했습니다. 그 할인을 다시 적용할 수 있을까요?

어휘 linen (커튼, 침대 시트 등의) 리넨 제품 find out that

~임을 알게 되다 **enough to do** ~할 정도로 충분히 **cover** ~을 가리다, 덮다 **must have p.p.** ~한 것이 틀림없다 **measure** 측정하다, 재다 **all the time** 항상 **accept** 받아들이다, 수용하다 **exchange** 교환 **be able to do** ~할 수 있다 **apply** ~을 적용하다

2. 여자가 무엇과 관련해 우려하는가?
   (A) 제품의 구입 가능성
   (B) 일부 수리 작업의 비용
   (C) 일부 직물의 길이
   (D) 일부 페인트의 색상

해설 여자가 대화를 시작하면서 리넨 커튼 한 세트를 구입한 사실과 함께 그것이 거실 창문을 가릴 정도로 충분히 길지 않다는 문제를 언급하고 있으므로 (C)가 정답이다.

어휘 **concerned** 우려하는, 걱정하는 **availability** 구입 가능성, 이용 가능성 **repair** 수리 **fabric** 직물, 천

Paraphrasing linen curtains → some fabric

Check-up Test

1. (B)	2. (C)	3. (B)	4. (A)	5. (B)
6. (D)	7. (A)	8. (B)	9. (D)	10. (C)
11. (D)	12. (A)			

Questions 1-3 refer to the following conversation.

W: George, has the shipment of new helmets from Trekker Designs come in yet? We need to restock the safety gear section today.
M: Yes, they arrived on time like we expected. **1 I was about to display some helmets next to the bike racks**, but **2 I noticed that a lot of them don't have any straps attached!** I contacted Trekker about it, and they said they'll send a representative over to pick up the faulty items.
W: Do you need any help sorting them?
M: No, I can do it. But I probably won't finish **3 before we open our doors at 10**, if that's alright.

여: 조지 씨, 트레커 디자인 사의 새 헬멧 배송품이 혹시 들어 왔나요? 우리가 오늘 안전 장비 구역에 재고를 보충해야 합니다.
남: 네, 우리가 예상한 대로 제때 도착했어요. 제가 자전거 거치대 옆에 일부 헬멧을 막 진열하려던 참이었는데, 그 중 많은 것이 어떤 끈도 부착되어 있지 않다는 사실을 알게 되었습니다! 제가 이와 관련해서 트레커 사에 연락했더니, 결함이 있는 제품을 수거해 갈 수 있게 직원을 보내 주겠다고 했어요.
여: 그것들을 해결하시는 데 어떤 도움이라도 필요하신가요?
남: 아니요, 제가 할 수 있습니다. 하지만 아마 우리가 10시에 문을 열기 전에 끝마치진 못할 거예요, 그래도 괜찮으시다면요.

어휘 **shipment** 배송(품) **restock** ~에 재고를 보충하다, ~을 제품으로 다시 채우다 **safety gear** 안전 장비 **on time** 제때 **expect** ~을 예상하다, 기대하다 **be about to do** 막 ~하려는 참이다 **display** ~을 진열하다, 전시하다 **next to** ~ 옆에 **rack** 거치대, ~걸이 **notice that** ~임을 알게 되다, ~라는 점에 주목하다 **strap** 끈, 줄 **attach** ~을 부착하다, 붙이다 **representative** 직원, 대표자 **pick up** ~을 수거하다, 가져가다 **faulty** 결함이 있는 **sort** (문제 등) ~을 해결하다

1. 화자들이 어디에 근무하고 있을 것 같은가?
   (A) 여행사에
   (B) 자전거 매장에
   (C) 자동차 수리소에
   (D) 피트니스 센터에

해설 남자가 대화 중반부에 자전거 거치대 옆에 일부 헬멧을 막 진열하려던 참이었다고 언급하는 내용을 통해 자전거 매장 직원임을 알 수 있으므로 (B)가 정답이다.

2. 남자가 어떤 문제를 언급하는가?
   (A) 배송품 하나가 늦게 전달되었다.
   (B) 기기가 빠져 있었다.
   (C) 일부 제품에 결함이 있다.
   (D) 일부 진열품이 준비되어 있지 않다.

해설 대화 중반부에 남자가 어떤 끈도 부착되어 있지 않다는 사실을 알게 되었다는 말로 문제를 언급하고 있다. 이는 제품에 정상적으로 끈이 부착되지 않아 결함이 있는 상태라는 뜻이므로 (C)가 정답이다.

어휘 **package** 배송품, 소포, 포장물 **device** 기기, 장치 **defective** 결함이 있는

Paraphrasing don't have any straps attached → defective

3. 오전 10시에 무슨 일이 있을 것인가?
   (A) 고객이 방문할 것이다.
   (B) 업체가 문을 열 것이다.
   (C) 점검 작업이 진행될 것이다.
   (D) 행사가 시작될 것이다.

해설 남자가 대화 후반부에 10시에 문을 열기 전에 끝마치는 것과 관련해 이야기하고 있으므로 (B)가 정답이다.

어휘 make a visit 방문하다 inspection 점검, 검사 take place 진행되다, 개최되다

Questions 4-6 refer to the following conversation.

M: Hi, Claire. I just heard that **4 our company is expanding to Asia**, and we'll be opening our first retail stores in China and Japan within the next few months. That means some of us are going to get relocated overseas.

W: Oh, that's exciting! Our workforce is going to change a lot, then. **5 We should run a survey** to see who would be willing to help with our growing business.

M: Well, some of our staff might feel pressured to respond in a certain way if we approach them so directly. **6 I'll just send out a memo** to everyone and encourage them to express interest if they want.

남: 안녕하세요, 클레어 씨. 우리 회사가 아시아로 사업을 확장해서, 앞으로 몇 달 내에 중국과 일본에 우리의 첫 소매점들을 개장할 예정이라는 얘기를 방금 들었어요. 이건 우리들 중 일부가 해외로 재배치된다는 뜻이잖아요.

여: 아, 기대되네요! 그럼, 우리 직원들이 많이 바뀌겠네요. 누가 성장하는 우리 사업에 도움을 줄 의향이 있을지 확인할 수 있게 설문 조사를 진행해야 합니다.

남: 저, 우리 직원들 중 일부는 우리가 그렇게 직접적으로 접근하면 특정한 방식으로 답변하는 데 압박감을 느낄지도 모릅니다. 제가 그냥 모두에게 회람을 발송해서 원하는 경우에 관심을 나타내도록 권할게요.

어휘 expand 확장하다, 확대하다 retail 소매(업) relocate ~을 재배치하다, 이전하다 overseas 해외로, 해외에 workforce 직원들, 인력 then 그럼, 그때, 그런 다음, 그래서 run ~을 진행하다, 운영하다 be willing to do ~할 의향이 있다, 기꺼이 ~하다 growing 성장하는, 증가하는 feel pressured 압박감을 느끼다 respond 답변하다, 반응하다 in a certain way 특정한 방식으로 approach ~에 접근하다 send out ~을 발송하다 encourage A to do A에게 ~하도록 권하다 express (생각 등) ~을 나타내다, 표현하다 interest 관심(사)

4. 화자들이 무엇을 이야기하고 있는가?
   (A) 회사 사업 확장
   (B) 할인 판매 행사
   (C) 보상 프로그램
   (D) 직원 경연대회

해설 남자가 대화를 시작하면서 소속 회사가 아시아로 사업을 확장한다는 얘기를 들은 사실을 언급한 뒤로, 그에 따른 조치 등을 이야기하고 있으므로 (A)가 정답이다.

어휘 expansion 확장, 확대 promotion 판촉 (행사), 홍보, 승진

5. 여자가 무엇을 하도록 제안하는가?
   (A) 더 많은 사람들을 모집할 것
   (B) 설문 조사를 실시할 것
   (C) 워크숍을 개최할 것
   (D) 정책을 변경할 것

해설 대화 중반부에 여자가 사업에 도움을 줄 의향이 있는 사람을 파악하기 위해 설문 조사를 실시하는 방법을 제안하고 있으므로 (B)가 정답이다.

어휘 recruit ~을 모집하다 conduct ~을 실시하다 hold ~을 개최하다

Paraphrasing run a survey → Conducting a survey

6. 남자가 무엇을 할 것이라고 말하는가?
   (A) 면접 시간을 마련하는 일
   (B) 제안서를 제출하는 일
   (C) 몇몇 파일들을 정리하는 일
   (D) 회람을 공유하는 일

해설 남자가 대화 마지막 부분에 직원들의 관심을 확인하기 위한 방법으로 회람을 발송하겠다고 밝히고 있으므로 (D)가 정답이다.

Paraphrasing send out a memo → Share a memorandum

Questions 7-9 refer to the following conversation.

M: Hello, Ms. Bertrand. I'm Rico Eagan from headquarters. **7 I'm calling to let you know that our CEO was disappointed with the quality of the latest edition of *Vitality Magazine*, and now she's considering temporarily discontinuing it.**

W: I'm sorry about that, Mr. Eagan. But I want to tell you that Frank Thomas was in charge of that edition. **8** He was recently hired as the managing editor. I guess he's still not familiar with our publishing process.

M: Well, he clearly needs more training. Plus, as someone who knows more about how we operate, you should have given Mr. Thomas better guidance. **9** I want you to come into headquarters with him next Wednesday to discuss this together.

W: I understand, Mr. Eagan. **9** I'll make sure we arrive at 9 A.M. sharp.

남: 안녕하세요, 버트랜드 씨. 저는 본사에 근무하는 리코 이건입니다. 우리 대표이사님께서 <바이탤리티 매거진> 최신판의 품질에 실망하셔서, 현재 일시적으로 중단하는 것을 고려하고 계신다는 사실을 알려 드리기 위해 전화 드립니다.

여: 그 부분에 대해 유감스럽게 생각합니다, 이건 씨. 하지만 프랭크 토머스 씨가 그 판을 책임지고 있었다는 점을 말씀 드리고 싶습니다. 그분이 최근에 편집장으로 고용되었습니다. 여전히 우리 출판 과정에 익숙하지 않은 것 같습니다.

남: 저, 그분은 분명 추가 교육이 필요합니다. 게다가, 우리가 어떻게 운영되는지에 관해 더 잘 알고 계시는 사람으로서, 당신은 토머스 씨를 더 잘 지도해 주셔야 했습니다. 다음 주 수요일에 그분과 함께 본사로 오셔서 이 문제를 함께 논의했으면 합니다.

여: 알겠습니다, 이건 씨. 반드시 저희가 오전 9시 정각에 도착하도록 하겠습니다.

어휘 **headquarters** 본사, 본부 **be disappointed with** ~에 실망하다 **latest** 최신의, 최근의 **edition** (제품, 출판물 등의) 판, 호 **consider -ing** ~하는 것을 고려하다 **temporarily** 일시적으로 **discontinue** ~을 중단하다, 단종하다 **in charge of** ~을 책임지고 있는, 맡고 있는 **hire** ~을 고용하다 **be familiar with** ~에 익숙하다, ~을 잘 알다 **process** 과정 **operate** 운영되다, 가동되다 **guidance** 지도, 안내 **sharp** (시간 뒤에 쓰여) ~ 정각에

7. 전화 통화의 목적이 무엇인가?
(A) 불만을 제기하는 것
(B) 의견을 제안하는 것
(C) 발표를 하는 것
(D) 마감 기한을 협의하는 것

해설 남자가 대화를 시작하면서 대표이사가 <바이탤리티 매거진> 최신판에 실망해서 일시적으로 중단하는 것을 고려하고 있다는 사실을 알리기 위해 전화했다고 밝히고 있으므로 (A)가 정답이다.

어휘 **complaint** 불만, 불평 **propose** ~을 제안하다 **suggestion** 의견, 제안 **presentation** 발표 **negotiate** ~을 협의하다, 협상하다

Paraphrasing disappointed/considering temporarily discontinuing it → make a complaint

8. 여자가 프랭크 토머스 씨와 관련해 무슨 말을 하는가?
(A) 최근에 출장을 떠났다.
(B) 경험이 부족하다.
(C) 일정이 바쁘다.
(D) 업무 공간을 옮겼다.

해설 대화 중반부에 여자가 프랭크 토머스 씨를 언급하면서 그 사람이 최근에 편집장으로 고용된 사실과 함께 여전히 자신들의 출판 과정에 익숙하지 않은 것 같다고 알리고 있다. 이를 통해 프랭크 토머스 씨가 업무 경험이 부족하다는 것을 알 수 있으므로 (B)가 정답이다.

어휘 **lack** v. ~이 부족하다 **workstation** 업무 공간, 작업대

Paraphrasing was recently hired/still not familiar with our publishing process → lacks experience

9. 여자가 수요일에 무엇을 하겠다고 약속하는가?
(A) 출판물을 최종 확정하는 것
(B) 몇몇 글의 샘플을 가져가는 것
(C) 회의실을 예약하는 것
(D) 회사 본사에 가는 것

해설 남자가 대화 후반부에 여자에게 프랭크 토머스 씨와 함께 다음 주 수요일에 본사로 오라고 요청하자, 여자가 반드시 오전 9시 정각에 도착하도록 하겠다고 대답하고 있으므로 (D)가 정답이다.

어휘 **finalize** ~을 최종 확정하다 **publication** 출판(물) **reserve** ~을 예약하다

Questions 10-12 refer to the following conversation.

W: Michael, **10** I just got word from the Central Railway Office. They said we have to hold off on departing from Lancaster Station until they give us an "OK" signal.

M: Oh, what happened? Most of our passengers are traveling to the airport and probably have flights to catch. Is the problem big?

W: The agent said ⓫ **there are loose parts on the tracks ahead, and maintenance crews need to repair them before we can move.** It should take about 15 minutes.

M: Alright. ⓬ **I'll revise the timetable on the digital displays.** Can you make an announcement for passengers on the intercom?

여: 마이클 씨, 방금 중앙 철도국으로부터 연락을 받았어요. 그곳에서 우리에게 "오케이" 신호를 줄 때까지 랭캐스터 역에서 출발하는 것을 미뤄야 한다고 했습니다.

남: 아, 무슨 일이 생긴 거죠? 우리 승객들 대부분이 공항으로 이동하시기 때문에 아마 비행기에 탑승하실 겁니다. 큰 문제인가요?

여: 그 직원이 말씀하시길 앞쪽 철로에 헐거운 부품들이 있어서, 우리가 움직이기 전에 정비팀 직원들이 수리해야 한답니다. 약 15분 정도 걸릴 겁니다.

남: 알겠습니다. 제가 디지털 전광판에 시간표를 수정할게요. 차내 방송 장치로 승객들께 공지해 주시겠어요?

어휘 get word from ~로부터 연락을 받다, 얘기를 전해 듣다 hold off on -ing ~하는 것을 미루다 depart 출발하다, 떠나다 passenger 승객 catch (교통편) ~에 탑승하다, 타다 agent 직원, 대리인, 중개인 loose 헐거운, 느슨한 maintenance 정비, 시설 관리 crew (함께 작업하는) 팀, 조 revise ~을 수정하다, 변경하다 make an announcement 공지하다, 발표하다 intercom 차내 방송 장치, 인터폰

10. 화자들이 누구일 것 같은가?
   (A) 정비 담당 직원들
   (B) 전기 기술자들
   (C) 열차 기관사들
   (D) 버스 기사들

해설 여자가 대화를 시작하면서 중앙 철도국의 연락을 받은 사실과 함께 그곳의 통제에 따라 열차 출발을 미뤄야 하는 상황임을 밝히고 있다. 따라서, 화자들이 열차 운행을 담당하는 사람들임을 알 수 있으므로 (C)가 정답이다.

어휘 operator (기계 등의) 운전자, 조작자

11. 무엇이 지연을 초래하고 있는가?
   (A) 악천후
   (B) 시스템 고장
   (C) 약한 인터넷 연결 상태

   (D) 선로 유지보수

해설 대화 중반부에 여자가 문제의 원인과 관련해 앞쪽 철로에 헐거운 부품들이 있어 수리한 후 움직일 수 있다는 얘기를 들은 사실을 전하고 있으므로 (D)가 정답이다.

어휘 cause ~을 초래하다 failure 고장, 불량 railway 선로, 철로

12. 남자가 곧이어 무엇을 할 것인가?
   (A) 일정표를 수정하는 일
   (B) 지원을 요청하는 일
   (C) 문제를 알리는 일
   (D) 대안을 찾는 일

해설 남자가 대화 후반부에 디지털 전광판에 시간표를 수정하겠다고 알리고 있으므로 (A)가 정답이다.

어휘 call for ~을 요청하다 assistance 지원, 도움 alternative n. 대안

Paraphrasing revise the timetable → Edit a schedule

▶ Playlist 6
알보면 안 되는 장소&직업/신분, 제안&요청

장소&직업/신분

M: Good morning. My name is Ryan Carey, and I have an appointment with Dr. Yang at 10 o'clock.

W: Hi, Mr. Carey. You're here for a physical check-up, right? I know you're a returning patient, but you'll need to fill out this form for me.

M: Oh, but I don't have any changes in my personal information.

W: That's fine. We still need you to sign at the bottom to confirm that your patient records are correct, though.

남: 안녕하세요. 제 이름은 라이언 캐리이며, 10시에 양 의사 선생님으로 예약되어 있습니다.

여: 안녕하세요, 캐리 씨. 건강 검진 때문에 이곳에 오셨죠, 맞죠? 재방문 환자이시라는 걸 알고 있지만, 제게 이 양식을 작성해 주셔야 할 것입니다.

남: 아, 그런데 제 개인 정보에 어떤 변동 사항도 없습니다.

여: 괜찮습니다. 하지만, 그래도 환자 기록이 정확한지 확인해 주실 수 있도록 하단에 서명하셔야 합니다.

어휘 physical check-up 건강 검진 returning 재방문하는, 다시 찾아 오는 fill out ~을 작성하다 still 그래도, 여전히 bottom 하단, 맨 아래 confirm that ~임을 확인해 주다 correct 정확한, 맞는, 옳은 though (문장 끝이나 중간에서) 하지만

Q. 화자들이 어디에 있을 것 같은가?
(A) 연구소에
(B) 진료소에
(C) 관공서에
(D) 은행에

해설 남자가 대화를 시작하면서 10시에 양 의사 선생님으로 예약되어 있다고 알리자, 여자가 건강 검진 때문에 온 게 맞는지 되묻고 있어 병원에 있다는 것을 알 수 있으므로 (B)가 정답이다.

제안&요청

> W: Hi, someone reported that one of our hallway lights is broken. Apparently, the light bulb is cracked.
> M: OK, I can go look at it in about five minutes. Where is it located?
> W: Right in front of unit A250. Can you check if it's an issue with the electrical wiring?
> M: If the light can still turn on, I doubt it. I'd recommend looking at the security camera recordings for that area. Maybe someone accidentally damaged it.
> W: OK, I'll do that.
>
> 여: 안녕하세요, 어떤 분이 우리 복도 전등들 중 하나가 고장 나 있다고 알려 주셨습니다. 보니까, 전구에 금이 간 것 같습니다.
> 남: 알겠습니다, 제가 약 5분 후에 가서 살펴 볼 수 있습니다. 그게 어디에 위치해 있죠?
> 여: A250호 바로 앞쪽에요. 그게 전기 배선과 관련된 문제인지 확인해 주시겠어요?
> 남: 전등이 여전히 켜질 수 있다면, 그렇지 않습니다. 그 구역에 대한 보안 카메라 녹화본을 살펴 보시기를 권해 드리고 싶습니다. 아마 누군가 실수로 손상시켰을 겁니다.
> 여: 알겠습니다, 그렇게 할게요.

어휘 apparently 보아 하니, 분명히 bulb 전구 cracked 금이 간, 갈라진 in front of ~ 앞에 unit (아파트·상가 등의) 세대, 점포 wiring 배선 turn on 켜지다 doubt ~가 아니라고 생각하다, ~에 의문을 갖다 accidentally 실수로, 우연히

Q. 남자가 무엇을 제안하는가?
(A) 몇몇 녹화본을 확인해 볼 것
(B) 몇몇 주민들에게 연락할 것
(C) 기기를 구입할 것
(D) 기술자를 고용할 것

해설 남자가 대화 중반부에 특정 구역에 대한 보안 카메라 녹화본을 살펴 보기를 권하고 싶다고 말하고 있으므로 (A)가 정답이다.

Paraphrasing looking at the security camera recordings
→ Checking some recordings

Practice

1. (B) 2. (B)

Question 1 refers to the following conversation.

> M: Hi, Grace. I noticed the weather is getting really dark and windy outside. It seems like a storm is coming! Should we bring in all the produce stands that are out front, just in case?
> W: Uh-oh, I think you're right. We probably shouldn't wait until the weather gets worse. But first, let's rearrange the product displays at the entrance to make some extra space inside.
> M: Good thinking. I'll start moving stuff. While I do that, could you make sure <u>nothing is blocking the path</u> into the store?
>
> 남: 안녕하세요, 그레이스 씨. 밖에 날씨가 정말 어둡고 바람이 많이 부는 상태가 되어 가고 있다는 걸 알게 되었습니다. 폭풍이 다가오고 있는 것 같아요! 앞쪽 바깥에 있는 모든 농산물 진열대를 갖고 들어와야 하지 않나요, 혹시 모르잖아요?
> 여: 아, 이런, 그 말씀이 맞는 것 같아요. 아마 날씨가 악화될 때까지 기다리면 안 될 거예요. 하지만 먼저, 내부에 여분의 공간을 좀 만들 수 있게 입구에 진열 제품들을 다시 정리합시다.
> 남: 좋은 생각입니다. 제가 물건을 옮기기 시작할게요. 제가 그 일을 하는 동안, 반드시 어떤 것도 매장으로 들어오는 길을 가로막고 있지 않도록 해 주시겠어요?

어휘 notice (that) ~임을 알게 되다 produce n. 농산물 just in case 혹시 모르니까, 만약에 대비해 get worse 악화되다 rearrange ~을 다시 정리하다, 재배치하다 stuff (막연하게) 물건 block ~을 가로막다, 차단하다 path 길, 이동로, 보도

1. 남자가 여자에게 무엇을 하도록 요청하는가?
   (A) 몇몇 제품을 나르는 일
   (B) 한 구역을 깨끗이 치워진 상태로 유지하는 일
   (C) 도움을 요청하는 일
   (D) 작업 지시서를 제출하는 일

해설 남자가 대화 후반부에 반드시 어떤 것도 매장으로 들어오는 길을 가로막고 있지 않도록 해 달라고 요청하고 있으므로 (B)가 정답이다.

어휘 carry ~을 나르다, 옮기다 clear 깨끗이 치워진 call for ~을 요청하다 order 지시(서), 명령

Paraphrasing make sure nothing is blocking the path into the store → Keep an area clear

Question 2 refers to the following conversation.

> M: I'm glad we could meet today. I had fun working on new logos for your shop.
> W: That's good. I've been wanting to rebrand my bakery for a while now.
> M: Well, I created multiple drafts incorporating the shape of a croissant – just as you requested.
> W: I can't wait to see the different options! Did you bring them in print or electronically?
> M: Oh, I have them here on my tablet. This is what I mainly use to design all my projects.

> 남: 오늘 만나 뵐 수 있어서 기쁩니다. 귀하의 매장을 위해 새로운 로고 작업을 한 것이 즐거웠습니다.
> 여: 잘됐네요. 지금까지 한동안 저희 제과점의 브랜드 이미지를 쇄신하기를 계속 원하고 있었습니다.
> 남: 저, 제가 크로와상 모양을 포함한 다수의 초안을 만들었습니다, 요청하신 그대로요.
> 여: 다른 옵션들을 빨리 보고 싶네요! 인쇄본으로 가져오셨나요, 아니면 컴퓨터 파일로 가져오셨나요?
> 남: 아, 여기 제 태블릿에 있습니다. 이게 제가 모든 제 프로젝트를 디자인하는 데 주로 이용하는 것입니다.

어휘 rebrand ~의 브랜드 이미지를 쇄신하다 for a while 한동안 multiple 다수의, 다양한 draft 초안 incorporate ~을 포함하다, 통합하다 request 요청하다, 요구하다 can't wait to do 빨리 ~하고 싶다 in print 인쇄본으로 electronically 컴퓨터 파일로 mainly 주로

2. 남자가 누구일 것 같은가?
   (A) 행사 기획자
   (B) 그래픽 디자이너
   (C) 기자
   (D) 제빵사

해설 남자가 대화 초반부에 새로운 로고 작업을 했다고 언급하는 부분과 크로와상 모양을 포함해 여러 초안을 만들었다고 밝히는 부분을 통해 디자인 작업을 하는 사람임을 알 수 있으므로 (B)가 정답이다.

Check-up Test

1. (A)	2. (C)	3. (B)	4. (C)	5. (A)
6. (D)	7. (A)	8. (B)	9. (B)	10. (B)
11. (B)	12. (B)			

Questions 1-3 refer to the following conversation with three speakers.

> M: Good afternoon. Welcome to Metro Auto Sales. How can I help you today?
> W1: Hi, I'm Melissa, and this is my coworker, Ms. Reynolds. She's planning to buy a **1** new vehicle. You were very helpful when I bought mine recently, so I thought you could assist her as well.
> M: Of course! **2** So, Ms. Reynolds, what are you looking for in a new car?
> W2: **2** Well, having a spacious trunk is essential for me. I frequently travel for work and need room for equipment and supplies.
> M: I understand. The Primus X4 over here has a large trunk and folding rear seats.
> W2: That sounds perfect. **3** Could you tell me more about its unique features?
> M: Certainly. **3** If you follow me over to the vehicle, I'll tell you all about them in detail.

> 남: 안녕하세요, 메트로 오토 세일즈에 오신 것을 환영합니

다. 오늘 무엇을 도와 드릴까요?

여1: 안녕하세요, 저는 멜리사이고, 이쪽은 제 동료 레이놀즈 씨입니다. 이분이 새 차량을 구입할 계획을 세우고 계세요. 제가 최근에 제 차량을 구입했을 때 아주 큰 도움이 되어 주셨기 때문에, 이분도 도와 주실 수 있을 거라고 생각했어요.

남: 물론입니다! 그럼, 레이놀즈 씨, 무엇을 새 자동차에서 찾고 계신가요?

여2: 저, 널찍한 트렁크가 있는 게 제게 필수적입니다. 제가 일 때문에 자주 출장을 가는데, 장비와 용품을 넣을 공간이 필요하거든요.

남: 알겠습니다. 여기 이쪽에 있는 프라이머스 X4에 넓은 트렁크와 접이식 뒷좌석이 있습니다.

여2: 완벽한 것 같아요. 그 특별한 기능들과 관련해 더 말씀해 주시겠어요?

남: 물론입니다. 차량 쪽으로 저를 따라 오시면, 관련된 모든 것을 상세히 말씀해 드리겠습니다.

어휘 coworker 동료 (직원) vehicle 차량 assist ~을 돕다, 지원하다 as well ~도, 또한 look for ~을 찾다 spacious 널찍한 essential 필수적인 frequently 자주, 빈번히 room 공간, 여지 equipment 장비 supplies 용품, 물품 folding 접이식 rear 뒤쪽의 unique 특별한, 고유한 feature 기능, 특징 follow ~을 따라가다 in detail 상세히

1. 남자의 직업이 무엇일 것 같은가?
   (A) 자동차 영업사원
   (B) 자동차 정비사
   (C) 공장 책임자
   (D) 운전 교습 강사

해설 여자 한 명이 대화 초반부에 남자에게 최근에 자신의 차량을 구입했을 때 아주 큰 도움이 되어 주었다는 말로 남자가 하는 일을 언급하고 있다. 이는 자동차 판매를 위해 영업사원이 하는 일에 해당하므로 (A)가 정답이다.

2. 레이놀즈 씨가 무엇이 중요하다고 말하는가?
   (A) 도로 안전
   (B) 에너지 효율성
   (C) 보관 공간
   (D) 품질 보증 서비스 범위

해설 남자가 대화 중반부에 레이놀즈 씨에게 무엇을 찾고 있는지 묻자, 여자 한 명이 널찍한 트렁크가 있는 게 필수적이라고 대답하고 있다. 이는 자동차의 트렁크, 즉 보관 공간이 중요하다는 뜻이므로 (C)가 정답이다.

어휘 efficiency 효율(성) storage 보관, 저장 warranty 품질 보증(서) coverage (서비스·보상 등의) 적용 범위

Paraphrasing having a spacious trunk → Storage space essential → important

3. 남자가 곧이어 무엇을 할 것인가?
   (A) 배송을 준비하는 일
   (B) 몇몇 특징을 설명하는 일
   (C) 결제 금액을 처리하는 일
   (D) 시운전 일정을 잡는 일

해설 대화 후반부에 여자 한 명이 특별한 기능들과 관련해 더 말해 달라고 요청하자, 남자가 자신을 따라 차량 쪽으로 이동하면 관련된 모든 것을 상세히 말해 주겠다고 대답하고 있으므로 (B)가 정답이다.

어휘 describe ~을 설명하다 process v. ~을 처리하다

Paraphrasing tell me more about its unique features → Describe some features

Questions 4-6 refer to the following conversation.

W: Leon, I heard you applied for a management role at Sparks Lighting Company. Have you heard anything back yet?

M: Yes, **4** they asked me to come in for an interview at 2 P.M. on Friday. I've been too busy to prepare for it, though. **5** I just got the keys for my new apartment, and I need to move all my things in there by the end of the week.

W: I've moved several times over the past few years, and **6** I always contact a professional moving company to help me. Why don't you do the same? I can recommend a good one for you.

M: That would be great! I'm on a tight budget, so I'd appreciate if you could suggest one that has affordable fees.

여: 레온 씨, 스팍스 라이팅 회사의 관리자 직책에 지원하셨다는 얘기를 들었어요. 혹시 어떤 소식이라도 전해 들으셨나요?

남: 네, 그쪽에서 금요일 오후 2시에 면접 보러 오라고 요청했어요. 하지만, 그에 대한 준비를 하기엔 너무 바빴습니다. 제가 막 새 아파트 열쇠를 받았는데, 이번 주 말까지 제 모든 짐을 그곳에 옮겨 넣어야 합니다.

여: 제가 지난 몇 년 동안에 걸쳐서 여러 차례 이사를 해 봤는데, 항상 이삿짐 전문 회사에 연락해서 도와 달라고 합니다. 당신도 똑같이 해 보시면 어떨까요? 제가 좋은 곳을 한 군데 추천해 드릴 수 있어요.

남: 그럼 아주 좋을 겁니다! 제가 예산이 빠듯하기 때문에, 요금이 저렴한 곳을 권해 주실 수 있다면 감사하겠습니다.

어휘 apply for ~에 지원하다, ~을 신청하다 management role 관리자 직책 prepare for ~을 준비하다 though (문장 끝이나 중간에서) 하지만 by (기한) ~까지 moving company 이삿짐 회사 do the same 똑같이 하다 tight (자금·일정 등이) 빠듯한, 빡빡한 budget 예산 affordable 저렴한, 가격이 알맞은 fee 요금, 수수료

4. 남자가 금요일에 무엇을 할 것인가?
   (A) 신입 직원을 교육하는 일
   (B) 지원서를 제출하는 일
   (C) 일자리를 위해 면접을 보는 일
   (D) 기업 행사를 주최하는 일

해설 남자가 대화 중반부에 자신이 지원한 회사를 they로 지칭해 그쪽에서 금요일 오후 2시에 면접 보러 오라고 요청한 사실을 언급하고 있으므로 (C)가 정답이다.

어휘 host ~을 주최하다 corporate 기업의

Paraphrasing come in for an interview → Interview for a job

5. 남자가 왜 바쁘다고 말하는가?
   (A) 새 아파트로 이사한다.
   (B) 대학 수업 과정에 다닌다.
   (C) 중요한 업무 마감 기한이 있다.
   (D) 새로운 고객들을 맡게 되었다.

해설 대화 중반부에 남자가 자신이 바빴다고 언급하면서 그 이유로 새 아파트 열쇠를 받은 사실과 함께 이번 주 말까지 모든 짐을 옮겨놔야 한다고 알리고 있으므로 (A)가 정답이다.

어휘 take on ~을 맡다

6. 여자가 무엇을 하겠다고 제안하는가?
   (A) 문서를 검토하는 일
   (B) 행사를 주최하는 일
   (C) 몇몇 물품들을 포장하는 일
   (D) 서비스를 추천하는 일

해설 여자가 대화 중반부에 자신은 항상 이삿짐 전문 회사에 연락해서 도와 달라고 한다는 말과 함께 남자에게도 똑같이 해 보면 어떨지 제안하면서 좋은 곳을 한 군데 추천해 줄 수 있다고 말하고 있으므로 (D)가 정답이다.

어휘 review ~을 검토하다, 살펴 보다 pack ~을 포장하다, 싸다

Paraphrasing a professional moving company/recommend a good one → Recommend a service

Questions 7-9 refer to the following conversation.

W: Marcus, **7** have you finalized the menu selections for the upcoming awards ceremony at the Vermont Hotel? We need to submit them by 6 P.M. today.

M: I'm still working on them. This morning, **8** I realized that the chef who was assisting with the menu planning is out sick. I had to consult with another team member to discuss the choices.

W: I see. Did you inform the client that there might be a slight delay?

M: Not yet, but I'm confident I can finish everything on time. However, I'll have to miss **9** the venue inspection planned for 3 P.M. to focus on this.

여: 마커스 씨, 버몬트 호텔에서 곧 열릴 시상식에 필요한 메뉴 선택 사항들을 최종 확정하셨나요? 우리가 오늘 오후 6시까지 그걸 제출해야 합니다.

남: 여전히 그 작업을 하고 있습니다. 오늘 아침에, 메뉴 기획 작업을 도와 주시고 계셨던 요리사님께서 몸이 안 좋으셔서 결근하셨다는 사실을 알게 되었습니다. 그 선택 사항들을 논의하기 위해 또 다른 팀원과 상의해야 했습니다.

여: 알겠습니다. 그 고객사에 약간의 지연이 있을지도 모른다는 사실을 알려 드리셨나요?

남: 아직이요, 그런데 모든 걸 제때 끝마칠 수 있다고 확신합니다. 하지만, 이 일에 집중하기 위해 오후 3시로 계획된 행사장 점검 작업은 빠져야 할 겁니다.

어휘 finalize ~을 최종 확정하다, 마무리짓다 selection 선택 (사항), 선택 가능한 것 upcoming 곧 있을, 다가오는 ceremony 기념식, 축하 행사 work on ~에 대한 작업을 하다 realize that ~라는 사실을 알게 되다 assist with ~에 대해 돕다 out sick 아파서 결근한 consult with ~와 상의하다, ~에게 상담하다 inform ~에게 알리다 slight 약간의, 조금의 be confident (that) ~임을 확신하다 on time 제때 however 하지만, 그러나 miss ~에 빠지다, ~을 놓치다 venue 행사장, 개최 장소 inspection 점검, 검사 focus on ~에 집중하다, 초점을 맞추다

정답 및 해설 57

7. 대화가 어디에서 진행되고 있는가?
   (A) 출장 요리 제공업체에서
   (B) 호텔에서
   (C) 지역 문화 센터에서
   (D) 마케팅 대행사에서

해설 여자가 대화를 시작하면서 남자에게 버몬트 호텔에서 곧 열릴 시상식에 필요한 메뉴 선택 사항들을 최종 확정했는지 묻고 있다. 이를 통해 화자들이 음식을 제공하기 위한 메뉴를 선택하는 일을 하는 업체의 직원들임을 알 수 있으므로 (A)가 정답이다.

어휘 catering 출장 요리 제공(업) agency 대행사, 대리점, 중개소

8. 남자가 어떤 문제를 언급하는가?
   (A) 공급업체를 이용할 수 없다.
   (B) 동료가 결근한 상태이다.
   (C) 주문품이 분실되었다.
   (D) 마감 기한을 놓쳤다.

해설 대화 중반부에 남자가 메뉴 기획 작업을 도와 준 요리사가 몸이 안 좋아서 결근했다는 사실을 언급하고 있으므로 (B)가 정답이다.

어휘 supplier 공급업체, 공급업자 unavailable (사물) 이용할 수 없는, (사람) 시간이 없는 colleague 동료 (직원) absent 결근한, 결석한, 부재 중인 misplace ~을 분실하다, 둔 곳을 잊다

Paraphrasing chef who was assisting with the menu planning is out sick → A colleague is absent

9. 오후 3시에 무슨 일이 있을 것인가?
   (A) 고객 회의가 진행될 것이다.
   (B) 행사장이 점검될 것이다.
   (C) 시상식이 시작될 것이다.
   (D) 메뉴가 온라인으로 게시될 것이다.

해설 남자가 대화 후반부에 오후 3시로 계획된 행사장 점검 작업을 언급하고 있으므로 (B)가 정답이다.

어휘 post ~을 게시하다

Paraphrasing the venue inspection planned → A venue will be checked

Questions 10-12 refer to the following conversation.

W: **10** I'm interested in purchasing the Argent 300 Multi-Door refrigerator. Do you have this model available?
M: **11** I'm really sorry, but that particular model is sold out right now. However, we do have the Lasertech Family Hub refrigerator, which features a built-in touchscreen and smart home integration.
W: Thank you, but I'm specifically interested in the Argent 300. **12** Could you please let me know via text message when it becomes available?
M: Sure. If you write down your phone number on this form, I'll make sure you're notified as soon as we receive more units.

여: 아젠트 300 멀티 도어 냉장고를 구입하는 데 관심이 있습니다. 구매 가능한 이 모델이 있나요?
남: 정말 죄송하지만, 그 특정 모델은 현재 품절된 상태입니다. 하지만, 레이저테크 패밀리 허브 냉장고는 분명 보유하고 있으며, 이 제품은 내장된 터치스크린과 스마트 홈 통합 시스템을 특징으로 합니다.
여: 말씀은 감사하지만, 저는 특별히 아젠트 300에 관심이 있어요. 이 제품이 구매 가능해지면 문자 메시지를 통해서 제게 알려 주시겠어요?
남: 물론입니다. 이 양식에 전화번호를 적어 주시면, 저희가 추가 제품들을 받는 대로 반드시 연락 받으시도록 해 드리겠습니다.

어휘 particular 특정한, 특별한 sold out 품절된, 매진된 however 하지만, 그러나 feature v. ~을 특징으로 하다 built-in 내장된, 붙박이의 integration 통합 specifically 특별히, 특히 via ~을 통해 write down ~을 적어 놓다 notify ~에게 알리다 as soon as ~하는 대로, ~하자마자 unit (제품) 한 대, 한 개, 기기, 장치, 구성 단위

10. 여자가 무엇을 구입하고 싶어 하는가?
    (A) 세탁기
    (B) 냉장고
    (C) 식기 세척기
    (D) 전자레인지

해설 여자가 대화를 시작하면서 아젠트 300 멀티 도어 냉장고를 구입하는 데 관심이 있다는 사실을 밝히고 있으므로 (B)가 정답이다.

11. 남자가 왜 사과하는가?
    (A) 가격이 인상되었다.
    (B) 제품이 품절된 상태이다.
    (C) 특가 제공 서비스가 종료되었다.

(D) 배송이 지연되었다.

해설 남자가 대화 중반부에 사과의 말과 함께 여자가 원하는 특정 모델이 품절된 상태라고 알리고 있으므로 (B)가 정답이다.

어휘 out of stock 품절된 special offer 특가 제공 서비스

Paraphrasing that particular model is sold out → A product is out of stock

12. 여자가 무엇을 요청하는가?
   (A) 매장 할인
   (B) 문자 메시지 알림
   (C) 연장된 품질 보증 서비스
   (D) 회원 자격 업그레이드

해설 대화 후반부에 여자가 제품이 구매 가능해지면 문자 메시지를 통해 자신에게 알려 달라고 요청하고 있으므로 (B)가 정답이다.

어휘 notification 알림 (메시지), 통지(서) extended 연장된 warranty 품질 보증(서)

Paraphrasing let me know via text message → A text notification

▶ Playlist 7
do next/의도파악 완전 정복

do next

W: I just got off the phone with Galaxy Flowers. Apparently, they don't have enough roses to fill the bulk order for our company event next week.
M: That's disappointing. We'll have to work with a different business then.
W: Do you think you can help me find another reliable flower shop nearby?
M: Actually, I remember one of our sales managers has ordered from Artesia Flowers before. Let me go and ask her about it right now.

여: 제가 방금 갤럭시 플라워즈와의 전화 통화를 끊었어요. 보니까, 그곳에 다음 주에 있을 우리 회사 행사에 필요한 대량 주문을 이행할 정도로 장미가 충분히 있는 것 같지 않아요.

남: 실망스럽네요. 우리는 그럼 다른 업체와 일해야 할 겁니다.

여: 근처에서 또 다른 신뢰할 만한 꽃집을 찾도록 저를 도와주실 수 있으세요?

남: 실은, 우리 영업부장님들 중 한 분께서 전에 아르테시아 플라워즈에서 주문하셨던 게 기억나요. 제가 지금 바로 가서 그분에게 그곳에 관해 여쭤 볼게요.

어휘 get off the phone 전화를 끊다 apparently 보아 하니, 분명히 fill ~을 이행하다, 충족하다 bulk a. 대량의 disappointing (사람을) 실망시키는 then 그럼, 그런 다음, 그때, 그래서 reliable 신뢰할 만한 nearby ad. 근처에 a. 근처의

Q1. 남자가 곧이어 무엇을 할 것인가?
   (A) 회의 일정을 잡는 일
   (B) 주문하는 일
   (C) 동료 직원과 이야기하는 일
   (D) 영수증을 요청하는 일

해설 남자가 대화 후반부에 영업부장들 중 한 명이 과거에 주문했던 꽃집을 언급하면서 지금 바로 그 사람에게 가서 그 꽃집에 관해 물어 보겠다고 알리고 있으므로 (C)가 정답이다.

어휘 place an order 주문하다 coworker 동료 (직원) request ~을 요청하다

Paraphrasing one of our sales managers/ask her about it → Talk to a coworker

M: Hey, Sharon. Did you know that the office's second-floor cafeteria is finally opening soon? They're almost done with construction.
W: Wow, already? I'm looking forward to it. There really aren't many options for food around here.
M: I agree. We're all going to receive a survey about food preferences next week, and those results will be used to create the cafeteria's menu.

남: 저, 섀런 씨. 사무실 2층 구내식당이 드디어 곧 문을 연다는 사실을 알고 계셨나요? 공사를 거의 완료한 상태입니다.

여: 와우, 벌써요? 저는 그곳을 고대하고 있어요. 이 주변엔 음식에 대한 선택권이 정말 많지 않아요.

남: 동의해요. 우리 모두가 다음 주에 선호 음식에 관한 설문 조사지를 받을 텐데, 그 결과가 구내식당 메뉴를 만드는 데 이용될 겁니다.

어휘 be done with ~을 완료하다 look forward to ~을 고대하다 agree 동의하다 preference 선호(하는 것)

Q2. 다음 주에 무슨 일이 있을 것인가?
(A) 사무실이 문을 닫을 것이다.
(B) 저녁 만찬 행사가 개최될 것이다.
(C) 몇몇 개조 공사가 완료될 것이다.
(D) 몇몇 설문 조사지가 발송될 것이다.

해설 대화 후반부에 남자가 다음 주에 선호 음식에 관한 설문 조사지를 받을 것이라고 알리고 있으므로 (D)가 정답이다.

어휘 send out ~을 발송하다

Paraphrasing We're all going to receive a survey → Some surveys will be sent out

의도파악

> W: That's it for the first half of your orientation. Now you know how to navigate all the exhibits and operate the lighting systems in our museum.
> M: Thank you so much. That was very helpful.
> W: Before you go on your lunch break, why don't you practice adjusting the display lights in Exhibition Hall 3A? You can use the orientation booklet for reference. And don't forget, I'm always at the front desk.

여: 여기까지가 오리엔테이션의 전반부입니다. 이제 박물관 내에서 모든 전시물의 위치를 찾아 다니고 조명 시스템을 조작하는 방법을 알고 계신 상태입니다.

남: 대단히 감사합니다. 크게 도움이 되었습니다.

여: 점심 식사하러 가시기 전에, 전시홀 3A에서 전시용 조명을 조절하는 연습을 해 보시면 어떨까요? 참고를 위해 오리엔테이션 책자를 이용하셔도 됩니다. 그리고 잊지 마세요, 제가 항상 프론트 데스크에 있습니다.

어휘 navigate ~의 위치를 찾다 exhibit 전시(물) operate ~을 조작하다, 가동하다, 운영하다 helpful 도움이 되는 lunch break 점심 식사 시간 practice v. ~을 연습하다, 실행하다 adjust ~을 조절하다, 조정하다 exhibition 전시(회) booklet (작은) 책자 reference 참고, 추천(서), 추천인

Q1. 여자가 "제가 항상 프론트 데스크에 있습니다"라고 말할 때 무엇을 암시하는가?
(A) 자신이 몇몇 방문객을 맞이할 것이다.
(B) 자신이 도움을 줄 시간이 있다.
(C) 자신의 업무 공간을 옮겼다.
(D) 남자가 물건 하나를 갖다 놓기를 원한다.

해설 대화 후반부에 여자가 전시용 조명을 조절하는 연습을 해 보도록 권하면서 참고용으로 오리엔테이션 책자를 이용해도 된다는 말과 함께 '제가 항상 프론트 데스크에 있습니다'라고 알리는 흐름이다. 이는 참고용 책자에서 알 수 없는 정보 등과 관련해 언제든지 자신이 있는 프론트 데스크로 와서 도움을 받으라는 뜻으로 하는 말이므로 (B)가 정답이다.

어휘 greet ~을 맞이하다 drop off (사물) ~을 갖다 놓다, 내려 놓다, (사람) ~을 차에서 내려 주다

> M: I have a personal locker reserved at this gym, and I was aware that it costs five dollars a month to rent, not ten.
> W: I'm sorry, sir, but our policy recently changed. We've raised our locker rental fees to cover some growing maintenance expenses.
> M: But I've been a member here for the past seven years.
> W: Hmm, in that case… Let me try talking to my manager.

남: 제가 이 체육관에 지정된 개인 사물함이 있는데, 대여하는 데 한 달에 5달러의 비용이 든다는 사실을 알게 되었습니다, 10달러가 아니고요.

여: 죄송하지만, 고객님, 저희 정책이 최근에 변경되었습니다. 저희가 몇몇 늘어나는 시설 관리 비용을 충당하기 위해 사물함 대여료를 인상했습니다.

남: 하지만 저는 지난 7년 동안 이곳 회원이었어요.

여: 흠, 그러시면… 제가 저희 매니저님과 한 번 이야기해 보겠습니다.

어휘 reserve ~을 지정하다, 예약하다 be aware that ~임을 알고 있다 cost v. ~의 비용이 들다 raise ~을 인상하다, 올리다, 높이다 growing 늘어나는, 증가하는 expense (지출) 비용, 경비 in that case (앞선 말에 대해) 그렇다면, 그런 경우라면

Q2. 남자가 "저는 지난 7년 동안 이곳 회원이었어요"라고 말할 때 무엇을 의미하는가?
(A) 더 높은 요금을 내고 싶어 하지 않는다.
(B) 자신의 회원권을 갱신하지 않을 것이다.
(C) 곧 해외로 이주할 계획이다.

(D) 전에 여자의 상사를 만난 적이 있다.

해설 대화 초반부에 남자가 대여료가 한 달에 10달러가 아니라 5달러가 든다는 사실을 알게 되었다고 언급하자, 여자가 늘어나는 시설 관리 비용을 충당하기 위해 사물함 대여료를 인상했다고 밝힌 것에 대해 '저는 지난 7년 동안 이곳 회원이었어요'라고 말하는 흐름이다. 이는 오랫동안 회원이었기 때문에 인상된 요금을 지불하기를 원하지 않는다는 뜻으로 한 말이므로 (A)가 정답이다.

어휘 renew (계약 등) ~을 갱신하다 abroad 해외로, 해외에

Practice

1. (C)   2. (C)

Question 1 refers to the following conversation.

W: Thank you for making the time to meet. I've been wanting to renovate my front yard into a lawn.
M: Do you plan to add a garden as well?
W: No, I just want the landscape to be simple. How much would the project cost?
M: Our company offers two options. Real grass is a great choice if you want something more affordable. Artificial grass is more expensive to install but easier to maintain in the long run.
W: I'll go with artificial grass.
M: OK. I'll give you a price estimate right now. One second, please.

여: 만나 뵐 수 있도록 시간을 내 주셔서 감사합니다. 제가 계속 저희 앞마당을 잔디밭으로 개조하기를 원해 왔어요.
남: 정원도 추가하실 계획이신가요?
여: 아니요, 저는 그저 그 조경이 단순했으면 합니다. 이 프로젝트가 얼마의 비용이 들까요?
남: 저희 회사는 두 가지 선택 사항을 제공해 드립니다. 무엇인가 가격이 알맞은 것을 원하시면 진짜 잔디가 훌륭한 선택입니다. 인조 잔디는 설치하기 더 비싸지만, 장기적으로는 유지 관리하기 더 쉽습니다.
여: 인조 잔디로 할게요.
남: 알겠습니다. 제가 지금 바로 가격 견적서를 제공해 드리겠습니다. 잠시만 기다려 주세요.

어휘 make the time to do ~할 시간을 내다 lawn 잔디밭 add ~을 추가하다 as well ~도, 또한 landscape 조경, 풍경, 전망 cost v. ~의 비용이 들다 affordable 가격이 알맞은, 저렴한 artificial 인공적인 install ~을 설치하다 maintain ~을 유지 관리하다 in the long run 장기적으로 (볼 때) go with (결정할 때) ~로 하다 estimate n. 견적(서)

1. 남자가 무엇을 할 것이라고 말하는가?
   (A) 계약을 맺는 일
   (B) 자신의 일정표를 확인하는 일
   (C) 비용 견적서를 제공하는 일
   (D) 슬라이드 발표를 보여 주는 일

해설 남자가 대화 마지막 부분에 지금 바로 가격 견적서를 제공해 주겠다고 알리면서 잠시 기다려 달라고 부탁하고 있으므로 (C)가 정답이다.

Paraphrasing give you a price estimate → Provide a cost estimate

Question 2 refers to the following conversation.

M: Pam, you're planning our department's outing this year, aren't you?
W: Yep. I've been comparing different destinations and group tours. I found a three-day package for Brisbane that looks promising. It includes round-trip flights, accommodation, and even several guided tours.
M: Oh, wait. Isn't the event supposed to be a local day trip? I didn't know we'd be going so far.
W: Well, we have a bigger budget this time.
M: Ah, that makes sense. I guess it'll be worth it.

남: 팸 씨, 당신이 올해 우리 부서 야유회를 계획하고 계시죠, 그렇지 않나요?
여: 네. 제가 계속 여러 다른 목적지와 그룹 투어들을 비교해 보고 있어요. 유망해 보이는 브리즈번 3일 여행 패키지를 발견했습니다. 왕복 항공편과 숙소, 그리고 심지어 여러 가이드 동반 투어까지 포함하고 있어요.
남: 아, 잠시만요. 이 행사가 지역 당일 여행으로 하기로 되어 있지 않나요? 저는 우리가 그렇게 멀리 갈 줄 몰랐어요.
여: 그게, 우리가 이번에는 더 많은 예산이 있습니다.
남: 아, 그럼 이해가 됩니다. 그만한 가치가 있을 것 같아요.

어휘 outing 야유회 compare ~을 비교하다 promising

유망한, 가망 있는 **accommodation** 숙소, 숙박 시설 **guided** 가이드를 동반한 **be supposed to do** ~하기로 되어 있다, ~해야 하다 **budget** 예산 **make sense** 이해가 되다, 앞뒤가 맞다 **worth** ~에 대한 가치가 있는

2. 여자가 왜 "우리가 이번에는 더 많은 예산이 있습니다"라고 말하는가?
   (A) 남자에게 해결책을 제공하기 위해
   (B) 남자에게 새 정책을 상기시키기 위해
   (C) 한 가지 선택과 관련해 남자를 안심시키기 위해
   (D) 남자에게 몇몇 지침들을 분명히 말해 주기 위해

해설 남자가 대화 중반부에 지역 당일 여행으로 하기로 되어 있지 않은지 물으면서 그렇게 멀리 갈 줄 몰랐다고 말하자, 여자가 '우리가 이번에는 더 많은 예산이 있습니다'라고 대답하는 흐름이다. 이는 예산이 충분하기 때문에 멀리 떠나는 여행과 관련해 걱정할 필요가 없다는 뜻을 나타내는 말이므로 (C)가 정답이다.

어휘 **solution** 해결책 **remind A of B** A에게 B를 상기시키다 **reassure** ~를 안심시키다 **clarify** ~을 분명히 말하다

Check-up Test

1. (C)	2. (D)	3. (D)	4. (D)	5. (C)
6. (A)	7. (C)	8. (A)	9. (C)	10. (A)
11. (B)	12. (A)			

Questions 1-3 refer to the following conversation.

M: Marlene, **1** did you see the prototype for our new laptop computer?
W: Yes. I really like the sleek and thin design. And it's not too heavy either.
M: I think so, too. But **2** I feel like the screen display is not as bright and clear as our competitors'. Our model's overall design is nice, but if the resolution looks poor…
W: Oh, well, it's still being developed. **3** Once our engineers finish building the hardware in October, we can see if images on the screen still appear the same.

남: 말린 씨, 우리 새 노트북 컴퓨터의 시제품을 확인해 보셨나요?
여: 네. 그 매끈하고 얇은 디자인이 정말 마음에 들어요. 그리고 그렇게 무겁지도 않습니다.
남: 저도 그렇게 생각해요. 하지만 스크린 디스플레이가 우리 경쟁자들의 것만큼 밝고 선명하진 않은 듯한 느낌이 있어요. 우리 모델의 전반적인 디자인이 훌륭하긴 하지만, 해상도가 좋아 보이지 않는다면…
여: 아, 저, 그게 여전히 개발 중입니다. 우리 엔지니어들이 10월에 하드웨어를 구축하는 일을 끝내는 대로, 그 스크린의 이미지들이 여전히 동일하게 보이는지 확인해 볼 수 있습니다.

어휘 **prototype** 시제품, 원형 **sleek** 매끈한 **thin** 얇은, 가느다란 **as A as B** B만큼 A한 **competitor** 경쟁사 **overall** 전반적인 **resolution** 해상도 **develop** ~을 개발하다, 발전시키다 **once** (일단) ~하는 대로, ~하자마자 **see if** ~인지 확인해 보다 **appear the same** 동일하게 보이다

1. 화자들이 어떤 종류의 제품을 이야기하고 있는가?
   (A) 디지털 카메라
   (B) 비디오 게임
   (C) 노트북 컴퓨터
   (D) 프로젝터

해설 남자가 대화 시작 부분에 여자에게 새 노트북 컴퓨터의 시제품을 확인해 봤는지 물은 뒤로 이 시제품을 특징과 문제점 등에 관해 이야기하고 있으므로 (C)가 정답이다.

2. 남자가 제품의 어떤 측면과 관련해 우려하는가?
   (A) 색상
   (B) 소재
   (C) 휴대성
   (D) 디스플레이 품질

해설 대화 중반부에 남자가 스크린 디스플레이가 경쟁사들의 것만큼 밝고 선명하지는 않게 느껴진다는 말로 문제점을 언급하는 것으로 우려 사항을 말하고 있으므로 (D)가 정답이다.

어휘 **aspect** 측면, 양상 **concerned** 우려하는, 걱정하는 **material** 소재, 재료, 물품 **portability** 휴대성, 이동성

3. 10월에 무슨 일이 있을 것인가?
   (A) 몇몇 신입 직원들이 고용될 것이다.
   (B) 몇몇 부품들이 도착할 것이다.
   (C) 점검이 실시될 것이다.
   (D) 기기가 완전히 제작될 것이다.

해설 여자가 대화 후반부에 회사의 엔지니어들이 10월에 하드웨어를 구축하는 일을 끝낸다는 사실을 언급하고 있다. 이는 해당 기기가 온전하게 만들어질 수 있다는 뜻이므로 (D)가 정답이다.

어휘 **inspection** 점검, 검사 **conduct** ~을 실시하다, 수행하다 **fully** 완전히, 전적으로, 최대로

Paraphrasing finish building the hardware → A device will be fully built

Questions 4-6 refer to the following conversation.

> **W:** Hi, Harmond. **4** Have you seen the furniture delivery schedule for today? You have a dining room set and a nightstand to drop off at two different locations.
>
> **M:** Oh, thanks for the print-out. Hmm… am I delivering these on my own?
>
> **W:** Yes, is that okay?
>
> **M:** Well, I noticed the address for the dining room set is on the fourth floor of Fairfield Apartments, and **5** they don't have an elevator there. I mean, I guess I can carry each chair up one by one. But what about the table?
>
> **W:** Oh, you're right. **6** Why don't I choose another worker from our store to go with you, then?

여: 안녕하세요, 하먼드 씨. 오늘로 예정된 가구 배송 일정표를 확인해 보셨나요? 두 곳의 다른 장소에 갖다 드려야 할 식탁 세트와 협탁이 있어요.

남: 아, 인쇄물 감사합니다. 흠... 제가 이것들을 혼자 배송하나요?

여: 네, 괜찮으세요?

남: 저, 식탁 세트에 대한 주소가 페어필드 아파트의 4층인 게 눈에 띄었는데, 그곳엔 엘리베이터가 없습니다. 제 말은, 각 의자는 하나씩 위로 나를 수 있을 것 같아요. 하지만 식탁은 어떻게 하죠?

여: 아, 맞네요. 그럼 우리 매장에서 함께 가실 수 있는 또 다른 직원을 선택해 드리면 어떨까요?

어휘 **nightstand** 협탁, 침대 옆 탁자 **print-out** 인쇄물 **notice (that)** ~라는 점이 눈에 띄다, ~임을 알게 되다 **carry** ~을 나르다 **one by one** 하나씩

4. 화자들이 어디에 근무하고 있을 것 같은가?
   (A) 우체국
   (B) 지역 문화 센터
   (C) 식당
   (D) 가구 매장

해설 여자가 대화 시작 부분에 남자에게 오늘로 예정된 가구 배송 일정표를 확인해 봤는지 물으면서 남자가 배송해야 하는

제품과 관련해 이야기하고 있으므로 (D)가 정답이다.

5. 남자가 "하지만 식탁은 어떻게 하죠?"라고 말할 때 무엇을 암시하는가?
   (A) 주문이 부정확하다고 생각한다.
   (B) 자신의 제안에 대한 의견을 원한다.
   (C) 혼자 일을 완료할 수 없다.
   (D) 다른 중요한 할 일이 있다.

해설 대화 중반부에 남자가 페어필드 아파트에 엘리베이터가 없다는 사실과 함께 의자는 하나씩 나를 수 있다고 말하면서 '하지만 식탁은 어떻게 하죠?'라고 언급하는 흐름이다. 이는 자신이 하나씩 나를 수 있는 의자와 달리 식탁은 그럴 수 없기 때문에 어떻게 해야 하는지 묻는 것이므로 (C)가 정답이다.

어휘 **incorrect** 부정확한 **complete** ~을 완료하다 **task** 일, 업무 **by oneself** 혼자, 직접

6. 여자가 무엇을 하겠다고 제안하는가?
   (A) 동료 직원을 배치하는 것
   (B) 일정을 조정하는 것
   (C) 고객에게 이메일을 보내는 것
   (D) 작업 지시서를 제출하는 것

해설 여자가 대화 마지막 부분에 남자와 함께 갈 수 있는 또 다른 직원을 선택하면 어떨지 묻는 것으로 제안하고 있으므로 (A)가 정답이다.

어휘 **assign** (사람을) 배치하다 **colleague** 동료 (직원) **adjust** ~을 조정하다, 조절하다 **work order** 작업 지시서

Paraphrasing choose another worker from our store → Assign a colleague

Questions 7-9 refer to the following conversation with three speakers.

> **M1:** Jeremy, Kira, come look at the new Web site that Advanced Solutions made for **7** our gallery. I'm worried about some animations.
>
> **M2:** Oh, which ones?
>
> **M1:** **8** The 3D animations of our sculptures on the Roman Art page, they take a really long time to load.
>
> **W:** Can I see, too? Oh… you're right. The issue might have to do with the server that the site is linked to. Our Internet connection is fine, right?
>
> **M2:** I'm checking the speed of our building's

Wi-Fi right now, and yep, it's normal.
W: OK, **9** I'll reach out to Advanced Solutions and ask them to get this fixed right away.

남1: 제레미 씨, 키라 씨, 어드밴스드 솔루션즈에서 우리 미술관을 위해 만든 새 웹 사이트를 와서 보세요. 저는 몇몇 애니메이션이 걱정입니다.

남2: 아, 어느 것이요?

남1: 우리 로마 미술 페이지의 조각상들에 대한 3D 애니메이션인데, 로딩하는 데 정말 시간이 오래 걸려요.

여: 저도 볼 수 있나요? 아... 그렇네요. 그 문제가 사이트가 연결되어 있는 서버와 관련되어 있을지도 모릅니다. 우리 인터넷 연결 상태는 괜찮죠, 맞죠?

남2: 제가 지금 바로 우리 건물 와이파이의 속도를 확인하고 있는데, 네, 정상입니다.

여: 알겠어요, 제가 어드밴스드 솔루션즈에 연락해서 이 문제를 지금 바로 고쳐달라고 요청할게요.

어휘 worried 걱정하는 sculpture 조각상 take ~의 시간이 걸리다 have to do with ~와 관련되어 있다 be linked to ~와 연결되다 normal 정상인, 보통의, 평범한 reach out to ~에 연락하다 right away 지금 바로

7. 화자들이 어디에 근무하고 있을 것 같은가?
   (A) 인쇄소에
   (B) 영화관에
   (C) 미술관에
   (D) 가정용품 매장에

해설 남자 한 명이 대화 초반부에 소속 업체를 '우리 미술관'이라고 지칭하고 있으므로 (C)가 정답이다.

8. 어떤 문제가 이야기되고 있는가?
   (A) 몇몇 온라인상의 기능에 결함이 있다.
   (B) 일부 가격 정보가 정확하지 않다.
   (C) 광고가 빠져 있다.
   (D) 인터넷 서비스가 느리다.

해설 대화 중반부에 남자 한 명이 웹 페이지상에서 로마 미술 페이지의 조각상들에 대한 3D 애니메이션이 로딩하는 데 정말 시간이 오래 걸린다는 문제를 알리고 있다. 이는 온라인상에서 결함이 있는 기능을 말하는 것이므로 (A)가 정답이다.

어휘 feature 기능, 특징 faulty 결함 pricing 가격 (책정) advertisement 광고

9. 여자가 곧이어 무엇을 할 것 같은가?
   (A) 정비공에게 전화하는 일

(B) 성명서 초안을 작성하는 일
(C) 업체에 연락하는 일
(D) 기기를 다시 시작하는 일

해설 대화 후반부에 여자가 웹 사이트를 만들어 준 업체인 어드밴스드 솔루션즈에 연락해서 문제를 지금 바로 고치도록 요청하겠다고 말하고 있으므로 (C)가 정답이다.

어휘 draft v. ~의 초안을 작성하다 statement 성명(서), 내역(서), 명세(서)

Paraphrasing reach out to Advanced Solutions → Contact a business

Questions 10-12 refer to the following conversation.

W: **10** Jake, what kind of music event should we organize for Redwood City this summer?

M: I liked the rock festival we held two years ago. The main concert went really well, and many people loved shopping around for instruments at the booths, too.

W: That did have a decent turnout. **11** Maybe we can reach out to the same bands and vendors to see if they'd like to participate again.

M: Sounds good. **12** I'll make a new version of the invitation we used before.

여: 제이크 씨, 우리가 올 여름에 레드우드 시티를 위해 어떤 종류의 음악 행사를 마련해야 할까요?

남: 저는 우리가 2년 전에 개최했던 록 페스티벌이 마음에 들었어요. 그 주요 콘서트가 정말 잘 되었고, 많은 사람들이 부스에서 악기를 사려고 돌아다니면서 쇼핑하는 것도 아주 좋아했어요.

여: 그 행사의 참가자 수가 분명 준수했죠. 아마 같은 밴드들과 판매업체들에게 연락해서 다시 참가하고 싶은지 확인해 볼 수 있을 거예요.

남: 좋은 것 같아요. 제가 우리가 전에 이용했던 초대장의 새로운 버전을 만들게요.

어휘 go well 잘 되다, 잘 진행되다 shop around for ~을 사려고 돌아다니면서 쇼핑하다 instrument 악기 booth (행사장 등의) 부스, 임시 공간 decent 준수한, 꽤 괜찮은 turnout 참가자 수 reach out to ~에게 연락하다 vendor 판매업체, 판매자 participate 참가하다 sound + 형용사 ~한 것 같다, ~하게 들리다 invitation 초대(장)

10. 대화가 어디에서 진행되고 있을 것 같은가?
   (A) 행사 기획 대행사에서
   (B) 녹음 스튜디오에서
   (C) 마케팅 회사에서
   (D) 패션 디자인 회사에서

해설 여자가 대화를 시작하면서 남자에게 올 여름에 레드우드 시티를 위해 어떤 종류의 음악 행사를 마련해야 할지 묻고 있다. 이를 통해 행사 기획과 관련된 업체의 직원들인 것으로 볼 수 있으므로 (A)가 정답이다.

어휘 planning 기획, 계획

11. 여자가 "그 행사의 참가자 수가 분명 준수했죠"라고 말할 때 무엇을 의미하는가?
    (A) 프로젝트가 높은 수익을 만들어 냈다.
    (B) 페스티벌이 다시 개최되어야 한다.
    (C) 몇몇 공연자들이 엄청나게 인기 있다.
    (D) 몇몇 판매업체들이 함께 일하기 편하다.

해설 여자가 대화 중반부에 남자가 언급한 과거의 록 페스티벌에 대해 '그 행사의 참가자 수가 분명 준수했죠'라고 말하면서 같은 밴드들과 판매업체들에게 연락해서 다시 참가하고 싶은지 확인해 볼 수 있을 것이라고 언급하는 흐름이다. 이는 해당 록 페스티벌을 다시 개최하는 것이 좋겠다는 의미로 한 말이므로 (B)가 정답이다.

어휘 earning 수익, 소득 hugely 엄청나게

12. 남자가 무엇을 만들겠다고 제안하는가?
    (A) 초대장
    (B) 포스터
    (C) 신청서
    (D) 연락처 목록

해설 대화 마지막 부분에 남자가 전에 이용했던 초대장의 새로운 버전을 만들겠다고 알리고 있으므로 (A)가 정답이다.

▶ **Playlist 8**
시각자료, 급하게 풀지 마세요

시각자료

W: Oliver, did you see what customers had to say about our new breakfast menu?
M: Not yet. Was there any positive feedback?
W: Everyone likes the wider selection, but several people complained that our cinnamon rolls are overpriced. They said they're not worth the money. Maybe we should charge less for the cinnamon rolls.
M: That's definitely something we can consider. Let's bring it up to our manager when she comes in.

Breakfast Menu	
Cinnamon Rolls $10.59	Pancake Platter $11.49
French Toast $9.99	Omelet & Waffles $12.79

여: 올리버 씨, 고객들께서 우리 새로운 아침 식사 메뉴와 관련해 말씀하셔야 했던 것을 확인해 보셨나요?
남: 아직이요. 어떤 긍정적인 의견이라도 있었나요?
여: 모든 분께서 더욱 폭넓은 선택 범위를 마음에 들어 하고 계시긴 하지만, 몇몇 분들은 우리 시나몬 롤이 너무 비싸다고 불만을 제기하셨어요. 이분들께서는 그게 그만한 돈에 대한 가치가 있지 않다고 말씀하셨어요. 아마 우리가 시나몬 롤에 대해 더 적게 부과해야 할 것 같아요.
남: 그건 분명 우리가 고려해 볼 수 있을 거예요. 우리 점장님께서 오시면 그 얘기를 꺼내 봅시다.

아침 식사 메뉴	
시나몬 롤 10.59달러	팬케이크 플래터 11.49달러
프렌치 토스트 9.99달러	오믈렛 & 와플 12.79달러

어휘 positive 긍정적인 selection 선택 (범위), 선택 가능한 것들 complain 불만을 제기하다, 불평하다 overpriced 너무 비싼, 가격이 지나치게 높은 worth the 명사 ~에 대한 가치가 있는 charge (요금 등) ~을 부과하다 definitely 분명히, 확실히 consider ~을 고려하다 bring A up to B (화제 등) B에게 A에 대한 얘기를 꺼내다

Q. 시각자료를 보시오. 어느 가격이 변경될지도 모르는가?
   (A) $10.59
   (B) $11.49
   (C) $9.99
   (D) $12.79

해설 대화 중반부에 여자가 일부 고객들의 의견을 언급하면서 시나몬 롤에 대해 더 적게 부과해야 할 것 같다고 제안하자, 남자도 수긍하고 있다. 시각자료에서 왼쪽 상단에 표기된 Cinnamon Rolls의 가격이 $10.59이므로 (A)가 정답이다.

필수 시각자료 유형

❶ 지도

	출입구	
대표이사실		사무실 3
		대회의실
사무실 1	사무실 2	

❷ 스케줄

루카스 뮬러 1월 10일 오전 일정	
오전 9:00	팀 회의
오전 10:00	진행 보고서 검토
오전 11:00	인턴 면접
오후 12:00	고객 화상 회의

❸ 그래프

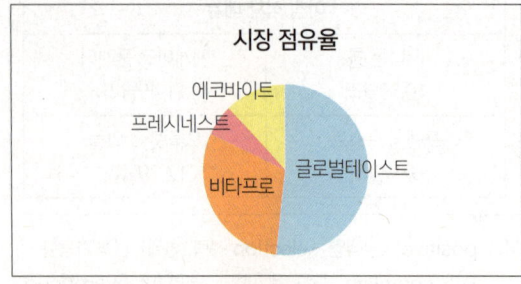

시장 점유율 (에코바이트, 프레시네스트, 비타프로, 글로벌테이스트)

❹ 층별 안내/건물 안내 정보

프라임 비즈니스 호텔	
4층	스탠다드 & 디럭스 객실
3층	피트니스 센터 & 사우나
2층	연회실
1층	안내

❺ 교통 안내

	도착	
출발	항공편 번호	짐 찾는 곳 번호
파리	AF127	1
런던	TX950	2
아부다비	AZ409	3
오사카	YN303	4

❻ 제품 목록

세라믹	포슬레인
라임스톤	테라코타

Practice

1. (A)   2. (C)

Question 1 refers to the following conversation and schedule.

W: Hi. I'm trying to buy a bus ticket to Detroit, but your mobile app isn't working for me. I'm planning to travel tomorrow, and I'm leaving from Chicago.

M: Sorry about that. Our app is still getting updated. I can help you purchase a ticket directly through me, if you'd like. You're departing from Chicago, correct? At what time?

W: Yes. I'm not sure what times are available, but I just need to get to Detroit no later than noon. I have lunch with an important client, so I can't be late!

Chicago to Detroit		
Bus	Departs	Arrives
US56	6:00 A.M.	11:40 A.M.
NZ42	6:40 A.M.	12:20 P.M.
AB97	7:30 A.M.	1:10 P.M.
GP35	7:50 A.M.	1:30 P.M.

여: 안녕하세요. 디트로이트로 가는 버스표를 구입하려 하고 있는데, 귀사의 모바일 앱이 제겐 작동하지 않고 있습니다. 제가 내일 여행할 계획을 세우고 있고, 시카고에서 출발합니다.

남: 그 부분에 대해 사과 드립니다. 저희 앱이 여전히 업데이트되고 있습니다. 괜찮으시면, 저를 통해 직접 표를 구입하시도록 도와 드릴 수 있습니다. 시카고에서 출발하시죠, 맞죠? 몇 시에 가시죠?

여: 네. 몇 시가 이용 가능한지 잘 모르겠지만, 늦어도 정오까지 디트로이트에 도착하기만 하면 됩니다. 중요한 고객 한 분과 점심 식사를 하기 때문에, 늦으면 안됩니다!

시카고 출발, 디트로이트행		
버스	출발	도착
US56	오전 6:00	오전 11:40
NZ42	오전 6:40	오후 12:20
AB97	오전 7:30	오후 1:10
GP35	오전 7:50	오후 1:30

어휘 leave 출발하다, 떠나다 get to ~로 가다, ~에 도착하다 no later than 늦어도 ~까지

1. 시각자료를 보시오. 여자가 어느 버스를 탈 것 같은가?
   (A) US56
   (B) NZ42
   (C) AB97
   (D) GP35

해설 여자가 대화 후반부에 늦어도 정오까지 도착해야 한다는 말로 자신의 이동 계획을 밝히고 있다. 시각자료에서 도착 시간이 정오 이전에 해당하는 버스가 첫 번째 줄에 11:40 A.M.로 표기된 US56이므로 (A)가 정답이다.

Question 2 refers to the following conversation and map.

M: I noticed we're short on fuel. We should probably fill up the car's tank before returning to our company headquarters.
W: You're right. That's part of our policy. I guess we won't have time to stop by the famous diner for food then.
M: Yeah. Our schedule's pretty tight. Should I take the exit up ahead, then?
W: Oh, wait. That one is for the shopping outlet. We should take the exit after that.

M: Oh, OK. Hopefully they sell some snacks so that we have something to eat while heading back.

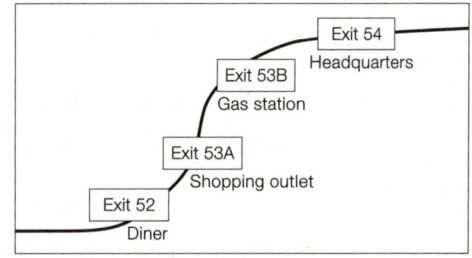

남: 우리가 연료가 부족하다는 걸 알게 되었어요. 아마 우리 회사 본사로 복귀하기 전에 자동차 연료 탱크를 가득 채워야 할 겁니다.

여: 맞아요. 그게 우리 정책의 일부입니다. 그럼 우리가 음식을 먹기 위해 유명 식당에 들를 시간이 없을 것 같아요.

남: 네. 우리 일정이 꽤 빡빡합니다. 그럼 저 앞에 있는 출구로 나갈까요?

여: 아, 잠시만요. 그곳은 쇼핑 할인점으로 가는 곳입니다. 그 뒤에 나오는 출구로 나가야 해요.

남: 아, 알겠어요. 우리가 복귀하는 동안 뭔가 먹을 것이 있도록 간식거리를 좀 팔면 좋겠어요.

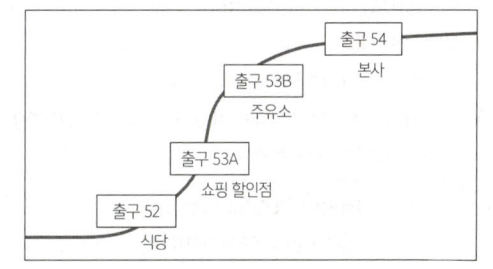

어휘 fill up ~을 가득 채우다 return to ~로 복귀하다, 돌아가다 headquarters 본사 stop by (잠깐) ~에 들르다 diner 식당 up ahead 저 앞쪽에 outlet 할인점, 전문점 so that (목적) ~하도록, (결과) 그래서, 그러므로 while -ing ~하는 동안 head back 복귀하다, 돌아가다

2. 시각자료를 보시오. 여자가 남자에게 어느 출구로 나가라고 말하는가?
   (A) 출구 52
   (B) 출구 53A
   (C) 출구 53B
   (D) 출구 54

해설 남자가 대화 초반부에 본사로 복귀하는 상황임을 언급하고 있고, 여자가 대화 후반부에 쇼핑 할인점으로 가는 출구 다

음에 나오는 출구로 나가야 한다고 알리고 있다. 시각자료에서 상단의 본사 방향으로 Shopping outlet 다음에 표기된 출구가 Exit 53B이므로 (C)가 정답이다.

Check-up Test

1. (C) 2. (B) 3. (D) 4. (B) 5. (A)
6. (B) 7. (B) 8. (C) 9. (C) 10. (A)
11. (B) 12. (B)

Questions 1-3 refer to the following conversation and building information.

W: Hi, there. What brings you to our library?
M: Hello. **1** I was directed to go to the children's play zone. Can you show me where that is?
W: That section is toward the back of our building. I can take you there if you'd like.
M: Thank you. I'd appreciate that. **2** I've been assigned to build a new indoor play structure today. I want to see the area first.
W: Oh, that's right! If I remember correctly, weren't you supposed to come in yesterday? What happened?
M: Yes, but **3** there was an issue with my truck, so I had to get it repaired.
W: Ah, that makes sense. If you need anything else, just let me know.

Irvine Public Library
Building Information

North Wing – Archives & Special Collections
West Wing – Digital Media & E-books
East Wing – Children's Books & Play Zone
South Wing – Adult Fiction & Non-Fiction

여: 안녕하세요. 어떻게 저희 도서관에 오시게 되었나요?
남: 안녕하세요. 아동용 놀이 구역으로 가라는 지시를 받았습니다. 그곳이 어디 있는지 알려 주시겠어요?
여: 그 구역은 저희 건물 뒤쪽 방향입니다. 괜찮으시면 제가 모셔다 드릴 수 있습니다.
남: 고맙습니다. 그렇게 해 주시면 감사하겠습니다. 제가 오늘 새 실내 놀이 구조물을 짓도록 배정되었습니다. 그 구역을 먼저 확인해 보고 싶어서요.

여: 아, 맞아요! 제가 정확히 기억한다면, 어제 오시기로 되어 있지 않았나요? 무슨 일이 있으셨던 건가요?
남: 네, 하지만 제 트럭에 문제가 있었기 때문에, 수리 받아야 했습니다.
여: 아, 무슨 말씀이신지 알겠습니다. 다른 무엇이든 필요하시면, 제게 알려만 주세요.

어빈 공공 도서관
건물 안내 정보

북관 – 기록실 & 특별 소장품
서관 – 디지털 미디어 & 전자 도서
동관 – 아동 도서 & 놀이 구역
남관 – 성인 소설 & 비소설

어휘 be directed to do ~하라는 지시를 받다, ~하도록 안내를 받다 show A B A에게 B를 알려 주다 toward ~ 쪽으로, ~을 향해 appreciate ~에 대해 감사하다 assign ~에게 배정하다, 할당하다 structure 구조(물) correctly 정확히, 옳게, 맞게 be supposed to do ~하기로 되어 있다, ~해야 하다 wing ~관, ~동, 부속 건물 archive 기록 보관소 collection 소장(품), 수집(품)

1. 시각자료를 보시오. 남자가 어느 관을 방문할 것인가?
   (A) 북관
   (B) 서관
   (C) 동관
   (D) 남관

해설 대화 초반부에 남자가 아동용 놀이 구역으로 가라는 지시를 받은 사실을 언급하면서 길 안내를 요청하고 있다. 시각자료에 Play Zone이 표기된 곳이 세 번째 줄에 위치한 East Wing이므로 (C)가 정답이다.

2. 남자가 무엇을 할 것인가?
   (A) 컴퓨터를 고치는 일
   (B) 구조물을 짓는 일
   (C) 몇몇 층을 청소하는 일
   (D) 몇몇 전시품을 설치하는 일

해설 남자가 대화 중반부에 오늘 새 실내 놀이 구조물을 짓도록 배정된 사실을 밝히고 있으므로 (B)가 정답이다.

3. 남자가 왜 어제 도서관에 올 수 없었는가?
   (A) 엉뚱한 장소로 갔다.
   (B) 몸이 좋지 않았다.
   (C) 마지막 순간의 회의가 있었다.
   (D) 자신의 차량을 수리 받아야 했다.

해설 대화 후반부에 여자가 남자에게 어제 방문할 예정이지 않았는지 묻자, 남자가 트럭에 문제가 있어서 수리를 받아야 했다는 말로 어제 오지 못한 이유를 말하고 있으므로 (D)가 정답이다.

어휘 last-minute 마지막 순간의

Questions 4-6 refer to the following conversation and map.

W: Union Parcel Service, how can I help you?
M: Hi, Mia. This is Jerry. **4** **5** I'm supposed to deliver some documents here in the commercial district, but the building I've arrived at is different than what's on the shipping label.
W: Uh-oh, that's not good. What's the name of the recipient?
M: Meridian Consulting. I think they've relocated.
W: Let me check… OK, you're right. It seems like they're no longer next to Danville Park. I just texted you the new address.
M: Ah, so **6** they're on Culver Boulevard, right next to City Hall. Got it. Thanks!

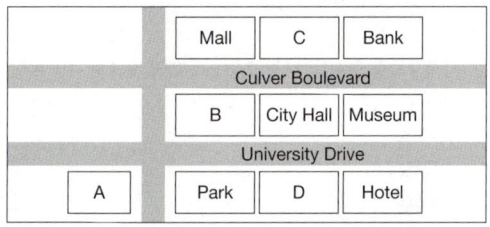

여: 유니온 파슬 서비스입니다. 무엇을 도와 드릴까요?
남: 안녕하세요, 미아 씨. 제리입니다. 제가 이곳 상업 지구에서 몇몇 서류를 배달하기로 되어 있는데, 제가 도착한 건물이 배송 라벨에 쓰여 있는 곳과 다릅니다.
여: 아, 이런, 큰일이네요. 수취인 성명이 어떻게 되죠?
남: 메리디언 컨설팅입니다. 제 생각엔 이전한 것 같아요.
여: 제가 확인해 볼게요… 네, 당신 말이 맞아요. 더 이상 단빌 공원 옆에 있지 않는 것 같아요. 제가 방금 새 주소를 문자 메시지로 보내 드렸습니다.
남: 아, 그럼 그곳이 컬버 블리바드에, 시청 바로 옆에 있는 거네요. 알겠습니다. 감사합니다!

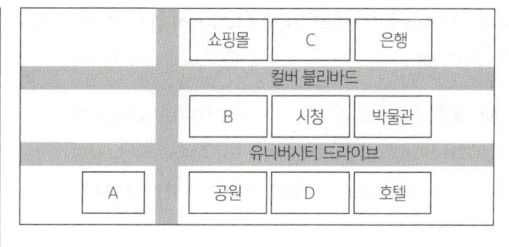

어휘 commercial 상업의 district 지구, 지역, 구역 shipping 배송 recipient 수취인 next to ~ 옆에 text A B A에게 B를 문자 메시지로 보내다

4. 남자가 누구일 것 같은가?
   (A) 기자
   (B) 우편 배달부
   (C) 사무실 직원
   (D) 음식 배달원

해설 남자가 대화 초반부에 서류를 배달하기로 되어 있다는 말과 함께 한 건물에 도착한 상태임을 언급하고 있어 우편물을 배달하는 사람인 것으로 볼 수 있으므로 (B)가 정답이다.

5. 남자가 어떤 문제를 언급하는가?
   (A) 라벨에 부정확한 정보가 있다.
   (B) 몇몇 출입문이 잠겨 있다.
   (C) 장소가 너무 멀리 떨어져 있다.
   (D) 몇몇 고객이 주문을 취소했다.

해설 대화 초반부에 남자가 자신이 배달해야 하는 서류 때문에 도착한 건물이 배송 라벨에 쓰여 있는 곳과 다르다는 문제를 언급하고 있으므로 (A)가 정답이다.

어휘 far away 멀리 떨어져 있는

Paraphrasing different than what's on the shipping label
→ A label has incorrect information

6. 시각자료를 보시오. 남자가 곧이어 어디로 갈 것인가?
   (A) A 장소로
   (B) B 장소로
   (C) C 장소로
   (D) D 장소로

해설 남자가 대화 후반부에 자신이 가야 하는 장소로 전달 받은 곳이 컬버 블리바드 쪽에 시청 바로 옆이라고 언급하고 있다. 시각자료에서 중간에 위치한 시청 바로 옆에 표기된 장소가 B이므로 (B)가 정답이다.

Questions 7-9 refer to the following conversation and graph.

M: ▣ Grace, you're going to handle the patient appointment at 2 o'clock, right? Do you need help prepping the exam room?

W: Thanks, but it's alright. I'm nearly finished getting the room set up. It's just going to be a simple check-up, so I didn't have to do much. We really haven't been getting many patients ever since you joined our nursing team when it was one of our busier months.

M: Yeah. ▣ I remember we had over 500 patients that month. Anyway, I'm on the night shift today, so let me know if you want me to do anything.

W: Actually, ▣ can you fill up the paper towel and hand soap dispensers in the bathroom? I noticed they're running low.

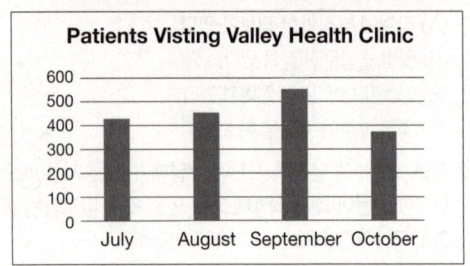

남: 그레이스 씨, 당신이 2시에 환자 예약을 처리하시는거죠, 맞죠? 진료실을 준비하시는 데 도움이 필요하신가요?

여: 말씀은 감사하지만, 괜찮습니다. 그 방을 준비해 두는 일을 거의 끝마쳤습니다. 그저 간단한 검진일 것이기 때문에, 제가 할 게 많지 않았어요. 더 바쁜 달들 중 하나였을 때 당신이 우리 간호팀에 합류하신 이후로 줄곧 우리가 정말 많은 환자들을 받고 있지는 않고 있어요.

남: 네. 우리가 그 달에 500명이 넘는 환자들을 받았던 것으로 기억해요. 어쨌든, 제가 오늘 야간 교대 근무이기 때문에, 제가 무엇이든 하기를 원하시는 게 있으시면 알려 주세요.

여: 실은, 화장실에 있는 종이 타월 및 손 세정제 디스펜서들을 가득 채워 주시겠어요? 그것들이 부족해지고 있다는 걸 알았어요.

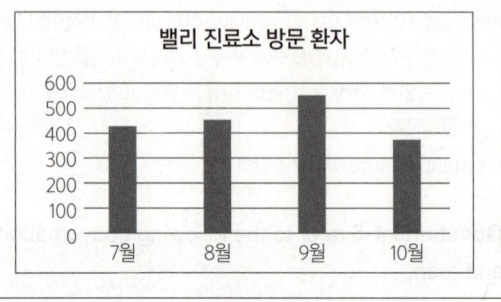

어휘 prep ~을 준비하다 exam 진료, 검사 be finished -ing ~하는 것을 끝마치다 check-up 검진 ever since ~한 이후로 줄곧 join ~에 합류하다, ~와 함께 하다 nursing 간호 anyway 어쨌든 shift 교대 근무(조) fill up ~을 가득 채우다 dispenser 디스펜서(손잡이·센서 등을 통해 내용물을 나오게 하는 용기나 기계) run low 부족해지다, 모자라게 되다

7. 여자가 무엇을 준비하고 있는가?
   (A) 면접
   (B) 예약
   (C) 장비 점검
   (D) 부서 회의

해설 남자가 대화를 시작하면서 여자에게 2시에 환자 예약을 처리하는 게 맞는지 묻자, 여자가 그렇다고 대답하고 있으므로 (B)가 정답이다.

8. 시각자료를 보시오. 남자가 어느 달에 진료소에서 근무하기 시작했는가?
   (A) 7월
   (B) 8월
   (C) 9월
   (D) 10월

해설 여자가 대화 중반부에 남자가 팀에 합류한 시기를 언급하자, 남자가 그 달에 500명이 넘는 환자들을 받은 사실을 밝히고 있다. 시각자료에서 환자 숫자가 500이 넘는 달이 September이므로 (C)가 정답이다.

9. 여자가 남자에게 무엇을 하도록 요청하는가?
   (A) 보관실을 확인하는 일
   (B) 한 구역을 청소하는 일
   (C) 몇몇 용품들을 다시 채워 놓는 일
   (D) 일부 가구를 옮기는 일

해설 대화 후반부에 여자가 남자에게 화장실에 있는 종이 타월 및 손 세정제 디스펜서들을 가득 채워 달라고 요청하고 있으므로 (C)가 정답이다.

어휘 storeroom 보관실, 저장실 refill ~을 다시 채우다

Paraphrasing fill up the paper towel and hand soap dispensers → Refill some supplies

Questions 10-12 refer to the following conversation and schedule.

> W: Hi. Are you interested in joining a workshop?
> M: Yes, I am. I live right down the street from here, and I heard the community center offers fun activities on weekends.
> W: Well, **10** since you're a citizen of Daly City, you can sign up for our workshops for free. I just need to see a valid government ID.
> M: Got it. Here's my driver's license. Can I register for the knitting workshop on December 14?
> W: Oh, I'm sorry. That session is full already. **11** Would you like to try the pottery one instead?
> M: Hmm... **11** OK, sure. I guess that sounds fun, too.
> W: Awesome! I've got you down. And before I forget, we're hosting a special forum this Sunday. **12** Our city mayor, Michelle Walton, is going to talk about the plans to restore the abandoned Murphy Field into a brand-new park. If you'd like to sit in on that, I can help you register right now.
>
> **Daly City Community Center**
> Arts & Crafts Workshops
>
> | | |
> |---|---|
> | November 23 | Watercolor Painting |
> | November 30 | Pottery for Beginners |
> | December 14 | Knitting Basics |
> | December 21 | DIY Ring Making |

여: 안녕하세요. 워크숍에 참가하시는 데 관심이 있으신가요?

남: 네, 그렇습니다. 제가 이곳에서 길 바로 저쪽에 살고 있는데, 지역 문화 센터에서 주말마다 재미있는 활동들을 제공한다는 얘기를 들었습니다.

여: 저, 댈리 시티 시민이시기 때문에, 무료로 저희 워크숍에 등록하실 수 있습니다. 정부에서 발급한 유효 신분증만 확인하면 됩니다.

남: 알겠습니다. 여기 제 운전 면허증입니다. 12월 14일에 있을 뜨개질 워크숍에 등록할 수 있나요?

여: 아, 죄송합니다. 그 시간은 이미 만원입니다. 대신 도자기 워크숍을 한 번 해 보시겠어요?

남: 흠... 네, 좋아요. 그것도 재미있을 것 같아요.

여: 잘됐네요! 제가 기재해 드렸어요. 그리고 제가 잊기 전에, 저희가 이번 주 일요일에 특별 포럼을 주최합니다. 미쉘 월튼 시장님께서 버려진 머피 필드를 완전히 새로운 공원으로 복구하는 계획과 관련해 말씀하실 것입니다. 그 시간에 방청하기를 원하실 경우, 지금 바로 등록하시도록 도와 드릴 수 있습니다.

> **댈리 시티 지역 문화 센터**
> 미술 & 공예 워크숍
>
> | | |
> |---|---|
> | 11월 23일 | 수채화 그리기 |
> | 11월 30일 | 초보자를 위한 도자기 |
> | 12월 14일 | 뜨개질 기초 |
> | 12월 21일 | 반지 제작 DIY |

어휘 down (길 등) ~ 저쪽에, ~을 따라 for free 무료로 valid 유효한 register for ~에 등록하다 knitting 뜨개질 pottery 도자기 instead 대신 get A down A를 기재하다, 적어 놓다 host ~을 주최하다 mayor (도시의) 시장 restore ~을 복구하다, 복원하다 abandoned 버려진, 유기된 brand-new 완전히 새로운 sit in on ~을 방청하다, 참관하다 craft 공예(품) watercolor 수채화(물감) basics 기초, 기본 DIY (소비자가) 직접 하기

10. 남자가 왜 무료로 지역 문화 센터 워크숍에 참석할 수 있는가?
    (A) 지역 주민이다.
    (B) 최근의 졸업생이다.
    (C) 특별 초대장을 받았다.
    (D) 회원 카드를 소지하고 있다.

해설 대화 중반부에 여자가 남자에게 댈리 시티 시민이기 때문에 무료로 워크숍에 등록할 수 있다는 사실을 알리고 있으므로 (A)가 정답이다.

어휘 graduate n. 졸업생

Paraphrasing a citizen of Daly City → a local resident

11. 시각자료를 보시오. 남자가 어느 날짜에 워크숍에 참석할 것인가?
    (A) 11월 23일
    (B) 11월 30일

(C) 12월 14일
(D) 12월 21일

해설 여자가 대화 중반부에 만원이 된 뜨개질 워크숍 대신 도자기 워크숍을 한 번 해 보도록 권하자, 남자가 그것도 재미있을 것 같다는 말로 수용하고 있다. 시각자료에서 두 번째 줄에 Pottery가 주제로 표기된 워크숍의 날짜가 November 30이므로 (B)가 정답이다.

12. 미쉘 월튼 씨가 무엇에 관해 이야기할 것인가?
(A) 광고 캠페인
(B) 복구 프로젝트
(C) 기념일 행사
(D) 모금 계획

해설 여자가 대화 후반부에 미쉘 월튼 시장이 버려진 머피 필드를 완전히 새로운 공원으로 복구하는 계획과 관련해 이야기할 것이라고 알리고 있으므로 (B)가 정답이다.

어휘 restoration 복구, 복원 anniversary (해마다 돌아오는) 기념일 fundraising n. 모금, 기금 마련 initiative n. 계획, 솔선수범, 주도(권)

Paraphrasing the plans to restore the abandoned Murphy Field into a brand-new park → A restoration project

▶ **Playlist 9**
출제자가 좋아하는 전화메시지/회의발췌

전화메시지 담화 패턴

❶ 안녕하세요, 휴이트 씨. 저는 클로비스 주식회사의 데이비 파커입니다. ❷ 저희 본사에서 귀하의 초청 강연이 다음 주 월요일에 있을 것으로 되어 있지만, 유감스럽게도, 저희가 그것을 연기해야 할 것입니다. ❸ 저희 회사가 현재 중요한 공사 프로젝트를 진행하고 있기 때문에, 저희 직원들이 그 운영에 에너지를 집중해야 합니다. 불편함에 대해 사과 드립니다. 하지만 저희가 마지막 순간에 귀하의 서비스 일정을 잡았기 때문에, 이것이 귀하께 훌륭한 강연을 준비하시는 데 더 많은 시간을 갖게 해 드리기를 바랍니다. 대신 오실 수 있는 날이 다음 달에 하루 있을지 부디 제게 알려 주시기 바랍니다. ❹ 다시 연락 주시기를 고대합니다. 감사합니다.

회의발췌 담화 패턴

❶ 다음 주 화요일에, 현재의 것들을 모두 교체하기 위해 험프리스 서플라이 사로부터 완전히 새로운 사무용 의자들을 받을 예정입니다. ❷ 연구는 인체 공학적인 의자를 사용하는 것이 부상 위험을 낮추는 데 도움이 되고 더 나은 자세를 지지해 주는 것을 보여줍니다. 우리 회사에서는, 여러분의 건강과 안전이 최우선이며, 모든 직원이 이용할 고품질 의자가 있도록 보장해 드릴 것입니다. ❸ 여러분의 의자 색상을 선택하시고자 하는 경우, 이메일 수신함을 확인해 보시기 바랍니다. 저희가 선택적인 설문 조사지를 발송해 드렸습니다.

Practice

1. (B)   2. (C)

Question 1 refers to the following telephone message.

Hello, Ms. Quincy. This is Paul Ginsburg from Ginsburg Bakery, and I'm calling regarding the order of desserts you placed with us for your corporate banquet next week. The cheesecakes will be prepared as promised, but due to a supplier shortage, we are running low on strawberries for the strawberry shortcakes. Would you like us to make a different dessert instead? It'd be great if you could get back to me soon. Thanks.

안녕하세요, 퀸시 씨. 저는 긴스버그 베이커리의 폴 긴스버그이며, 다음 주 귀사의 기업 연회를 위해 저희에게 주문하신 디저트 제품과 관련해 전화 드립니다. 치즈 케이크는 약속대로 준비되겠지만, 공급업체의 부족 문제로 인해, 딸기 쇼트 케이크에 들어가는 딸기가 다 떨어져가고 있습니다. 저희가 대신 다른 디저트를 만들어 드려도 될까요? 곧 제게 다시 연락 주실 수 있다면 좋겠습니다. 감사합니다.

어휘 corporate 기업의 banquet 연회 as promised 약속대로 shortage 부족 run low on ~이 다 떨어지다, 부족해지다 get back to ~에게 다시 연락하다

1. 화자가 주문과 관련해 무슨 말을 하는가?
(A) 제품이 품절된 상태이다.
(B) 재료가 다 떨어져가고 있다.
(C) 아직 그에 대한 비용이 지불되지 않았다.
(D) 더 늦은 시간에 배달될 것이다.

해설 화자가 담화 중반부에 공급업체의 부족 문제로 인해 딸기가 다 떨어져가고 있다는 문제를 언급하고 있다. 이는 재료가 다 떨어져간다는 뜻이므로 (B)가 정답이다.

어휘 out of stock 품절인, 재고가 다 떨어진 ingredient (음식) 재료, 성분

Paraphrasing running low on strawberries → An ingredient is running low

Question 2 refers to the following excerpt from a meeting.

> Now, let's move on to our plan for promoting the upcoming season's footwear collection. Mr. Andres, our chief designer, has joined our meeting today to introduce the new range of boots and sneakers that we'll be releasing. Once he's finished, I'd like everyone to <u>propose at least one idea</u> on how to advertise these new styles.
>
> 이제, 다가오는 시즌의 신발 제품 라인을 홍보하기 위한 우리의 계획으로 넘어가 보겠습니다. 우리 수석 디자이너이신, 안드레스 씨께서 우리가 출시하게 될 새로운 부츠와 운동화 제품군을 소개해 주시기 위해 오늘 우리 회의 시간에 함께 자리해 주셨습니다. 안드레스 씨께서 이야기를 끝마치시는 대로, 모두 이 새로운 스타일들을 광고할 방법에 관해 최소 한 가지씩 아이디어를 제안해 주셨으면 합니다.

어휘 move on to (진행 등) ~로 넘어가다 upcoming 다가오는, 곧 있을 introduce ~을 소개하다, 도입하다 range 제품군, 범위, 종류 release ~을 출시하다, 발매하다 once (일단) ~하는 대로, ~하자마자 at least 최소한, 적어도 advertise ~을 광고하다

2. 화자가 청자들에게 무엇을 하도록 요청하는가?
   (A) 샘플을 만들 것
   (B) 조사를 실시할 것
   (C) 의견을 제공할 것
   (D) 고객 의견을 검토할 것

해설 화자가 담화 마지막 부분에 청자들에게 새로운 스타일들을 광고할 방법에 관해 최소 한 가지씩 아이디어를 제안해 달라고 요청하고 있다. 이는 의견을 제시해 달라는 뜻이므로 (C)가 정답이다.

어휘 perform ~을 실시하다, 수행하다 suggestion 의견, 제안

`Paraphrasing` propose at least one idea → Give a suggestion

Check-up Test

1. (A)	2. (C)	3. (B)	4. (B)	5. (C)
6. (A)	7. (D)	8. (A)	9. (B)	10. (A)
11. (A)	12. (D)			

Questions 1-3 refer to the following telephone message.

> Hello, this is Charles Sharp from Hastings Global. **1** I'm calling to ask about your cab services. **2** My company is inviting several investors to visit our office on May 3. As you can guess, we would like to hire your business to help transport each client from the airport to our office. Please note, each person will be arriving at a different time. If your company is willing to accommodate our pick-up schedule, **3** please let me know your service rates, particularly for deluxe cabs. You can e-mail me at csharp@hastings.com. Thanks.
>
> 안녕하세요, 저는 헤이스팅스 글로벌의 찰스 샤프입니다. 귀사의 택시 서비스에 관해 여쭤 보기 위해 전화 드립니다. 저희 회사에서 여러 투자자들에게 5월 3일에 저희 사무실을 방문하시도록 요청 드리고 있습니다. 예상하실 수 있겠지만, 각 고객을 공항에서 저희 사무실로 이동시켜 드리는 데 도움을 받기 위해 귀사를 고용하고자 합니다. 유의하셔야 하는 점은, 각 인원이 서로 다른 시간대에 도착하실 예정입니다. 귀사에서 저희 승차 일정을 수용하실 의향이 있으실 경우, 제게 서비스 요금, 특히 디럭스 택시에 대한 것을 알려 주시기 바랍니다. 제게 csharp@hastings.com으로 이메일 보내 주시면 됩니다. 감사합니다.

어휘 cab 택시 invite A to do A에게 ~하도록 요청하다 transport ~을 이동시키다, 운송하다 note 유의하다, 주목하다 be willing to do ~할 의향이 있다, 기꺼이 ~하다 accommodate ~을 수용하다 pick-up 차에 태우기, 차로 데려오기 particularly 특히, 특별히

1. 화자가 어떤 종류의 업체에 전화하는가?
   (A) 운수 회사
   (B) 여행사
   (C) 투자 회사
   (D) 이사 전문 회사

해설 화자가 담화 초반부에 상대방 회사의 택시 서비스에 관해 물어 보기 위해 전화한다고 밝히고 있으므로 (A)가 정답이다.

어휘 transportation 운수, 교통(편)

`Paraphrasing` cab services → transportation

2. 화자가 5월 3일에 무슨 일이 있을 것이라고 말하는가?
   (A) 자신이 다른 국가로 여행할 것이다.
   (B) 기업 행사가 개최될 것이다.
   (C) 몇몇 고객들이 자신의 사무실을 방문할 예정이다.
   (D) 자신의 회사가 직원들을 교육할 예정이다.

해설 담화 초반부에 화자가 소속 회사에서 여러 투자자들에게 5월 3일에 사무실을 방문하도록 요청하고 있다고 밝히고 있다. 이는 고객에 해당하는 투자자들이 방문하는 것을 의미하므로 (C)가 정답이다.

Paraphrasing is inviting several investors to visit our office → Some clients will be visiting his office

3. 화자가 청자에게 무엇을 하도록 요청하는가?
   (A) 주문품 결제액을 확인할 것
   (B) 가격에 관한 정보를 보낼 것
   (C) 음성 메시지를 남길 것
   (D) 이메일에 답장할 것

해설 화자가 담화 후반부에 서비스 요금, 특히 디럭스 택시에 대한 것을 알려 달라고 요청하면서 자신에게 이메일을 보내면 된다고 알리고 있으므로 (B)가 정답이다.

어휘 verify ~을 확인하다, 인증하다 reply to ~에 답장하다

Paraphrasing let me know your service rates/e-mail me → Send information on pricing

Questions 4-6 refer to the following excerpt from a meeting.

Alright, everyone. **4 Let's talk briefly today about our new recycling initiative.** At Bradford Industries, we try to be eco-conscious in every aspect of our operations. So from now on, we're requiring all employees to properly sort and recycle their paper, plastics, and cans. And I get it, this might sound unreasonable. **5 Not everyone has the time to separate every piece of trash one by one. 6 But as a reward, if we fill up ten bins per type by the end of every month, each employee will get a $7 coupon for a drink at Diane's Café.**

좋습니다, 여러분. 우리의 새로운 재활용 계획에 관해 오늘 간략히 이야기해 보겠습니다. 우리 브래드포드 인더스트리 사에서는, 회사 운영의 모든 측면에 있어 환경 보호를 의식하기 위해 노력하고 있습니다. 그래서 지금부터, 모든 직원들께 종이와 플라스틱, 그리고 캔을 제대로 분류해 재활용하도록 요청 드립니다. 그리고 이해합니다, 이것이 불합리하게 들릴지도 모른다는 사실을요. 모든 분께서 하나하나 모든 쓰레기 조각을 분리할 시간이 있는 것이 아닙니다. 하지만 한 가지 보상으로, 우리가 매달 말까지 유형마다 10개의 쓰레기통을 가득 채운다면, 각 직원께서 다이앤스 카페에서 음료를 드실 수 있는 7달러 상당의 쿠폰을 받으시게 될 것입니다.

어휘 briefly 간략히, 잠시 recycling 재활용 eco-conscious 환경 보호를 의식하는 aspect 측면, 양상 operation 운영, 영업, 가동, 작동 from now on 지금부터, 앞으로는 properly 제대로, 적절히 sort ~을 분류하다 get it 이해하다 unreasonable 불합리한, 부당한 separate v. ~을 분리하다, 나누다 one by one 하나하나, 한 개씩 reward 보상

4. 화자의 말에 따르면, 회사가 무엇을 하기 위해 노력하고 있는가?
   (A) 에너지 절약 캠페인을 시작하는 일
   (B) 재활용 정책을 도입하는 일
   (C) 운영을 간소화하는 일
   (D) 재사용 가능한 소재를 활용하는 일

해설 화자가 담화를 시작하면서 새로운 재활용 계획에 관해 간략히 이야기해 보겠다고 언급하면서 그에 따라 환경 보호를 위해 노력하려는 일을 이야기하고 있으므로 (B)가 정답이다.

어휘 streamline ~을 간소화하다 utilize ~을 활용하다 reusable 재사용 가능한

Paraphrasing our new recycling initiative → a recycling policy

5. 화자가 "이것이 불합리하게 들릴지도 모른다는 사실을요"라고 말할 때 무엇을 의미하는가?
   (A) 몇몇 가격이 너무 높다는 사실을 알고 있다.
   (B) 파격적인 접근법을 지지한다.
   (C) 청자들의 우려 사항들을 이해한다.
   (D) 프로젝트가 더 많은 자금을 필요로 한다고 생각한다.

해설 화자가 담화 중반부에 '이것이 불합리하게 들릴지도 모른다는 사실을요'라는 말과 함께 모든 사람이 하나하나 모든 쓰레기 조각을 분리할 시간이 있는 것이 아니라고 언급하고 있다. 이는 청자들이 재활용 실천과 관련해 현실적으로 갖고 있을 우려 사항을 말하는 것이므로 (C)가 정답이다.

어휘 unconventional 파격적인, 비관습적인 approach 접근(법)

6. 해당 계획이 성공하는 경우에 청자들이 무엇을 받을 수 있는가?
   (A) 음료 쿠폰
   (B) 여행 상품권
   (C) 사무실 점심 파티
   (D) 추가 유급 휴가

해설 화자가 담화 마지막 부분에 한 가지 보상으로 매달 말까지 유형마다 10개의 쓰레기통을 가득 채우면 각 직원이 다이앤스 카페에서 음료를 마실 수 있는 7달러 상당의 쿠폰을 받을 것이라고 알리고 있으므로 (A)가 정답이다.

어휘 voucher 상품권, 쿠폰 paid 유급의

Questions 7-9 refer to the following recorded message.

Thanks for calling Willowbend National Park. **7** We're closed today for monthly trail maintenance, but we'll be open tomorrow with our usual hours. **8** Our new guided hiking program is still set to begin tomorrow as planned. Park ranger Carla Torres will lead the first session, where she'll take guests along Sage trail to learn about local plants and see Pastoria Falls. Spots are limited, but everyone is welcome — **9** just come to the visitors' center no later than 10 A.M. and register at the info desk. We're excited to help you explore Willowbend National Park like never before!

윌로우밴드 국립 공원에 전화 주셔서 감사합니다. 저희가 오늘은 월간 등산로 유지 관리 작업으로 인해 문을 닫은 상태이지만, 내일 평소 운영 시간으로 개장할 것입니다. 저희의 새로운 가이드 동반 등산 프로그램이 여전히 계획대로 내일 시작될 예정입니다. 공원 경비원 칼라 토레스 씨께서 그 첫 번째 시간을 진행하실 것이며, 지역 식물들에 관해 배우고 패스토리아 폭포도 보실 수 있도록 세이지 등산로를 따라 손님들을 모시고 갈 것입니다. 자리가 한정되어 있기는 하지만, 모든 분을 환영해 드리고 있으므로, 늦어도 오전 10시까지 방문객 센터로 오셔서 안내 데스크에서 등록하시기만 하시면 됩니다. 저희는 과거와 완전히 다르게 저희 윌로우밴드 국립 공원을 탐험해 보시도록 도와 드리게 되어 기쁩니다!

어휘 trail 등산로, 산길 usual 평소의, 일반적인, 보통의 guided 가이드 동반의 lead ~을 진행하다, 이끌다 along (길 등) ~을 따라 spot 자리, 지점, 장소 explore ~을 탐험하다 like never before 과거와 완전히 다르게, 전례 없는 (방식으로)

7. 공원이 왜 오늘 문을 닫았는가?
   (A) 악천후가 있다.
   (B) 행사를 위해 예약되었다.
   (C) 몇몇 도로가 수리되고 있다.
   (D) 정기 유지 관리 작업을 받고 있다.

해설 화자가 담화를 시작하면서 월간 등산로 유지 관리 작업으로 인해 문을 닫은 상태라고 밝히고 있으므로 (D)가 정답이다.

어휘 inclement weather 악천후 regular 정기적인, 정규의, 보통의, 일반의

Paraphrasing monthly trail maintenance → regular maintenance

8. 어떤 행사가 내일로 계획되어 있는가?
   (A) 등산 투어
   (B) 캠핑 워크숍
   (C) 야외 피크닉
   (D) 설명회

해설 담화 중반부에 화자가 새로운 가이드 동반 등산 프로그램이 여전히 계획대로 내일 시작될 것이라고 알리고 있으므로 (A)가 정답이다.

어휘 informational 정보를 제공하는, 정보의

Paraphrasing new guided hiking program → A hiking tour

9. 청자는 어떻게 행사에 등록할 수 있는가?
   (A) 이메일을 보내서
   (B) 방문객 센터로 가서
   (C) 한 전화번호로 전화해서
   (D) 온라인 예약 시스템을 이용해서

해설 화자가 담화 후반부에 늦어도 오전 10시까지 방문객 센터로 가서 안내 데스크에서 등록하기만 하면 된다고 알리고 있으므로 (B)가 정답이다.

Questions 10-12 refer to the following excerpt from a meeting and chart.

10 Thank you all for attending today's product development meeting. We're going to talk about the limited-edition tea blend we will be creating in collaboration with the nation's largest coffee chain, Brixley's. This blend will only be available for a short two months, so **11** I'd like everyone to form small groups and think of ways to combine several flavors into a unique product. To help with your ideas, this chart shows last year's sales data based on the type of tea. ▶12 We definitely should use our best-selling type in the new blend.

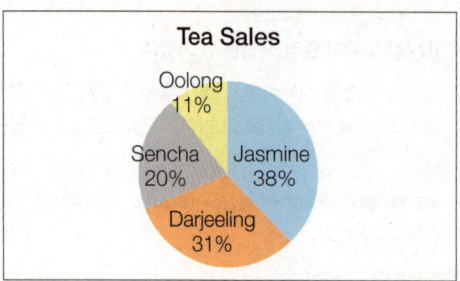

모두 오늘 제품 개발 회의 시간에 참석해 주셔서 감사합니다. 우리가 전국에서 가장 큰 커피 체인인, 브릭슬리즈와의 협업을 통해 판매하기 위해 만들 예정인 한정판 혼합 차에 관해 이야기해 보겠습니다. 이 혼합 차는 오직 두 달 동안만 짧게 이용 가능할 것이기 때문에, 여러분 모두 소그룹을 구성해 전용 제품을 개발하기 위해 여러 가지 맛을 조합할 방법들을 생각해 주셨으면 합니다. 여러분의 아이디어에 도움을 드리기 위해, 이 차트는 차 유형을 바탕으로 하는 작년 판매량 데이터를 보여 주고 있습니다. 우리는 이미 이 새로운 혼합 차에 베스트셀러 유형을 분명히 이용할 것입니다.

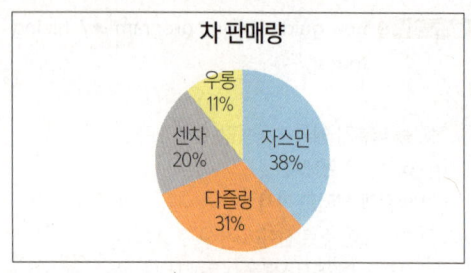

어휘 limited-edition 한정판의 blend n. 혼합(물) in collaboration with ~와 협업해 form ~을 구성하다, 형성하다 combine ~을 조합하다, 결합하다 flavor 맛, 풍미 exclusive 전용의, 독점적인 based on ~을 바탕으로 definitely 분명히, 확실히

10. 청자들이 누구일 것 같은가?
(A) 제품 개발 담당자들
(B) 그래픽 디자이너들
(C) 매장 영업사원들
(D) 조립 라인 직원들

해설 화자가 담화를 시작하면서 청자들에게 오늘 제품 개발 회의 시간에 참석한 것에 대해 감사하다는 인사를 전하고 있어 청자들이 제품 개발 담당 직원들임을 알 수 있으므로 (A)가 정답이다.

11. 팀이 소그룹으로 나눠 신제품의 어느 측면을 논의할 것인가?
(A) 맛 조합
(B) 포장재
(C) 개당 가격
(D) 총 생산량

해설 담화 중반부에 화자가 청자들에게 소그룹을 구성해 전용 제품을 개발하기 위해 여러 가지 맛을 조합할 방법들을 생각해 달라고 요청하고 있으므로 (A)가 정답이다.

어휘 aspect 측면, 양상 packaging 포장(재)

Paraphrasing ways to combine several flavors → Flavor combinations

12. 시각자료를 보시오. 어떤 유형의 차가 신제품에 포함될 것인가?
(A) 우롱
(B) 센차
(C) 다즐링
(D) 자스민

해설 화자가 담화 맨 마지막 부분에 새로운 혼합 차에 이미 베스트셀러 유형을 분명히 이용할 것이라는 사실을 언급하고 있다. 시각자료에서 베스트셀러 제품, 즉 판매량 비율이 가장 높은 것이 38%로 표기된 Jasmine이므로 (D)가 정답이다.

▶ **Playlist 10**
익숙해져야 할 공지/방송

공지 담화 패턴

❶ 안녕하세요, 여러분. ❷ 오늘 시작하기 전에, 우리 사무실 관리 책임자께서 전하시는 간단한 공지가 하나 있습니다. ❸ 지금부터, 모든 분께서 주방용품을 이용하는 것에 대해 더욱 유의해 주셨으면 합니다. 이는 일회용 제품 대신 재사용 가능한 컵과 기구를 이용하는 것뿐만 아니라, 각자 이용 후에 깨끗이 세척하는 일도 의미합니다. 이는 공용 공간을 말끔한 상태로 유지해 주며, 쓰레기통이 넘쳐나는 것을 방지하는 데 도움을 줍니다. ❹ 누구든 휴게실에 재사용 가능한 개인 물품을 보관하고자 하시는 경우, 지금 그렇게 하는 곳을 알려 드리겠습니다. 저만 따라 오시기 바랍니다.

방송 담화 패턴

❶ 안녕하세요, 청취자 여러분, 저는 오전 최신 소식을 전해 드리는 레이첼 리입니다. ❷ 새러토가 시에서 다음 주에 시더우드 플라자에서 연례 가을 축제 마당을 개최할 예정입니다. ❸ 의회 대표 데이나 필즈 씨께서 이번 행사로 얻은 수익이 우리 공공 도서관에 필요한 개조 공사에 자금을 제공하는 데 쓰일 것이라고 발표하셨습니다. 손님들께서는 이 축제 마당

에서 계절 음식과 카니발 게임, 그리고 라이브 공연을 즐기실 수 있습니다. 시에서는 이 플라자 주변의 혼잡을 피하실 수 있도록 개인 차량을 운전하시는 대신 3번 및 7번 버스 노선을 이용하시도록 권하고 있습니다. ❹ 광고 시간 후에 주말 일기 예보와 함께 곧 다시 돌아오겠습니다.

Practice

1. (D)   **2.** (C)

Question 1 refers to the following announcement.

> Ladies and gentlemen, we regret to inform you that tonight's musical play of *Jazz Queens* has been postponed by one hour due to a technical issue. We deeply apologize for the inconvenience. Ticket holders who would like to receive a full refund can visit the box office in the front lobby. For those willing to wait, staff will be passing out complimentary drinks and snacks while our equipment is being repaired. Thank you for your understanding, and we appreciate your continued support for our local productions.

신사 숙녀 여러분, 오늘 밤 뮤지컬 공연 <재즈 퀸즈>가 기술적인 문제로 인해 1시간 미뤄졌다는 사실을 알려 드리게 되어 유감스럽게 생각합니다. 불편함에 대해 깊이 사과 드립니다. 전액 환불을 받고자 하시는 티켓 소지자들께서는 정문 로비에 위치한 매표소를 방문하시면 됩니다. 대기하실 의향이 있으신 분들께는, 저희 직원들이 장비가 수리되는 동안 무료 음료와 간식을 나눠 드릴 예정입니다. 여러분의 양해에 감사 드리며, 우리 지역에서 제작되는 작품들에 대한 여러분의 지속적인 성원에 감사 드립니다.

어휘 regret to do ~해서 유감이다 inform A that A에게 ~라고 알리다 postpone ~을 미루다, 연기하다 apologize for ~에 대해 사과하다 inconvenience 불편함 holder 소지자, 보유자 pass out ~을 나눠 주다 appreciate ~에 대해 감사하다 continued 지속적인 production 제작(된 작품)

1. 공지가 어디에서 이뤄지고 있는가?
   (A) 음반 매장에서
   (B) 미술 전시회에서
   (C) 도서관에서
   (D) 극장에서

해설 화자가 담화 초반부에 뮤지컬 공연 <재즈 퀸즈>가 기술적인 문제로 인해 1시간 미뤄졌다는 사실을 알리는 것에 대한 유감을 표하고 있다. 이를 통해 뮤지컬 공연이 진행될 수 있는 극장이 담화 장소임을 알 수 있으므로 (D)가 정답이다.

Question 2 refers to the following traffic report.

> Good morning, everyone. This is Naomi Yoon with your daily traffic report. Things are moving smoothly across most of the west side and central districts. However, drivers should expect delays at the intersection of Bayview Street and 8th Avenue due to a traffic light malfunction. Officers are on site directing vehicles, but the slowdown is stretching several blocks. If possible, we recommend using an alternate route until repairs are completed later today.

안녕하세요, 여러분. 저는 일일 교통 소식을 전해 드리는 나오미 윤입니다. 대부분의 서쪽 측면 및 중심 구역에 걸쳐 이동이 순조롭게 이뤄지고 있습니다. 하지만, 운전자들께서는 교통 신호등 오작동으로 인해 베이뷰 스트리트와 8번 애비뉴가 만나는 교차로에서 지연을 예상하셔야 합니다. 교통 경찰들이 현장에서 차량들을 안내하고 있지만, 서행 상태가 여러 블록 이어지고 있습니다. 가능하시면, 저희는 수리 작업이 오늘 이따가 완료될 때까지 대체 경로를 이용하시도록 권해 드립니다.

어휘 traffic 교통(량), 차량들 smoothly 순조롭게 across ~에 걸쳐 district 구역, 지역, 지구 intersection 교차로 malfunction 오작동, 기능 불량 on site 현장에서 direct (길 등을) ~에게 안내하다, 지시하다, ~을 감독하다 slowdown 서행, 둔화 stretch 이어지다, 걸쳐 있다 alternate 대체의 route 경로, 노선

2. 무엇이 교통 체증을 초래하고 있는가?
   (A) 도로 공사
   (B) 촬영 프로젝트
   (C) 고장 난 신호등
   (D) 폭풍우

해설 화자가 담화 중반부에 지연을 예상해야 하는 구역을 언급하면서 교통 신호등 오작동으로 인한 것이라고 원인을 밝히고 있으므로 (C)가 정답이다.

어휘 cause ~을 초래하다 traffic jam 교통 체증 filming 촬영

Paraphrasing a traffic light malfunction → A broken light

Check-up Test

1. (A)	2. (C)	3. (D)	4. (B)	5. (B)
6. (C)	7. (D)	8. (B)	9. (C)	10. (A)
11. (B)	12. (A)			

Questions 1-3 refer to the following announcement.

Good morning, team. As many of you have heard, **1** **the quarterly performance reports for our company and others in the software development sector were made public this week**. While we've made steady progress, we're no longer leading in customer satisfaction rankings. That said, I'm excited to announce that Priya Nasser will be taking over as the new manager of our Communications and Documentation Department. **2** **She's an expert technical writer** with decades of experience in writing clear, user-focused content for complex systems, and we believe she'll help strengthen our position in the industry. **3** **Priya is currently presenting at a conference in Seattle**, but she'll be here to meet the team on Friday.

안녕하세요, 팀원 여러분. 여러분 중 많은 분들이 들으셨겠지만, 우리 회사 및 소프트웨어 개발 분야의 다른 업체들에 대한 분기 성과 보고서들이 이번 주에 공표되었습니다. 우리가 지속적인 진전을 이루기는 했지만, 더 이상 고객 만족도 순위에서 선두를 달리고 있지 않습니다. 말이 나온 김에, 프리야 나세르 씨께서 우리 홍보 및 문서 관리부의 신임 부서장으로서 자리를 이어받으실 예정임을 알려 드리게 되어 기쁩니다. 이 분께서는 복잡한 시스템들에 대해 명확하고 사용자에 초점을 맞춘 콘텐츠를 작성하는 데 있어 수십 년의 경력을 지니고 계신 기술서 저술 전문가이시며, 우리는 이분께서 우리의 업계 내 지위를 강화하는 데 도움을 주실 것으로 생각하고 있습니다. 프리야 씨께서 현재 시애틀에서 열리는 한 컨퍼런스에서 발표하고 계시기는 하지만, 금요일에 우리 팀을 만나시기 위해 이곳으로 오실 것입니다.

어휘 quarterly 분기의 sector 분야, 부문, 구역 make public ~을 공표하다 steady 지속적인, 꾸준한 progress 진전, 진보, 진행 no longer 더 이상 ~않다 satisfaction 만족(도) ranking 순위, 등급 that said 말이 나온 김에 take over 이어받다, 물려받다 expert a. 전문가의,

전문적인 decade 10년 A-focused A에 초점을 맞춘 complex 복잡한 strengthen ~을 강화하다 currently 현재 present 발표하다

1. 화자의 말에 따르면, 이번 주에 무슨 일이 있었는가?
   (A) 성과 보고서가 공개되었다.
   (B) 고객 설문 조사지가 배부되었다.
   (C) 회사 합병이 진행되었다.
   (D) 신제품이 출시되었다.

해설 화자가 담화 초반부에 소속 회사 및 소프트웨어 개발 분야의 다른 업체들에 대한 분기 성과 보고서들이 이번 주에 공표되었다는 사실을 언급하고 있으므로 (A)가 정답이다.

어휘 merger 합병, 통합 take place 진행되다, 개최되다

Paraphrasing the quarterly performance reports/were made public → Performance reports were published

2. 프리야 나세르 씨의 전문 영역이 무엇인가?
   (A) 상법
   (B) 소셜 미디어
   (C) 기술서 저술
   (D) 재능 있는 인력 모집

해설 화자가 담화 중반부에 프리야 나세르 씨를 소개하면서 기술서 저술 전문가라고 알리고 있으므로 (C)가 정답이다.

어휘 talent 재능 있는 사람 recruitment (인력) 모집, 채용

3. 프라야 나세르 씨가 현재 무엇을 하고 있는가?
   (A) 휴가를 보내는 일
   (B) 팀을 하나 소집하는 일
   (C) 교육 시간을 마련하는 일
   (D) 컨퍼런스에서 연설하는 일

해설 화자가 담화 후반부에 프리야 씨가 현재 시애틀에서 열리는 한 컨퍼런스에서 발표하고 있다고 언급하고 있으므로 (D)가 정답이다.

어휘 gather ~을 소집하다, 모으다

Paraphrasing is currently presenting at a conference → Speaking at a conference

Questions 4-6 refer to the following podcast.

Welcome back to *Sound Side Hustles*, **4** **the podcast where we meet people who have unexpectedly turned side projects into real, successful careers**. Now, you might think that all content creators edit their own videos themselves, but actually, **5** **many of them**

78 서아쌤의 토익 비밀과외 START

often hire freelancers to do it for them. Which makes sense – their schedules are probably very demanding! So, **6** today's guest is Maya Kendrick, who, as a small favor, started helping her friend with video editing last year. She began working on other projects, and well, before she knew it, she now has more demand than she can handle.

예기치 못하게 부차적인 프로젝트를 현실적이고, 성공적인 경력으로 탈바꿈시킨 분들을 만나 보는 팟캐스트, <사운드 사이드 허슬즈>를 다시 찾아 주신 것을 환영합니다. 자, 여러분께서는 모든 콘텐츠 크리에이터들이 직접 각자의 동영상을 편집한다고 생각하실지도 모르지만, 사실, 그분들 중 많은 분들이 흔히 그 일을 대신 해 줄 프리랜서들을 고용하고 있습니다. 이것이 이해가 되는 이유는, 그분들의 일정이 아마 매우 부담이 크기 때문일 것입니다! 따라서, 오늘 초대 손님은 마야 켄드릭 씨이며, 이분은 한 가지 작은 부탁으로, 작년에 동영상 편집 작업에 대해 친구분을 돕기 시작하셨습니다. 이분이 다른 프로젝트들에 대해서도 작업하기 시작하셨는데, 음, 이분이 미처 알아차리시기도 전에, 지금은 그분이 처리할 수 있는 것보다 수요가 더 많으십니다.

어휘 unexpectedly 예기치 못하게, 뜻밖에 turn A into B A를 B로 탈바꿈시키다 side a. 부차적인, 부가적인 edit ~을 편집하다 make sense 이해가 되다, 앞뒤가 맞다 demanding 부담이 큰, 까다로운 favor 부탁 work on ~에 대한 작업을 하다 demand 수요, 요구

4. 팟캐스트의 초점이 무엇인가?
   (A) 풀지 않은 미스터리
   (B) 예기치 못한 경력
   (C) 새로운 패션 유행
   (D) 인기 있는 비디오 게임

해설 담화를 시작하면서 화자가 자신의 팟캐스트가 예기치 못하게 부차적인 프로젝트를 현실적이고 성공적인 경력으로 탈바꿈시킨 사람들을 만나는 팟캐스트라고 소개하고 있다. 이는 예기치 못하게 경력이 바뀐 사람들을 소개하는 것을 의미하므로 (B)가 정답이다.

어휘 unsolved 풀지 않은, 해결되지 않은

5. 화자가 콘텐츠 크리에이터들과 관련해 무슨 말을 하는가?
   (A) 그들 중 많은 이들이 소속사가 있다.
   (B) 일반적으로 도움을 위해 다른 사람을 고용한다.
   (C) 그들 중 일부는 유명 인사가 되었다.
   (D) 자신만의 작업 일정을 선택하게 된다.

해설 화자가 담화 중반부에 콘텐츠 크리에이터들을 언급하면서 그들 중 많은 이들이 편집 작업을 대신 해 줄 프리랜서들을 고용하고 있다는 사실을 밝히고 있으므로 (B)가 정답이다.

어휘 celebrity 유명 인사 get to do ~하게 되다

Paraphrasing often hire freelancers to do it for them → usually hire other people for help

6. 화자가 "지금은 그분이 처리할 수 있는 것보다 수요가 더 많으십니다"라고 말할 때 무엇을 의미하는가?
   (A) 제품 부족 문제가 있다.
   (B) 마감 기한을 맞추기 어렵다.
   (C) 초대 손님이 많은 고객을 보유하고 있다.
   (D) 초대 손님이 오직 매주 주말에만 시간이 있다.

해설 담화 후반부에 화자가 초대 손님이 작은 부탁으로 작년에 동영상 편집 작업에 대해 친구를 돕기 시작하면서 다른 프로젝트들에 대해서도 작업하기 시작했다고 언급하면서 '지금은 그분이 처리할 수 있는 것보다 수요가 더 많으십니다'라고 말하는 흐름이다. 이는 다른 프로젝트들을 할 정도로 초대 손님을 찾는 수요가 많다는 뜻으로서, 많은 고객을 보유하게 되었음을 의미하므로 (C)가 정답이다.

어휘 shortage 부족

Questions 7-9 refer to the following announcement.

Before you head out to your shifts, I want to take a moment to say well done. **7** Many guests have left great feedback about their stays this month, and our online ratings on several booking sites have never been better. Now for a few quick updates from management. **8** Effective immediately, you will now be able to request a quarter-day off, or a two-hour segment, for personal appointments. This is meant to give you more flexibility rather than taking a full or half-day off. Also, **9** our swimming pool will be closed for cleaning all day tomorrow. Please make sure to put up signs so that guests are aware.

여러분의 교대 근무를 하러 가시기 전에, 수고 많으셨다는 말씀을 드릴 시간을 잠시 갖고 싶습니다. 많은 손님들께서 이번 달에 숙박과 관련해 뛰어난 의견을 남겨 주셨으며, 여러 예약 사이트의 우리 온라인 평점이 더 이상 좋을 수 없었습니다. 이제 경영진에서 전하는 몇 가지 간단한 소식입니다. 즉시 시행

되는 것으로서, 여러분들은 이제 개인적인 약속에 대해 하루의 4분의 1, 또는 2시간의 구분 단위로 휴무를 요청하실 수 있을 것입니다. 이는 온전하게 하루 또는 반나절 휴무를 갖는 것 대신 더 많은 유연성을 제공해 드리기 위한 것입니다. 또한, 우리 수영장이 청소 작업으로 인해 내일 하루 종일 문을 닫을 것입니다. 손님들께서 알고 계시도록 반드시 안내문을 게시해 주시기 바랍니다.

어휘 head out to ~로 가다, 향하다 shift 교대 근무(조) take a moment to do ~할 시간을 잠시 갖다 rating 평점, 등급 booking 예약 management 경영(진), 관리(진) effective 시행되는, 발표되는 immediately 즉시 request ~을 요청하다 off 휴무 segment 구분, 부분, 조각 appointment 약속, 예약 be meant to do ~하기 위한 것이다, ~하기로 되어 있다 flexibility 유연성, 탄력성 rather than ~ 대신, ~가 아니라 put up ~을 게시하다, 내걸다 aware 알고 있는

7. 청자들이 어디에 근무하고 있을 것 같은가?
(A) 박물관에
(B) 공항에
(C) 병원에
(D) 호텔에

해설 화자가 담화 초반부에 청자들에게 많은 손님들이 이번 달에 숙박과 관련해 뛰어난 의견을 남긴 사실 및 여러 예약 사이트에서 소속 업체의 온라인 평점이 아주 좋았다는 사실을 언급하고 있으므로 (D)가 정답이다.

8. 어떤 종류의 정책이 변경되었는가?
(A) 출장 비용 환급
(B) 휴무 요청
(C) 복장 규정
(D) 급여 지급 절차

해설 담화 중반부에 화자가 즉시 시행되는 것으로서 직원들이 이제 개인적인 약속에 대해 하루의 4분의 1, 또는 2시간의 구분 단위로 휴무를 요청할 수 있을 것이라고 알리고 있다. 이는 직원들의 휴무 요청과 관련된 정책의 변화를 언급하는 것이므로 (B)가 정답이다.

어휘 reimbursement 환급 time-off 휴무(일) payroll 급여 지급 총액, 급여 대상자 명단 procedure 절차

Paraphrasing request a quarter-day off, or a two-hour segment → Time-off requests

9. 내일 무슨 일이 있을 것인가?
(A) 재고 조사
(B) 시상식
(C) 시설 관리 작업

(D) 예산 협의

해설 화자가 담화 후반부에 수영장이 청소 작업으로 인해 내일 하루 종일 문을 닫는다는 사실을 전하고 있으므로 (C)가 정답이다.

어휘 inventory 재고 (목록), 재고 조사 negotiation 협의, 협상

Paraphrasing swimming pool/cleaning → Maintenance work

Questions 10-12 refer to the following broadcast and weather forecast.

Good evening, listeners! It's that season again! Yes, **10** Santa Clara's annual Golden Gate Food Festival is happening from September 14 to 16, and it's set to be just as delicious as ever. As usual, dozens of food trucks and pop-up stands will be on site, serving up everything from international dishes to refreshing drinks. **11** More than thirty vendors will be featured throughout the weekend. Most stalls will be open from 11 A.M. until 10 P.M., but some will close earlier. Full details on each one can be found at www.scevents.org. Oh, and **12** don't forget to pack a light jacket for the opening day, as it's expected to be partly cloudy and cool. But for those going on the weekend, the warm and sunny weather will be perfect for you.

Friday	Saturday	Sunday	Monday
15°C	19°C	20°C	17°C

안녕하세요, 청취자 여러분! 또 다시 그 시즌이 찾아 왔습니다! 네, 산타 클라라의 연례 골든 게이트 음식 축제가 9월 14일에서 16일까지 개최되며, 바로 지금까지 그랬던 것만큼 맛있는 행사가 될 예정입니다. 늘 그랬듯이, 수십 가지 푸드 트럭과 팝업 판매대가 현장에 있으면서, 해외 요리에서부터 신선한 음료에 이르기까지 모든 것을 제공합니다. 30곳이 넘는 판매업체들이 주말 동안 내내 특징을 이룰 것입니다. 대부분의 판매대가 오전 11시부터 오후 10시까지 문을 열겠지만, 일부는 더 일찍 닫을 것입니다. 각각의 것에 대한 모든 상세 정보는 www.scevents.org에서 찾아 보실 수 있습니다. 아, 그리고 개막일에 가벼운 자켓을 챙겨 가시는 것을 잊지 마셔야 하는데, 부분적으로 흐리고 서늘할 것으로 예상되기 때문입니다. 하지만 주말에 가시는 분께는,

따뜻하고 화창한 날씨가 완벽할 것입니다.

금요일	토요일	일요일	월요일
⛅ 15℃	☀ 19℃	☀ 20℃	🌬 17℃

어휘 **be set to do** ~할 예정이다, ~할 준비가 되다 **as A as ever** 지금까지 그래왔던 것만큼 A한 **as usual** 늘 그랬듯이, 평소와 마찬가지로 **dozens of** 수십의 **stand** 판매대(= stall) **on site** 현장에 있는 **serve up** (음식 등) ~을 제공하다 **vendor** 판매업체, 판매업자 **feature** ~의 특징을 이루다 **pack** ~을 챙겨 가다, 포장하다 **partly** 부분적으로

10. 어떤 행사가 설명되고 있는가?
 (A) 음식 축제
 (B) 무역 박람회
 (C) 요리 콘테스트
 (D) 스포츠 경기대회

해설 화자가 담화 시작 부분에 산타 클라라의 연례 골든 게이트 음식 축제가 개최되는 일정을 알리면서 이 행사의 진행과 관련된 정보를 제공하고 있으므로 (A)가 정답이다.

11. 화자의 말에 따르면, 청자들이 웹 사이트에서 무엇을 찾을 수 있는가?
 (A) 등록 자격 요건
 (B) 판매업체 정보
 (C) 안내 동영상
 (D) 제품 설명

해설 담화 중반부에 화자가 30곳이 넘는 판매업체가 참가한다는 사실 및 판매대 운영 시간을 설명하면서 각각의 것에 대한 상세 정보를 찾을 수 있는 웹 사이트 주소를 제공하고 있으므로 (B)가 정답이다.

어휘 **instructional** 안내의, 설명의, 지시의

12. 시각자료를 보시오. 행사가 어느 요일에 시작할 것인가?
 (A) 금요일
 (B) 토요일
 (C) 일요일
 (D) 월요일

해설 화자가 담화 후반부에 잊지 말고 개막일에 가벼운 자켓을 챙겨 가도록 당부하면서 부분적으로 흐리고 서늘할 것으로 예상된다고 알리고 있다. 시각자료에서 부분적으로 흐린 날씨에 해당하는 것이 해와 구름 그림이 함께 그려진 Friday 이므로 (A)가 정답이다.

VOCA

▶ Playlist 1
최빈출 기출 정답 VOCA ❶

Check-up Test

1. (A)	2. (C)	3. (B)
4. suppliers	5. technician	6. designed
7. (D)	8. (C)	

7.

해석 참가자들은 워크숍 자료가 잘 준비되어 있는지 확실히 할 수 있도록 교육 시간에 참석하시기 전에 철저히 살펴 보아야 한다.

해설 빈칸에 쓰일 어휘는 동사 review를 뒤에서 수식해 워크숍 자료를 살펴 보는 방식을 나타내야 알맞으므로 '철저히, 철두철미하게'를 의미하는 (D) thoroughly가 정답이다.

어휘 participant 참가자 review ~을 살펴 보다, 검토하다 material 자료, 물품, 재료 attend ~에 참석하다 session (특정 활동을 위한) 시간 ensure (that) ~임을 확실히 하다, 반드시 ~하도록 하다 well prepared 잘 준비된 strongly 강하게, 세게, 튼튼하게 extremely 극도로, 대단히, 매우 firmly 단호히, 굳게, 단단히

8.

해석 글로벌테크 사가 이노베이트 솔루션즈 사를 인수할 것이라는 발표가 그곳의 주가 하락으로 이어졌다.

해설 빈칸에 쓰일 어휘는 다른 회사에 대한 인수 발표가 회사 주가와 관련해 어떤 결과로 이어졌는지 나타내야 한다. 따라서, 주가의 변화를 나타낼 명사로서 '하락, 감소'를 뜻하는 (C) decline이 정답이다.

어휘 announcement 발표, 공지, 알림 acquire ~을 인수하다, 획득하다 lead to ~로 이어지다 stock 주식 refusal 거절, 거부 merger 합병, 통합

▶ Playlist 2
최빈출 기출 정답 VOCA ❷

Check-up Test

1. (B)	2. (C)	3. (A)
4. precisely	5. assure	6. orderly
7. (C)	8. (D)	

7.

해석 마비스 현대 미술관이 저명한 미술가 마리아 곤잘레즈의 작품 25점을 선보일 것이다.

해설 빈칸이 사람을 나타내는 명사구 artist Maria Gonzalez 앞에 위치해 있어 사람명사를 수식해 특징 등을 나타낼 형용사 또는 과거분사가 빈칸에 쓰여야 알맞으므로 '저명한, 유명한'을 의미하는 형용사 (C) renowned가 정답이다.

어휘 showcase ~을 선보이다 piece (글·그림·음악 등의) 작품 estimated 추정의, 견적의 found ~을 설립하다 allocated 할당된, 배정된

8.

해석 고객 서비스부의 신속한 조직 개편이 회사를 4월까지 최대 생산 능력으로 운영되도록 해 줄 것이다.

해설 빈칸에 쓰일 어휘는 형용사 full의 수식을 받아 회사 운영과 관련해 최대로 발휘될 수 있는 것을 나타내야 하므로 '생산 능력, 수용 인원, 용량' 등을 뜻하는 (D) capacity가 정답이다.

어휘 swift 신속한 reorganization 조직 개편, 구조 조정 A enable B to do A가 B를 ~할 수 있게 해 주다 operate 운영되다, 가동되다, 영업하다 full 최대의, 모든 by (기한) ~까지 content 내용(물)

▶ Playlist 3
최빈출 기출 정답 VOCA ❸

Check-up Test

1. (A)	2. (C)	3. (B)
4. impressed	5. complimentary	6. secure
7. (B)	8. (B)	

7.

해석 기술자가 서버를 수리하는 대로 정상적인 사무실 운영이 재개될 것이다.

해설 빈칸에 쓰일 어휘는 서버 수리 후에 있을 정상적인 사무실 운영과 관련된 변화 등을 나타내야 하므로 '재개되다, 재개하다'를 뜻하는 (B) resume이 정답이다.

어휘 regular 정상적인, 정규의, 보통의, 규칙적인 operation 운영, 가동, 영업 as soon as ~하는 대로, ~하자마자 repair ~을 수리하다 assemble ~을 조립하다 supply ~을 공급하다

8.

해석 펀데일 조경회사는 정원을 재디자인할 계획인 고객들에게 상세 비용 견적을 제공한다.

해설 빈칸에 쓰일 어휘는 바로 앞에 위치한 명사 cost와 함께 업체가 고객에게 비용과 관련해 제공하는 것을 나타내야 하므로 '견적'을 뜻하는 (B) estimates가 정답이다.

어휘 detailed 상세한 plan to do ~할 계획이다 competition 경쟁, 경기대회, 경연대회 trade 무역, 거래, 사업

▶ Playlist 4
최빈출 기출 정답 VOCA ❹

Check-up Test

1. (B)	2. (A)	3. (C)
4. reliable	5. series	6. heavy
7. (A)	8. (C)	

7.

해석 평론가들은 다큐멘터리 <자연의 불가사의>가 아주 멋진 영상과 매력적인 서사를 매끄럽게 조화시키고 있다는 데 동의한다.

해설 빈칸에 쓰일 어휘는 바로 뒤에 위치한 동사 blends를 수식해 두 요소가 어떻게 조화를 이루는지 나타내야 하므로 '매끄럽게, 이음새 없이, 균일하게'를 의미하는 (A) seamlessly가 정답이다.

어휘 reviewer 평론가, 후기 작성자 agree that ~하다는 데 동의하다 wonder 불가사의, 경이(로움) blend A with B A와 B를 조화시키다 stunning 아주 멋진 visuals 영상, 시각 자료 engaging 매력적인 narrative n. 서사, 이야기 factually 사실상, 실제로 distantly 멀리 (떨어져서) rapidly 빠르게

8.

해석 현재의 제조 속도로 볼 때, 스테인 일렉트로닉스 사는 25일까지 이번 달 목표를 충족할 정도로 충분한 기기들을 생산할 것이다.

해설 빈칸에 쓰일 어휘는 바로 뒤에 위치한 명사 units를 수식해 이번 달 목표를 충족할 정도의 생산량과 관련된 의미를 나타내야 하므로 '충분한'을 뜻하는 (C) enough가 정답이다.

어휘 current 현재의 manufacturing 제조 pace 속도 produce ~을 생산하다, 제작하다 unit 기기, (제품 등의) 한 개, 구성 단위, 장치 meet (요구·조건 등) ~을 충족하다 by (기한) ~까지 overall 전반적인

▶ Playlist 5
최빈출 기출 정답 VOCA ❺

Check-up Test

1. (B)	2. (A)	3. (C)
4. notable	5. authorize	6. compliance
7. (A)	8. (D)	

7.

해석 호라이즌 공과 대학의 졸업생들은 학업을 완료하는 직후에 손꼽히는 기술 회사들의 일자리를 확보한다.

해설 전치사 after 바로 앞에 위치한 빈칸은 after를 수식해 순차적으로 일어나는 일의 발생 시점과 관련된 의미를 나타내야 자연스럽다. 따라서, '즉시, 당장'을 뜻하는 부사로서 after와 함께 '~ 직후에'라는 의미를 구성하는 (A) immediately가 정답이다.

어휘 secure v. ~을 확보하다, 얻다 position 일자리, 직책 leading 손꼽히는, 선도적인 firm 회사, 업체 complete 완료하다 extremely 극도로, 대단히, 매우 numerously 수없이 많이, 다수로 previously 이전에, 과거에

8.

해석 그 프로젝트 관리자는 팀의 성과 목표에 대한 종합적인 평가를 요청했다.

해설 빈칸에 쓰일 어휘는 프로젝트 관리자가 팀의 성과 목표와 관련해 요청할 수 있는 자료나 문서 등을 나타내야 하므로 '평가'를 의미하는 (D) evaluation이 정답이다.

어휘 request ~을 요청하다 comprehensive 종합적인, 포괄적인 performance 성과, 실적, 수행 (능력), 공연, 연주 option 선택(권), 선택 대상 function 기능, 역할, 행사, 의식 invitation 초대(장)

▶ Playlist 6
최빈출 기출 정답 VOCA ❻

Check-up Test

1. (A)	2. (B)	3. (C)
4. charge	5. effective	6. accomplished
7. (B)	8. (C)	

7.

해석 브라이트퓨처 컨설팅 사의 서비스가 비교적 복잡하기 때문에, 잠재 고객들에게 제공 서비스를 명확히 발표해야 한다.

해설 빈칸이 사람명사 clients 앞에 위치해 있어 사람명사를 수식해 특징 등을 나타낼 어휘가 빈칸에 쓰여야 한다. 또한, 발표 대상이 되는 고객들은 서비스 등을 이용할 가능성

이 있는 사람들이므로 '잠재적인, 가능한'을 의미하는 (B) potential이 정답이다.

어휘 **relatively** 비교적, 상대적으로 **complex** 복잡한 **clearly** 명확히, 분명히 **present** ~을 발표하다, 제공하다 **offering** 제공(되는 것) **trained** 교육 받은, 훈련된 **elected** (선거 등으로) 선출된, 선택된

8.

해석 열 곳의 널찍한 홀이 있는, 스코티쉬 전시 센터는 동시에 다수의 행사들을 수월하게 주최할 수 있다.

해설 빈칸에 쓰일 어휘는 동사 host를 수식해 열 곳의 널찍한 홀을 보유한 행사장이 어떻게 동시에 다수의 행사들을 주최하는지 나타내야 하므로 '수월하게, 쉽게'를 뜻하는 (C) easily가 정답이다.

어휘 **spacious** 널찍한 **host** ~을 주최하다 **multiple** 다수의, 다양한 **simultaneously** 동시에 **deeply** 깊이, (정도 등이) 몹시, 강하게 **softly** 부드럽게

▶ **Playlist 7**
최빈출 기출 정답 VOCA ❼

Check-up Test

1. (B)	2. (A)	3. (C)
4. appropriate	5. initial	6. permission
7. (D)	8. (C)	

7.

해석 마케팅 전략가로서 지속적으로 훌륭한 결과로 인해, 리 씨가 회사 연회에서 인정 받을 가능성이 있다.

해설 빈칸에 쓰일 어휘는 바로 뒤에 위치한 형용사 excellent를 수식해 회사에서 인정 받는 사람이 어떻게 훌륭한 결과를 만들어 냈는지 나타내야 하므로 '지속적으로, 일관적으로'를 뜻하는 (D) consistently가 정답이다.

어휘 **due to** ~로 인해, ~ 때문에 **result** 결과(물) **strategist** 전략가 **be likely to do** ~할 가능성이 있다, ~할 것 같다 **recognize** ~을 인정하다, 표창하다 **banquet** 연회 **approximately** 약, 대략 **impulsively** 충동적으로 **readily** 기꺼이, 선뜻, 쉽게

8.

해석 리베라 앤 썬즈 서점 체인은 여러 매장에 필요한 열정적이고 박식한 관리자들을 찾고 있다.

해설 빈칸 바로 뒤에 명사구 enthusiastic and knowledgeable managers가 쓰여 있어 이 명사구를 목적어로 취할 수 있는 타동사의 현재분사인 (A) entering과 (C) seeking 중

에서 정답을 골라야 한다. 또한, '~한 관리자들을 찾고 있다'와 같은 의미를 구성해야 자연스러우므로 '찾다, 구하다, 추구하다'를 뜻하는 seek의 현재분사 (C) seeking이 정답이다.

어휘 **enthusiastic** 열정적인, 열렬한 **knowledgeable** 박식한, 아는 것이 많은 **inquire** ~을 문의하다

▶ **Playlist 8**
최빈출 기출 정답 Collocation ❶

Check-up Test

1. (C)	2. (B)	3. (A)
4. in person	5. extended, offer	
6. continuously available		
7. (C)	8. (A)	

7.

해석 그랜드포인트 전시홀과 기차역 둘 모두와 가까운 곳에 자리 잡고 있는, 메이플우드 인은 아주 편리하게 위치해 있다.

해설 빈칸에 쓰일 어휘는 '~에 위치해 있다'를 뜻하는 「be located」 사이에서 위치상의 특징 등을 나타내야 하므로 '편리하게'를 뜻하는 (C) conveniently가 정답이다.

어휘 **situated** 자리잡은, 위치한(= located) **both A and B** A와 B 둘 모두 **continuously** 지속적으로, 끊임없이 **briefly** 잠시, 간단히 **thoroughly** 철저히, 꼼꼼하게

8.

해석 크레스트필드 도서관은 웨스트보로 지역 중심부에, 여러 인기 있는 카페들에서 도보 거리 내에 자리잡고 있다.

해설 빈칸 뒤에 위치한 명사구 walking distance와 함께 여러 인기 있는 카페들과의 위치 관계를 나타낼 전치사가 쓰여야 알맞다. 따라서, '도보 거리 내에'를 뜻하는 「within walking distance」를 구성해야 하므로 전치사 (A) within이 정답이다.

어휘 **be situated in** ~에 자리잡고 있다, 위치해 있다 **neighborhood** 지역, 인근, 이웃 **finally** 마침내, 결국 **moreover** 더욱이, 게다가 **until** (지속) ~까지

▶ Playlist 9
최빈출 기출 정답 Collocation ❷

Check-up Test
1. (C) 2. (B) 3. (A)
4. rigorous inspections
5. earned, reputation
6. eagerly await
7. (C) 8. (D)

7.

해석 직원들이 어떤 기계든 작동하기 전에 이 가이드에 개괄적으로 설명되어 있는 절차들을 잘 아는 것이 중요하다.

해설 빈칸에 쓰일 어휘는 바로 뒤에 위치한 전치사 with와 어울려야 하며, 직원들이 기계를 작동하기 위한 절차와 관련해 어떤 상태가 되어야 하는지 나타내야 하므로 '~을 잘 아는, ~에 익숙한'을 뜻하는 (C) familiar가 정답이다.

어휘 It is crucial for A to do A가 ~하는 것이 중요하다 procedure 절차 outline ~을 개괄적으로 설명하다, ~의 개요를 말하다 operate ~을 작동하다, 가동하다, 운영하다 machinery 기계(류) memorable 기억에 남을 만한 beneficial 유익한, 이로운 convenient 편리한

8.

해석 모든 사업 대출 신청서는 평가의 대상이 되며, 뒷받침하는 서류가 불충분할 경우에 거절될 수 있다.

해설 빈칸에 쓰일 형용사는 바로 뒤에 위치한 전치사 to와 어울려야 하며, to 뒤에 '평가, 검토' 등을 뜻하는 review가 쓰여 있어 신청서가 그러한 과정의 대상이 되어야 한다는 의미를 나타내야 자연스럽다. 따라서, '~의 대상이 되는, (쉽게) ~될 수 있는' 등을 뜻하는 「subject to」를 구성해야 하므로 (D) subject가 정답이다.

어휘 loan 대출 application 신청(서), 지원(서) review 평가, 검토, 평론, 후기 reject ~을 거절하다, 거부하다 supporting 뒷받침하는 documentation 서류 (작업) insufficient 불충분한 required 필수의, 필요한 imaginary 상상의, 가상의 conscious 의식하는, 의식적인

▶ Playlist 10
최빈출 기출 정답 Collocation ❸

Check-up Test
1. (A) 2. (C) 3. (B)
4. severe weather
5. unanimously approved
6. launch, campaign
7. (A) 8. (B)

7.

해석 대개장 날짜가 우리 회사에 30년 재직을 표창하기 위한 크랜스트 씨의 축하 만찬과 일치한다.

해설 빈칸에 쓰일 어휘는 바로 뒤에 위치한 전치사 with와 어울려야 하며, 빈칸 앞뒤로 대개장과 축하 만찬이라는 두 개의 일정이 제시되어 있으므로 with와 함께 '~와 일치하다'를 뜻하는 (A) coincides가 정답이다.

어휘 grand opening 대개장 celebration 축하 recognize ~을 표창하다, 인정하다 service 재직 accompany ~을 동반하다 consist 구성되다 replace ~을 대신하다, 대체하다

8.

해석 골동품 의자 위의 결함은 거의 눈에 띄지 않지만 경매에서 그것의 가치를 낮출지도 모른다.

해설 빈칸에 쓰일 어휘는 빈칸 뒤에 위치한 형용사 noticeable을 수식하면서 '결함이 보이지는 않지만 가치를 떨어뜨릴 수 있다'는 의미를 구성해야 자연스러우므로 noticeable과 함께 '거의 눈에 띄지 않는'이라는 의미를 구성하는 (B) barely가 정답이다.

어휘 imperfection 결함, 미비점 antique 골동품의 reduce ~을 낮추다, 줄이다 value 가치 auction 경매 specifically 구체적으로 recently 최근에 previously 이전에, 예전에

실전모의고사

Part 1
1. (C) 2. (D) 3. (B) 4. (C) 5. (A) 6. (A)

Part 2
7. (C) 8. (B) 9. (B) 10. (A) 11. (C) 12. (A) 13. (A) 14. (C) 15. (B) 16. (A)
17. (C) 18. (B) 19. (C) 20. (B) 21. (A) 22. (C) 23. (A) 24. (B) 25. (C) 26. (C)
27. (A) 28. (B) 29. (B) 30. (B) 31. (B)

Part 3
32. (A) 33. (B) 34. (A) 35. (C) 36. (B) 37. (C) 38. (D) 39. (C) 40. (B) 41. (A)
42. (C) 43. (D) 44. (B) 45. (C) 46. (C) 47. (A) 48. (B) 49. (C) 50. (B) 51. (A)
52. (B) 53. (C) 54. (C) 55. (D) 56. (D) 57. (B) 58. (A) 59. (A) 60. (B) 61. (C)
62. (B) 63. (C) 64. (D) 65. (B) 66. (B) 67. (A) 68. (D) 69. (B) 70. (B)

Part 4
71. (A) 72. (D) 73. (A) 74. (C) 75. (A) 76. (A) 77. (C) 78. (A) 79. (D) 80. (D)
81. (B) 82. (C) 83. (D) 84. (B) 85. (B) 86. (C) 87. (A) 88. (D) 89. (D) 90. (B)
91. (D) 92. (B) 93. (A) 94. (D) 95. (B) 96. (B) 97. (B) 98. (B) 99. (B) 100. (C)

Part 5
101. (B) 102. (C) 103. (C) 104. (A) 105. (C) 106. (B) 107. (C) 108. (D) 109. (B) 110. (A)
111. (A) 112. (C) 113. (B) 114. (A) 115. (A) 116. (C) 117. (B) 118. (D) 119. (D) 120. (D)
121. (C) 122. (C) 123. (B) 124. (D) 125. (A) 126. (B) 127. (A) 128. (A) 129. (B) 130. (A)

Part 6
131. (A) 132. (B) 133. (D) 134. (C) 135. (D) 136. (A) 137. (B) 138. (A) 139. (C) 140. (B)
141. (A) 142. (B) 143. (A) 144. (C) 145. (C) 146. (B)

Part 7
147. (C) 148. (D) 149. (A) 150. (A) 151. (D) 152. (C) 153. (A) 154. (B) 155. (B) 156. (D)
157. (A) 158. (D) 159. (C) 160. (A) 161. (A) 162. (C) 163. (C) 164. (D) 165. (A) 166. (B)
167. (A) 168. (B) 169. (C) 170. (A) 171. (B) 172. (C) 173. (A) 174. (A) 175. (B) 176. (B)
177. (B) 178. (D) 179. (C) 180. (C) 181. (D) 182. (B) 183. (B) 184. (D) 185. (C) 186. (D)
187. (C) 188. (C) 189. (C) 190. (C) 191. (D) 192. (B) 193. (C) 194. (A) 195. (C) 196. (B)
197. (C) 198. (B) 199. (B) 200. (D)

시원스쿨 LAB

시원스쿨 LAB